21世纪世界历史学探微

中国社会科学院世界历史研究所学术文集
（2004—2019）

汪朝光 罗文东 主编

第二卷 世界古代中世纪史研究

中国社会科学出版社

编 委 会

主　　　编　汪朝光　罗文东
编委会成员（以姓氏拼音为序）
　　　　　　　毕健康　高国荣　姜　南　刘　健
　　　　　　　罗文东　孟庆龙　饶望京　任灵兰
　　　　　　　汪朝光　俞金尧　张跃斌
编辑组成员　刘　健　任灵兰　刘　巍　马渝燕
　　　　　　　张　然　张艳茹　张　丹　王　超
　　　　　　　邢　颖　鲍宏铮　信美利　孙思萌
　　　　　　　郑立菲　罗宇维　时伟通　杨　洁

目　录

（第二卷）

正确对待《家庭、私有制和国家的起源》一书 ……… 廖学盛（1）
关于国家定义的重新认识 …………………………… 易建平（15）
神学与科学
　　——近代西方科学的产生 ………………………… 张椿年（47）
"继承神秘剧的展演"：古埃及王权继承仪式探析 …… 郭子林（64）
赫梯基拉姆节日活动的仪式特征及其功能 …………… 刘　健（90）
赋役豁免政策的嬗变与亚述帝国的盛衰 ……………… 国洪更（108）
雅典古典时期的埃菲比亚文化 ………………………… 吕厚量（138）
希腊城邦与奥林匹亚节 ………………………………… 邢　颖（162）
古代斯巴达的公民大会 ………………………………… 祝宏俊（180）
罗马化抑或高卢化
　　——高卢罗马化过程中的文化互动现象考察 …… 胡玉娟（195）
庄园法庭、村规民约与中世纪欧洲
　　"公地共同体" ……………………………………… 赵文洪（222）
"为他人的利益而占有财产"
　　——中世纪英国的地产托管、封土保有与
　　　家产继承 ………………………………………… 陈志坚（242）
中世纪英格兰仆从的法律地位探析 …………………… 王超华（273）
英格兰宗教改革时期的新教改革者与传播媒介 ……… 张　炜（288）

中世纪晚期英格兰圣职候选人的"头衔"探析
——以赫里福德主教区为例 ································ 孙　剑（307）
十四至十六世纪荷兰农村手工业兴起的原因 ············ 宁　凡（326）
高句丽好太王碑拓本的分期与编年方法 ················ 徐建新（344）
幽州刺史墓墓主身份再考证 ·························· 孙　泓（385）
吐鲁番对传统中医药学的贡献 ························ 宋　岘（403）
揄扬与贬抑：明清之际英国学人的中国观 ·············· 徐亚娟（412）

正确对待《家庭、私有制和国家的起源》一书

廖学盛

为了正确理解马克思主义的基本原理，必须认真反复研读马克思主义经典作家的一些重要原著。

1917年俄国十月社会主义革命前后，列宁在一系列著作中再三指出弄清楚国家问题的极端重要性，要求共产党人明确理解"国家是什么，国家的实质是什么，国家的意义是什么"这样一些关乎革命成败的马克思主义基本问题。他指出，共产党人"只有学会独立地"把国家问题弄清楚，"才能认为自己的信念已经十分坚定，才能在任何人面前，在任何时候，很好地坚持这种信念"[1]。

列宁强调共产党人认真弄明白国家问题必要性的时候，一再提到要刻苦钻研恩格斯的《家庭、私有制和国家的起源》一书。列宁说，他之所以"提到这部著作"，首先是因为它"提供了正确观察问题的方法。它从叙述历史开始，讲国家是怎样产生的"[2]。而"在社会科学问题上有一种最可靠的方法，它是真正养成正确分析这个问题的本领而不致淹没在一大堆细节或大量争执意见之中所必需的，对于用科学眼光分析这个问题来说是最重要的，那就是不要忘记基本的历史联系，考察每个问题都要看某种现象在历史上怎样产生、在发展中经过了哪些主要阶段，并根据它的这种发展去考察这一事

---

[1] 《列宁选集》第4卷，人民出版社1995年版，第25页。
[2] 《列宁选集》第4卷，人民出版社1995年版，第27页。

物现在是怎样的"①。

被列宁称为"现代社会主义的基本著作之一"的《家庭、私有制和国家的起源》一书，它的永恒的意义就在于，它用科学的研究方法总结了前人的优秀成果，结合时代的需要，以十分宽广的眼光，多方面的历史资料，阐明了家庭、私有制和国家的起源，这三者之间的相互关系和本质。在这部重要著作于1884年问世之后，恩格斯仍然密切关注世界范围内原始社会和早期阶级社会研究的进展情况，并于1891年年底出版了经过修改和补充的该书第4版。也就是在第4版的序言中，恩格斯指出："自本书初版问世以来，已经有七年了；在这几年间，对于原始家庭形式的认识，已经获得了很大的进展。因此，在这里必须用心地加以修订和补充。"②为了恰如其分地照顾到科学领域的新情况，恩格斯"仔细地校阅了全文，并作了许多补充"③。特别值得加以注意的是，在第4版序言的结尾处，恩格斯强调指出，摩尔根"给原始历史建立的系统，在基本的要点上，今天仍然有效"④。他十分肯定地断言："新搜集的资料，不论在什么地方，都没有导致必须用其他的观点来代替他的卓越的基本观点。"⑤在强调坚持马克思主义的基本原理又大力提倡根据新情况发展马克思主义的今天，重提恩格斯对待包括摩尔根在内的一切学者的成果的科学态度，是适时而必要的。⑥

1892年，恩格斯在《新时代》杂志上发表了题为《新发现的一个群婚实例》⑦的文章，表明了这位伟大学者对家庭问题的持续不懈的关注。

---

① 《列宁选集》第4卷，人民出版社1995年版，第26页。
② 《马克思恩格斯选集》第4卷，人民出版社2012年版，第15页。
③ 《马克思恩格斯选集》第4卷，人民出版社2012年版，第15页。
④ 《马克思恩格斯选集》第4卷，人民出版社2012年版，第27—28页。
⑤ 《马克思恩格斯选集》第4卷，人民出版社2012年版，第27页。
⑥ 令人遗憾而又不得不高度正视的一种国外现象是，在不顾及马克思主义的基本理论体系和基本观点的情况下，轻易依据某种"新材料"而否定马克思主义的情况，在书报杂志中时有表现。
⑦ 《马克思恩格斯全集》第22卷，人民出版社1965年版，第409—413页。

实际上，对于任何熟悉恩格斯的《家庭、私有制和国家的起源》一书的写作过程和传播历史的人来说，恩格斯都是坚持把包括原始社会史在内的整个历史科学不断推向前进的光辉典范。他在热情宣传摩尔根等人的学术成就的同时，努力结合自己的研究心得，把马克思主义的历史唯物主义推向新的境界。他根据当时所能得到的大量可靠资料，从历史发展的角度，揭示了这样一个颠扑不破的真理："国家不是从来就有的。曾经有过一个时候是没有国家的。国家是在社会划分为阶级的地方和时候、在剥削者和被剥削者出现的时候才出现的。"①

恩格斯在发展和捍卫历史唯物主义的时候，十分明确地知道"重新研究全部历史"的必要性。他在《家庭、私有制和国家的起源》1884 年第 1 版序言中写道："经济方面的论证，对摩尔根的目的来说已经很充分了，对我的目的来说就完全不够，所以我把它全部重新改写过了。"② 但就是恩格斯在 1890 年 8 月 5 日致康拉德·施米特的信中指出："经济史还处在襁褓之中。"还说："必须重新研究全部历史，必须详细研究各种社会形态的存在条件，然后设法从这些条件中找出相应的政治、私法、美学、哲学、宗教等等的观点。在这方面，到现在为止只做了很少的一点工作，因为只有很少的人认真地这样做过。在这方面，我们需要人们出大力，这个领域无限广阔，谁肯认真地工作，谁就能做出许多成绩，就能超群出众。"③

马克思主义的发展史，就是包括马克思、恩格斯、列宁在内的众多学者，在不断总结人类社会发展的新经验、吸收整个人类知识界的优秀成果的基础上不断创新的历史。马克思主义从来不是由支离破碎的一堆僵硬教条构成的混合物，而是能够随着时代前进的开放的完整体系。

早在 1899 年，列宁在《我们的纲领》一文中就指出："我们决

---

① 《列宁选集》第 3 卷，人民出版社 1995 年版，第 27 页。
② 《马克思恩格斯选集》第 4 卷，人民出版社 2012 年版，第 14 页。
③ 《马克思恩格斯选集》第 4 卷，人民出版社 2012 年版，第 599 页。

不把马克思的理论看作某种一成不变的和神圣不可侵犯的东西；恰恰相反，我们深信：它只是给一种科学奠定了基础，社会党人如果不愿意落后于实际生活，就应当在各方面把这门科学推向前进。"[①]

在1949年中华人民共和国成立之前的数十年间，在十分艰苦的条件下，郭沫若等具有共产主义思想的史学家，应用包括《家庭、私有制和国家的起源》在内的一系列马克思主义基本著作中阐述的历史唯物主义基本原理研究中国历史，取得了重大成就，很好地促进中国人民争取民族独立和社会解放斗争的胜利。在中华人民共和国成立之后，高等学校中的历史系普遍开展了对恩格斯的《家庭、私有制和国家的起源》一书的研究和教学。许多资深学者以极其认真的态度研读和讲授《家庭、私有制和国家的起源》一书。其中有的人不仅读《家庭、私有制和国家的起源》的中译本，还直接钻研《家庭、私有制和国家的起源》的德文原本。尽管在不同学者的著述中对《家庭、私有制和国家的起源》的这个或那个论断有不同的理解和阐释，但是在许多重大问题上，意见基本上是一致的。

对于任何不愿意抱残守缺而是细心关注各门学科的发展史和现状的人来说，自从1895年恩格斯逝世之后，关于宇宙起源、生命起源、人类起源、人类社会起源的知识，无疑是极大地增加了。我们不必在这里谈论冥王星是否属于"行星"之类的天文学问题，仅仅把目光投向从猿到人的发展过程，也就立刻可以看到有太多的学术问题需要重新学习和研讨。

现在从我手边有的1996年由商务印书馆出版的法国学者让·沙林撰写的《从猿到人——人的进化》一书中摘抄几段，借以说明有待解决的问题是如何困难。该书中指出，"始现于大约1400万年前"的罗摩猿，"是第三纪灵长目动物，保留着许多森林猿的特征，但已有创新性进化趋势，这些趋势以后在人科世系中

[①] 《列宁选集》第3卷，人民出版社1995年版，第274页。

愈益明显"①。我们继续在书中读到:"我们的认识中有个巨大的空缺,跨度为800万年前至300万年前。""800万年前至300万年前的化石很少,但主要由于最近若干年紧张寻找,在较近的堆积物中发现的数量还是越来越多了。首先发现的人科动物,毫无疑问,就是南猿这种仅见于非洲的似人猿。""要很好地了解南猿和以后各层次似人动物的结构及其解释,就一定得不仅追溯其发现史,而且必须回顾专家们关于这个种的概念的演变过程。"②

2006年7月3日《光明日报》第12版以《揭开人类心智的奥秘——认知科学的研究与发展》为题,发表了一组文章,在"编者按"中指出:"人类进入21世纪,有两大秘密将要被揭开,一是生命的奥秘,二是心智的奥秘。"

至于人类能否在21世纪完成这两大任务,那只有等待更晚时期的人们去评析。但无疑的是,就像物理学中的宏观、微观探索是相辅相成地发展一样,对人类社会的形成史和演化史、人类的自然属性和社会属性的相互关系的多层面的探索,也将同时进行。人的认识没有穷尽,人们对原始社会历史的探讨也不会终结。

强调"生态环境突变"对人类起源的决定性影响的沙林,由于不了解人类进化不仅与生态环境有关,也与人类群体中在一定条件下产生并且不断增强的社会性,特别是与生产劳动相联系的社会性有关,以至得出了"人类起源问题不是一个科学的问题"的奇怪结论。③ 他在书中写道:"对于人类起源问题的回答,基本上取决于人们想给予的标准,很明显,这个标准对于古生物学家、心理学家、哲学家、神学家的意义是不相同的。"④ 沙林的这个论断的错误是显而易见的。

---

① [法]让·沙林:《从猿到人——人的进化》,管震湖译,商务印书馆1996年版,第22—23页。
② [法]让·沙林:《从猿到人——人的进化》,管震湖译,商务印书馆1996年版,第23—24页。
③ [法]让·沙林:《从猿到人——人的进化》,管震湖译,商务印书馆1996年版,第104、111页。
④ [法]让·沙林:《从猿到人——人的进化》,管震湖译,商务印书馆1996年版,第111页。

马克思主义经典作家在承认"人是自然的一部分"的同时，特别指出，"有意识的生命活动把人同动物的生命活动直接区别开来"。并且严格区分人的生产与动物的生产的不同。①

恩格斯在《家庭、私有制和国家的起源》中详细阐述了人的自然属性和社会属性的相互关系，在1884年第1版序言中指出："根据唯物主义观点，历史中的决定性因素，归根结底是直接生活的生产和再生产。但是，生产本身又有两种。一方面是生活资料即食物、衣服、住房以及为此所必需的工具的生产；另一方面是人自身的生产，即种的繁衍。一定历史时代和一定地区内的人们生活于其下的社会制度，受着两种生产的制约：一方面受劳动的发展阶段的制约，另一方面受家庭的发展阶段的制约。劳动越不发展，劳动产品的数量、从而社会的财富越受限制，社会制度就越在较大程度上受血族关系的支配。"② 两种生产关系的相互依存和由低级阶段向高级阶段的发展，决定了家庭形式的变更以及基于私有制和财产差别的阶级对立的产生，导致国家的出现。

在这段话中，恩格斯提到的血族关系对社会制度的制约是与劳动的发展程度密切相关，即劳动的发展程度越低，血缘关系对社会制度的制约越大的论断，值得高度注意。特别是在研究前资本主义社会的等级阶级结构特征时，应该时刻牢记。③

坚持用马克思主义阐释原始社会史的一大批苏联学者，于1983年、1986年和1988年先后出版了三卷本的集体著作《原始社会史》。④ 这部综合运用人类学、考古学、民族学、语言学等诸多学科

---

① 《马克思恩格斯选集》第1卷，人民出版社1995年版，第45—47页；第4卷，第623—624页。
② 《马克思恩格斯选集》第4卷，人民出版社2012年版，第13页。
③ 廖学盛：《奴隶占有制与国家》，《廖学盛文集》，上海辞书出版社2005年版，第175页以次。
④ 三卷书的名称分别是：История первобытного общества · Общие вопросы · Проблемы антропосоциогенеза，该卷有浙江人民出版社于1990年出版的蔡俊生、马龙闪的译本《原始社会史——一般问题、人类社会起源问题》；История первобытного общества · Эпоха первобытной родовой общины（《原始社会史·原始氏族公社时代》）；История первобытного общества · Эпоха классообразовани（《原始社会史·阶级形成时代》）。

截至20世纪80年代中期积累的大量资料的巨大著作中的相当部分论证，显然在19世纪是不可能知道的。在这部总数1500多页的著作中，用了近1/4的篇幅叙述从类人猿出现到现代人的社会组织——原始氏族公社形成（距今40000—35000年）这段漫长岁月的历史。

该书的显著优点是，不仅把具有现代体质特征的智人出现之前的遥远时期内人类祖先的进化，与"生态环境突变"相联系，而且认真考察了人类祖先由动物性本能产生的劳动技能，与他们逐步形成为社会群体而依靠语言来巩固团结和协调活动、有意识地从事获取食物的社会性劳动的原则区别，考察了在群体劳动中发展和丰富的社会意识的巨大反作用。书中指出了，正是人类群体在劳动生产过程中相互依存的社会性的不断增长，以及对这种社会性的自觉，并凭借这种自觉来规范群体中每个成员的行为，才最终使形成中的人类脱离了动物界，使人类形成了靠自身劳动生产食物，有社会意识，有调节群体内部的食物生产、分配和两性关系的机制，有艺术、宗教等的独特群体。

按照苏联学者在上面提到的《原始社会史》中表达的意见，现代体质特征的智人社会形成之时，也就是基于血缘的氏族制度产生之日。基于血缘的氏族制度随着社会生产力的发展而不断变化以至逐步瓦解的历史，也就构成了家庭、私有制、阶级和国家产生的前提。

该书列举的大量事实表明，尽管一百多年过去了，恩格斯在《家庭、私有制和国家的起源》一书中所表述的他自己的，以及他所支持的摩尔根《古代社会》一书中的"基本观点"，也就是关于氏族制度的历史地位、基本特征和发展轨迹的论断，仍然是卓越的，有效的。[①]

[①] 苏联科学院民族研究所：《原始社会史：一般问题、人类社会起源问题》，蔡俊生、马龙闪译，浙江人民出版社1990年版，第75—191页，特别是第108—191页。顺便说说，在关于古代希腊城邦问题的研究中，氏族、胞族是先于城邦而存在，还是由城邦所设置的争论，至今没有停止。参阅 Mogens Herman Hansen and Thomas Heine Nielsen, eds., *An Inventory of Archaic and Classical Poleis*, pp. 95–97. 有的著作中写道："摩尔根是最早分析氏族组织，并将其同欧洲的私有财产制度和阶级进行比较的人类学家之一。尽管当代人类学家的发展已经证明氏族组织并不像摩尔根所想象的简单划一，人们也不再很认真地接受他的理论。但他以经验为基础的著作，仍包含着许多深刻的见解，具有很重要的分析特征。"陈庆德：《经济人类学》，人民出版社2002年版，第383页。

在《家庭、私有制和国家的起源》1891年第4版的序言中，恩格斯详细评述了从1861年巴霍芬（1815—1887年）的《母权论》出版到1891年的30年间，世界范围内对家庭史的研究进展情况。尽管巴霍芬这位瑞士的法学史专家的书名的全名是《母权论：根据世界的宗教和法的本质对古代世界的妇女统治的研究》，书中把宗教思想看成促进人类的性关系由无秩序的杂乱交媾发展到母权制，并进而到达父权制家庭的动力，但母权制的世界普遍性问题的提出，具有重大的学术意义。

摩尔根也曾长期在家庭史领域进行探索，并于19世纪70年代初出版了《人类家庭的血亲制度和姻亲制度》一书。摩尔根尽管也是学习法律出身，但他在自己对原始社会史的长期研究中，能够注意到从世界范围内收集民族学、考古学方面的资料，在维护印第安人关于土地的权利的同时注意关于土地所有权的论争，因而在1877年出版的《古代社会》一书中，他能把对整个人类古代社会的研究置于历史唯物主义的基础之上。

正是根据从旧大陆和新大陆多个民族历史中得到的丰富知识以及长期生活在易洛魁人中间实地调查取得的可靠资料，摩尔根在承认人类社会有普遍发展规律这一科学思想的指引下，确认印第安人的氏族制度乃是希腊罗马的氏族制度得以发展起来的原始形式。

对于摩尔根的这个科学论断，恩格斯给予了极高的评价。他写道："确定原始的母权制氏族是文明民族的父权制氏族以前的阶段的这个重新发现，对于原始历史所具有的意义，正如达尔文的进化理论对于生物学和马克思的剩余价值理论对于政治经济学的意义一样。它使摩尔根得以首次绘出家庭史的略图；这一略图，在目前已知的资料所容许的限度内，至少把典型的发展阶段大体上初步确定下来了。非常清楚，这样就在原始历史的研究方面开始了一个新时代。母权制氏族成了整个这门科学所围着旋转的轴心；自从它被发现以后，人们才知道，应该朝着什么方向研究和研究什么，以及应该如何去整理所得的结果。因此，目前在这一领域内正取得比摩尔根的著作出版以前更加迅速得多的进步。"①

从这段富有激情又充满辩证法的十分谨慎地使用一系列限制词的评论中，我们可以清晰地看到，在阐述科学发展过程中相对真理和绝对真理的相互关系时，恩格斯是非常注意把握分寸的。在这个方面表现出来的恩格斯的优良学风，永远是我们学习的典范。摩尔根在学术史上首次提出了从人类的最原始状态到婚姻家庭形态依次更替的系列。恩格斯在1884年初版的《家庭、私有制和国家的起源》中，完全采用了摩尔根的说法。但是，恩格斯在继续根据关于家庭史方面的新资料而深化对这一方面的研讨的基础上，在该书的1891年第4版中，提出了更正和保留意见。② 在1974年莫斯科出版的《婚姻和家庭起源》一书中，作者谢苗诺夫对恩格斯观点变化的情况做了准确的介绍。③ 谢苗诺夫指出，恩格斯著作中涉及婚姻和家庭进化的部分，绝对不是摩尔根《古代社会》相应篇章的简单复述。摩尔根的著作问世以后学术界积累的资料，已经要求对摩尔根拟定的婚姻和家庭进化模式进行实质性的重新审查。血缘家庭和普那路亚家庭是摩尔根的婚姻家庭关系进化模式中最薄弱的环节。④

在我们这篇短文中，不打算再花笔墨评述民族学家关于家庭形态史包括母权制和父权制家庭相互关系的论争。下面，我们将考察

---

① 《马克思恩格斯选集》第4卷，人民出版社2012年版，第25—26页。
② 《家庭、私有制和国家的起源》的第二部分"家庭"的行文，在1884年版本和1891年版本中有很大的不同，只要细读文本，马上就能发现。例如，在涉及"普那路亚家庭"时，在1891年的文本中，仅在"家庭"部分，就4次将"普那路亚家庭"改为"群婚"。恩格斯还指出，自从1871年摩尔根于《人类家庭的血亲制度和姻亲制度》一书中发表了"关于夏威夷普那路亚家庭的材料"之后直到1891年，"我们了解了群婚的一系列其他形式，现在我们知道，摩尔根在这里走得太远了"。《马克思恩格斯选集》第4卷，人民出版社1995年版，第40页。
③ Ю. И. Семенов, *Происхождение брака и семьи*, Издательство, *Мысль*, Москва, 1974, стр. 31－33.
④ 关于原始社会史中婚姻家庭形态进化的情况，学术界继续存在争论。可参阅苏联科学院民族研究所《原始社会史：一般问题、人类社会起源问题》，浙江人民出版社1990年版，第184—185页；宋兆麟、黎家芳、杜耀西：《中国原始社会史》，文物出版社1983年版，第104—111页；李根蟠、黄崇岳、卢勋：《中国原始社会经济研究》，中国社会科学出版社1987年版，第18—21页。

一下自《家庭、私有制和国家的起源》问世以后一百多年间对人类古代经济发展状况研究方面的进展。

由于考古学家、民族学家和经济史学家在一个多世纪之内的努力，我们对于近一万年以来人类物质生产状况和经济交往状况的了解，较之 19 世纪下半叶，有了极其巨大的进步。可以说，现在关于农业、畜牧业发生、发展历史的说法，与《家庭、私有制和国家的起源》中的描述是大不相同的。关于古代不同地区众多氏族公社间经济交往的情况，也有别于恩格斯的一些论断。①

在《家庭、私有制和国家的起源》中，恩格斯认为，畜牧业早于农业在旧大陆构成财富的重要来源。② 现代科学则充分肯定，正是农业的发生发展，构成近一万年亚洲、非洲和欧洲广大地域内经济发展的基础。尽管在不少地方，畜牧业与农业有密切的联系，但畜牧业的出现晚于农业，从属于农业，主要服务于农业发展的需要。③

由于中国考古学的长足发展，关于中国农业起源和早期发展的资料不断增多。1987 年，中国社会科学出版社出版了由李根蟠、黄

---

① 在前面提到的苏联学者集体撰写的 3 卷本《原始社会史》中，在其第 2 卷中用了近 200 页的篇幅，评述新石器时代，也就是晚期原始氏族公社时代世界不同地区生产和交换的发展情况。而在该书的第 3 卷中，详细论述了原始社会瓦解的生产前提以及随着剩余产品逐渐增多而发生的经济、社会、文化各方面的变化。

② 《马克思恩格斯选集》第 4 卷，人民出版社 2012 年版，第 62 页以下。

③ 苏联科学院民族研究所：《原始社会史》（俄文版），第 2 卷，1986 年版，第 243—337 页。《原始社会史》（俄文版）第 3 卷（1988 年出版）中指出，在地理条件特别有利的情况下，在新石器时代末期，一些氏族公社仅依靠采集和狩猎，也能积累大量财富，以至社会在一定程度上出现贫富分化（第 9—50 页）。

袁靖在《论中国古代家猪的驯养》一文中指出："在中国的大部分地区，除了狗之外，猪很可能是最早被驯养的动物。""中国最早的家猪出自距今 8000 年左右的磁山遗址，这个时间明显地晚于栽培作物开始的时间。""我们认为，在中国新石器时代，家猪作为最早出现的家养动物之一，至少必须具备以下四个条件或前提。一是由来已久的通过狩猎活动获取肉食资源的方式已经开始不能满足肉食的供应，必须开辟新的途径获取肉食资源。二是当时在居住地周围存在一定数量的野猪，特别是有出生不久的小野猪，因此人们可以捕获它们进行驯化。三是对特定农作物的播种、管理、收获等一系列栽培工艺的成功，巩固了人们有意识地种植植物性食物的信心，同时也促使他们开始有意识地对动物进行驯化。四是收获的粮食有了一定的剩余，可以用来对动物进行饲养。"袁靖：《论中国古代家猪的驯养》，中国社会科学院考古研究所考古科技中心编《科技考古》第 1 辑，中国社会科学出版社 2005 年版，第 207—208、213 页。

崇岳、卢勋合著的《中国原始社会经济研究》一书，系统介绍了中国农业起源和原始农业与畜牧业的发展。而在该书出版之后，中国农业起源和早期发展情况，在任式楠的长篇论文中有完整的阐述。①

尽管无论是从世界范围看，还是从中国的情况看，在农业的发生、发展史方面，都还有大量问题需要研究，但是毫无疑义的是，适应千差万别的自然环境的多元发展的农业提供的总量和品种日渐增多的食物，是促使人口增长、分工日趋细密的最重要的物质基础。定居和建筑业的萌生、发展，也都与农业紧密相关。

既然从新石器后期开始，农业的发展状况决定着其他生产部门的状况，那么，恩格斯在《家庭、私有制和国家的起源》中提到的由于畜牧业是财富积累的主要途径而与之相关的变化，②便应当重新加以解释。

由于考古学和民族学见证的原始社会后期农业和畜牧业的相互关系，不同于恩格斯写作《家庭、私有制和国家的起源》时的情况，那么，对于"游牧民族"③出现的条件和所起的作用，自然就有新的说法。④

在苏联学者集体撰写的《原始社会史》中指出，曾经流行过一种说法，即游牧经济的产生是猎人独立地驯化动物的结果，现在看来是过时了。游牧经济在西亚和欧洲，大概于公元前6000—前4000年前出现，而不会更早。在公元前5000—前4000年，在西亚的平原和山区，出现了部分从事游牧的人群，主要是牧养山羊和绵羊。但是，这些人还继续耕作农田，或者在离农业区不远的地方活动。⑤

---

① 《任式楠文集》，上海辞书出版社2005年版，第370—457页。
② 《马克思恩格斯选集》第4卷，人民出版社2012年版，第62—63、176—178页。
③ 《马克思恩格斯选集》第4卷，人民出版社2012年版，第62页。
④ 苏联科学院民族研究所：《原始社会史》（俄文版）第3卷，1988年版，第37页以下。
⑤ 苏联科学院民族研究所：《原始社会史》（俄文版）第3卷，1988年版，第37—40页。在《中国原始社会经济研究》中指出，从中国的具体情况看，游牧民族形成的主要途径是："形成以农业为主农牧结合的经济后，某些地区畜牧业的比重逐渐上升，以致超过了农业的比重，在自然条件适宜的地方，逐步放弃了定居农业生活，采取了游动放牧的方式，以致形成'逐水草而居'的生活习惯。"（第173—174页）

基于上述农业、畜牧业以及游牧业出现时间的先后关系，也就不能再继续说人类社会的"第一次大分工"是"游牧部落从其余的野蛮人群中分离出来"①。对于恩格斯涉及"第一次社会大分工"后果的相关论断，自然需要有新的阐释。

　　正是由于在恩格斯逝世后的一百多年中，考古学发展带来的关于远古人类经济发展史图景的重大变化，我们在充分肯定《家庭、私有制和国家的起源》一书中闪烁着真理光芒的基本结论的同时，必须尊重基于现实有更翔实资料之上的新见解。

　　《中国原始社会经济研究》的第六章"原始社会的分工与交换"，主要依据中国的民族学和考古学材料，并结合马克思和恩格斯关于分工和交换的思想发展线索，进行了研讨。该章中名为"若干理论问题的讨论"的第三节，着重分析了恩格斯关于"第一次社会大分工"的提法的缺陷。书中写道："游牧部落的形成只是共同体外部分工的一种形式，而且发生较晚，不能以它来概括这种社会分工形式。""如果指的是比较完整意义上的商品交换的话，它确是以从事生产经济的原始共同体的出现为前提的（或者说是以生产经济逐步代替了攫取经济的地位为前提的），不过不应把它局限在游牧部落的形成，而应该把它扩大到整个原始农业的发生。"②

　　主要在第二次世界大战之后发展起来的、以美籍匈牙利犹太人学者卡尔·波拉尼（Polanyi，1886—1964）为主要代表的"经济人类学"，在注重前资本主义社会与资本主义社会中商品和交换的内容及形式的区别的同时，深化了对原始社会史中交换的发生、发展史的研究。经济人类学家们的大量田野民族学调查和对所得资料的分析，使人们对原始共同体之间以及原始共同体内部广泛存在的"互惠交换"有了具体深刻的认识。③

　　由于新的有关原始社会经济史的资料导致对人类社会分工发展

---

①《马克思恩格斯选集》第4卷，人民出版社2012年版，第175—178页。
② 李根蟠、黄崇岳、卢勋：《中国原始社会经济研究》，中国社会科学出版社1987年版，第280—281页。
③ 陈庆德：《经济人类学》，人民出版社2002年版。

史的重新解释，很显然，对于恩格斯做出的与他所理解的"第一次社会大分工"相关的一系列论断的某些部分，也就需要重新加以思考。

例如，奴隶占有制的产生，无疑是与社会生产力发展引起的劳动力增殖有关，从而使某些原始共同体进而至某些家庭对"吸收新的劳动力"产生兴趣，"战争提供了新的劳动力：俘虏变成了奴隶"①。但是，新的考古资料说明，正是由于农业的长足发展，以及由于它所促成的定居和人口迅速增长，才使战争日益频繁，战俘变成奴隶成为经常现象。奴隶占有制的发生、发展，无疑与新的生产力继续发展的需要紧密相关，而且不断改变不同原始共同体之间以及占有奴隶的共同体内部的各种关系。但是奴隶占有制的发生、发展，并不要求占有奴隶的共同体内部源于原始社会的基于血缘的氏族部落关系的迅速瓦解。相反，早期奴隶占有制国家一个极为重要的特点是，与地缘相比，公民中源于原始社会氏族部落的血缘关系的紧密联系占有更重要的地位。②

细心研读《家庭、私有制和国家的起源》，我们还可以继续发现恩格斯的失误。例如，认为斯巴达的"黑劳士""处于农奴地位"③。又如，书中采用的古代作家关于几个希腊城邦的奴隶数字，④ 现在一般认为是过于庞大了。

尽管随着对原始社会史和早期奴隶占有制社会的研究的进展，

---

① 《马克思恩格斯选集》第4卷，人民出版社2012年版，第177—178页。
② 本文中不打算展开对原始社会末期和奴隶占有制社会早期的"血缘""地缘"相互关系的讨论。这里仅仅指出：恩格斯由于不了解在他去世之后才广为流传的亚里士多德的《雅典政制》中关于雅典公民权的"血缘""地缘"因素的相互关系，也不了解20世纪学术界对古代希腊罗马公民权体系的研究成果，对早期奴隶占有制国家中"血缘"与"地缘"的关系的认识是不完全正确的。但是，对于恩格斯来说，人类社会最早由于新的生产力发展需要而步入阶级社会时，首先建立的必然是奴隶占有制国家。在这一点上，恩格斯与现在广为流传的、借阶级社会中的自由民内部的严重"血缘联系"印记，而否定奴隶占有制社会是人类社会经济形态中的一个不可逾越的阶段的错误思潮，是有本质区别的。
③ 《马克思恩格斯选集》第4卷，人民出版社2012年版，第73页。参阅周怡天《关于黑劳士的阶级属性与农奴制的历史始源问题》，《史学理论研究》1999年第2期。
④ 《马克思恩格斯选集》第4卷，人民出版社1995年版，第112、117、168页。

于一百多年前问世的《家庭、私有制和国家的起源》一书,在一些地方已经显得陈旧,需要做一定的修正,但是从总体上看,它仍然是一部具有很高学术价值的重要理论著作。《家庭、私有制和国家的起源》是每个马克思主义者必读的书。

(原载《中国社会科学院学术咨询委员会集刊》第 3 辑,社会科学文献出版社 2007 年版)

关于国家定义的重新认识

易建平

研究文明起源和国家起源，首先需要弄清楚什么是"文明"，什么是"国家"，"文明"与"国家"之间存在一种什么关系。研究这一问题的必要性，在中国学者中应该说已经达成共识。当然，这也说明我们关于这两个概念本身其实并无共识。目前，许多中国学者尤其是考古学家的做法是，将文明与国家分作内涵不同但相互联系的两个概念来看，认为文明更多地是指某种具体的文化现象，如城邑、青铜器、大型建筑、文字等，国家则是在某种特定文化基础之上产生的某种特定的社会现象。[①] 或者，有些学者干脆将文明本身分作两大部分，一是某种特定的文化，一是在这种文化之上产生的特定的社会结构，后者相当于国家。[②] 范毓周将这样的认识总结为，

[①] 夏鼐：《中国文明的起源》，文物出版社1985年版，第79—106页（尤其是第81页）；陈星灿：《文明诸因素的起源与文明时代——兼论红山文化还没有进入文明时代》，《考古》1987年第5期；李先登：《关于中国古代文明起源的若干问题》，《天津师范大学学报》1988年第2期；李绍连：《"文明"源于"野蛮"——论中国文明的起源》，《中州学刊》1988年第2期；许顺湛：《关于文明起源的几个问题》，《中州学刊》1989年第3期；彭邦本：《文明起源的"三要素"说质疑》，《考古与文物》1993年第1期；李伯谦：《中国文明的起源与形成》，《华夏考古》1995年第4期；曹兵武：《文明与国家——中国文明起源理论思考之三》，《中国文物报》1998年6月3日第3版。

[②] 孙淼：《关于"文明"的涵义问题》，洛阳文物二队编《夏商文明研究》，中州古籍出版社1995年版，第10—14页；王震中：《中国文明起源研究的现状与思考》，陕西省考古研究所编：《中国史前考古学研究——祝贺石兴邦先生考古半世纪暨八秩华诞文集》，三秦出版社2003年版，第450页；王巍：《对中华文明起源研究有关概念的理解》，《史学月刊》2008年第1期。

"国家和文明是两个相互关联但并非一致的概念"①。

笔者曾从词源角度考察了"文明"与"国家"两个概念的发生发展,结论认为从词源上看,"文明"即"国家"②。因此,笔者认为研究"文明"起源,也就是研究"国家"起源。所谓"文明"社会,也就是"国家"社会,而不是许多考古学家认为的什么城邑社会、金属社会、文字社会、大型建筑社会、礼仪社会等。只有在比较研究的基础上,充分证明城(市)、金属、文字、大型建筑、礼仪等与国家社会的结构相关,它们才能够作为国家产生的证据,用来证明文明的起源。这样,接下来的问题自然就是,什么是国家。

一 地区与阶级不宜作为国家产生的标志

1949年以后的中国学术界,基本上在使用摩尔根—恩格斯的定义,也就是认为,国家是一种氏族制度破坏之后构建在地区原则基础上的"第三种力量"③。这"第三种力量"产生的目的在于,将阶级冲突控制在一定秩序范围内以免整个社会毁灭。国家之所以产生,是因为之前控制社会的氏族制度已经被社会分工及其后果(亦即社会之分裂为阶级)摧毁。国家是一种"从社会中产生但又自居于社会之上并且日益同社会相异化的力量"。它有两个明显的标志:一是,地区原则(前国家社会是氏族血缘原则),也即国家是"按地区"而不是像以前那样"按血缘"来划分自己的人民;二是,公共权力的设立。④

---

① 范毓周:《中国文明起源研究离不开本土化创新》,《中国社会科学报》2011年8月11日第213期。相似说法又参见范毓周《关于中国文明起源与形成问题的几点思考》,《史学月刊》2008年第1期。

② 易建平:《从词源角度看"文明"与"国家"》,《历史研究》2010年第6期。

③ [美]摩尔根:《古代社会》,杨东莼、马雍、马巨译,商务印书馆1977年版,第256—275、322—340页;恩格斯:《家庭、私有制和国家的起源》,《马克思恩格斯选集》第4卷,人民出版社2012年版,第123—195页。

④ 恩格斯:《家庭、私有制和国家的起源》,《马克思恩格斯选集》第4卷,第184—188页。

其中，第二个标志最为重要。按照恩格斯的话来说，这种"和人民大众分离的公共权力"，是"国家的本质特征"。什么是"和人民大众分离的公共权力"呢？恩格斯告诉我们说，与先前比较，"这种公共权力已经不再直接就是自己组织为武装力量的居民了"。当然，它还包括"宪兵队""监狱和各种强制设施"，等等。[1]

第一个标志，已经受到包括中国材料在内的许多无法应对的挑战。比如，现有的材料足以证明，中国的夏商周三代主要是血缘关系社会。在甲骨文材料以及后代的文献材料与殷商考古发掘材料中，我们可以清楚地看到，商人是严格按照血缘关系来组织自己的社会与国家的。所谓"王族"[2]"多子族""三族""五族""黄族"，等等，都是这样一些血缘关系的组织。[3] 周武王曾经对周公旦说："维天建殷，其登名民三百六十夫，不显亦不宾灭，以至今。"[4]"三百六十夫"，一般就解释为殷代三百六十个氏族长。考古发掘，也证明甲骨文材料与文献材料所言这种血缘关系组织的存在。比如，殷墟西区大规模的墓葬，就是按照血缘关系来安排的，它们可以分为八个大块，每个大块又由若干个墓葬群所组成。[5] 这种"聚族而葬"的形式，反映的应该就是死者生前的"聚族而居"。周人更不必说，他们有着中国历史上最为知名的宗法制度，根据血缘关系的亲疏远近来决定一个人在社会上的权力与地位。其实质无非是，"以血缘为自然前提和纽带，以财产、权力的分配、继承为基本内容的等级制度"[6]。这种制度在政治结构层面

---

[1] 恩格斯：《家庭、私有制和国家的起源》，《马克思恩格斯选集》第4卷，第132、187—188页。

[2] 据沈长云说："仅目前人们用作甲骨文资料集使用的《殷墟甲骨刻辞类纂》所开列的含有'王族'的卜辞，就达20余条。"（沈长云：《说殷墟卜辞中的"王族"》，《殷都学刊》1998年第1期）

[3] 在殷墟甲骨文里，出现有商代后期的族名多达数百个（参见王贵民《试论商代的社会和政权结构》，《中州学刊》1986年第4期）。

[4] 《史记》卷4《周本纪》，中华书局1959年版，第129页。这段话原出自《逸周书·度邑解》："维天建殷，厥征天民名三百六十夫。弗顾，亦不宾灭，用庋于今。"（黄怀信、张懋镕、田旭东撰：《逸周书汇校集注》，上海古籍出版社1995年版，第500—501页）

[5] 中国社会科学院考古研究所安阳工作队：《1969—1977年殷墟西区墓葬发掘报告》，《考古学报》1979年第1期。

[6] 钱杭：《〈尚书〉宗法思想研究》，《社会科学战线》1985年第4期。

上最为重要的表现，就是所谓的"封建亲戚"："昔周公吊二叔之不咸，故封建亲戚，以藩屏周。管、蔡、郕、霍、鲁、卫、毛、聃、郜、雍、曹、滕、毕、原、酆、郇，文之昭也。邘、晋、应、韩，武之穆也。凡、蒋、邢、茅、胙、祭，周公之胤也。"（《左传·僖公二十四年》）"昔武王克商，光有天下。其兄弟之国者十有五人，姬姓之国者四十人，皆举亲也。"（《左传·昭公二十八年》）周公"兼制天下，立七十一国，姬姓独居五十三人，周之子孙苟不狂惑者，莫不为天下之显诸侯"（《荀子·君道》，该段话主要内容又见于同书《儒效》）。正是在这样的血缘关系主导之下，周人所谓"我家"①、"我邦"②、"我国"③ 和"国家"④，成为可以互换的同义词。因此，中国学者越来越觉得摩尔根—恩格斯的这一标志并不具有普适性。其实，在摩尔根—恩格斯理论中作为国家起源典型来研究的雅典，直至伯里克利执政时期，也就是雅典城邦的鼎盛时期，血缘关系仍旧是这个社会进行组织的最为重要的一条原则。公元前451年，伯里克利提出并通过一条法律，规定此后只有父母都是雅典公民的人，才有资格成为雅典公民。⑤ 看起来，不仅仅在中国，而且在摩尔根—恩格斯理论中视作文明起源第一模式范例的雅典那里，这一标志是否成立依旧值得讨论。

---

① 张政烺：《厉王胡簋释文》，《古文字研究》第3辑，中华书局1980年版，第105页；《尚书·大诰》，孙星衍：《尚书今古文注疏》，陈抗、盛冬铃点校，中华书局1986年版，第343页；王国维：《观堂古今文考释·毛公鼎铭考释》，《王国维遗书》，第4册，上海书店出版社1983年版，第91、98页。

② 王国维：《观堂古今文考释·毛公鼎铭考释》，《王国维遗书》第4册，第91、94、98页。

③ 《尚书·大诰》："天降威，知我国有疵，民不康。"（孙星衍：《尚书今古文注疏》，第345—346页）有意思的是，毛公鼎铭文中有"我周""我邦""我家""我或（国）"好几种同一意思的说法，可证"家"即"国"，"国"即"家"（王国维：《观堂古今文考释·毛公鼎铭考释》，《王国维遗书》第4册，第91、94、96、98页）。

④ 《尚书·文侯之命》："侵戎，我国家纯。"（孙星衍：《尚书今古文注疏》，第546页）

⑤ Plutarch, *Lives*, Vol. 3, Cambridge, MA: Harvard University Press, and London: William Heinemann Ltd., 1916, pp. 107–109; Aristotle, *The Athenian Constitution*, *The Eudemian Ethics*, *and On Virtues and Vices*, London: William Heinemann Ltd., and Cambridge, MA: Harvard University Press, 1935, pp. 77–78; B. Isaac, *The Invention of Racism in Classical Antiquity*, Princeton: Princeton University, 2004, p. 116.

至于"公共权力的设立"这一标志,迄今为止,中国学者尚未怀疑过。

在中国学者对摩尔根—恩格斯定义的修正中,20世纪90年代以来王震中的观点颇有影响。他去掉"地区原则"一项,而将他们理论中国家产生的前提,也即"分工及其后果即社会之分裂为阶级"挑出来稍作修改,与"公共权力的设立"并列,作为国家产生的两大标志:"一是阶级或阶层、等级的存在;二是强制性权力系统的设立。"①

王震中提出的这两大标志,在去掉"按地区划分国民"这一点上有进步,但将摩尔根—恩格斯理论中国家产生的前提条件之一,作为国家本身产生的标志,却明显存在不小缺陷。首先,前提条件之一作为主题事物本身的标志十分不宜。任何一种的前提条件,都可以存在于主题事物出现之前很久,这是一个常识。并且,有了该前提条件,也难以断定该主题事物一定会随之产生。比如,就社会发展来看,有了阶级而国家并未产生的例子比比皆是。典型的案例有大家经常提到的中国凉山彝族社会。从文献与田野调查材料看,彝族社会的阶级(更不用说等级)早在唐代甚至更早即已十分发达,并且一直存在至20世纪50年代,长达一千多年,它的政治组织却一直未发展成为国家。② 因此,将一种有可能存在于主题事物产生之

---

① 王震中:《中国文明起源研究的现状与思考》,载陕西省考古研究所编《中国史前考古学研究——祝贺石兴邦先生考古半世纪暨八秩华诞文集》,第450页。此外参见王震中《文明与国家——东夷民族的文明起源》,《中国史研究》1990年第3期;王震中:《中国文明起源的比较研究》,陕西人民出版社1994年版,"绪论"(尤其第3页)。

② 关于凉山彝族社会,学者在许多问题上都有争论,但有两点,大家看法基本相同:一是,这个社会阶级等级关系十分发达;二是,它依旧处于前国家社会发展阶段[参见刘尧汉《彝族社会历史调查研究文集》,民族出版社1980年版;《凉山彝族奴隶社会》编写组:《凉山彝族奴隶社会》,人民出版社1982年版;周自强:《凉山彝族奴隶制研究》,人民出版社1983年版;胡庆均:《凉山彝族奴隶制社会形态》,中国社会科学出版社1985年版;四川省编写组:《四川省凉山彝族社会调查资料选辑》,四川省社会科学院出版社1987年版;何耀华:《论凉山彝族的家支制度》,载中国西南民族研究学会编《西南民族研究》(彝族研究专辑),四川民族出版社1987年版,第119—142页;袁亚愚主编:《当代凉山彝族的社会和家族》,四川大学出版社1992年版;马学良、于锦绣、范慧娟:《彝族原始宗教调查报告》,中国社会科学出版社1993年版;杨怀英主编:《凉山彝族奴隶社会法律制度研究》,四川民族出版社1994年版]。

前很久、并且其出现不能说必然会引起该主题事物产生的前提条件，作为该主题事物本身产生的标志，显然十分不恰当。

此外，将"阶级或阶层、等级"并列也不适宜。无论是在摩尔根—恩格斯的理论中，[1] 还是在当代文化人类学的研究中，[2] 这都是一些可能相互联系但依旧区别不小的不同概念。一般说来，"等级"产生于"阶级"之前。"阶层"则是一个更为含混的概念，它既可以用来指"等级"之间的"阶层"，也可以用来指"阶级"之间的"阶层"，甚至还可以用来指非社会分化也即非社会"等级"、非社会"阶级"的自然状态的"阶层"，如年龄性别"阶层"[3]。将这样三个概念使用"或"字并列起来，意思是其中任何一种现象的存在，都是国家产生的标志之一，显然极不适当。

还有，即便使用者的本意首先是指马克思主义理论中国家社会分化的典型形式"阶级"，这种现象的出现和存在是否一定是文明产生的前提，在学者当中本身就争议颇大。最为著名的争论见于塞维斯（Elman R. Service）与弗里德（Morton H. Fried）等人之间。在塞维斯看来，经济意义上的社会分层或者说阶级是在国家出现之后产

---

[1] ［美］摩尔根：《古代社会》，第 216—275、300—340 页；恩格斯：《家庭、私有制和国家的起源》，《马克思恩格斯选集》第 4 卷，第 12—195 页。

[2] M. D. Sahlins, *Social Stratification in Polynesia*, Seattle: University of Washington Press, 1958; G. E. Lenski, *Power and Privilege: A Theory of Social Stratification*, New York: McGraw-Hill, 1966; M. H. Fried, *The Evolution of Political Society: An Essay in Political Anthropology*, New York: Random House, 1967; E. R. Service, *Primitive Social Organization: An Evolutionary Perspective*, New York: Random House, 1971; E. R. Service, *Origins of the State and Civilization: The Process of Cultural Evolution*, New York: W. W. Norton & Company, 1975; J. Friedman and M. J. Rowlands, eds., *The Evolution of Social Systems*, London: Duckworth, 1977; C. Renfrew and S. Shennan, eds., *Ranking, Resource and Exchange*, Cambridge: Cambridge University Press, 1982; E. Brumfiel and T. Earle, eds., *Specialization, Exchange and Complex Societies*, Cambridge: Cambridge University Press, 1986; F. Lange, ed., *Wealth and Hierarchy in Lower Central America*, Washington D. C.: Dumbarton Oaks Research Library and Collections, 1988; J. Gledhill, B. Bender, and M. T. Larsen, eds., *State and Society: The Emergence and Development of Social Hierarchy and Political Centralization*, London: Unwin Hyman, 1988; T. K. Earle, *How Chiefs Come to Power: The Political Economy in Prehistory*, Stanford: Stanford University Press, 1997.

[3] 关于年龄性别阶层等，参见 E. R. Service, *Primitive Social Organization: An Evolutionary Perspective*, pp. 103–105.

生的，历史上并无社会分层先于国家出现的例子，社会分层是国家产生的结果，而不是国家产生的原因。① 当然，塞维斯的意见并非一定就是正确的，这里只是用它来说明，在阶级与国家孰先孰后的问题上，学术界本身还存在颇大争议。

有意思的还在恩格斯本人对这一点的认识。他一方面明确写道，"国家是从控制阶级对立的需要中产生的……它同时又是在这些阶级的冲突中产生的"；但另一方面也的确说过，"在阶级对立还没有发展起来的社会和偏远的地区，（国家的）这种公共权力可能极其微小，几乎是若有若无的，像有时在美利坚合众国的某些地方所看到的那样"②。后面一部分的意思十分明白："在阶级对立还没有发展起来的社会和偏远的地区"，国家的"这种公共权力"还是可以产生并存在的，虽然它"可能极其微小"。换句话说，从这意思可以推论出，未必在任何情况下，国家都一定是阶级及其对立的产物，或者说阶级及其对立，未必就是国家产生的必要前提。当然，笔者的推论即便准确，即便那真是恩格斯的本意，它是否正确还需要使用现今的材料来进行检验。笔者这里只是使用它来说明，即便是恩格斯，也未必处处把阶级在国家产生过程中的作用绝对化。

因此，放弃将那可能只是国家产生前提条件之一而不能肯定其必然会导致国家出现的阶级（尤其是"或等级、阶层"）作为国家产生标志的做法，显然是明智的。

也许有学者会批评，如果承认国家社会是阶级社会，那么不将

---

① E. R. Service, *Origins of the State and Civilization: The Process of Cultural Evolution*, pp. xii - xiii, 8, 285; E. R. Service, "Classical and Modern Theories of the Origins of Government," in R. Cohen and E. R. Service, eds., *Origins of the State: The Anthropology of Political Evolution*, Philadelphia: Institute for the Study of Human Issues, 1978, pp. 21 - 34. 关于弗里德的观点，参见 M. H. Fried, *The Evolution of Political Society: An Essay in Political Anthropology*, pp. 185 - 226; M. H. Fried, "The State, the Chicken, and the Egg: Or, What Came First?" in R. Cohen and E. R. Service, eds., *Origins of the State: The Anthropology of Political Evolution*, pp. 35 - 47。

② 恩格斯：《家庭、私有制和国家的起源》，《马克思恩格斯选集》第 4 卷，人民出版社 2012 年版，第 187—188 页。

阶级的存在作为国家产生的标志就说不过去。在国家社会是阶级社会这一论断上，笔者是同意的。并且，笔者也认为，阶级是国家产生的重要条件。但是，这不一定可以成为将"阶级"作为国家产生标志的理由。给一个事物下定义，需要尽可能简练，简练到只概括最为重要的可以将其与其他事物区分开来的内容。阶级，既然同时存在于前国家社会与国家社会，那么，它就是两种社会所拥有的共同现象，将其作为标志，并不能借以区分它们。笔者并不将阶级列为标志的另外一个重要支持，就是恩格斯对国家产生标志的选择。如前所述，恩格斯总体上是明确地将阶级当作国家产生的基础与前提条件的，认为国家社会就是阶级社会（当然笔者看他也未将此绝对化），但十分值得注意的是，他并未将阶级当作国家产生的标志之一。此外，在这个问题上，我们还需注意，"标志"不同于"标准"。

二 公共权力设立标志之笼统含混与韦伯定义适用时代之局限性

关于国家产生的第二个标志，即"公共权力的设立"，中国学者从未怀疑过。但是，这个问题仍然有着讨论的必要。什么是"公共权力"？按照一般理解，公共权力是指公共行为主体对公共权力客体的制约能力和力量。这里有两点最为重要：一是行使"公共权力"的公共行为主体；二是"公共权力客体"也即公共事务。换句话说，所谓"公共权力"是指处理公共事务的、具有强制性质的、掌握在"公共行为主体"手中的权力。

以"公共权力的设立"作为国家产生的标志，意思就是到了这个发展阶段，（全部或部分的，主要的以及次要的）公共事务是由一个掌握了（全部或部分的）强制性质权力的"公共行为主体"来处理。问题在于，我们从这个标志本身看不出来，什么范围公共事务的处理，什么程度上"公共权力的设立"，足以表明国家产生了。建立一座村级神庙，是处理公共事务；调动整个社会进行对外战争，也是处理公共事务。一个两个社区警察职位的设立，是公共权力的设立；服属于整个社会的一支常备军队的建立，也是公共权力的设立。虽然性质相同，但是，这样两组例子本身前后间量之区别的意义，其重要性绝不亚于两种事务本质之区别的意义。因此笔者认为，目前这样，"公共权力的设立"就其作为标志而言，显然还大大欠缺标志所应有的明确性，难以依据它来判断一个社会是否进入国家发展阶段。这是第一个问题。①

此外我们还需要了解，在国家出现之前的酋邦社会发展阶段的情况。在这个阶段的社会，也与任何社会一样，存在着需要处理的公共事务，但在塞维斯等一些有代表性的当代人类学家看来，将这些公共事务进行处理的"公共行为主体"，却与国家社会的这一"主体"有着根本不同。塞维斯认为，在酋邦社会中只有非强制性质的"权威"，而无强制性质的"权力"；后者是国家社会的产物。② 这也就是说，在酋邦社会中公共事务的处理，是由只有"权威"而无强制性质"权力"的"公共行为主体"来处理的。

这样，我们很容易发现另外一个问题。一方面，是并不拥有强制性质权力的前国家社会酋邦；一方面，是拥有这种强制性质权力的国家社会。于是，我们就要问了，在相对而言较短的时间之内，人类社会如何可能从那没有强制性质权力的酋邦社会里突然产生出来国家社会中强制性质的权力？并且，这种权力还应当大到足以支撑掌握者能够有效地处理涉及全社会的至少主要的公共事务，否则

---

① 在笔者看来，以"公共权力的设立"作为国家产生的标志，最低的标准应该是，强制性质的权力足以支撑掌握者能够有效地处理涉及全社会的主要公共事务。

② E. R. Service, *Primitive Social Organization: An Evolutionary Perspective*, pp. 150 – 151; E. R. Service, *Origins of the State and Civilization: The Process of Cultural Evolution*, pp. 12, 16, 86, 285.

恐怕就不能够说，社会性质已经出现质的改变，从酋邦发展阶段进入国家发展阶段。这当然并无可能。并无可能并不是历史发展本身出了问题。出问题的一定是我们自己的理论。

从历史发展的实际材料看，总体上，"公共权力的设立"是一个渐进的过程，是一个从无到有的过程。历史表明，公共权力的完备这一过程，在大多数地区，时间长度都在数百年上千年甚至数千年。

综上所述，以"公共权力的设立"作为国家产生的标志，目前这样还难以回答，涉及什么范围达到什么程度"公共权力的设立"，足以清楚地表明国家产生了。这就是说，作为摩尔根—恩格斯国家本质标志的"公共权力的设立"一说，仍旧有待进一步细化明确。

欧美学术界比较广泛认同的马克斯·韦伯的定义，似乎更为具体更为清楚地回答了这个问题。韦伯说："国家是一种在一个给定范围领土内（成功地）垄断了武力①合法使用权的人类共同体。"② 这个定义更为确切地告诉我们，什么是"国家"。"武力"，"合法"，加之以"垄断"，从而清晰地界定了国家与那种"公共权力"偶尔或者较少介入公共事务的情况，让我们明白无误地知道，国家社会与其他社会的明确区别。

"武力（暴力）"（Gewalt, Gewaltsamkeit, force, violence）一词，将国家社会以之作为基本支撑的权力（Macht, power），与前国家社会以之作为基本支撑的非暴力（武力）的"权威"（autorität, author-

---

① "Physischer Gewaltsamkeit"，或可译作"暴力"。

② "Heute dagegen werden wir sagen müssen: Staat ist diejenige menschliche Gemeinschaft, welche innerhalb eines bestimmten Gebietes-dies: das 'Gebiet' gehört zum Merkmal-das Monopol legitimer physischer Gewaltsamkeit für sich (mit Erfolg) beansprucht," M. Weber, *Politik als Beruf*, München und Leipzig: Verlag von Duncker & Humblot, 1919, p. 4; 该段英译可参见 J. Dreijmanis, ed., *Max Weber's Complete Writings on Academic and Political Vocations*, trans. Gordon C. Wells, New York: Algora Publishing, 2008, p. 156。

ity）区别开来。① "合法"（legitimer，② legitimate）这个形容词，则告诉我们，那是一种得到社会普遍认同的权力，受其影响的大多数社会成员即便自身在受到该权力惩罚时，正常情况下心底也是接受那种公共惩罚权的；因而，它有效地排除了那种仅仅因为难以对抗而不得不服从的"强力"。"垄断"一词又明确说明，只有那"第三种力量"才可以行使武力（暴力）；故而，它有效排除了前国家社会中各个"权力"并行的情况，也即任何人都可以对任何其他人使用武力（暴力）的情况：那时的武力（暴力）使用者并不需要担心，存在着一个常设的或者固定的公共报复者或者惩罚者；他在行使武力（暴力）时，主要担心的只是受害者本人及其亲友的报复。

---

① 塞维斯曾讨论过非强制性的"权威"（authority）与强制性的"暴力"或者"权力"[force，也即阿兰德特（Hannah Arendt）的"power"]两个概念，并分别以之作为前国家社会酋邦与国家社会本身之支撑。并非因使用某种暴力或者暴力威胁，而是因习惯、习性、礼仪、利益、学识、尊敬等非强制性的考虑所获得的他人服从的能力，可以称之为"权威"；强制性的权力（the physical power to coerce），他认为可以简单地标为"暴力（force）"（E. R. Service, *Origins of the State and Civilization: The Process of Cultural Evolution*, pp. 11 - 12）。"权威"这一概念在关于前国家社会酋邦的学说中具有十分重要的意义，塞维斯还引用阿兰德特的一段界说明它："由于权威总是要求服从，因此大家都错误地把它当作某种权力或者暴力。然而权威排除使用外部强制力量；暴力一旦使用，权威本身即已失效。从另外一个方面看，权威又与说服不能相容；说服以平等关系为前提条件，通过辩论的过程起作用……在发号施令方与服从方之间确立的权威关系，既不基于共同的理由，也不基于前者的权力；双方共同拥有的是等级本身；双方都承认等级为正当与合法，双方都拥有自己预先确定在等级制结构中的稳定的位置。"（参见 E. R. Service, *Primitive Social Organization: An Evolutionary Perspective*, p. 151；E. R. Service, *Origins of the State and Civilization: The Process of Cultural Evolution*, p. 11；H. Arendt, *Between Past and Future*, New York: Viking, 1961, pp. 92 - 93）在塞维斯看来，酋邦社会权力结构的一个最为重要的特征，就是权威；它以等级或者阶等为基础，而不建构在强制性的暴力之上，也即不建构在阿兰德特的"权力（power）"之上。他明确告诉我们，"在原始社会里，我们往往发现，传统的等级制度完全不使用任何形式的暴力而胜任统治"，酋邦社会的上层分子根据世袭的权威角色分成各种阶等，但是他们的"权威"并未得到那种垄断武力的政府的支持；酋邦缺少镇压的暴力（参见 E. R. Service, *Primitive Social Organization: An Evolutionary Perspective*, pp. 150 - 151；E. R. Service, *Origins of the State and Civilization: The Process of Cultural Evolution*, pp. 12, 16, 86, 285）。以上讨论还可参见易建平《酋邦与专制政治》，《历史研究》2001 年第 5 期；易建平：《部落联盟与酋邦——民主·专制·国家：起源问题比较研究》，社会科学文献出版社 2004 年版，第 194—207 页。

② 汉译多作"正当"（参见［德］韦伯《学术与政治——韦伯的两篇演说》，冯克利译，生活·读书·新知三联书店 1998 年版，第 55 页；韦伯：《政治作为一种志业》，《韦伯作品集》卷 1《学术与政治》，钱永祥等译，广西师范大学出版社 2004 年版，第 197 页）。

在国家社会里就不一样了,由于存在着一个常设的或者固定的公共报复者或者惩罚者,社会才能够感觉到另外一种类型的安全,与前国家社会依赖于亲族而维持的安全不同。

不过,使用韦伯的定义,另外一个大的问题又出现了。前面说过,"公共权力的设立"是一个渐进的过程。这种权力的行使者不可能一日之间便合法地"垄断"所有的武力(暴力)。不管是哪位学者所认定的哪个古代国家,公共行为主体都不可能在一开始便"垄断"了所有这种权力。可以肯定地说,达到那种程度,都是在大家认为国家已经建立数百年上千年甚至数千年以后。比如,中国进入文明社会以后很久,甚至晚至明清民国时期,仍旧存在着刑事惩罚权掌握在公共行为主体之外私家手中的情况。这样的例子很多,大家最为熟悉的是涉及广泛存在的祠堂刑事惩罚权的材料。比如,刘继庄《广阳杂记》卷4记载,镇江赵氏宗族有两万余丁,设总祠一人主持,族长八人辅佐,族中聪明正直者四人为评事,"复有职勾摄行杖之役者八人。祠有祠长,房有房长。族人有讼,不鸣之官而鸣之祠,评事议之,族长平判之,行杖者决之"[①]。比如,张萱《西园闻见录》卷85记载,河北真定县有寡妇私通他人,"其族长耻之,合群从殴杀之"[②]。比如,建宁孔氏规定:"至反大常,处死,不必禀呈。"[③] 比如,晋江县《洵海施氏族约》规定:"族中既立有族房长,事可质平,皆当据实秉理,会有爵者诣大宗祠,平心剖析孰是非,大杖小罚,就祖宗前释怨修好。

---

① 转引自刘黎明《祠堂·灵牌·家谱——中国传统血缘亲族习俗》,四川人民出版社1993年版,第190页。

② 张萱:《西园闻见录》卷85,转引自刘黎明《祠堂·灵牌·家谱——中国传统血缘亲族习俗》,第190页。冯尔康认为,在旧时南方,宗族活埋或淹死族人之事,多有发生,"这类事并没上报,不在政府审案之内"。他自己就曾探访某村一口小塘,当地人告诉他,早年宗祠在该塘内淹死过小偷族人(参见冯尔康《中国古代的宗族与祠堂》,商务印书馆1996年版,第157页)。

③ 《建宁孔氏族规》,载《曲阜孔府档案史料选编》第3编第1册,齐鲁书社1980年版,第26页。

倘强悍罔从，逞凶兴讼者，通族公讨，正暴戾也。"① 比如，明清黄州有几家族规规定："乱伦灭理，形同禽兽，公议处死。"（广济《刊水张氏宗谱·家规》）"子孙违犯祖父母、父母教令，及奉养有缺者，杖一百"，"立嗣虽系同宗而尊卑失序者，杖六十"，"宰杀耕牛，窝藏匪类者，杖一百"（麻城《鲍氏宗谱·户规》）。② 黄州的例子很典型，研究者根据藏于武穴市档案馆的1952年1月6日的《土改通讯》认为，"在族权膨胀时期，如在广济周笃户宗祠，拥有活埋、沉塘、除族籍、没收财产、打扁担、滚荆棘条、打竹枝条、带枷、吊打、罚款、罚酒席、罚跪、游街示众、打耳光等十四种处罚办法"③。甚至到了民国时期，在黄州私设公堂之事依旧存在："有的户长在宗祠内私设公堂，浠水何家寨何氏大祠就是这样。何姓户长每逢三、八日进祠，处理案件，俨然成为一座衙门，他们经常用扁担打人，子姓无力反抗，政府从不过问。"④ 甚至，宗族组织公开抵制政府监控与"近代"法制，如广济胡德户就订立"公议禁约"，规定"本户设立户分，凡大小事宜俱要听从处置，不得轻递控告，健讼成风，如不先经户分，擅赴公门者，合族公处，倘户分不公，必依公议处治"⑤。这种刑事处罚权落于私家手中情况，官府实际上也看到了。乾隆疆臣陈宏谋列举宗族"恶习"之一即此："更或子弟偶有干犯，不论事出大小，并不鸣官处治。击鼓聚众，押写服约，捆缚、攒殴，登时毙命。"⑥

---

① 晋江县《洵海施氏族谱》（康熙五十四年修），天部，《洵海施氏族约》，转引自郑振满《明清福建家族组织与社会变迁》，湖南教育出版社1992年版，第87页。
② 转引自林济《长江中游宗族社会及其变迁——黄州个案研究（明清—1949年）》，中国社会科学出版社1999年版，第128—129页。
③ 林济：《长江中游宗族社会及其变迁——黄州个案研究（明清—1949年）》，第140页。
④ 易玉山：《鄂东见闻纪略》，《湖北文史资料》第18辑，转引自林济《长江中游宗族社会及其变迁——黄州个案研究（明清—1949年）》，第287页。
⑤ 广济：《胡氏宗谱·公议禁约》，转引自林济《长江中游宗族社会及其变迁——黄州个案研究（明清—1949年）》，第287页。
⑥ 陈宏谋：《培远堂偶存稿》卷13，第21—22页，转引自乔志强主编《近代华北农村社会变迁》，人民出版社1998年版，第159页。

这也就是说，即便晚至明清民国时期，中国的公共行为主体也并未完全"垄断了武力合法使用权"。如果严格按照韦伯的理论与其他许多政治学家和人类学家的方法来处理，那么晚近时期的中国还不能称作"国家"。直至那么晚时期的中国如果还不能够称作"国家"，那么可以肯定地说，那一定是韦伯的"国家"这个定义本身出了问题。

在欧洲国家的某个时期内，公共行为主体并未完全"垄断了武力合法使用权"的情况同样存在。比如，在封建社会的某些条件下，私人战争也是被允许的；而教会法庭，拥有某些案件尤其是与异教和性犯罪相关案件的专门审判权。

当然，韦伯也并非认为，只有国家才合法地使用武力（暴力）。但是，韦伯关于国家之外的个人与其他组织对武力（暴力）使用合法性的解释是有两个前提的。第一，他认为，这种行为只有在得到了国家的授权之后才是合法的。比如，个人在行使自卫权利的时候，私人保安在执行任务的时候，便是如此。第二，"其他团体或个人被授予使用武力的权利，只限于国家允许的范围之内。国家被认为是武力使用'权利'的唯一来源"①，韦伯指明这说的是"现在（或目前）的特点"（der Gegenwart Spezifische）；换句话说，过去并非一定如此。

因此，我们讨论的上述情况，需要作区别分析。在说到个人自卫权与私人保安武力使用权时，那是符合韦伯所说范围的（私人保安使用武力或暴力的权利，其实也是个人自卫权利的一种延伸）。不过，在说到封建社会私人进行战争的权利与教会法庭拥有的专门审判权利的时候就不一样了。在后两者，与其说是国家之外的个人与组织使用武力或暴力的权利来自国家的授权，不如说，是国家对他们（它们）传统上这种权利的让步，或者默认，或者没有办法时候

---

① M. Weber, *Politik als Beruf*, p. 4; J. Dreijmanis, ed., *Max Weber's Complete Writings on Academic and Political Vocations*, p. 156.

的容忍。说穿了，是国家对他们（它们）实力的让步，或者默认，或者没有办法时候的容忍。他们（它们）的这种实力发展到极致，早晚就会让我们看到，中外历史上都有过的下一级诸侯发起的对上一级国王或者天子的战争。[①] 甚至，前者最终推翻后者，取而代之。[②] 实力一旦在手，精力能力顾得过来，国家权力的最高掌握者是不会容忍其他个人与团体拥有上述权利的。这从几千年的历史演进材料中，可以清楚地看得出来。如果有可能、有必要，国家最终总会一步一步将其他个人与团体，排除在武力（暴力）合法使用权[③]的范围之外。或者反过来，某一个个人或组织，最终会将最高权力掌握者推翻，自己掌控最高的国家权力，然后一步一步地、一代一代地，尽可能剥夺其他个人与团体合法使用武力（暴力）的权利。当然，这往往是一个艰难而缓慢的历史过程，延续数百年甚至上千年。

总起来看，一方面说国家是一种垄断了武力（暴力）合法使用权的组织，另一方面又看到存在着国家之外的个人与团体除自卫之外如此张扬地"合法"使用武力（暴力）的现象，对于这之间的矛盾，能够站立得住的解释恐怕只能是，后者是国家能力有所不及时候的表现。但是，既然存在这种相互冲突的情况，韦伯关于国家的定义就存在着根本性的逻辑困境，需要进行重大修改，或者作全新解释，或者作重要补充。

我们必须在历史发展的实际材料基础之上，解决好并不掌握强制性质权力的前国家社会酋邦如何过渡到"垄断了武力合法使用权"的国家这一理论问题。自然，在这之前，我们必须在两者之间搭建起符合研究对象实际材料的定义桥梁。为了有效地达到这一目的，

---

① 西汉景帝三年以刘濞为首的七国之乱，清初康熙十二年至二十年以吴三桂为首的三藩之乱，便是此类。
② 比如，商灭夏，周灭商，秦灭周，按照传统说法，就都是这种情况。
③ 此处及以下"武力（暴力）合法使用权"，如不作特别说明，即不包括个人自卫权及其延伸在内。

需要进一步深入分析马克斯·韦伯国家定义论述的本身。

三　韦伯关于国家之外组织与个人掌握武力合法使用权的认识

其实，前面讨论的欧洲封建社会里出现的那种现象及其产生的原因，笔者认为，韦伯也已经看到了："在基于ständisch①结构之政治体中，领主依赖那些自治'贵族'的协助进行统治，因而，也与他们分享统治权……""由隶属的行政管理人员全部或者部分自主掌控物质的行政管理资源的那些政治团体，可以称之为建基于ständisch结构的政治体。比如，在封建社会中，封臣自己掏腰包来支付封地内的行政管理与司法费用，自己需要给自己提供战争装备与粮草；封臣的封臣也一样。自然，这对领主的权力地位是有影响的。领主能够依赖的只是一种个人间的忠义关系，只是封臣占有封地与拥有社会地位的'合法性'都来自领主这样一个事实。"②

在讲演中，韦伯还一再强调行政管理资源的所有权在谁手中，

---

① "Stand"及其形容词"ständisch"，基本词义为"等级、阶层、身份、地位"等，（G. C. Wells）英译作"estates"（参见 J. Dreijmanis, ed., *Max Weber's Complete Writings on Academic and Political Vocations*, pp. 158 – 161, 166, 169 – 170, 177），冯克利汉译作"身份制（的）""身份集团"（参见［德］韦伯《学术与政治——韦伯的两篇演说》，冯克利译，第59、62页），钱永祥译作"身份""身份团体""身份制"等（参见［德］韦伯《政治作为一种志业》，《韦伯作品集》卷1《学术与政治》，钱永祥等译，第202—203、206页）。笔者认为，为避免引起误解，还是不翻译为好，而将韦伯对这个词的两处说明放在这里：1. "由隶属的行政管理人员全部或者部分自主掌控物质的行政管理资源的那些政治团体，可以称之为建基于ständisch结构的政治体。比如，在封建社会中，封臣自己掏腰包来支付封地内的行政管理与司法费用，自己需要给自己提供战争装备与粮草；封臣的封臣也一样。"2. "使用'Stände'这个名称，我们是指那些拥有对于行政管理来说十分重要的军事资源或者物质资源所有权的人，或者，那些拥有个人特权的人。"（M. Weber, *Politik als Beruf*, pp. 8, 11; J. Dreijmanis, ed., *Max Weber's Complete Writings on Academic and Political Vocations*, pp. 159, 161）

② M. Weber, *Politik als Beruf*, p. 8; J. Dreijmanis, ed., *Max Weber's Complete Writings on Academic and Political Vocations*, pp. 159 – 160.

是区分国家制度性质的根本因素：

> 维持以武力为支撑的统治，有些物质资源是必需的……所有的国家制度（Alle Staatsordnungen）都可以根据统治者所必须能够依赖的行政管理人员——官员或者无论其他什么人——与行政管理资源关系原则之不同而加以区分：一是那些人员自己拥有行政管理资源，一是他们与行政管理资源相"分离"……行政管理资源可以包括金钱、建筑、战争物资、车辆、马匹，以及诸如此类的东西。问题是，统治者是否亲自领导自己所组织起来的行政管理工作，但将具体事务委托给侍从、受雇的官员或者宠臣与亲信那样一些不是行政管理资源拥有者的人去处理，也即，那些人使用物质资源，都是在主人的领导之下进行的，自己对资源并无所有权；或者，情况是否正好相反。隶属的行政管理人员是否拥有进行行政管理的物质资源的所有权，这种区别存在于以往所有的行政管理组织当中。[①]

后一类"国家制度"，正是前面所言，国家之外的团体与个人，可能拥有国家不得不默认或者容忍的暴力（武力）"合法"使用权利的根源，因为，它们（他们）拥有物质的行政管理资源甚至如（大量的）武器等的所有权。

其实，封建社会的情况以外，韦伯还提到一类政治实体，不在（或者不完全在）君主的掌控之下：

> 在那些政治团体那里，君权完全缺失，或者，至少受到广泛限制，它们自己在政治上组成了（所谓的）"自由"共同体……其"自由"的含义，不在于免除了武力的统治，而在于被传统合法化（多半是被宗教神化）为所有权威唯一来源之君

[①] M. Weber, *Politik als Beruf*, pp. 7-8; J. Dreijmanis, ed., *Max Weber's Complete Writings on Academic and Political Vocations*, p. 159.

权的缺失。那些共同体起源于西方。那是从作为政治团体的城市而发展起来的；最初出现在地中海文化圈里的城市，就是以这样一种政治组织的面目呈现的。①

这样的"自由"共同体，当然也有着独立于君主之外的非自卫场合合法使用暴力（武力）的权利。

正因为这些情况，韦伯才说，只有到近现代，只有在剥夺了行政管理人员拥有其所进行行政管理的物质资源的所有权之后，"成功地垄断了武力合法使用权"的"根本"意义上（das ist ihm begriffswesentlich）的国家才真正出现：

在所有的例子当中，君主一旦开始剥夺自己周围存在的那

---

① M. Weber, *Politik als Beruf*, pp. 11 - 12；J. Dreijmanis, ed., *Max Weber's Complete Writings on Academic and Political Vocations*, p. 162. 韦伯的知识在当时还是很受时代限制的。后来的研究表明，作为"'自由'共同体"的城市，尤其是独立的城邦，最初并不出现在韦伯归于西方的地中海文化圈里，而是出现在他们归于东方的近东尤其是美索不达米亚与印度等地（参见 Th. Jacobsen, "Primitive Democracy in Ancient Mesopotamia," *Journal of Near Eastern Studies*, Vol. 2, 1943, pp. 159 - 172；D. Kagan, ed., *Problems in Ancient History*, Vol. 1, *The Ancient Near East and Greece*, London: The Macmillan Company, Collier - Macmillan Limited, 1966, pp. 6 - 13；Th. Jacobsen, "Early Political Development in Mesopotamia," *Zeitschrift für Assyriologie und vorderasiatische Archaologie*, Vol. 52, 1957, pp. 91 - 140；G. Evans, "Ancient Mesopotamian Assemblies," *Journal of the American Oriental Society*, Vol. 78, 1958, pp. 1 - 11；D. Kagan, ed., *Problems in Ancient History*, Vol. 1, *The Ancient Near East and Greece*, pp. 20 - 29；"Gilgamesh and Agga," in S. N. Kramer, *The Sumerians: Their History, Culture, and Character*, Chicago: University of Chicago Press, 1963, pp. 187 - 190；D. Katz, "Gilgamesh and Akka: Was Uruk Ruled by Two Assemblies?" *Revue d'Assyriologie et d'Archéologie orientale*, Vol. 81, 1987, pp. 105 - 114；I. M. Diakonoff, "The City - States of Sumer," in I. M. Diakonoff, ed., *Early Antiquity*, trans. A. Kirjanov, Chicago and London: The University of Chicago Press, 1991, pp. 67 - 83；H. Crawford, *Sumer and the Sumerians*, Cambridge: Cambridge University Press, 1991, pp. 20 - 28；D. Katz, *Gilgamesh and Akka*, Library of Oriental Texts, Vol. 1, Gronigen: Styx Publications, 1993；M. T. Larsen, *The Old Assyrian City-State and its Colonies*, Mesopotamia 4, Copenhagen: Academisk Forlag, 1976；J. P. Sharma, *Republics in Ancient India c. 1500 B. C. - 500 B. C.*, Leiden: E. J. Brill, 1968；Sh. Mukerji, *The Republican Trends in Ancient India*, Delhi: Munshiram Manoharlal, 1969；Sh. N. Misra, *Ancient Indian Republics*, Aminabad, Lucknow: The Upper India Publishing House Pvt. Ltd., 1976）。

些独立的"私人"的行政管理权力执掌者,近现代国家①的发展就获得了一种冲力。那些人是行政管理、军事与金融资源以及一切可以用来进行政治活动资源的拥有者……最终,我们发现,近现代国家控制了所有的政治资源,将其置于单一首脑的掌控之下。对于自己所支出的金钱,或者所掌控的建筑、仓库、工具与战争机器,不再有任何一位官员个人拥有所有权。就这样,在今天的"国家"里,行政管理人员也即行政管理官员以

---

① 汉译通常将这篇演讲的德文"modernen"或其英文的对译"modern"译作"近代",如将此处"des modernen Staates"(英译:the modern state)译作"近代国家"(分见[德]韦伯《学术与政治——韦伯的两篇演说》,冯克利译,第60页;[德]韦伯:《政治作为一种志业》,《韦伯作品集》卷1《学术与政治》,钱永祥等译,第204页)其实,"modernen"或"modern"与现代汉语的"近代"并不完全一致。关于"近代",中国大陆学术界很长时间以来沿袭以苏联本身为中心划分的做法,其终结是以苏联诞生和第一次世界大战结束为标志。因为,当时的苏联官方认为,苏联模式的社会主义很快就会在世界范围内取代资本主义,近代史因此也就是资本主义产生、发展与走向灭亡的历史,现代史则是苏联模式的社会主义在世界范围内替代资本主义过程的历史。在很长时间内,中国大陆的学者基本上照搬苏联官方的这种分期方法。它不仅仅影响了史学界,而且影响了整个中国学术界,包括翻译界。现在看来,这种划分法是站不住脚的,不应该在学术界继续沿用下去。台湾学者的译本如钱氏译本也将"modernen"或"modern"译作"近代",不知道是否也因为大陆影响的缘故。欧美学术界一般是将我们所谓的近代与现代放在一起的。比如,《韦氏大辞典》在英文"modern"词条下的第一解释是:"从或远或近的过去直到现在这一时期的……"它特别是指,与古代和中世纪相连接的时代,从公元1500年前后到今天(from about A. D. 1500 to the present day)[参见 Ph. B. Gove(Editor in Chief)and the Merriam - Webster Editorial Staff, eds., *Merriam Webster's Unabridged Dictionary*, Springfield, MA: Merriam Company, 1976, p. 1452]。从这个词的英文词源与演化过程也可以看出它本来的意思。1500年前后,这个词的意思是"现在正存在的",到16世纪80年代,它的意思是"与现在或近期有关的"。它来自15世纪的法文"moderne",后者又直接来自后期拉丁文"modernus","modernus"则来源于古拉丁文"modo"(副词),意思是"刚才"。衍生为"现代"(modern-day)这一意思,可以证实的最早年代是1909年(参见 http://www.etymonline.com/index.php?allowed_in_frame=0&search=modern&searchmode=none, retrieved March 4, 2013)。因此,将这个词译作"近代"显然是不适宜的。另外一个重要理由是,韦伯在这个演讲中也清楚明白地说过,正在"亲眼见证"国家"最现代(最新)的发展"("die allermodernste Entwicklung"冯克利将之译作"最具近代精神的发展",钱永祥译作"最近代的发展",显然都并不合适。冯氏所译,参见上引译本第60页;钱氏所译,参见上引译本第204页),所谓"剥夺剥夺者"斗争的开始("最现代的发展由此开始。我们正在亲眼见证,剥夺政治资源由此剥夺政治权利的剥夺者,也面临着被剥夺的命运。"),随之他提到德国1918年11月的"革命"(韦伯的演讲是1919年1月在慕尼黑发表的)。M. Weber, *Politik als Beruf*, p. 9. 我们这里既要准确理解"modernen"本来的意思,又要中国读者能够看懂,不会产生误解,因此在中国学术界修改自己的分期法之前,只好不十分恰当地叠床架屋地将它译作"近现代"。

及其他行政管理工作者同物质资源相"分离"——这是国家这一概念的根本——的过程完成了。最现代的发展（die allermodernste Entwicklung，最新的发展）由此开始。我们正在亲眼见证，剥夺政治资源由此剥夺政治权利的剥夺者，也面临着被剥夺的命运。①

我想要说的是，对于我们的考察来说，仅仅从纯粹的概念情况来看，近现代国家是一种进行统治的制度化团体。在一定的疆域之内，它成功地垄断了武力合法使用权，将其作为统治手段。为了这一目的，在剥夺了所有那些原先以所有者身份掌控着物质资源的 ständischen 自治者（die sämtlichen eigenberechtigten ständischen Funktionäre）之后，它将物质资源集中到了自己的领导人手中。由此，国家取代那些自治者，占据了最高位置。②

上述材料表明，韦伯清楚地知道，在某一个时代之前，武力（暴力）的合法使用权并非都掌握在国家手中，或者其他个人或组织合法地使用暴力（武力），并非都来自国家授权。武力（暴力）合法使用权的垄断，是在所谓"近现代国家"才得以实现的，并且是在剥夺最高统治者"自己周围存在的那些独立的'私人'的行政管理权力执掌者"亦即那些掌控"行政管理、军事与金融资源以及一切可以用来进行政治活动资源的拥有者"之后才实现的。这足以表明，无论在以往那些"君权完全缺失，或者，受到广泛限制"的城市那类"自由"共同体那里，还是在与领主"分享统治权"的封臣那里，其所掌握的武力（暴力）合法使用权，并不一定都来自国家的授权，而是十分可能，也与君主的这种使用权一样，是"被传统合法化"了的，甚至"被宗教神化"了的，因而在那种情况下，作

---

① M. Weber, *Politik als Beruf*, p. 9; J. Dreijmanis, ed., *Max Weber's Complete Writings on Academic and Political Vocations*, p. 160.

② M. Weber, *Politik als Beruf*, p. 10; J. Dreijmanis, ed., *Max Weber's Complete Writings on Academic and Political Vocations*, pp. 160–161.

为"所有权威唯一来源之君权",是或多或少"缺失"了的。这也就是说,在那样的"国家"里最高领导人并未"垄断了武力合法使用权"。

四 韦伯定义:问题与误解

到了这里,我们可以愈益清楚地看出,韦伯的国家定义存在着较大问题。一方面,他告诉我们,"国家是一种在一个给定范围领土内(成功地)垄断了武力合法使用权的人类共同体";另一方面,他又给出不少"在一个给定范围领土内"并未"(成功地)垄断了武力合法使用权的人类共同体"的例子,并且对后一类组织,有时给出"国家"名称之外的说明,有时又将其称作"国家"。重要的例证可以从归纳前面引用的几条材料中得到。在有的地方,他清楚地告诉我们,"比如,在封建社会中,封臣自己掏腰包来支付封地内的行政管理与司法费用,自己需要给自己提供战争装备与粮草;封臣的封臣也一样。自然,这对领主的权力地位是有影响的","在基于'ständisch'结构之政治体中,领主依赖那些自治'贵族'(也即那些'全部或者部分自主掌控物质的行政管理资源的''隶属的行政管理人员'——引者注)的协助进行统治,因而,也与他们分享统治权……"也就是说,在实行这一类制度的共同体那里,"领主"并未"(成功地)垄断了武力合法使用权",他与他人"分享"以合法武力(暴力)为基础的这种"统治权"。但是,在另外的地方这类隶属的行政管理人员"全部或者部分""自己拥有行政管理资源"的制度,他却又将之划为"所有的国家制度"(Alle Staatsordnungen)两个大类中的一个大类,与那种隶属的行政管理人员并未"自己拥有行政管理资源"的制度并列。① 这个问题在他的演讲中,最终演化为一个大的逻辑矛盾,因为他明确地将前一类组织也即"在一个给

---

① M. Weber, *Politik als Beruf*, pp. 7–8; J. Dreijmanis, ed., *Max Weber's Complete Writings on Academic and Political Vocations*, pp. 159–160.

定范围领土内"并未"（成功地）垄断了武力合法使用权的人类共同体"，同样称作"国家"。

上述矛盾还有其他表现方式。我们看到，韦伯一方面强调，"行政管理人员，亦即行政管理官员以及其他行政管理工作者同行政管理机构的物质资源相'分离'——这是国家这一概念的根本（das ist ihm begriffswesentlich）"；另一方面，他又将那些两者并未"相'分离'"的共同体也叫作"国家"："所有的国家制度都可以根据统治者所必须能够依赖的行政管理人员——官员或者无论什么人——与其行政管理资源关系原则之不同而加以区分：一是那些人员自己拥有行政管理资源，一是他们与行政管理资源相'分离'……"① 既然那种"相'分离'"是"国家概念的根本"，那么没有完成这种"分离"过程的共同体应该就缺失了这种"根本"，怎么还可以称作"国家"呢？这是一种不应该出现的低级逻辑错误。

再次，还有一个两种标准是否衔接的问题。一方面，将"在一个给定范围领土内（成功地）垄断了武力合法使用权"当作"国家"的标准；另一方面，又将"行政管理人员……同行政管理机构的物质资源相'分离'"看作"国家这一概念的根本"，并且将后一点当作自己演讲的重点论述。笔者认为，这两种标准在逻辑上并非必然一致，在使用它们来对实际材料进行判定时，完全存在着互相冲突的可能。比如，假定存在一种社会，在那里"行政管理人员……同行政管理机构的物质资源"是不"相'分离'"的，但是他们却完全听命于上面的最高首领，这使得后者能够"（成功地）垄断了武力合法使用权"，那又会是一种什么样的政治组织呢？虽然说，在历史的实际发展过程中不一定出现完全一样的情况，但相似的例子也并非不见。我们知道，在历史某个发展阶段的社会，其成员都自备武器以及其他装备，这确实会造成最高首领不得不与其社会其他成员

---

① M. Weber, *Politik als Beruf*, pp. 7 – 8；J. Dreijmanis, ed., *Max Weber's Complete Writings on Academic and Political Vocations*, p. 159.

分享权力的结果；但是，在某个特殊时期由于某种特殊原因，这些成员却都能够完全听命于首领，因而首领能够"（成功地）垄断了武力合法使用权"。比如，在与汉尼拔的战争期间，罗马国家处于危机状态，罗马人实行了非常残酷的什一法，最高军事指挥官通过这一类方法，至少在军队里"（成功地）垄断了武力合法使用权"。在新赫梯王国，至少在现有的文献材料中，我们发现国王之外并无其他人分享"武力合法使用权"。毫无疑问，在罗马人与赫梯人的社会中，"行政管理人员……同行政管理机构的物质资源"，很多是不"相'分离'"的。面对这样的材料，对这种社会进行发展阶段的判定，这两重标准显然会产生无法调和的矛盾。

除了上述韦伯定义本身的问题之外，还有一个人们对其时间适用范围的误解需要指明。

韦伯多次说过，"国家是一种在一个给定范围领土内（成功地）垄断了武力合法使用权的人类共同体"，这种情况只是到近现代才出现的，正如前面征引的材料所表明的。他甚至说过，这个定义就是给"近现代国家"所下的："……也没有什么任务可以认为总是并且专属于那些政治团体，或者，使用今天的语言来说，专属于国家，或者，专属于近现代国家的历史前驱。最终，站在社会学角度给近现代国家下定义，根据只能是它——就像任何其他政治团体一样——所持的特有手段也即武力。"[①] 事实上，韦伯国家定义的成立也只有在他所谓"成功地垄断了武力合法使用权，将其作为统治手段"的"近现代国家"建立之后。既然如此，此前的"国家"，或者用韦伯自己的语言更准确地说，"近现代国家的历史前驱"（正如刚刚讨论的，韦伯有时候也将有的这样的"前驱"称作"国家"），又应该给一个什么样的名称才是最为恰当的呢？不解决这个问题，不解决前面提到的韦伯演讲中的矛盾，韦伯的国家定义应用到政治

---

① M. Weber, *Politik als Beruf*, pp. 3 – 4; J. Dreijmanis, ed., *Max Weber's Complete Writings on Academic and Political Vocations*, p. 156.

学、法学、社会学、历史学或者人类学等领域的实际研究过程当中去，恐怕会出现冲突。

遗憾的是，不少学者并未发现这个问题尤其这个矛盾，并未了解韦伯的定义本意其实是专门为近现代国家所设立的——虽然他有时表述得相当混乱。比如，文明起源研究的泰斗卡内罗教授在研究南美高卡山区的酋邦社会时看到，当时习惯法仍然盛行，有些犯罪行为发生后，允许有关当事人自行处置；甚至极少有记载表明，政治官员对犯罪行为采取过什么措施；因而认为，这表明在刑事审判活动中，实施惩罚行为的垄断武力使用权的政府（a government monopoly on the use of force）亦即国家，尚未存在。即便在这个地区的"酋邦"社会里，最高酋长手中握有大权，甚至有人认为是握有"专制"的权力；他还控制着金矿和盐矿，十分富有；戴着金冠，或者握有权杖，出行时坐在轿子上，或者坐在侍从们的肩膀上；死后坟墓精心装饰，陪葬品丰富，殉葬有若干侍从；[①]职位世袭。这样的一种社会，以韦伯关于"近现代国家"的定义不加修改地来进行排除，应该说是不适宜的。因为按照这个定义来判定，后来的国家（包括中世纪西欧的封建国家，甚至民国时期的中国）都有可能被卡内罗称作酋邦，而何况上述16世纪高卡山区的社会。从事文明起源研究的学者，如果重新检讨一下近几十年来的研究，在对酋邦与国家进行区分时是不是不经意间都曾犯过卡内罗那样的错误？其实，卡内罗遇见的这种问题，在酋邦概念刚刚提出来时就已经出现了。我们知道，是奥贝格（Kalervo Oberg）1955年最先使用的"酋邦"一词，他在当时那篇文章中，就提到在南美洲的低地酋邦社会里，酋长有处罚罪犯甚至处死犯

---

① R. L. Carneiro, "The Nature of the Chiefdom as Revealed by Evidence from the Cauca Valley of Colombia," in A. T. Rambo and K. Gillogly, eds., *Profiles in Cultural Evolution: Papers from a Conference in Honor of Elman R. Service*, Ann Arbor: Museum of Anthropology, University of Michigan, 1991, pp. 173–174, 176.

人的权力。[①] 但是,在那里,酋长远未"垄断了武力合法使用权"。显然,如果使用韦伯的国家定义来进行判定,这个社会与高卡山区的社会一样,都远不足以让人将其称作国家。但是我们不能忘记,如果坚持塞维斯的酋邦并无强制性质权力、国家才有强制性质权力的理论,卡内罗和奥贝格所研究的社会,那就应该已经跨过酋邦发展阶段进入国家社会了。

到底应该如何处理?要回答这个问题,我们就回到了前面设定的目的:在并不掌握强制性质权力的前国家社会酋邦与"垄断了武力合法使用权"的国家之间,搭建起符合研究对象实际材料的定义桥梁。

五 解决方案:早期国家·成熟国家·完备国家

基于上述分析,笔者认为需要将韦伯的定义放回到他本意置放的位置上去,并且在对历史发展的实际过程等因素进行充分考虑之后,重新动态地定义"国家"。

"在一个给定范围领土内(成功地)垄断了武力合法使用权"的组织,本来就是韦伯专门为"近现代国家"所下的定义,并且实际上也只是直到"近现代"才真正出现能够符合这一定义的人类社会政治组织。但是,显然不能因此而否定此前历史上存在过的无数的"国家"。如果仅仅因为韦伯的这一定义而断然声称,此前从未有过"国家",或者从此将此前习惯于称作"国家"的那类组织,给出另外一个如"酋邦"一类的名称,那么无论是学者,是政治家,还是普通人,恐怕都是难以接受的。何况,这不管是在研究当中,还是在普通生活上,都会造成极大的混乱。更为困难的是,即便我们可以将此前习惯于称作"国家"的那类组织称作"酋邦",但是

[①] K. Oberg, "Types of Social Structure among the Lowland Tribes of South and Central America," *American Anthropologist*, Vol. 57, 1955, p. 484.

现今关于"酋邦"最具影响力的主流学说却认为，这种组织拥有的仅仅是非强制性质的"权威"，而非强制性质的"权力"①。这样，如果完全固守现今流行的塞维斯"酋邦"概念与韦伯"国家"定义，那么在研究中得出的结论只能是，人类政治组织的发展是从一个并无强制性质权力的前国家社会，一下子跳进一个全新的本质根本不同的公共行为主体"垄断了武力合法使用权"的社会。使用历史发展的实际材料来检验，可以发现这样的结论显然是十分荒谬的。如果硬要这样做，那么，公共行为主体虽然拥有程度不等的强制性质权力但尚未垄断这种权力的社会，那么多存在几百年甚至上千年数千年的那种社会，一下子就都会被忽略了。

为了在研究上更具有操作性，为了与历史所留下来的浩如烟海的材料以及现实更相适应，我们可以将"武力合法使用权"看作核心，而根据公共行为主体对其"掌控"情况或程度的不同，将人类社会的一种特殊的组织划分为几个发展阶段。从历史演进的逻辑角度看，这也是符合实际的。的确，人类历史的发展有过突变，但是总体上是渐进的。人类历史上，公共行为主体掌控"武力合法使用权"的情况或程度，总体上就是一个渐进发展的过程，就是一个从部分掌控、越来越多掌控、最后到全部掌控的过程。这个过程十分漫长，漫长到必须使用百千年来计算。

现在的研究者也看到了这一点，而提出一个"早期国家"的概念，来与前国家社会与"成熟国家"也即马克斯·韦伯的"国家"相衔接。当然，相比直接从仅仅拥有非强制性质"权威"的前国家社会，跳跃到"垄断了武力合法使用权"的国家社会，这更为符合历史发展的实际。但是从几十年来早期国家与成熟国家的理论及实证研究的情况来看，许多研究者当作"成熟国家"的那类组织，实际上并未真正"垄断了武力合法使用权"，甚至晚近直到本文前面举

---

① E. R. Service, *Primitive Social Organization: An Evolutionary Perspective*, pp. 150 – 151; E. R. Service, *Origins of the State and Civilization: The Process of Cultural Evolution*, pp. 12, 16, 86, 285.

到的民国时期的中国例子,① 都是如此。然而,直到民国时期的中国如果还不能称为"成熟国家",或者还只能称作"早期国家",那么可以肯定不管是马克斯·韦伯的"国家",还是后来人类学家的"早期国家"与"成熟国家",定义都还是大有问题的。

笔者的解决方案是,综合考虑并修改前人的研究,还原韦伯"近现代国家"的本意,将其称作"完备国家",而列于"早期国家"与"成熟国家"两个发展阶段之后:

一、早期国家。最高的领导者,与名义上和实质上其下的部分领导者,都实质性地独立掌握了一部分"武力合法使用权"。处理涉及全社会主要公共事务的以"武力合法使用权"为支撑的权力,主要掌握在最高的领导者手中。这个时期,仍旧会出现其他的组织甚至个人,在这一领导者之外,独立处理涉及全社会主要公共事务的情况。国家与社会对此非但并无明确禁制,很多材料表明,有的时候甚至对此进行鼓励。在涉及小团体(指小于全社会的那些或大或小的团体)内部公共事务时,主要由小团体内部的领导者负责处理。在涉及小团体内部成员时,全社会最高的领导者之外,小团体内部的领导者,甚至于其他的组织以至于个人,仍旧掌握有刑事处罚权。国家与社会

---

① 民国时期,"武力合法使用权"的旁落,也与晚清以来的政治混乱有着不可分割的关系。随着政府社会控制能力的削弱,大量武器落于民间。这可以民国初年的广东为例。据邱捷、何文平研究,当时广东民间保有的枪支以数百万计,商团、乡团、农团、宗族等社团及个人手中都拥有大量武器。这从"民间"不同团体之间发生械斗的规模之大,也可看出。比如,1912年5月花县三华店乡与毕村之间发生大械斗,双方居然"用大炮轰击";1926年年初清远县琶江发生宗族械斗,"各操步枪万余";在同一年,新会县荷塘容、李两姓械斗,李姓使用大炮,容姓则有"小轮四艘"、机关枪数十支。既然这样,"商团、乡团等成为独立、半独立于政府控制之外的武力",它们肯定会进一步侵夺公权力,损害"国家"权能。据该研究调查,1927年前仅北江英德至清远一段,兵、匪、团的勒收机关就有42处之多,其中乡团为收"团费"所设达22处。在这种情况下,老百姓的生活受影响之大可想而知:被勒收之人"稍有抵抗,焚杀随之"。土匪就更厉害了,以至于时人称"广东土匪为第二政府"。该研究举著名盗匪徐东海的例子。该匪纠集数千人,所占两阳(阳江、阳春)恩(平)新(兴)之地,政府武装下乡摊收钱粮及办案都需要经过其批准,以五人为限,"否则不准过境"(参见邱捷、何文平:《民国初年广东的民间武器》,《中国社会科学》2005年第1期)。

对此视为当然。

二、成熟国家。最高的领导者，与名义上实质上其下的部分领导者，都实质性地独立掌握了一部分"武力合法使用权"。处理涉及全社会公共事务的以"武力合法使用权"为支撑的权力，垄断在最高的领导者手中。但是，在涉及小团体（指小于全社会的那些或大或小的团体）内部公共事务时，主要由小团体内部的领导者负责处理。在涉及小团体内部成员时，全社会最高的领导者之外，小团体内部的领导者，甚至于其他的组织以至于个人，仍旧掌握有刑事处罚权。但是，对小团体内部领导者以及其他的组织与个人在这方面的权力，最高的领导者逐步进行了限制。

三、完备国家。最高的领导者"垄断了武力合法使用权"。其他的组织与个人，如果要合法地使用武力，必须得到该领导者授权。

与前人的研究相比，这里的区别主要是将原来早期国家研究者视为一体的"成熟国家"与马克思·韦伯的"国家"，划分为两个发展阶段。

需要注意的是，在对一个社会进行发展阶段判定时，还要特别区分正常状态与非常状态两种情况。举个例子。在正常状态下，某个社会是我们所认定的"完备国家"或者"成熟国家"。但是，在某个时期，某种天灾人祸如战争发生了，导致这个社会的公共行为主体无法像平常所期盼的那样，完全地行使职权，或者有效地行使职权，因而其他的组织甚至个人，乘机也掌握有本不应该掌握的"武力'合法'使用权"。那么在这种情况下，我们对其社会发展阶段的判定，应该分辨清楚，非常状态时期与正常状态时期情况的区别。我们前面谈到的民国初期民间掌握大量武装并进而侵夺公共权力的现象，显然就属于"成熟国家"处于非常状态时期的情况。但是，前面同样提到的包括民国时期在内的祠堂掌握有刑事惩罚权的现象，本身却属于正常情况；祠堂的权力是长期延续下来，得到政府长期默认甚至明确认可的。

与早期国家研究者一个根本不同的区别是,笔者这里采用的标准是一致的,也即只以"武力合法使用权"掌控情况或程度的不同来做区分。回过头看,早期国家研究者两个发展阶段的标准却多半是并不一致的。他们的成熟国家,是"垄断了武力合法使用权"的组织,亦即他们根据"武力合法使用权"的掌控情况或程度去做判断。但是,他们对"早期国家"的认定,却往往并不建立在同样的标准之上。这也就是说,在国家发展两个阶段的判定上,他们采用了双重标准,这在逻辑上是有很大问题的。这从早期国家研究者对"早期国家"定义及其发展阶段的研究中可以看得出来。

早期国家理论研究最有影响力的学者当属以荷兰莱顿大学克赖森教授为首的一批学者,对此笔者曾在其他地方有过介绍。[①] 2010年,在其1978年的基础上略作修改,克赖森再次发布了其早期国家的定义:

> (早期国家是)一种有着三个层次(国家、地区与地方层次)的权力集中起来的社会—政治组织。它的目的在于调控社会关系。它那复杂的分层的社会,至少分作了两个基本的阶层,或者说,两个新兴的社会阶级:统治者和被统治者。这两个阶层或者阶级之间关系的特征是,前者实施政治控制,后者缴纳赋税。这种关系,被一种以互惠为基本原则的共同意识形态所合法化。[②]

---

① 参见易建平《部落联盟与酋邦——民主·专制·国家:起源问题比较研究》,第524页,注释。他们最有影响的研究成果还是最早合作的那部巨著:H. J. M. Claessen and P. Skalník, eds., *The Early State*, The Hague: Mouton Publishers, 1978。克赖森本人涉及早期国家的最近独著成果则有:H. J. M. Claessen, *Structural Change: Evolution and Evolutionism in Cultural Anthropology*, Leiden: CNWS Press, 2000。

② H. J. M. Claessen and P. Skalník, eds., *The Early State*, p. 640; H. J. M. Claessen, "On Early States – Structure, Development, and Fall," *Social Evolution & History*, Vol 9, No. 1, March 2010, pp. 15 – 16.

可以看到，克赖森这个定义强调的是早期国家存在的四个特征：（1）"三个层次……的权力集中起来的社会—政治组织"；（2）"目的在于调控社会关系"；（3）"分层的社会"；（4）统治者与被统治者之间的关系。从这些特征中，几乎看不出来它们与"武力合法使用权"掌控情况或程度的关系。此外，从这个定义出发也无法区别开早期国家与成熟国家甚至完备国家。后两者也完全可以是一种为了"调控社会关系""有着三个层次……的权力集中起来的社会—政治组织。它……至少分成了……统治者和被统治者……前者实施政治控制，后者缴纳赋税……以互惠为基本原则……"

克赖森还对早期国家本身进行分类，将其划作三个发展阶段：未完全形成的早期国家（Inchoate early state）或者初始的早期国家（Incipient early state），典型的早期国家（Typical early state），过渡形态的早期国家（Transitional early state）。① 关于这三个发展阶段，他罗列出来的主要特征关涉到的是："经济生活""职位继承"方式、"土地"制度、"官吏"获取报偿的制度、"司法"制度与赋税制度。其中，与"武力合法使用权"掌控情况或程度直接相关的只有司法制度一项，并且在这一点上，三个发展阶段的判定标准也只在于，审判与惩罚的依据是习惯法还是成文法，以及有无正式的法官。严格说来，这些与整个社会最高的领导者对"武力合法使用权"的掌控情况或程度也并无绝对必然的联系。本来，说"国家"，不管是"早期国家"，还是"成熟国家""完备国家"，要判定它们，就现象来看，最重要也是最应该关注的还是一个社会的公共行为主体掌控使用"合法武力"本身的情况或程度。克赖森提到的特征仅仅涉及其中一个方面的一个部分。这显然不够，这显然是研究者并未将公共行为主体对"武力合法使用权"的掌控情况或程度，贯穿到自己

---

① H. J. M. Claessen and P. Skalník, eds., *The Early State*, pp. 640 – 641；H. J. M. Claessen, "On Early States-Structure, Development, and Fall," pp. 11 – 12. 之前，他这方面的内容以及刚刚提到的早期国家定义也在中文杂志上发表过，我们对此也曾有过介绍（参见［荷兰］克赖森《关于早期国家的早期研究》，胡磊译，《怀化学院学报》2007 年第 1 期；易建平：《文明起源研究中的"国家"与"社会"》，《历史研究》2012 年第 3 期）。

判定"国家"是否存在以及发展程度的整个研究过程中,这才会出现关于"早期国家""成熟国家"或马克斯·韦伯的"国家",判定标准并不一致的情况。

这就是说,研究文明起源与早期国家的兴起及发展演变的学者,应该重新来定义"早期国家"。必须记住,所谓"早期国家"最为重要的内涵,还是那个"人类共同体"的公共行为主体在何种程度上掌控了"武力合法使用权"。像现在这样的早期国家研究,罗列经济生活、职位继承方式与赋税制度等一类的现象,当然有必要,但是那应该是在探究清楚公共行为主体对"武力合法使用权"的掌控情况或程度以后;或者对于那些现象的研究,应该围绕着这种掌控情况或程度来进行。

最后,将我们"早期国家""成熟国家"和"完备国家"作一个最为集中的概括,便是本文定义的"国家":

> 国家是一种独立的组织,在相对稳定范围的地域[①]内,掌控了武力合法使用权,以支撑其处理公共事务。国家对权力的掌控是一个动态变化的过程。在最低阶段,国家形成的标志是,掌控了合法武力来支撑其处理涉及全社会的主要公共事务。但是,这个时期仍旧存在着其他的组织或(和)个人未经国家授权分享这种处理权的情况。在最高阶段,国家垄断了武力合法使用权,成为其唯一来源。

这样,我们解决了国家定义的明确性问题与国家发展的阶段性衔接问题以及判断标准的同一性问题。但是,另外一个问题又出现了。按照当今流行的酋邦理论,酋邦的公共事务是由只有权威但无权力的公共行为主体来处理的。于是,在这种理论与我们的国家定义之间就出现了一个关于空档的疑问:如何可能在短时间内,理论

[①] 之所以使用"地域"而不是如韦伯那样使用"领土",是因为,尤其在早期,中外都一样,国家并非都有那么明确的"领土"观念。

上可以是一日之间，从一个没有合法武力支撑的社会过渡到另外一种性质完全不同的社会，在那里，涉及全社会的主要公共事务，是由可以动用合法武力来支撑其行为的公共行为主体来处理的？其实，人类学家早已经发现了很多材料，说明在酋邦发展阶段，已经出现酋长等领导者动用合法武力来支撑其公共行为的实例。这足以证明，修改酋邦理论的迫切性。我们放在下一篇文章来讨论这个问题。

（原载《历史研究》2014 年第 2 期）

神学与科学

——近代西方科学的产生

张椿年

近代科学革命不仅引导人们从信仰走向理性，推动了人类的思想解放，而且导致西方社会制度、生活方式的变革，为近代文明社会的产生起了奠基作用。本文只是对神学与科学的关系和近代科学的产生作一初步的探讨。

一 近代科学产生的历史背景

近代科学是经过与神学的长期斗争后产生的。古希腊时哲学与科学都从事宇宙间普遍性问题的探索，所以两者的概念并没有严格的区分，科学包含在哲学这个术语之中。欧洲中世纪时，科学还没有从哲学中脱离出来，两者都从属于神学。神学为研究上帝之学，神学中有很多学派，但共同的一点都把上帝的启示和《圣经》作为各自的理论出发点。在西欧中世纪时，基督教的修道院和主教管区的附属学校是研究神学的中心，所以神学也被称为经院哲学。对于神学的至高地位，中世纪神学大师托马斯·阿奎那（1225—1274）做了这样的解释："其他科学的确实性都来源于人的理性的本性之光，这是会犯错误的；而神学的确实性则来源于上帝的光照，这是不会犯错误的。"[1] 托马斯承认理性，不否定哲学的作用，但是他把

---

[1] 北京大学哲学系外国哲学史教研室编译：《西方哲学原著选读》上卷，商务印书馆2004年版，第260页。

哲学的作用限于说明神学。他说:"神学可能凭借哲学来发挥,但不是非要它不可,而是借它来把自己的义理讲得更清楚些。因为神学的原理不是从其他科学来的,而是凭启示直接从上帝来的。所以,它不是把其他科学作为它的上级长官而依赖,而是把它们看成它的下级和奴仆来使用。"[1] 总之,在中世纪神学高于哲学,信仰高于理性。神学之所以能居于统治的地位是因为它符合封建统治阶级的需要。在神学的统治下,哲学与科学不可能开出灿烂的花朵。

神学是一种世界观,它是在一定的历史阶段上的产物,那么,当历史条件发生变化时,神学与哲学、与科学的关系也必然随之而变。在欧洲文艺复兴时,这个变化终于发生。恩格斯说:"现代的自然研究同整个近代史一样,发端于这样一个伟大的时代,这个时代,我们德国人根据我们当时所遭遇的民族不幸称之为宗教改革,法国人称之为文艺复兴,而意大利人则称之为16世纪,……"[2] 文艺复兴标志着欧洲从封建社会向近代社会的过渡。在14世纪初,意大利首先迎来了文艺复兴,然后在15世纪末,法国、德国、尼德兰、西班牙、英国等国家,也先后发生。文艺复兴时究竟发生了哪些有利于近代科学产生的重大变化呢?最深刻的一个变化是资本主义生产方式的产生和人们对理性的渴求。15世纪末和16世纪初,西欧各国先后在一些主要工业部门中,对手工业的操作技术和劳动工具进行了根本的改造,分散在家庭中劳动的,具有资本主义性质的工场手工业迅速发展起来,为市场生产的商品大量增加,商人们奔走四方,见多识广,理性的观念日益增强。对于这个问题,在这里可把意大利作为例子,做进一步的说明,因为它是欧洲文艺复兴的摇篮,首先吹起理性的春风。据记载,在1336—1338年,意大利佛罗伦萨的毛织业作坊有200多座,这些作坊有明确的分工,仅加工半成品的呢绒就有25道工序,在全城9万居民中,约3万人从事毛纺织业工作。因为生产力的提高,社会财富大量增加,庄严的教堂、华丽的

---

[1] 北京大学哲学系外国哲学史教研室编译:《西方哲学原著选读》上卷,第261页。
[2] 《马克思恩格斯选集》第3卷,人民出版社2012年版,第846页。

住宅一座座拔地而起，充分地显示了人的力量，然而神学阐述的一个重要命题是，人犯有原罪，所以是卑贱的；财富是罪恶之源。《圣经》中说，财主进天国比骆驼穿过针眼还难。因此，作为市民代表的商人要求一种新的伦理观来肯定他们的社会地位。文艺复兴时期的人文主义者宣扬人是尘世的上帝，财富是国家繁荣昌盛的基础，反映了他们的要求。人文主义者对近代科学的产生并无直接的影响，然而他们对禁欲主义的批判却促进了理性的发展。

理性崇尚知识，反对超自然的信仰，科学需要理性为它开辟前进的道路。意大利文艺复兴时，理性的伸张首先表现在对禁欲主义的批判和对自然的重视上。

教会历来宣传只有守贫禁欲才能更好地接近上帝。在宗教史上，不少教士为断绝一切欲念，住进山洞，栖于沙漠和荒野。在漠视个人生活，向往来世的思想支配下，尘世一切美好的东西都变成丑恶的，自然美景只不过是魔鬼的化身。意大利文艺复兴史研究的奠基者布克哈特（1818—1897）说："在中世纪，人类意识的两方面——内心自省和外界观察都一样——一直是在一层共同的纱幕之下，处于睡眠或者半醒状态。这层纱幕是由信仰、幻想和幼稚的偏见织成的，透过它向外看，世界和历史都罩上了一层奇怪的色彩。"[①] 经济落后、生活贫困是禁欲主义产生的根源。在文艺复兴时期，新的生产方式的产生和生产力的提高，就必然削弱禁欲主义的根基。生活于这个时期的富商们通晓世俗事务，重视现世。意大利商人法兰西斯科·达蒂尼给他的妻子的信中说，他的事业"主要指望人，不是指望上帝"。许多人文主义者起来批判禁欲主义和来世主义。曾担任那不勒斯王国阿拉贡王朝阿方索五世（1442—1458 年在位）秘书的乔凡尼·庞达诺（1426—1503）态度鲜明地宣称现世生活比起来世生活，对人生更为重要。他在自己的作品《哈隆》(Charon，渡神）中借赫尔墨斯（希腊神话中伴送死人灵魂到阴间去的引

[①] ［瑞士］雅各布·布克哈特：《意大利文艺复兴时期的文化》，何新译，商务印书馆 1979 年版，第 125 页。

导者）之口说："对于预定和命运的议论已经足够了，那些称自己为哲学家的人最好不要把这样的问题引入大学的讨论。他们还是准备一下，使自己能够坚毅地忍受变幻无常的命运为好，不要白白地浪费时间，不要把精力集中在对这些问题的思考上。有谁会比不愿完成人类义务的人更蠢呢？有谁会比不重视自己的职责，却想去看清来世——属于神掌握的事——的人更无理智呢？"① 人只有回到现世的生活中来，才能揭去纱幕，看清世界，发觉自然之美，才会有风景画的诞生；才会激发人们对自然现象的兴趣，促使人们去探索大自然的奥秘。意大利人文主义的奠基者彼得拉克（1304—1374）喜好欣赏湖光山色，一次，他在攀登今天位于法国阿维尼翁附近的朋托克山的顶峰后，给一位主教的信中说道："今天我攀登了这个地方的最高山峰……我唯一的动机是期望了解这样的崇山峻岭对人们有什么贡献。"② 彼得拉克的信说明在文艺复兴时，山、泉、湖沼、树木、森林开始不再被看成为恶魔所造。正如布克哈特所说，文艺复兴发现了世界。人如果都不敢接近自然，还谈什么自然科学呢？回归现世，重视自然是近代自然科学产生的思想前提。

　　意大利文艺复兴时期理性的进步还表现在对知识的起源有了新的认识。在中世纪，上帝的启示和《圣经》被认为是知识的唯一来源和判断是非的标准，而人文主义者却倡导学习古典著作。但丁以极其崇敬的态度赞美古罗马桂冠诗人维吉尔（公元前70—前19）："你是众诗人的火把，一切的光荣归于你！我已经长久地学习过，爱好过，研究过你的著作。你是我的老师，是我的模范。"③ 在这里，但丁有意无意地把古典著作看成和《圣经》一样，也是知识的来源。达·芬奇重视经验，他认为，"经验是一切可靠知识的母亲，那些不是从经验里产生、也不受经验检定的学问，那些无论在开头、中间

---

　　① 《十五世纪意大利人文主义者论教会和宗教》，苏联科学院出版社1963年版，第277页。

　　② 中国人民大学历史系编译：《世界中世纪史译文集》，中国人民大学出版社1988年版，第470页。

　　③ ［意］但丁：《神曲·地狱篇》，王维克译，人民文学出版社1983年版，第4页。

或末尾都不通过任何感官的学问,是虚妄无实、充满谬误的"①。虽然但丁、达·芬奇对知识的起源还不能从哲学的高度来论证,但是对一切知识来源于《圣经》的观点提出了挑战。

文艺复兴时的另一个有利于科学产生的变化是古希腊的科学遗产的传播。在古希腊出现了许多才智超群的科学家,如毕达哥拉斯(公元前584?—前497),他发现了一个直角三角形两直角边的平方和等于其斜边平方的定理,第一次提出作为一个圆球的地球概念,第一次提出宇宙同样是个球体。又如欧几里得(公元前330?—前275),他的《几何原本》被使用了两千多年。阿基米德(公元前287?—前212)在一次洗澡时发现了浮力定理:浸在流体中的物体受到向上作用的浮力,其大小等于被物体排开的流体的重量。还有托勒密(公元90—168?)的《至大论》作为天文学的权威著作流传百世。② 对古希腊做出过重大贡献的科学家,我们可以列举很多,但是上述几个例子已可说明,近代科学是在吸取前人优秀遗产的基础上产生的。意大利文艺复兴时期,随着古典著作的普及,古希腊、古罗马时代的自然科学著作也得到传播。意大利成为学习古典知识的宝库。1496年,哥白尼(1473—1543)从他的祖国波兰来到意大利。在波洛尼亚大学学习期间,他深受该校教授、天文学家德·诺瓦拉(1454—1543)的影响。诺瓦拉是当时意大利毕达哥拉斯学派的领袖。哥白尼毕生也充满毕达哥拉斯的思想。他与诺瓦拉深入地研讨了托勒密的学说。托勒密设定地球是静止的,行星是围绕地球运行的。这个观点符合《圣经》天动地不动的教导,③ 所以中世纪的神学家们普遍支持托勒密的天体理论。哥白尼从托勒密的著作中学到了许多有益的东西,但是他经过多年的观察与计算,却得出了与托勒密相反的结论。于1543年发表了《天体运行论》,提出了日心说,"从此自然研究便开始从神学中解放出来"④。

---

① 北京大学哲学系外国哲学史教研室编译:《西方哲学原著选读》上卷,第309页。
② 参见吴国盛《科学的历程》,北京大学出版社2006年版,第68—98页。
③ 《圣经·约书亚记》第10章,第12—13节。
④ 《马克思恩格斯选集》第3卷,第848页。

恩格斯说："在中世纪的黑夜之后，科学以意想不到的力量一下子重新兴起，并且以神奇的速度发展起来，那么，我们要再次把这个奇迹归功于生产。"[①] 但是注重事实，注重实践，反对超自然主义的神秘观，则对科学起了催生的作用。意大利是最早产生资本主义萌芽、最早冲破禁欲主义牢笼、最早激发理性、最早发现世界、最早普及古典科学知识的国家，也因此成为近代科学的发祥地。

二 教会对科学的迫害与哲学革命

哥白尼的学说违背了《圣经》的教义。他的划时代著作是在他的一位朋友的帮助下在纽伦堡出版的。这位朋友为了不冒犯当地的路德教派，在哥白尼的书中加进了自己的一篇短序，声明这全部学说仅仅是一种计算工具，并不背离《圣经》。[②] 虽然如此，1616年，天主教会仍把哥白尼的著作列为禁书。

罗马天主教反对一切违背上帝启示和《圣经》权威的学说。15世纪末叶，西班牙、法国、英格兰完成了民族统一大业，建立了强大的王权。意大利成了法国、西班牙与神圣罗马帝国逐鹿的舞台。经过长达65年的意大利战争（1494—1559），西班牙成了意大利的主宰。西班牙是一个信奉天主教的国家。在西班牙的支持下，罗马教廷采取一切手段加强思想控制，为此，恢复了宗教裁判所的活动。正当此时，布鲁诺（1548—1600）与伽利略（1564—1642）不仅公开起来捍卫哥白尼的学说，而且把后者的理论大大地向前推进了一步。布鲁诺是意大利一位才华出众的学者，又是一位不畏教会权力的英勇战士。他认为宇宙是无限的，存在许许多多的世界，否定了太阳作为一个特定的中心的观点。罗马教廷认为布鲁诺有异教之嫌，1592年宗教裁判所将其囚禁起来。但是他拒绝悔改，在1600年被绑

[①]《马克思恩格斯选集》第3卷，第865页。
[②]［英］亚·沃尔夫：《十六、十七世纪科学、技术和哲学史》，周昌忠、苗以顺等译，商务印书馆1985年版，第18页。

在火刑柱上活活烧死。伽利略出身于意大利的比萨，他一生重视实践，反对经院哲学，很早就成了哥白尼学说的信徒。他用自制的望远镜观察天体，发现月球也和地球一样有山谷。1632年伽利略发表了他的重要著作《关于托勒密和哥白尼两大世界体系的对话》，此书轰动了整个社会，却给他带来了灾难。1633年，伽利略到罗马接受宗教法庭的审判，在严刑的威逼下，被迫宣誓放弃自己的观点："我跪在尊敬的西班牙宗教法庭庭长面前。我抚摸着《福音书》保证，我相信并将始终相信教会所承认的和教导的东西都是真理。我奉神圣的宗教法庭之令，不再相信也不再传授地球运动而太阳静止的虚妄理论，因为这违反《圣经》。"①

自伽利略之后，近代科学发展的中心就转移到英国等地去了。哥白尼开启的天文学革命最终是由其他国家的科学家完成的。首先应该提到的是丹麦天文学家第谷·布拉赫（1546—1601），他借助精密仪器测定了1000个星位，对天文学的发展起了重要作用。第谷的合作者德国天文学家开普勒（1571—1630）利用第谷的观察资料，发现行星运动的三定律。最后伟大的牛顿（1642—1727）发现了万有引力定律，把宇宙看成既互相影响，又互相联系的大的统一体。

天主教不能容忍科学这个异端，当时的新教在对待科学的态度上也和天主教一样地残暴。1517年，在马丁·路德（1483—1564）的倡导下，在德国，在全欧洲掀起了一场轰轰烈烈的宗教改革运动。其结果，出现了脱离罗马教廷的三大新教——路德宗、加尔文宗、安立甘宗（英国国教）。新教与天主教在教义教规和宗教仪式方面虽然有所不同，但都唯《圣经》是从。西班牙的神学家、医学家迈克尔·塞尔维特（1511—1553）因指责圣父、圣灵、圣子三位一体学说的谬误，同时又因论述了血液循环的理论，被加尔文烧死在日内瓦。

为什么在人类的科学史上会出现这样的悲剧呢？我们不能简单

---

① ［英］亚·沃尔夫：《十六、十七世纪科学、技术和哲学史》，周昌忠、苗以顺等译，第44页。

地停止在对宗教法庭的专横和加尔文的宗教狂热的谴责上，必须看到，在16—17世纪之交时，神学的统治虽然已受到理性的动摇，但仍是整个社会的世界观。为了生存，科学必须有适合自己的哲学、适合自己的宇宙观，必须重新思考知识的起源、上帝的作用和它存在的方式，以取代占统治地位的经院哲学，也就是说要进行一场哲学革命。当时这场革命是从理性主义和经验主义两个对立的，而又互相补充的方向同时进行的。我们先从理性主义说起。

勒内·笛卡儿（1596—1650）是第一位唯理主义哲学家。笛卡儿出生于法国的一个贵族家庭，曾在一所耶稣会学校接受教育，在那里打下了扎实的数学基础，青年时代他参加军队，退役后集中精力从事数学和哲学研究，最后确立了解析几何。在哲学方面，笛卡儿肯定经验的作用。他说："我一向当作最真实可靠的东西加以接受的一切事物，都或者是由感官得知的，或者是通过感官得知的。"[1] 然而，笛卡儿认为从经验进行推理易犯错误。为获得真理，他认为必须破除旧有的意见。他给自己规定的方法原则之一是：绝不接受那些没有被明确地认识其为真的东西。笛卡儿认为有一件事是无法怀疑的，那就是我思想，因为思想就意味存在着一个思想者，由此他得出"我思想，所以我存在"这条原理。笛卡儿说：在这个命题里面，"并没有任何别的东西使我确信我说的是真理，而只是我非常清楚地见到：必须存在，才能思想；于是我就断定：凡是我们十分明白、十分清楚地设想到的东西，都是真的。我可以把这条规则当作一般的规则"[2]。笛卡儿把这条原则作为检验真理的标准，从一个最清楚、最明晰的思想出发，演绎出整个知识体系。他认为错误就是把意志扩张到人们不了解的东西上去了。笛卡儿不否认观念有来自外界的，但同时肯定有一些观念来自天赋。他曾努力论证上帝的存在，但又遭人诬陷为无神论者。法国启蒙思想家伏尔泰（1694—

---

[1] 北京大学哲学系外国哲学史教研室编译：《西方哲学原著选读》上卷，第366页。
[2] 北京大学哲学系外国哲学史教研室编译：《西方哲学原著选读》上卷，第369页。

1778）十分崇敬笛卡儿，说他的哲学"给盲人恢复了光明"①。笛卡儿的哲学思想对后来的学者产生了重要的影响，斯宾诺莎即其中之一。

巴鲁赫·斯宾诺莎（1632—1677）出生于荷兰一个富有的犹太人家庭。他钦佩笛卡儿，他也认为，要获得完全确实的知识，必须从清晰的、无可怀疑的观念出发。不同的是，笛卡儿把上帝与自然截然分开，斯宾诺莎把上帝等同于自然。他说："自然的效能与力量就是上帝的效能与力量，自然的法则规律就是上帝的指令。"② 换言之，上帝的指令就是自然法则，这样不仅否定了上帝是自然界的创造者，而且改变了上帝的存在形式，上帝并不超乎万有，而是有形的物质世界。斯宾诺莎认为自然界事物的定义必须求之于自然界的功能。用恩格斯的话说：从斯宾诺莎一直到伟大的法国唯物主义者都坚持从世界本身来说明世界。③

斯宾诺莎是第一个对《圣经》进行批判的人。他认为《圣经》的主要内容是些故事和启示，是一些人对非常的自然现象的叙述。人类对这些启示不能理解，至于奇迹，是一件不能用自然的原因来解释，不能确指其与何种自然界的运行有关的事。斯宾诺莎提出："据《圣经》的历史以研究《圣经》的时候，凡我们没有十分看清的，就不能认为是很可信的《圣经》的话。"④

斯宾诺莎在年轻时就表现出热爱自由的思想，据说，他可能对人说过上帝也许是有形体的话，这件事引起了犹太教会的惊恐。1656年7月27日斯宾诺莎被犹太教会按照希伯来仪式的程序开除了教籍。"在宣读开除教籍的决定时，一支大号角不时发出哀鸣般的悠长的声音，仪式开始时点燃的所有蜡烛被一支接一支地吹灭了——以象征被开除者精神生命的泯灭，随后全体与会者便置身于一片黑

---

① ［法］伏尔泰：《哲学通信》，高达观等译，上海人民出版社1961年版，第59、62页。
② ［荷兰］斯宾诺莎：《神学政治论》，温锡增译，商务印书馆1982年版，第91页。
③ 《马克思恩格斯选集》第3卷，第851页。
④ ［荷兰］斯宾诺莎：《神学政治论》，温锡增译，第109页。

暗中。"① 犹太教会的长老们没有想到，革出教门非但没有使斯宾诺莎倒下，反而更激励他写出了《伦理学》《神学政治论》等不朽著作，斯宾诺莎的哲学进一步扫除了神学对科学的精神束缚。

在唯理主义思潮兴起的时候，英国经验主义的哲学家早就在构建自己的哲学体系了。弗朗西斯·培根（1561—1626）是英国经验主义的始祖。他出身于贵族家庭，担任过大法官。培根生活于英国的资本主义经济有了重大发展的时代。地理大发现后，英国开始成为海上商路的中心。自 1588 年 8 月击败西班牙无敌舰队后，英国成了海上强国，到 16 世纪末，伦敦已成为世界贸易最重要的都市，英国社会发生了深刻的变化，思想十分活跃，正是在这个历史时期，诞生了伟大的作家莎士比亚（1564—1616）。培根与莎士比亚是同时代人。

培根认为知识不是来源于上帝的启示，而是来自人的感觉，他重视实践。他有一个想法，肉体保存在雪里不会腐烂，于是他找来一只鸡，在鸡肚子里面塞满雪，他在做这次试验时受了寒，离开了人世。

培根认为他那个时代的知识状况并不繁荣昌盛，也没有重大的进展。必须给人类的理智开辟一条与以往完全不同的道路。这条道路是，首先要清除占据人们理智的种种假象和错误概念，让头脑充分解放出来，充当正确性的认识工具。为了获得真正的知识，培根认为必须采取正确的原则。一是要坚持人的知识来源于对自然的观察和实验的原则。他说："人，既然是自然的仆役和解释者，他所能做的和了解的，就是他在事实上或思想上对自然过程所观察到的那么多，也只有那么多；除此以外，他什么都不知道，也什么都不能做。"② 他的第二个原则是：通过实验得来的材料还须消化和梳理，要将实验与理性结合起来。他认为真正的哲学工作应像蜜蜂一样，

---

① ［美］威尔·杜兰特：《哲学简史》，梁春译，中国友谊出版公司 2005 年版，第 102 页。
② 北京大学哲学系外国哲学史教研室编译：《西方哲学原著选读》上卷，第 345 页。

"从花园和田野里面的花采集材料，但是用他自己的一种力量来改变和消化这种材料"①。在培根看来，人的认识到此还没有终结，因为科学的任务是发现自然的规律、确立公理，所以他提出了归纳法，它的形式是："用适当的拒绝和排斥的办法来分析自然，然后，在得到足够数目的消极例证之后，再根据积极例证来做出结论。"②

培根之后，托马斯·霍布斯（1588—1679）进一步发展了经验主义哲学。在年轻时，他当过培根的秘书。在认识论方面，他认为感觉是一切思想的源泉，感觉是由外界物体对我们的眼、耳及其他器官实施压力的结果。但是，霍布斯认为人们获得的关于现象的原因或产生的知识，要加以真实的推理，只有通过正确推理认识到的一切，才不会是错误的。霍布斯反对不可思议的关于神的学说，坚决把神学从哲学中排除出去。他说："哲学排除一切凭神的灵感或启示得来的知识，排除一切并非由理性引导给我们，而是在一刹那间凭神的恩惠、也可以说凭某种超自然的感觉获得的知识。"③

霍布斯不仅是一位杰出的哲学家，还是一位卓越的政治学家。他在其巨著《利维坦》(*Leviathan*，《圣经》神话中统治海洋的巨兽)中，论述了国家的起源。他说，人类进入国家之前，处于自然状态，在这种状态中，人们为了求利和其他一些原因，生活在战争状态之下，这种战争是每个人对每个人的战争。④ 人们为了过上和平安定的生活订立契约："把大家所有的权力和力量付托给某一个人或一个能通过多数的意见把大家的意志化为一个意志的多人组成的集体。这就等于是说，指定一个人或一个由多人组成的集体来代表他们人格……像这样统一在一个人格之中的一群人就称为国家。"⑤ 霍布斯的国家学说完全否定了上帝创造国家和君权神授的理论。

在霍布斯生活的年代，英国的一批哲学家提出了自然神论。所

---

① 北京大学哲学系外国哲学史教研室编译：《西方哲学原著选读》上卷，第358页。
② 北京大学哲学系外国哲学史教研室编译：《西方哲学原著选读》上卷，第361页。
③ 北京大学哲学系外国哲学史教研室编译：《西方哲学原著选读》上卷，第386页。
④ 参见［英］霍布斯《利维坦》，黎思复、黎廷弼译，商务印书馆1995年版，第94页。
⑤ ［英］霍布斯：《利维坦》，黎思复、黎廷弼译，第131—132页。

谓自然神论，承认上帝是宇宙的创造者，但是宇宙被创造出来以后，就按照自己的规律运动。爱德华·赫伯特勋爵（1583—1648）被称为"英国自然神论之父"，他在其《论真理，因为它区别于启示、可能性、或然性以及谬误》一书的增订版中，批判《圣经》崇拜，谴责永不犯错的教会观念，认为所有的宗教应当得到历史的考察。[①] 洛克、牛顿以及伏尔泰和卢梭等人的宇宙观都是自然神论。

约翰·洛克（1623—1704）是英国资产阶级革命时期最杰出的政治思想家和哲学家，曾在牛津大学学习自然科学和医学。洛克在哲学上是经验主义者。他在《人类理智论》一书中，把人的心灵比作一张白纸，印在上面的知识是从哪里得来的呢？他回答道："是从经验得来的。我们的全部知识是建立在经验上面的；知识归根到底都是导源于经验的。"[②] 洛克的经验论是他关于人类天生平等的政治学说的哲学基础，既然知识来自经验，就不存在天赋的观念，不存在一部分人先天地优越于另一部分人。

洛克在他的《政府论》中批判了"君权神授"的理论。洛克认为，人在未有政府之前，处于自然状态，享有自由平等和财产的天赋权利。人们为了保护这些权利不受侵犯，订立契约、成立政府，把行政权交给它，以保护人们的自由、平等和财产的权利。如果政府违背了契约，人们不仅有权反抗，而且有权摆脱暴政。洛克反对君主有无限的权力，主张把国家权力划分为立法权、行政权和对外权三种。洛克的政治学说在历史上产生了深刻的影响。

洛克在《政府论》中提出的人人都是天生自由、平等和独立的理论与他在《容忍书》中提出的"宗教自由"的思想是相通的。洛克反对当时的一种流行观点：臣民应服从君主的信仰。他认为："君王们在握有权力方面确实是生来就优于他人的，但在自然本性方面也同别人一样。统治权力和统治艺术并不表示他必然同时还掌握有

[①] 参见［美］科林·布朗《基督教与西方思想》，查平常译，北京大学出版社2005年版，第173页。

[②] 北京大学哲学系外国哲学史教研室编译：《西方哲学原著选读》上卷，第450页。

关其他事物的确切知识，更不要说关于纯正的宗教的知识，否则，又何以解释世界上的君主们在宗教问题上存有如此巨大的分歧呢？"①洛克提出必须严格区分公民政府与教会的不同职责，正确规定二者之间的界限。洛克认为，国家是由人们组成的一个社会，目的是维护公民们的生命、自由、财产等利益，官长的全部权力仅限于此，它不能，也不应以任何方式扩及灵魂拯救的事。关于教会，它是一个自由的、自愿结合的团体，每个人可以自由地进入，也可以自由地退出，任何人都无权因为他人属于另一教会或另一宗教，无论他是基督徒还是异教徒，对他们使用暴力和予以伤害。

1688年光荣革命后，英国社会都希望有一个在政治和宗教等方面比较自由和民主的环境，洛克的《政府论》和《论宗教宽容》等著作就为这些要求作了理论上的论证。

经过哲学革命，以及科学本身的威力，经院哲学已奄奄一息，神学与科学，信仰与理性的地位开始倒转过来。法国大革命前夕，在伟大的启蒙思想家那里，"一切都必须在理性的法庭面前为自己的存在作辩护或者放弃存在的权利。思维着的知性成了衡量一切的唯一尺度。那时，如黑格尔所说的，是世界用头立地的时代"②。就在这样一个理性的时代，列为禁书的哥白尼的著作于1775年被宣布解禁。

三 政教分离与信仰自由

科学与哲学，两者相互影响、相互推动，不仅影响人们世界观的改变，也将引起社会制度的变革，先进的社会制度又是科学发展的必要条件。

英国继意大利之后成为近代科学一个重要的发源地与它逐步实行宗教宽容分不开。政教分离与信仰自由是资产阶级民主的一个组

---

① [英]洛克：《论宗教宽容》，吴云贵译，商务印书馆1996年版，第20页。
② 《马克思恩格斯选集》第3卷，人民出版社1995年版，第775页。

成部分，也是科学进步的保障。英国自16世纪30年代实行宗教改革后，国王亨利八世（1507—1547年在位）成为教会的最高首脑，英国教会成了真正的国教，成了国家的一个部门。在宗教改革前，英国教会的大主教、主教、修道院院长和僧团首领的任命、教义教规的解释权，均属于罗马教廷。此外，英国的教会每年还必须向罗马教廷上交相当于教会收入十分之一的什一税。宗教改革后，各种教职由国王指定，什一税上交国王。

英国的宗教改革是建立民族国家的必要措施，但改革的道路异常曲折。1534年，议会规定全国成年男子均须宣誓，承认国王为教会的最高首脑，否认教皇为最高的精神领袖。拒绝者，如杰出的人文主义者托马斯·莫尔（1478—1535）、罗切斯特主教费希尔（1459—1535）以及一些修道院院长均被处死。亨利信奉的是没有教皇的天主教。以后，当宗教改革者要求进一步清除天主教的影响时，他以异端罪把其得力助手、推行宗教改革的重要人物托马斯·克伦威尔（1485？—1540）送上了断头台。然而，宗教改革深入发展的趋势已不可阻挡，在亨利八世的儿子爱德华六世（1547—1553年在位）执政的6年中，为满足乡绅和资产阶级的要求，议会颁布了一系列改革措施，如废除残留的圣像崇拜、用英语举行圣礼、教士均可结婚、接受因信得救的宗教观。爱德华死后，亨利八世的女儿玛丽一世（1553—1558年在位）继位。玛丽笃信天主教。她一上台，就通过议会废除了爱德华六世时通过的一系列改革法案，恢复圣礼，并以异端罪烧死300多名改革派人士，使英国教会重新归属罗马天主教。

教会的归属问题涉及国家的主权，圣礼之争有关信徒们能否从烦琐的宗教仪式中解脱出来而获得心灵的自由。当亨利八世的另一个女儿伊丽莎白一世（1558—1603）登上王位后，因面临着罗马天主教的威胁，她必须依靠信仰新教的资产阶级，所以又恢复了爱德华六世时的改革法案，把所有拒绝服从改革法案的主教全部撤职。伊丽莎白女王的改革比以往的改革又前进了一步。一是规定除了违背《圣经》和《信经》外，不得任意定人犯有异端罪，规定的解释权属于国王法院。这个规定实际上削弱了教会迫害那些在教规教义上有不同观点的宗教徒的权力。同时也在一定程度上限制了国王任意地干涉人们的宗教生活。二是1559年4月议会通过的"国王为教会最高统治者法案",虽规定了国王为教会的最高首脑,但同时又声明国王对教会的最高统治权是由议会授予的。也就是说,国王只是教会的最高管理者,没有制定、更改教规教义和宗教仪式的权力。这个法案明显地限制了国王对教会的影响。[1] 至此,最终确立了英国国教会的组织和教规教义,英国的宗教改革也画上了一个句号。

在伊丽莎白时代,英国在信仰自由方面向前迈进了一大步。然而,随着英国资本主义的发展,在英国国教会内部产生出一个新的宗派,人们称之为"清教"。清教徒主张按加尔文教义进一步清除国教会内部的天主教残余,如废除主教制、实施教会民主、减少宗教节日、实行简朴的宗教仪式。清教徒的宗教理念反映了英国资产阶级和乡绅们建立廉洁教会的要求。17世纪60年代,在英国议会400多名下院议员中,清教徒占100名左右。国教徒和清教徒常为教会改革进行激烈争论,伊丽莎白女王曾将少数要求改组国教会的激进的议员关进伦敦塔。由于清教的理念符合资本主义发展的需要,它赢得了越来越多的人的支持,终于在资产阶级革命中,成为资产阶级反对封建王权的 面大旗。内战期间无论是国教还是清教都发生了分化,结果是教派林立。在克伦威尔(1599—1658)共和国时代,因国教会的组织已经松散,不再强迫每人参加它的宗教活动,每个教区都可自由地做礼拜和举行宗教仪式。王政复辟时期,虽然议会做出了奉行国教的礼拜仪式的规定,却已无力推行信仰划一。光荣革命后,议会从英国的现实出发,颁布了"宽容法",允许清教徒等非国教徒有自己的教堂,进行自己的礼拜仪式和布道活动。虽然这个法案仍把天主教徒和无神论者排除在外,但是在法律上承认了信仰自由,也就是说,国王已不能决定国人的信仰,政教合一的体制也就被打破。这在当时绝大多数欧洲国家还是远远不能做到的事。

---

[1] 郭方:《英国近代国家的形成》,商务印书馆2006年版,第140页。

就在英国施行"宽容法"的前后几年中,法国对不愿改宗的胡格诺教徒(法国信奉加尔文教的教徒——作者注)进行镇压,仅三年之内就有近五万户胡格诺教徒离开法国,他们把技术、手工业和财富带往异邦。伦敦的一个郊区住满了法国的丝绸工人,还有一些法国移民将制造晶质玻璃器皿的精湛工艺带到伦敦。而留在国内的胡格诺教徒中,凡不愿临终接受天主教圣事的人,他们的遗体被放在柳条筐里扔到垃圾场。[①] 对胡格诺教徒的迫害不仅造成法国工业的衰败,而且埋下了社会不稳定的祸根。

  因为英国逐步实行宗教宽容,宗教环境比较宽松,所以敢于吸收那些虽然宗教观不同却具真知灼见的思想家。1642年,当斯宾诺莎处于困境时,英国皇家学会首任秘书亨利·奥尔登伯格(1615—1677)致信于他:"杰出的先生,来吧,打消惊扰我们时代庸人的一切疑惧;为无知和愚昧而作出牺牲的时间已经够长了;让我们扬起真知之帆,比所有前人都更深入地去探索大自然的真谛。"[②] 在世界近代史上之所以能产生牛顿这样的天才,固然与前人和同时代人的科学贡献分不开,也与当时英国有比较宽松的宗教政策有关。从宗教观来说,伽利略比牛顿要正统得多,他认为《圣经》和自然的作者都是上帝,《圣经》的真理和自然的真理是可能调和起来的。[③] 牛顿则是一个自然神论者,他在其《自然哲学的数学原理》中,把上帝描绘为"万有之中最完美的机械师"。意思是,宇宙是一架机器,当上帝制造完这架机器后,机器就自己运行了。牛顿反对把上帝的启示引入哲学。但是他和伽利略的命运却判若云泥。牛顿当过议员,连任数届皇家学会主席,被授予爵位,死后安葬在威斯敏斯特教堂,受到世人的崇敬。

---

  ① [法] 伏尔泰:《路易十四时代》,吴模信、沈怀洁、梁守锵译,商务印书馆1997年版,第535—537页。
  ② [英] 亚·沃尔夫:《十六、十七世纪科学、技术和哲学史》,周昌忠、苗以顺等译,插页。
  ③ [挪] G.希尔贝克、N.伊耶:《西方哲学史》,童世骏、郁振华、刘进译,上海译文出版社2004年版,第193页。

哥白尼和伽利略生活于封建社会向资本主义社会过渡的时代，牛顿生活于英国的资本主义制度已经确立的时代，从哥白尼到牛顿这一历史时期中，科学和哲学已分离开来，科学本身的门类也日益细化。罗伯特·波义耳（1627—1691），英国皇家学会最早的会员之一，使化学脱离炼金术，提出以他命名的波义耳定律：气体的体积与压力成反比。罗伯特·胡克（1635—1703），波义耳的助手，以后也成了皇家学会的会员，在物理学方面，提出了弹性定律：固体的形变与它所受的力或负载成正比。当科学在不同领域取得进展的时候，显微镜、望远镜、温度计、气压计、抽气计、摆钟及各种航海仪器先后问世。自17世纪中叶起，许多科学社团，如意大利的西芒托学院于1657年、英国的皇家学会于1662年、法国的法兰西科学院于1666年、柏林学院于1700年也相继建立。这些科学社团对促进科学发展和传播科学知识做出了巨大的贡献。[1] 牛顿总结了科学发展的成就，在天文学、力学、数学、光学等众多领域都做出了杰出的贡献。牛顿是时代的产儿，在他的时代，近代科学确立了自己的牢固地位。

（原载《中国社会科学院学术咨询委员会集刊》第3辑，社会科学文献出版社2007年版）

---

[1] ［英］亚·沃尔夫：《十六、十七世纪科学、技术和哲学史》，周昌忠、苗以顺等译，第54—135页。

"继承神秘剧的展演":古埃及王权继承仪式探析

郭子林

一般而言,仪式是对具有宗教或象征意义之活动的总称。自 19 世纪末期以来,仪式是西方学者定义文化、社会和宗教领域基本问题的重要概念之一,[1] J. E. 哈里森指出,"无数的浮雕装饰着埃及人的坟墓和神庙,那些石头上雕刻的恰恰是仪式性活动"[2]。古埃及(公元前 4 千纪末期至公元 641 年)确实有仪式,但没有专用于表达仪式的词语,几个词可以用来表示仪式的含义,例如 $jrt\ ḫt$ "做事情", jrw "一些事情被做", $nt\text{-}^c$ "正规程序" (直译为"维持规则")。[3] 据研究,这些词在古埃及人的文化实践中确实用于指代仪式活动。[4]

在古埃及,"仪式是宗教的中心",最能体现宗教的本质和思想。[5] 同时,古埃及宗教与社会生产、生活密切地结合在一起。正如 J. P. 艾伦所言,我们将宗教与政府分离开来的做法,在古埃及人看

---

[1] Catherine Bell, *Ritual Theory, Ritual Practice*, Oxford: Oxford University Press, 1992, p. 3.

[2] J. E. Harrison, *Ancient Art and Ritual*, London: Willams and Norgate, 1914, p. 18.

[3] D. B. Redford, ed., *The Oxford Encyclopedia of Ancient Egypt*, Vol. 1, Oxford: Oxford University Press, 2001, p. 326.

[4] Carolyn Diane Routledge, *Ancient Egyptian Ritual Practice: irt ḫt and nt-^c*, Toronto: Toronto University, 2001, pp. ii – iii.

[5] B. E. Shafer, ed., *Temples of Ancient Egypt*, London: I. B. Tauris Publishers, 1998, p. 18.

来是不可想象的。① 从而，仪式可以为我们理解古埃及宗教、社会文化和政治史等提供洞见。

所谓"王权继承仪式"，是指古埃及王位继承人在继承去世国王之王位和王权的过程中举行的仪式，包括登基仪式和加冕仪式。② "王权继承仪式""登基仪式"和"加冕仪式"都是现代学术用语，古埃及语中没有这样的专有名词。古埃及人一般用"他出现在荷鲁斯的御座上"（ jw bcj. n. f hr st. Hr）和"将王冠放在我的头上"（ r smn bʿw hr wpt. j）等类似的话语分别表达登基和加冕之意。③ D. B. 瑞德福德将古埃及人的众多仪式划分为国王的仪式、普通人的仪式、神的仪式和动物的仪式。④ 王权继承仪式是"国王⑤的仪式"当中比较有代表性的仪式，也是古埃及宗教、社会文化和政治史研究中的重要课题。

自 20 世纪上半期以来，西方学者陆续对古埃及王权继承仪式展开研究，取得了不少成果，但这些研究大多是在人类学仪式理论的影响下进行的，更多地揭示出了该仪式的宗教学和社会学内涵，对其历史尤其政治史意义的探讨不够。本文首先考察仪式理论与古埃

---

① James P. Allen, *Middle Egyptian: An Introduction to the Language and Culture of Hieroglyphs*, Cambridge: Cambridge University Press, 2010, p. 46.

② 本文将国王的登基仪式和加冕仪式统称为王权继承仪式，旨在强调本文探讨的是古埃及王权形成以后的登基仪式和加冕仪式问题，不涉及古埃及王权形成的相关问题。另外，国内学者习惯于将国王的加冕仪式称为加冕礼，本文认为"加冕礼"这个概念有其具体的内涵和适用范围，不适用于古埃及国王的加冕活动，因为以历史学的角度来审视，"仪式"与"礼"存在根本区别，"仪式"强调具体活动，"礼"突出制度或社会规范。

③ J. H. Breasted, *Ancient Records of Egypt*, Chicago: Chicago University Press, 1906, Vol. 2, &. 55; Vol. 3, &. 267; A. Gardiner, "The Coronation of King Haremhab," *Journal of Egyptian Archaeology*, Vol. 39, 1953, p. 26.

④ D. B. Redford, ed., *The Oxford Encyclopedia of Ancient Egypt*, Vol. 1, pp. 326 – 337. 另外，Anna Stevens, "Egypt," in Timothy Insoll. ed., *The Oxford Handbook of the Archaeology of Ritual & Religion*, Oxford: Oxford University Press, 2011, pp. 727 – 737, 此文主要根据考古史料反映的情况，将古埃及仪式分为"交换和共享的仪式""困扰仪式"和"过渡仪式"，偏重于社会仪式的考察。

⑤ 尽管学界一般用"法老"称呼古埃及历史上所有的国王，但法老（ pr-ʿ3，直译为"大房子"）一词出现于新王国时期（约前 1567—前 1085）。单从时间上来看，就不能用法老指代所有古埃及国王。本文在适当的地方（尤其在涉及新王国国王的时候）使用"法老"一词，一般情况下使用"国王"一词。

及王权继承仪式研究的历史，然后以古埃及遗留下来的浮雕、铭文和近期考古报告等为基本史料，结合人类学仪式理论，从历史学的角度复原登基仪式和加冕仪式的具体程序，分析两者的区别，剖析其形成和发展的历史原因及其对王权统治的影响。

一　仪式理论与古埃及王权继承仪式研究

自 19 世纪末期以来，关于仪式内容的研究，经历了从"神话—仪式"学派到"功能主义""结构主义""解释主义"等学派，从"宗教"到"社会"的不断变化与发展。[①] 在此基础上，罗纳德·格赖姆建构了仪式研究的基本框架。[②] 凯瑟琳·贝尔重新建构起有关仪式的学术讨论框架，并对仪式进行跨学科的综合性探讨。[③] 进而，B. E. 夏夫尔在研究古埃及仪式的同时，总结概括了十几种关于仪式的观点。[④]

根据上述学者的研究，仪式至少有这样一些主要特点。首先，仪式是行为或实践，而非思想，与宗教思想比起来，更易于信徒的理解和接受。[⑤] 这决定了仪式的含义因环境和条件的变化而变化。[⑥] 这个基本特征是人类学"神话—仪式"学派和"结构主义"学派特别关注的。对于仪式活动之程序的描述和对其社会意义的解释则是"解释主义"学派的关注点。其次，仪式的核心特征是仪式化，即为了某种目的，使原本普通的事件成为一群人参与的、具有相对固定程序和传统意义的行为或活动。[⑦] 这是"功能主义"学派强调的一

[①] 彭兆荣：《人类学仪式的理论与实践》，民族出版社 2007 年版，第 2—6 页。
[②] Ronald L. Grimes, *Beginnings in Ritual Studies*, Lanham, New York: University Press of America, 1982.
[③] Catherine Bell, *Ritual Theory, Ritual Practice*, Oxford: Oxford University Press, 1992; Catherine Bell, *Ritual: Perspectives and Dimensions*, Oxford: Oxford University Press, 1997.
[④] B. E. Shafer, ed., *Temples of Ancient Egypt*, pp. 18 – 21.
[⑤] Catherine Bell, *Ritual Theory, Ritual Practice*, pp. 18 – 21, 112, 184 – 193.
[⑥] Catherine Bell, *Ritual Theory, Ritual Practice*, pp. 81 – 82, 90.
[⑦] Catherine Bell, *Ritual Theory, Ritual Practice*, pp. 70 – 74, 90 – 93, 220.

点。再者,仪式的最小单位是象征物,其意义在不同的文化环境中有时相同,有时相异。象征物基本可以分为明显的、不明显的和隐藏的三种,往往与某种神圣性结合起来。① 这是"象征主义"学派的理论根基。此外,仪式当中有各种对立关系,或者说仪式建立起很多对立关系,例如有序与无序,但并未最终解决这些对立关系。② 这些关系往往体现的是权力关系,不需要使用强制力就可以指挥人们行动,将参与者置于事物的序列之中,使其产生一种效能感,使其自然地、有效地行动。甚至可以进一步认为,仪式不仅仅是权力的工具,它本身就是一种权力,通过主张而非暴力,通过协商而非强制,规范社会秩序,使社会秩序合法化,甚至对社会变化和社会统一都有效用。③ 这是仪式"功能主义""结构主义"和"解释主义"学派特别强调的特征。最后,仪式本身有生命周期,具有产生和发展演变的过程。④ "解释主义"学派比较重视对仪式过程和意义的解说。

　　仪式的这些主要特点既是对大量仪式活动的理论概括,也反映了各个理论派别的关注点。可以说,上述仪式主要特点构成了广义仪式理论的基本要件。古埃及王权继承仪式研究既受到仪式理论的影响,也是西方仪式理论研究予以关注的实例。从19世纪末期开始,西方学者就开始研究王权继承仪式及相关仪式。1892年,E. 纳维勒详细考察了古埃及第22王朝国王奥索尔孔二世在布巴斯提斯的大神庙,发现并复原该国王的塞德节场面。⑤ 塞德节是古埃及国王举行的重要宗教仪式,其部分活动是对国王加冕仪式的重演。⑥ E. 纳维勒的研究在一定意义上启动了学界对古埃及王权继承仪式的研究。

---

① Victor Turner and Edith Turner, *Image and Pilgrimage in Christan Culture: Anthropological Perspectives*, New York: Columbia University Press, 1978, pp. 244 – 248.
② Ronald L. Grimes, *Beginnings in Ritual Studies*, p. 103.
③ Catherine Bell, *Ritual Theory, Ritual Practice*, pp. 109 – 110, 183, 191 – 201, 221 – 222.
④ Ronald L. Grimes, *Beginnings in Ritual Studies*, p. 57.
⑤ E. Naville, *The Festival Hall of Osorkon II in Great Temple of Bubastis*, London: Kegan Paul, Trench, Trubner & co., 1892.
⑥ 郭子林:《古埃及塞德节与王权》,《世界历史》2013年第1期。

20世纪20年代，K. 塞德详细考察了古埃及国王的"继承神秘剧"[1]。该文献是研究古埃及王权继承仪式的重要史料。

如果前述学者的研究只能说是与人类学关于仪式理论的探讨同步，那么 A. M. 布莱克曼于1933年在 S. H. 胡克编著的《神话与仪式》一书中对古埃及加冕仪式的考察，则可以确定无疑地视作受到仪式理论的影响。[2] 20世纪上半叶，人类学"神话—仪式"学派关于神话与仪式关系的讨论非常热烈，弗雷泽提出了"仪式先于神话"的命题，爱弥尔·涂尔干、布罗尼斯拉夫·马林诺夫斯基等人则主张"神话是对仪式的言说"[3]。《神话与仪式》一书中各篇论文的研究对象不同，但总体认识是一致的，都承认神话对仪式的描述作用，认为古代近东的宗教仪式体现了一种近东文化模式的扩散过程。[4] 其中，A. M. 布莱克曼明确认为绝大多数的古埃及宗教仪式都源于古埃及赫利奥坡里斯宇宙神学和奥西里斯—荷鲁斯神话。[5] 他以此为基础，考察了古埃及加冕仪式在内的很多仪式，专门探查仪式与神话的关系。[6]

之后，随着人类学仪式理论研究的深入，学界对 S. H. 胡克等人的观点提出很多质疑，主要是反对其关于近东文化模式的提法以及其关于神话对宗教仪式之描述作用的观点。批评者开始关注仪式其他方面的内涵，例如仪式的社会意义等。H. 富兰克弗特详细考察古埃及和两河流域的神话、王权与宗教仪式之后，认为古埃及与巴比伦以及相关地区的宗教神话和仪式不具有相似性，不能视为一种模式。虽然近东宗教是自然与社会的结合体，既体现了人们对自然现象的认识，也体现了人们的王权观念，但两地关于神话、仪式和王

---

[1] K. Sethe, *Dramatische Texte zu altägyptishchen Mysterienspielen*, Leipzig: J. C. Hinrichs'sche Buchhandlung, 1928; E. L. R. Meyerowitz, *The Divine Kingship in Ghana and Ancient Egypt*, London: Faber and Faber Ltd., 1960, p. 222.

[2] S. H. Hooke, ed., *Myth and Ritual*, London: Oxford University Press, 1933, pp. 15 – 39.

[3] 彭兆荣:《人类学仪式的理论与实践》，第33、39页。

[4] S. H. Hooke, ed., *Myth and Ritual*, pp. 3 – 14.

[5] A. M. Blackman, "Myth and Ritual in Ancient Egypt," in S. H. Hooke ed., *Myth and Ritual*, p. 15.

[6] A. M. Blackman, "Myth and Ritual in Ancient Egypt," pp. 19 – 39.

权的认识都不同。① 他专门探讨了国王的登基和加冕仪式，认为"王位继承包含两个阶段，即登基和加冕，但这两个阶段并不能总是被恰当地区分开来"②。S. H. 胡克的观点有反对者，也有支持者。J. 塞尔内在其著作中基本上是按照 A. M. 布莱克曼的观点展开行文。他首先介绍了古埃及人的王权观念，进而阐述了古埃及的献祭仪式和丧葬仪式等，其中涉及加冕仪式。③ 1958 年，S. H. 胡克组织一批学者撰文对神话、仪式和王权的关系进行深入研究，对学界关于《神话与仪式》的质疑做出回应，强调两部书是一以贯之的，意在强调国王在近东宗教仪式中的核心作用，认为这恰恰是近东文化模式的主要特点。④ H. W. 费尔曼将一些古埃及宗教仪式称为"王权仪式"，阐述古埃及王权的特点之后，重点介绍与王权直接相关的几个仪式，例如加冕仪式和塞德节等，证明国王在这些仪式中的核心作用。⑤ 这场学术论战反映了仪式理论探讨过程中"神话—仪式"学派的重要影响，也表明西方学者越来越重视仪式的社会意义。

这场论战将古埃及王权继承仪式的研究推向一个高潮。20 世纪 30 年代至 70 年代，甚至直至 21 世纪初，很多西方学者投入对古埃及国王加冕仪式的研究中。例如，A. 加德纳研究了古埃及第 18 王朝国王郝列姆赫布的加冕仪式，C. J. 布里克对塞德节等国王的节日进行考察，等等。⑥ 这些研究体现了仪式研究中对仪式程序和象征物

---

① H. Frankfort, *Kingship and the Gods*, Chicago: Chicago University Press, 1948, pp. 3 – 12.
② H. Frankfort, *Kingship and the Gods*, p. 102.
③ J. Černý, *Ancient Egyptian Religion*, Westport: Greenwood Press, 1952, pp. 97 – 123.
④ S. H. Hooke, ed., *Myth, Ritual, and Kingship*, Oxford: Oxford University Press, 1958, pp. 1 – 21.
⑤ H. W. Fairman, "The Kingship Rituals of Egypt," in S. H. Hooke, ed., *Myth, Ritual and Kingship*, pp. 74 – 104.
⑥ A. W. Shorter, "Reliefs Showing the Coronation of Ramesses Ⅱ," *The Journal of Egyptian Archaeology*, Vol. 20, 1934, pp. 18 – 19; A. Gardiner, "The Baptism of Pharaoh," *The Journal of Egyptian Archaeology*, Vol. 36, 1950, pp. 3 – 12; A. Gardiner, "The Coronation of King Haremhab," pp. 13 – 31; H. W. Fairman, "Worship and Festivals in an Egyptian Temple," *Bulletin of the John Rylands Library*, Vol. 37, 1954 – 1955, pp. 192 – 196; C. J. Bleeker, *Egyptian Festivals: Enactments of Religious Renewal*, Leiden: Brill, 1967, pp. 91 – 123; E. O. James, *Seasonal Feasts and Festivals*, London: Thames & Hudson, 1961, pp. 62 – 65; A. J. Serrano, *Royal Festivals in the late Pre-dynastic Period and the First Dynasty*, Oxford: The Basingstoke Press, 2002, pp. 38 – 41.

的重视，也体现了仪式研究从"神话—仪式"学派向"功能主义"学派、"结构主义"学派和"解释主义"学派的转变。从这个过程来看，研究古埃及王权继承仪式的西方学者们，在参与仪式理论讨论的过程中，因过多地拘泥于某一派别的主要关切，而使关于古埃及王权继承仪式的研究偏重于仪式的宗教学意义的考察，关于该仪式产生与发展的历史原因以及其对王权统治的意义的探讨不够深入。

二 登基仪式

根据人类学的仪式理论，仪式是一种行为或实践，是具体的活动。人类实践活动是可以记录和描述的。古埃及人习惯于将人们的活动用浮雕和铭文描绘和记录下来。这使本文可以依据古埃及人遗留下来的画面和文字复原其仪式。仪式程序可以最直观地体现仪式的意义。从而，本文首先复原登基仪式和加冕仪式的程序，并分析仪式程序展开过程中所出现的象征物的含义，揭示这两个仪式的性质。

关于古埃及王权继承仪式的复原和探讨，目前可供参考的史料主要是这样一些浮雕和铭文：部分金字塔文献、[1] 继承神秘剧、[2] 图特摩斯一世的加冕敕令、[3] 图特摩斯三世的加冕铭文、[4] 戴尔-巴哈里（Deir el-Bahri）哈特舍普苏特女王的神庙浮雕及铭文、[5] 拉美西斯二世加冕浮雕及大阿拜多斯铭文、[6] 都灵博物馆郝列姆赫布雕像身

---

[1] James P. Allen, *The Ancient Egyptian Pyramid Texts*, Atlanta: Society of Biblical Literature, 2005, pp. 31-41.

[2] E. L. R. Meyerowitz, *The Divine Kingship in Ghana and Ancient Egypt*, London: Faber and Faber Ltd., 1960, p. 222.

[3] J. H. Breasted, *Ancient Records of Egypt*, Vol. 2, §§. 54-60.

[4] J. H. Breasted, *Ancient Records of Egypt*, Vol. 2, §§. 138-166.

[5] J. H. Breasted, *Ancient Records of Egypt*, Vol. 2, §§. 216-242.

[6] A. W. Shorter, "Reliefs Showing the Coronation of Ramesses Ⅱ," pp. 18-19; J. H. Breasted, *Ancient Records of Egypt*, Vol. 3, §. 267.

上的铭文。① 继承神秘剧是塞索斯特里斯一世继承王位时演出的戏剧的"抄本",是大约公元前2000年的文献,但它毫无疑问包含了中王国(约公元前2133—前1786)以前的很多仪式内容,因为在剧中起作用的"精灵寻找者"的形象在第1王朝(约公元前3100—前2890)的纪念物中就出现了。这或许是每位国王加冕时重复上演的剧本,展现了加冕仪式的主要内容。② 哈特舍普苏特的神庙浮雕和铭文较为详细地描述了登基和加冕仪式。

有关登基仪式的史料非常有限,主要是哈特舍普苏特的浮雕铭文和其他两三位国王的零散浮雕铭文,这也是学界不能确切描述古埃及国王登基仪式的一个主要原因。然而,这些史料可以重现登基仪式的基本过程。登基仪式往往在前任国王去世之后的第一个清晨太阳升起时举行。从宗教意义上看,这基于两方面的考虑。首先,前任国王去世以后,埃及需要新国王,而王位继承者立即登基为王不仅有利于王位的顺利传递,更可以尽快结束前任国王去世导致的宇宙失衡。因为古埃及人认为宇宙处于有序与无序或者正义与邪恶力量的对立平衡状态。人类社会是宇宙的一部分,国王是统治人类社会的神,是正义的化身。国王对于人类社会和宇宙的有序与平衡意义重大。③ 从而,前任国王的去世是邪恶力量的暂时胜利,导致了宇宙的暂时失衡,只有王位继承者顺利登基才能恢复宇宙平衡。其次,清晨太阳升起的时候举行登基仪式的结果是新国王与太阳神拉完美地结合在一起。④ 阿蒙霍特普二世的登基仪式铭文揭示了这两点考虑。"国王图特摩斯三世去了天国;他与太阳圆盘统一起来;神的身体已经与他结合起来,正是这个神创造了他。当下一个清晨黎明时,太阳圆盘照耀前方,天空变得明亮,国王阿蒙霍特普二世被安

---

① 对郝列姆赫布加冕仪式铭文的详细解读,请参见 A. Gardiner, "The Coronation of King Haremhab," pp. 13–31; 对郝列姆赫布加冕仪式过程的简约叙述,请参见 J. H. Breasted, *Ancient Records of Egypt*, Vol. 3, §§. 27–32。
② H. Frankfort, *Kingship and the Gods*, pp. 123–139.
③ H. W. Fairman, "The Kingship Rituals of Egypt," p. 75.
④ C. J. Bleeker, *Egyptian Festivals: Enactments of Religious Renewal*, p. 95.

排在他父亲的御座上。"①

根据哈特舍普苏特的神庙浮雕及其附属铭文,可重构登基仪式的基本过程。首先,两个神(阿蒙和孔苏)或多个神将哈特舍普苏特清洗干净,这是所谓的洁净礼。之后,大神阿蒙将洁净以后的哈特舍普苏特抱在怀里,在众神议事会面前宣布其为自己的孩子,获得众神的认可。接下来,哈特舍普苏特巡游埃及各地,获得各地神的认可。然后,哈特舍普苏特在神(哈托尔或塞赫麦特)的引领下来到阿图姆神之前;阿图姆神给跪在面前的哈特舍普苏特戴上王冠。哈特舍普苏特的王冠和名字获得认可。最后,哈特舍普苏特穿着国王的服装,头戴双王冠,站在父亲阿蒙御座的前面。一个祭司说:"你已经出现在荷鲁斯的御座上。你领导着所有的生命。你是欢乐的,像拉一样,你永远与自己的卡($k3$)生活在一起。"祖先灵魂们在这里向王后欢呼,而塞沙特和托特这两个神圣的书吏作记录。托特说:"那时我为你戴上了(拉)的王冠,你将(像拉一样永远在荷鲁斯的御座上)生活。"② 从这部分浮雕场面来看,哈特舍普苏特登基以后没有坐在御座上,而是站在阿蒙神所坐的御座前面。这看似并非在描绘哈特舍普苏特的登基仪式,实际上这只是受到了古埃及人的神学观念和浮雕艺术的影响。在古埃及人的神学观念里,国王虽然具有神的属性,但永远不能超越诸如阿蒙、阿图姆和孔苏这样的大神。同时,阿蒙神又被描述为哈特舍普苏特的父亲,并在登基现场展现。这样,古埃及人在浮雕艺术中便把哈特舍普苏特置于阿蒙神御座的前面,而非将其置于御座上。当然,浮雕的附属铭文明确了该仪式为登基仪式,例如哈特舍普苏特"已经出现在荷鲁斯的御座上""你将(像拉一样永远在荷鲁斯的御座上)生活"。

根据其他史料,登基仪式举行时,王位继承人手中握着王权标

---

① H. Frankfort, *Kingship and the Gods*, pp. 102 – 103.

② H. Frankfort, *Kingship and the Gods*, pp. 105 – 106. 另参见 J. H. Breasted, *Ancient Records of Egypt*, Vol. 2, §§. 216 – 231, 尽管 J. H. 布雷斯特德在解说这些浮雕和铭文时使用的是加冕一词,但根据弗兰克福特的分析,这些浮雕和铭文反映的是登基仪式,强调哈特舍普苏特对御座的占有。

志物，头戴王冠（或许是双王冠）登上王位。然后，新国王获得王衔或名字，王衔由书吏和官员传抄并传递到全国各地。接下来，新国王可能到埃及各地巡游，获得神、人和祖先灵魂的欢呼和认可。这期间，去世的国王被制作成木乃伊，举行丧葬仪式。① 由此看来，不同国王的登基仪式在具体细节上有所差异。

行文至此，古埃及登基仪式的基本过程已然明了。首先是洁净礼，之后是王位继承人的神之子身份获得认可，然后是最重要的环节——登基。仪式的核心环节是王位继承人登上御座。还有一个环节是国王巡游埃及各地，获得全国神祇和人们的认可。浮雕有时将这个环节置于登基之前，有时将其放在登基之后。实际上，登基仪式的时间很短，只在某一晨时，根本没有给王位继承人或登基之后的新国王巡游埃及各地留出时间。从而，这些浮雕中有关王位继承人或新国王巡游各地的情节只能是象征性的活动，其目的在于表明该仪式是全国性的，至少是整个埃及关注的大事件。

人类学的仪式理论认为象征物是仪式的基本单位。② 也就是说，仪式是由若干象征物构成的。仪式活动是依靠象征物的运动展开的，仪式所传达的思想就蕴含于象征物之中。在古埃及登基仪式中，洁净仪式中使用的水，仪式过程中的阿蒙神、阿图姆神和孔苏神，王位继承者，御座，王权标志物、王冠、国王服装，托特神所说的话（即浮雕上的部分铭文）等，都是仪式活动得以展开的基本单位，都具有象征意义。水取自神庙的圣湖或圣池，具有神圣性。阿蒙、阿图姆等神祇暗示了该仪式的神秘性。王位继承者是该仪式的核心人物，王权标志物、王冠和国王服装以实物的形式确认王位继承者向国王的身份转变。御座表明该仪式活动的核心是王位继承者登上御座。托特的话语恰恰是对仪式活动性质的言说。可见，登基仪式是

---

① A. Gardiner, "The House of Life," *The Journal of Egyptian Archaeology*, Vol. 24, 1938, pp. 175 – 176; H. Frankfort, *Kingship and the Gods*, p. 103; H. W. Fairman, "The Kingship Rituals of Egypt," p. 78.
② Victor Turner and Edith Turner, *Image and Pilgrimage in Christan Culture: Anthropological Perspectives*, pp. 244 – 245.

独立的全国性仪式，其根本意义在于王位继承人登上御座，实现从继承人向新国王的身份转变，获得王权。

三 加冕仪式

一般情况下，登基仪式举行之后，王位继承人即位为王，成为埃及的统治者，掌握了统治埃及的实际权力。但是，新国王的权力还要通过加冕仪式来确认，至少从理论上是这样。加冕仪式在特殊情况下与登基仪式同时举行。拉美西斯四世在登基那天举行加冕仪式。① 在美迪纳特·哈布的考古发掘报告中，我们发现了一个用于拉美西斯三世举行登基仪式的时间和一个用于其举行加冕仪式的时间。② 拉美西斯三世的登基仪式和加冕仪式是分别举行的。但在一些浮雕残片中，拉美西斯三世抹掉了加冕仪式，用一个获胜节日代替它。③ 他的登基在他一生中都被庆祝，甚至在他死后、在拉美西斯十世统治时还得到庆祝。④ H. 富兰克弗特认为，之所以拉美西斯三世会抹掉其加冕仪式，主要是因为登基比加冕更为重要，加冕只是通过仪式完成了权力的转变，而这种权力的转变实际上在前任国王去世时就发生了。⑤

通常情况下，加冕仪式要在登基仪式之后间隔一段时间举行，这个间隔期没有固定模式，或许加冕仪式的准备工作在这个间隔期完成。⑥ 一般来说，加冕仪式不能随便在任何时间举行，必须在埃及历法中某个具有特殊意义的时间举行。从宗教学意义上讲，这是因为加冕仪式是为了确认登基仪式，从而确保新国王变成神，进而彻

---

① J. Černý, "Datum des Todes Ramses' Ⅲ und der Thronbesteigung Ramses'," *Zeitschrift für ägyptische Sprache und Altertumskunde*, Vol. 72, 1936, pp. 109 – 118.

② H. H. Nelson et al., *Medinet Habu*, Vol. 3, Chicago: Chicago University Press, 1932, plates 152.1.55, 163.1.1191.

③ H. H. Nelson et al., *Medinet Habu*, Vol. 3, plates 162, 163, 164.

④ J. Černý, "Datum des Todes Ramses' Ⅲ und der Thronbesteigung Ramses'," p. 114.

⑤ H. Frankfort, *Kingship and the Gods*, p. 372, note 7.

⑥ H. W. Fairman, "The Kingship Rituals of Egypt," p. 78.

底实现王权从前任国王到新任国王的转移和宇宙秩序的真正重建。①C. J. 布里克也指出，秩序与繁荣的重建是加冕仪式举行时机的决定因素。② 一般情况下，加冕仪式至少持续五天，从考亚克月 26 日开始，到泰伯月 1 日结束。但是，古埃及国王并不总是遵守这一规则。加冕仪式有时在泰伯月 1 日举行，而哈特舍普苏特铭文告诉我们，托特月 1 日是另一个可供选择的日子。在埃及历法中，托特月 1 日是新年第一天。当图特摩斯一世为哈特舍普苏特的加冕仪式指定时间时，"他知道，在和平年代，加冕仪式在新年第一天举行是非常有意义的"③。加德纳指出，加冕仪式一般在埃及三个季度当中某一个季度的第一个月的第一天举行，大多数情况是在泛滥季第一个月的第一天举行。④

从第 12 王朝开始，埃及王室为了避免因王子们争夺王位引起的内战，设计了共治制度，即在现任国王统治一段时间以后，选出一个王子与自己共同治理国家，这个王子就是未来的国王。⑤ 有时为了彻底解决王位之争，现任国王选出共治王以后，便下令为其举行加冕仪式。新王国时期的拉美西斯二世在大阿拜多斯铭文中提到其父亲选择他为共治王时，宣布为其加冕，即"为其戴上王冠，使其为王，以便在我有生之年看到他的优秀行为"。"将王冠放在他的头上，让他组织这个国家，让他管理——，让他向人民展示面孔。"⑥ 第 18 王朝哈特舍普苏特神庙浮雕描绘了她被选为共治王的时候，图特摩

---

① H. Frankfort, *Kingship and the Gods*, p. 102.
② C. J. Bleeker, *Egyptian Festivals: Enactments of Religious Renewal*, p. 95.
③ J. H. Breasted, *Ancient Records of Egypt*, Vol. 2, §. 166.
④ A. Gardiner, "Review on The Golden Bough," *The Journal of Egyptian Archaeology*, Vol. 2, 1915, pp. 122 – 126; A. Gardiner, "The Coronation of King Haremhab," p. 23. 埃及年由三个季度构成，每个季度包括四个月。三个季度分别是"泛滥季"（6/7—9/10）、"生长季"（10/11—1/2）和"收获季"（2/3—5/6）。泛滥季开始于尼罗河河水的上涨，在 6 月或 7 月。J. R. Harris, *The Legacy of Egypt*, Oxford: Oxford University Press, 1971, pp. 1 – 25; R. H. Wilkinson, *The Complete Temples of Ancient Egypt*, London: Thames & Hudson, 2000, p. 98.
⑤ William K. Simpson, "The Single-dated Monuments of Sesostris I, an Aspect of the Institute of Co-regency in the 12th Dynasty," *Journal of Near East Studies*, Vol. 15, 1956, p. 213.
⑥ J. H. Breasted, *Ancient Records of Egypt*, Vol. 3, §. 267.

斯一世如何将其介绍给大臣。图特摩斯一世把哈特舍普苏特置于坐在御座上的自己面前,把双手放在她的肩上,把她介绍给"国王的贵族们、显要人物、朋友们、宫廷的廷臣们和人民的首领们"①。王衔被宣读,众臣民通过欢呼的方式表示认可。

这种加冕仪式在共治王登基为新国王之后,或许还要重复举行,浮雕按照国王担任共治王期间举行的加冕仪式场面雕刻下来。J. H. 布雷斯特德在解读哈特舍普苏特的两部分铭文和浮雕时,认为有两个相互矛盾的加冕仪式。② 实际上,J. H. 布雷斯特德所阐释的第一个加冕仪式或许是哈特舍普苏特的登基仪式,第二个加冕仪式才是真正的加冕仪式。

没有任何关于埃及人加冕仪式的完整记录保留下来,浮雕和纸草文献记载的继承神秘剧只向我们展示了一些重要环节,实际的仪式顺序无法确定。加冕仪式的过程还得重构。③ 在加冕仪式正式举行之前,有一系列准备工作,例如加冕场所和祭品的准备。继承神秘剧第 1 场至第 25 场描绘了这个准备过程。该纸草文献的第 26 场至第 32 场描绘了加冕仪式,其具体仪式与其他浮雕上的描述略有出入。④ 这里综合几种史料描述加冕仪式的基本过程。第一个仪式是洁净仪式,即新国王被一些重要神祇洗净身体。众神在清洗王位继承者的身体时,不仅仅使用水,还将生命符号、王权标志等一起倾倒在其身上。⑤ 第二个仪式是所谓的国王两次现身仪式。新国王被引领到二元圣所(Dual Shrines),众神将代表上埃及和下埃及的王冠分别戴在新国王头上。新国王先后戴着上埃及的白冠和下埃及的红冠,登上御座。御座放置在节日期间使用的二元圣所里。二元圣所由两个房间构成,分别代表上埃及和下埃及,每个房间里面放

---

① J. H. Breasted, *Ancient Records of Egypt*, Vol. 2, §. 236.
② J. H. Breasted, *Ancient Records of Egypt*, Vol. 2, §. 233.
③ 本文下面复原的加冕仪式是以登基仪式已经举行了为前提的,从而在提到仪式的主人公时,使用"新国王"而非"王位继承人"这样的概念。
④ H. Frankfort, *Kingship and the Gods*, pp. 126 – 129.
⑤ A. Gardiner, "The Baptism of Pharaoh," pp. 4 – 12.

着一个御座。① 王位继承人在戴上王冠之前，首先把蛇标佩戴在头上，这是王冠最重要的部分。② 第三个仪式是"两地的统一"仪式（sm3 t3wj）。③ 在此仪式活动中，两个神（一般是荷鲁斯、塞特或荷鲁斯、托特）在新国王四周走动一圈，分别在新国王的四个方向上站立一次，然后才将王冠戴在其头上。荷鲁斯代表上埃及，塞特代表下埃及。这个仪式环节表明新国王拥有了上下埃及的王冠，掌握了埃及的四方。④ 第四个仪式是王衔授予仪式。完成了"两地的统一"仪式之后，新国王被授予象征王权的链夹和曲柄杖以及装有地契或契约的小盒子。托特神或高级祭司宣读神的敕令，敕令宣布新加冕的国王是神的继承者，埃尼阿德（九神团）对此表示赞同。托特神宣读新国王的王衔，把其统治年代等信息铭刻下来。⑤ 第五个仪式是"绕墙环行"仪式（phr h3 ʿjnb）。新国王戴着双王冠，手持象征权力的标志，或单独或率领臣属绕城市的城墙环行一周。⑥ 最后一个仪式是宴会。完成绕墙环行仪式以后，国王被授予其他王权标志，被引领到神那里，神为跪在面前的国王正冠，然后庆祝宴会开始。⑦ 除了这些连续的仪式，还有很多从属性质的仪式，例如放飞四只鸟，飞向埃及的四个方向，宣布新国王的加冕；新国王巡行各地，或者沿尼罗河巡行。⑧ 哈特舍普苏特加冕仪式当中有一个二次洁净仪式，⑨ 但这不一定是加冕仪式的正规环节。

一些浮雕模糊地描绘了拉美西斯二世的加冕仪式，凸显了新国王加冕以后获得神的认可。⑩ 都灵博物馆保存的郝列姆赫布雕像背面

---

① H. W. Fairman, "The Kingship Rituals of Egypt," p. 79; A. Gardiner, "The Coronation of King Haremhab," p. 14.
② E. L. R. Meyerowitz, *The Divine Kingship in Ghana and Ancient Egypt*, p. 223.
③ H. Frankfort, *Kingship and the Gods*, p. 130.
④ E. O. James, *Seasonal Feasts and Festivals*, p. 64.
⑤ H. W. Fairman, "The Kingship Rituals of Egypt," p. 79.
⑥ C. J. Bleeker, *Egyptian Festivals: Enactments of Religious Renewal*, p. 96; J. H. Breasted, *Ancient Records of Egypt*, Vol. 2, §§.240, 242.
⑦ H. W. Fairman, "The Kingship Rituals of Egypt," p. 79.
⑧ C. J. Bleeker, *Egyptian Festivals: Enactments of Religious Renewal*, p. 96.
⑨ J. H. Breasted, *Ancient Records of Egypt*, Vol. 2, §.241.
⑩ A. W. Shorter, "Reliefs Showing the Coronation of Ramesses II," pp. 18–19, plate III.

的铭文记录了这位国王加冕的内容,但只记录了国王与神一起出现、神为其加冕、国王获得王衔、国王修缮神庙的活动,① 没有提到洁净仪式和其他具体的仪式。A. 加德纳认为,尽管铭文没有描绘洁净仪式,但郝列姆赫布的加冕仪式必定遵从了埃及传统的加冕仪式程序,只是为了突出其他内容而略掉了这个环节。②

从古埃及加冕仪式的具体程序来看,它由大量象征物支撑起来。众神祇是加冕活动自始至终的参与者和王冠的授予者,凸显了仪式的神秘性。仪式的中心人物是新国王。上下埃及的代表物——白冠和红冠构成了仪式的重要象征物。新国王先后分别戴上白冠和红冠,分别登上代表上下埃及的御座。这个环节在浮雕中占据主要位置,重复和认可了登基仪式,彰显了仪式的性质——加冕。接下来的仪式活动都是围绕着加冕展开的。从而,仪式程序和其象征物充分表明,该仪式既认可了新国王通过登基仪式获得的王权,还赋予新国王的身份和权力以神圣性。同时,在加冕仪式过程中,埃及各个地方的神祇都参与进来、国王巡游各地(象征性地)、新国王加冕的消息散布到埃及各地等环节,都表明该仪式是全国性仪式。

有两点需要特别强调。首先,浮雕场面描绘出来的神祇,在现实仪式活动中,必定是由祭司穿戴神祇的服装和标志物扮演的,但这些祭司的身份和地位,尚不清楚。其次,登基仪式与加冕仪式有时同时举行,而且加冕仪式中也有重演登基仪式的成分,从而某些环节是相同的,但两者仍有所不同。登基仪式以王位继承者登上御座为中心,强调王位继承者转变为新国王和对王权的实际控制。加冕仪式则以新国王的加冕为中心,并强调国王身份和权力的神圣性,③ 其场面更具表演意义。两者的这种区别在浮雕场面和附属铭文中清晰地表达

---

① A. Gardiner, "The Coronation of King Haremhab," pp. 14 – 16.
② A. Gardiner, "The Coronation of King Haremhab," p. 24.
③ 就国王身份和国王权力而言,古埃及人理解和认可的是其"神圣性",而非"合法性"。"合法性"这种说法不适合古埃及这样一个政治与宗教结合非常密切的国家,因为古埃及国王的王权统治不是建立在某种法律(哪怕是习惯法)基础上的,而是以统治者与神祇的神圣关系为基础。

出来。

四 王权继承仪式产生和发展的历史原因

人类学仪式理论认为仪式本身有生命周期，具有产生和发展的演变过程。[①] 古埃及王权继承仪式也具有自己的历史演变过程。尽管现有描述王权继承仪式的浮雕和铭文主要源自古王国（约公元前2686—前2181）、中王国和新王国（约公元前1567—前1085）时期，但它贯穿于整个古埃及历史，基本与王权的产生和发展保持同步。

一般认为，古代埃及王权出现于前王朝末期的涅迦达文化Ⅲ时期（约公元前3200—前2950）。[②] 根据涅迦达文化Ⅲ时期坟墓的形制、规模、结构、陪葬品的多寡，考古学家和历史学家基本上确定了涅迦达文化Ⅲ时期的国王序列，[③] 但无法复原这些国王传递王权的准确信息。关于王权继承仪式，最早的证据是那尔迈权标头和调色板上的浮雕场面。[④] 在权标头的雕刻场面里，那尔迈头戴红冠，端坐在御座上，这与后来加冕仪式中的国王形象非常相似。古王国国王在金字塔墙壁上用文字描述了很多王权继承仪式的内容。[⑤] 新王国时期的法老们在神庙和坟墓中留下了一些浮雕，描绘登基和加冕过程，[⑥] 也留下了一些提及加冕的铭文。[⑦] 一些铭文明确提到第三中间期（约公元前1085—前669）和后期埃及（约公元前669—前332）

[①] Ronald L. Grimes, *Beginnings in Ritual Studies*, p. 57.
[②] Toby Wilkinson, *The Egyptian World*, London: Routledge, 2007, p. xvii.
[③] Erik Hornung et al., *Ancient Egyptian Chronology*, Leiden: Brill, 2006, pp. 95 – 96.
[④] J. E. Quibell, *Hierakonpolis*, Vol. 1, London: William Clowes and Sons Ltd., 1900, pp. 9 – 10.
[⑤] J. H. Breasted, *Ancient Records of Egypt*, Vol. 1, §.258.
[⑥] A. Gardiner, "The Coronation of King Haremhab," pp. 14 – 16; A. W. Shorter, "Reliefs Showing the Coronation of Ramesses Ⅱ," pp. 18 – 19, plate Ⅲ.
[⑦] J. H. Breasted, *Ancient Records of Egypt*, Vol. 2, §§.131 – 166, 594, 846; Vol. 3, §.27; Vol. 4, §.142.

的国王在举行加冕仪式。① 甚至到希腊人统治时期（公元前332—前30），王权继承仪式仍在举行。"神圣隼鹰（Sacred Falcon）的选择和加冕节日"便是一个明证。这个节日于古埃及托勒密王朝（公元前323—前30）时期在埃德福神庙被刻画下来，但它显然形成于法老埃及时期（约公元前4千纪末期—前332）。节日举行的时间是泛滥季第一个月的第一天和接下来的四天。节日以新的神圣隼鹰的推选开始，荷鲁斯神通过神谕影响神圣隼鹰的推选。接下来是关于神圣隼鹰的认可活动。隼鹰被公开展示在神庙主门上，主门位于塔门两翼中间，祭司吟诵特殊的颂诗，一首诗迎接正在开始的新年，另一首诗确保神圣隼鹰和国王免于危险和伤害。实际的加冕仪式在神庙内部举行，分两个阶段：第一个阶段包括膏油圣化（往神圣隼鹰身上涂抹膏油以使其神圣化），仪式性地授予其项圈，呈给它永恒象征物等；在第二个阶段，国王的标志物被呈上，庆祝复杂的仪式。之后，神圣隼鹰被带到它自己的神庙，祭司吟唱优美歌曲，呈上几块肉，以示神和国王的敌人被毁灭。最后是宴会，以燃烧没药的方式象征真正的餐饮。② 节日举行的时间恰好是埃及历法中的一个新起点，而且文献表明在整个节日期间神圣隼鹰、国王和荷鲁斯合为一体。从本质上讲，这个节日是每年对新国王加冕仪式的庆祝。③

那么，王权继承仪式为什么能够在古埃及产生并长期维持下来呢？这首先涉及人类学仪式理论的一个重要观点：仪式的核心特征是仪式化，即为了某种目的，使原本普通的事件成为一群人参与的、具有相对固定程序和传统意义的行为或活动。④ 根据目前的考古证据，或许古埃及国王那尔迈及其之后的几代国王，为了加强和巩固王权统治，将原本普通简单的王位和王权传递活动仪式化，使之成为一种具有复杂程序、相对固定的仪式，并通过各种象征物赋予其以象征意义。这是古埃及王权继承仪式产生的重要

---

① J. H. Breasted, *Ancient Records of Egypt*, Vol. 4, §§. 887, 922, 958D.
② H. W. Fairman, "Worship and Festivals in an Egyptian Temple," pp. 189 – 192.
③ H. W. Fairman, "The Kingship Rituals of Egypt," p. 80.
④ Catherine Bell, *Ritual Theory*, *Ritual Practice*, pp. 70 – 74, 90 – 93, 220.

原因，也是该仪式能够长期延续的重要原因之一。根据唯物史观，"全部社会生活在本质上是实践的。凡是把理论引向神秘主义的神秘东西，都能在人的实践中以及对这种实践的理解中得到合理的解决"①。也就是说，除了以国王为首的统治阶级为了加强和维护王权而有意为之以外，古埃及王权继承仪式的长期存续还有深刻的社会文化和经济根源。

首先，古埃及人的王权观念为王权继承仪式的存续奠定了思想基础。古埃及人的王权观念比较复杂，但基本观念很清楚：国王是神，至少是生活在人间的神；国王的权力来自天国的神，其统治神圣不可侵犯；国王掌握着玛阿特（$m^cзt$），是真理与正义的化身，负有维护社会秩序和国家安全的责任，拥有对埃及和人民的所有统治权。② 当然，有学者认为，古埃及国王的神性是有时间、空间和范围限制的。国王活着的时候、在执行与神交流的活动时才具有神性。在其他时间和场合，国王是以人性存在的。古埃及国王也意识到了这点，所以才通过各种手段宣传自己的神性。③ 即使后面这种观点能够成立，那么古埃及人关于国王具有神圣属性的观念仍是存在的。至少两种观点都认可国王具有与神祇交流的能力和属性。从本文第二部分和第三部分的考察来看，登基仪式和加冕仪式都是在展演神祇授予王位继承人以国王身份和相应的王权，而这实际上是对国王与神祇交流的基本能力的展示。这与古埃及人的王权观念相吻合。从而，古埃及人的王权观念使国王举行登基和加冕仪式成为很自然的事情。

其次，古埃及人关于王室血缘神圣性的文化观念与实践活动是王权继承仪式长期存在的社会基础。"对过去的尊崇是埃及人思想的主要特征。"古埃及文献都把世界伊始或者最初的世界视作最完美

---

① 《马克思恩格斯选集》第1卷，人民出版社2012年版，第135—136页。
② Emily Teeter, *Religion and Ritual in Ancient Egypt*, Cambridge: Cambridge University Press, 2011, pp. 3 – 15.
③ Dietrich Wildung, *Egyptian Saints: Deification in Pharaonic Egypt*, New York: New York University Press, 1977, pp. 1 – 30.

的，认为后来历史和生活中的一切都是对最初事物的遵从，修正或放弃它们不意味着进步，而是对完美状态的损毁。① 埃及祭司马涅托将古埃及历史追溯到神，指出古埃及最早的王朝是神王朝，之后是半神王朝和死者的灵王朝，然后是人王朝，人王朝又根据统治者的家族关系等标准划分为 31 个王朝。神王朝是后面所有王朝的原型。② 马涅托是神庙祭司，在撰写历史的过程中，将神王朝作为人王朝的先祖，一方面是其信仰所致，另一方面也反映了古埃及人长期以来对王朝血统的认识。也就是说，古埃及人认为国王本身不仅是神，其后裔或包括王位继承者在内的王室家族也是神圣的。这实际上是一种"天下为家"的血统原理。当然这种原理一开始就强调血统的神圣性。古埃及人的神话体现了这点。古埃及神话将奥西里斯视作古埃及第一个人间之王，他的儿子荷鲁斯在战胜篡权者、他的叔父塞特以后，继承王位。③

古埃及人还在生活中践行这种关于王室血缘神圣性的文化观念。从早王朝开始，国王的五个伟大名字之中的第一个——荷鲁斯名——就已经出现了。④ 至少从古王国开始，古埃及历史上的所有国王都宣称自己是荷鲁斯，是神的儿子。同时，古埃及国王还强调自己与去世法老的血缘关系，主要是父子关系。例如，第 18 王朝末期的法老郝列姆赫布不具有王室血统，他通过与王室女性结婚的方式建立事实上的血缘关系，通过宣称自己是神的儿子建立理论上的王室血缘关系。⑤ 这样，无论与荷鲁斯，还是与前任国王建立起血缘关系，国王和王朝都具有了正统性。此外，古埃及历史时期的所有王朝都实行"父终子继"和"兄终弟及"的继承制度，甚至托勒密王

---

① Emily Teeter, *Religion and Ritual in Ancient Egypt*, p. 13.

② Manetho, *History of Egypt*, London: William Heinemann Ltd., 1948, pp. 3 – 7, 185, 187.

③ W. K. Simpson, ed., *The Literature of Ancient Egypt*, New Haven: Yale University Press, 2003, pp. 92 – 103.

④ James P. Alan, *Middle Egyptian: An Introduction to the Language and Culture of Hieroglyphs*, Cambridge: Cambridge University Press, 2000, p. 64.

⑤ J. H. Breasted, *Ancient Records of Egypt*, Vol. 3, § §. 2 – 5; A. Gardiner, "The Coronation of King Haremhab," p. 21.

朝也实行这种王位继承制度。[①] 须知,古埃及各个王朝的统治者不是生来即为王室成员的,很多王朝是在推翻之前王朝的基础上建立起来的。新王朝建立以后仍然实行与之前王朝相同的、以血缘关系为基础的王位继承制度,这说明了古埃及人对具有神圣属性的王室家族统治的认可和维护。总而言之,古埃及人这种关于王室具有神圣血统的观念和实践使得国王可以举行以继承王权为目的的登基和加冕仪式,这使王权继承仪式具备了坚实的社会基础。

最后,古埃及的农业生产是王权继承仪式得以产生和长期延续的经济基础。农业是古埃及的经济基础。农业生产依赖于尼罗河河水的定期泛滥。[②] 古埃及人从早王朝开始每年都测量尼罗河水位,巴勒莫石碑记录了这种情况,说明他们对尼罗河水位和泛滥的重视。[③]在古埃及历史上,尼罗河能否定期泛滥,对农业社会的影响非常明显。在第一中间期(约公元前2181—前2040)和第二中间期(约公元前1786—前1567),尼罗河河水未能按时泛滥,致使农业歉收、社会混乱、政局动荡。[④] 涅菲尔提预言详细记载了古埃及社会因尼罗河低水位而出现的混乱局面。[⑤] 古埃及人认为尼罗河未能达到正常的泛滥水位,是因为邪恶力量战胜了正义力量,宇宙和社会秩序遭到颠覆。在古埃及人看来,太阳是宇宙中的正义力量代表,国王则是人类社会中的正义力量的代表。太阳每日清晨照常升起与国王每日清晨登上御座都意味着正义力量的胜利。这样,国王去世以后,就留下来一个短暂的宇宙混乱期。这个时期对于古埃及农业和日常生产生活都是灾难性的。新国王在第二天清晨太阳神拉升上天空时登

[①] Ian Shaw, *The Oxford History of Ancient Egypt*, Oxford: Oxford University Press, 2000, pp. 479 – 483; M. Chauveau, *Egypt in the Age of Cleopatra*, Ithaca: Cornell University Press, 2000, pp. 6 – 27.

[②] K. W. Butzer, *Early Hydraulic Civilization in Egypt: A Study in Cultural Ecology*, Chicago: Chicago University Press, 1976, p. 12.

[③] J. H. Breasted, *Ancient Records of Egypt*, Vol. 1, §§.93 – 164.

[④] 刘文鹏:《古代埃及史》,商务印书馆2000年版,第272、363—364页。

[⑤] R. O. Faulkner, E. F. Wente, and W. K. Simpson, trans., *The Literature of Ancient Egypt: An Anthology of Stories, Instructions, and Poetry*, New Haven: Yale University, 1972, pp. 234 – 240.

基才意味着宇宙秩序的恢复。从古王国开始，国王的登基就是在太阳神拉的参与下进行的。① 也就是说，太阳能否按时升起，宇宙秩序能否恢复，尼罗河能否定期泛滥，农业是否丰收，都依赖于新国王能否顺利登基。这正是新国王选择在国王去世以后的第二日清晨举行登基仪式的原因之一。尽管学界关于加冕仪式举行的时间尚有争论，但无论如何加冕仪式都要在三个季度当中某一个季度的第一个月的第一天举行。② 这三个季度都是根据尼罗河泛滥和农业生产的过程来划分的。由此看来，农业生产活动构成了古埃及王权继承仪式产生和发展的经济基础。

五 王权继承仪式在古埃及王权统治中发挥的作用

根据人类学的仪式理论，仪式活动体现某种思想，③ 建立起某种权力关系，不需要使用强制力就可以指挥人们行动，将参与者置于事物的序列之中，使其产生一种效能感，使其自然、有效地行动；通过协商而非强制，规范社会秩序。④ 也就是说，仪式不仅能够传达宗教思想，还具有一定的社会功能。就古埃及王权继承仪式而言，仪式的这两种功能部分由浮雕及其附属铭文表达出来，部分依赖于古埃及社会史的揭示。

从关于仪式程序和象征物之象征意义的分析来看，登基仪式和加冕仪式的确是在宗教背景下展开的，被赋予了神圣的宗教内涵，具有宗教仪式的性质。然而，非常明显，王权继承仪式以王位继承人和新国王为核心人物，其目的是确认其对王权的继承及其权力的神圣性。一份铭文文献中的几句话说明了这点。"国王（图特摩斯一

---

① J. Finegan, *Archaeological History of the Ancient Middle East*, Boulder: Westiview Press, 1979, p. 219.
② A. Gardiner, "Review on the Golden Bough," pp. 122 – 126.
③ Catherine Bell, *Ritual Theory, Ritual Practice*, pp. 18 – 21.
④ Catherine Bell, *Ritual Theory, Ritual Practice*, pp. 109 – 110, 183, 191 – 201, 221 – 222.

世）安息了，去了天国，已经满心欢喜地结束了他的生命。""巢中的鹰（作为）上、下埃及的国王——阿肯派林勒（Aa-kheper-en-re）（图特摩斯二世）（出现了）。他变成了黑土地的国王和红土地的统治者，已经胜利地掌握了两地。""他（图特摩斯二世）胜利地去了天国，已经与众神结合起来了。""他的儿子（图特摩斯三世）作为两土地的国王占据了他的地位，变成了曾生育他的那个人的御座上的统治者。"① 从本质上看，王权继承仪式是宗教外衣掩盖下的世俗仪式，不仅具有一定的宗教意义，还具有重要的政治和社会功能。

首先，王权继承仪式诠释新国王身份的神圣性，使新国王与神祇建立起神圣血缘关系，从而确立新国王王权统治的神圣性。一篇金字塔文献这样描述加冕之后的国王："伟大者已经生了你；高贵者已经装饰了你。"这里的"伟大者"和"高贵者"指的都是神祇。接下来，新国王说道："红冠啊，伊努啊，伟大者啊，魔法师啊，火红的蛇啊！……让我充满力量，成为灵魂的首领。让我的刀刃坚决地抵抗我的敌人们。"② 诗句中的伊努是古埃及神祇。再来看几个事例。新王国时期第18王朝末期法老郝列姆赫布雕像后面记录了加冕仪式的内容，用了很长的篇幅阐述他是神阿蒙的儿子，获得了所有神的认可。③ 在拉美西斯二世加冕浮雕中，一段铭文写道："拉美西斯二世是永久掌握财富的荷鲁斯，上下埃及之王，祭品的领主，阿蒙神的钟爱者。""大神之屋的领主讲道：我已经把生命、生灵（？）和健康给与（我的）钟爱的儿子、上下埃及之王、拉之子、阿蒙的钟爱者拉美西斯二世。"④ 通过这样的解释，新任国王被确认为神之子，变成了神圣的上下埃及之王，其统治权力具有了神圣性。

其次，王权继承仪式通过仪式活动场面、浮雕、铭文，确立和巩固新国王的各种权力。一段铭文这样写道："盖伯给予祭品，荷鲁斯给予祭品，埃尼阿德给予祭品。上下埃及国王、两土地的领主荷

---

① J. H. Breasted, *Ancient Records of Egypt*, Vol. 2, §§. 108, 116, 118, 341.
② H. Frankfort, *Kingship and the Gods*, p. 108.
③ A. Gardiner, "The Coronation of King Haremhab," p. 14.
④ A. W. Shorter, "Reliefs Showing the Coronation of Ramesses Ⅱ," p. 18.

鲁斯出现在（前任）荷鲁斯的御座上，被赋予生命、稳定、生灵，他的心像拉神一样永远欢愉。"① 这段铭文中的盖伯、荷鲁斯、埃尼阿德（即九神团）赋予新任国王（以新荷鲁斯的身份出现）以王位、生命、社会稳定等。也就是说，通过王权继承仪式，新国王掌握了王权，获得了神祇的认可。

王权继承仪式还确定新任国王的各种具体权力。例如，图特摩斯三世加冕之后，其权威获得认可，"九弓之地的人们对我心存恐惧，所有土地都在我的掌控之下"②。"九弓"是埃及人对异邦的称呼。这段铭文是在表达：国王掌握了埃及及其征服地。再如，一段铭文写道："陛下（哈特舍普苏特）跟随她父亲、上下埃及之王、永生的奥克帕克拉（Okheperkere），巡游到北部地区。她的母亲是哈托尔，是底比斯的保护神；底比斯的主神是阿蒙；赫里奥坡里斯的主神是阿图姆；底比斯的大神是孟图；瀑布的主神是克奴姆；底比斯的所有神，南方与北方的所有神，都来到她这里。他们与她一起巡游，他们经历了愉快的旅途，他们带着生命，带着满足，他们在她后面保护她，他们一个接一个地前进，他们每天都走在她后面。"③ 这实际上是在强调国王举行了王权继承仪式之后，掌握了埃及各地，拥有埃及土地的所有权。

郝列姆赫布加冕铭文中提到："他（阿蒙神）使他（郝列姆赫布）成为国家的首领，目的是使他作为整个土地的世系王子掌管两地的法律。"④ 这里明确地将法律权力赋予新任国王。再如，哈特舍普苏特举行了加冕仪式以后，众神对她祝福，说："欢迎，欢迎啊！阿蒙－拉的女儿。你已经看到了你土地上的行政管理情况，你应该恢复土地上的秩序，你应该恢复已走向混乱的秩序，你应该在这座房子里建造你的纪念物，你应该为那个生了你的神的祭坛提供食物，你应该穿越国家全境，你应该关心很多地区。你应该驱逐泰亨奴人

---

① A. W. Shorter, "Reliefs Showing the Coronation of Ramesses Ⅱ," pp. 18 – 19.
② J. H. Breasted, *Ancient Records of Egypt*, Vol. 2, §. 148.
③ J. H. Breasted, *Ancient Records of Egypt*, Vol. 2, §. 224.
④ A. Gardiner, "The Coronation of King Haremhab," p. 14.

(Tehenu)，你应该用权标头捶打特罗格罗蒂特人（Troglodytes）……你把土地上错误的变成正确的……他们赞扬你……你得到你的人民的认可……你是众神所钟爱的。"① 这段铭文突出了女王作为阿蒙-拉神的女儿，拥有埃及，享有行政权、维护埃及正义和秩序的权力，掌握埃及的法律和军队，率领军队恢复埃及的秩序，得到人民认可。

在加冕仪式浮雕铭文中，有这样一句话："当国王出现，开始绕墙环行时，祖先们的王旗与国王在一起。"② 在古埃及，王旗是国王军事权力的象征。祖先们的王旗出现在国王的王权继承仪式中，说明国王的祖先将军事权力传递给国王。当国王绕城墙环行之时，王旗与国王在一起，表明国王在统一和管理国家的过程中，掌握了军事权力。

一些描绘王权继承仪式的金字塔文表明国王的很多权力在仪式中得到确认。例如："（作为国王）站在它上面，站在这块土地上面，这块土地来自阿图姆……（国王）在它上面，高高地在它上面，你的父亲可以看见你，拉神可以看见你，他来到你这里，你的父亲啊；他来到你这里，拉神啊！……让他掌握天国，并获得地平线；让他控制九弓，并（用祭品）装备埃尼阿德。把弯曲杖放在他的手中，上、下埃及的头目终将屈服。"③ 铭文中的"地平线"指的是埃及的疆域。弯曲杖是古埃及国王权威的象征。这段铭文说明国王站在埃及大地上，统治埃及本土和外邦，获得了埃及国王的权威，控制了埃及各个地方的首领。这也就等于确认了新任国王对埃及土地和人民的统治权。

最后，王位继承仪式是全国性的活动，既起到了在全国范围内宣传国王神圣性和各种权威的作用，也起到了增强个人社会认同和身份认同、凝聚社会力量的功能。关于"王位继承仪式是全国性仪式"这一点，本文已做了分析。这里还可以举一些事例进一步说明

---

① J. H. Breasted, *Ancient Records of Egypt*, Vol. 2, §. 225.
② H. Frankfort, *Kingship and the Gods*, p. 109.
③ H. Frankfort, *Kingship and the Gods*, p. 109.

这个问题。我们从继承神秘剧中可以看到,王子们、"上埃及的伟大者们"和"下埃及的伟大者们"都参与演出,分别代表上下埃及,进行象征性的战争。"伟大者们"是地方权贵。① 在图特摩斯三世的加冕仪式中,阿蒙神将儿子图特摩斯三世介绍给宫廷大臣们,廷臣们做出回应,认可图特摩斯三世的加冕。② 在郝列姆赫布加冕铭文中,郝列姆赫布加冕以后,"神圣的埃尼阿德(九神团)的心是愉悦的,全国人民欢欣鼓舞,他们向天国大声呼喊。大神和小神都高兴,整个大地在欢悦"。随后,法老为神祇建造、修缮神庙和雕像,为神庙安排服务人员,等等。③ 可见,一方面,王权继承仪式允许全国各地各个阶层的人们参与,这就等于将仪式表达的观念,即"国王具有神圣属性"和"国王集各种最高权力于一身",传达或展示给所有臣民。另一方面,在王位继承仪式中,国王、祭司、王室成员、官员、人民都参与进来,扮演一定的角色。这些人参与仪式,不是被迫的,也不是因暴力驱使而为之,往往是受到了仪式本身无形的"强制力"的驱动。角色的扮演意味着国家和社会对个人社会地位的认同。反过来,这种认同强化了社会各阶层的人们对国家和社会"网络关系"的认同,提高了人们的社会优越感和责任感。结果,各类人群凝聚起来,增强了社会凝聚力,王权统治得以有效维持。

结 论

本文认为古埃及王权继承分为登基和加冕两个阶段,相应地举行登基仪式和加冕仪式。尽管在某些情况下,登基仪式和加冕仪式同时举行,但在一般情况下,它们分别在特定的时间举行,具有各自的仪式程序。两个仪式当中有一些环节是相同的,但二者存在本

---

① H. Frankfort, *Kingship and the Gods*, pp. 128, 130, 132.
② J. H. Breasted, *Ancient Records of Egypt*, Vol. 2, §.151.
③ A. Gardiner, "The Coronation of King Haremhab," pp. 15 – 16.

质区别。登基仪式以王位继承者登上前任国王去世以后留下来的御座为重要特征，目的在于实现继承人对王位和王权的掌握。加冕仪式以新国王的加冕为核心特征，旨在确保王权更迭或传递的神圣性，是对登基的认可。总体来看，对于古埃及王位继承人或新国王而言，登基仪式和加冕仪式都旨在通过程序化的活动确立其继承王位和掌握王权的正统性或神圣性。

王权继承仪式与王权的发展演变保持一致。它主要因王权统治而产生。但它之所以能够长期存在，却不仅仅是因为统治阶级将其用作维持和强化王权统治的工具，还有更为深刻的社会文化和经济根源。古埃及人的王权观念、古埃及人关于王室血缘神圣性的文化观念及实践、古埃及以农业为主导的经济，都是王权继承仪式产生与发展延续的重要根源。

古埃及王权继承仪式是在宗教环境中举办的世俗仪式，主要是为国王的王权统治服务的。它通过仪式场面和浮雕铭文等，宣传和强化"君权神授"意识，使国王与神祇建立起血缘关系，使王的身份和统治神圣化，认可国王的各种权力，增强了民族认同和社会凝聚力，对古埃及王权统治的维护与延续发挥了重要作用。从一定意义上讲，古埃及能够维持3000多年的王权统治，与这种仪式活动的不断举行和宣传，有着密不可分的关系。可以说，对于古埃及王权统治而言，王权继承仪式发挥了宣传和强化意识形态的功能。

最后，需要强调的是，除了具体程序和象征物，仪式场所（主要是神庙内部）的结构和布局蕴含着丰富的历史信息，是古埃及王权继承仪式研究中需要仔细考察的课题。事实上，它本身已经构成了一个独立问题，需另行撰文考释。此外，古埃及国王的仪式是一个完整的整体，王权继承仪式是其重要组成部分，从而其他相关仪式（例如更新仪式、献祭仪式、丧葬仪式等）的研究有助于我们对王权继承仪式的深入理解，这也是需要深入探究的问题。

（原载《历史研究》2015年第2期）

赫梯基拉姆节日活动的
仪式特征及其功能

刘 健

赫梯是公元前 17 世纪—前 13 世纪统治安纳托利亚高原中部、东南部和叙利亚北部的强大国家。最近一百多年来，考古学者在赫梯首都哈图沙（Hattuša）（今博阿兹卡莱，位于今土耳其首都安卡拉以东约 150 公里处）发现了数量可观的文献，为学界认识和了解赫梯历史和文化提供了丰富的资料。在这些文献中，赫梯节日（EZEN）文献占据相当大的比例。[1] 这些文献表明，赫梯节日名目繁多，地域分布范围广阔。各类节日活动在每年的不同季节举行，目的也各不相同。这些节日分别代表赫梯文化的多元特征，包括哈梯文化（Hattic）、胡里文化（Hurri）以及狭义的印欧赫梯文化。但是，多数节日在漫长的发展过程中融合了多种文化要素，具有赫梯全国性节日活动的共性。

尽管赫梯的节日文献十分丰富，但是学界对于这类国家庆典的研究并不充分。20 世纪 50—70 年代，法国学者 E. 拉罗什等开始尝试对哈图沙遗址发现的节日文献进行分类，并释读了部分文献。[2]

---

[1] 1971 年，法国学者 E. 拉罗什发表《赫梯文献目录》（E. Laroche, *Catalogue des textes hittites*, Paris: Klincksieck, 1971），列举了 833 种当时已经确认的赫梯文献，其中节日文献有 129 种，数量仅次于历史文献（215 种）。

[2] 与节日有关的文献目录，可参见 E. 拉罗什的《赫梯文献目录》。该书第 591—720 号文献目录为"节日和庆祝活动文献"，收录了节日日历、季节性节日、职业性节日等文献的泥版和文献编号。之后拉罗什本人及其他学者陆续补充和研究了其他众多节日文献。

1970 年，美国赫梯学者 H. G. 圭特博克（H. G. Güterbock）撰文对赫梯节日庆祝活动进行了梳理，对其特点进行了基本概括和总结。① 其中对于赫梯国家节日活动的分类，赫梯国家节日活动特征和性质的总结被多数赫梯学者接受，至今仍然被该专题的研究者沿用。

本文所选取的基拉姆节日活动是赫梯五个主要的全国性节日之一［其他四个主要节日是：努恩塔瑞亚斯哈（Nuntariyashas）、普如里（Puruili）、安塔舒姆（AN. TAH. ŠUM）、海苏瓦（Hišuwa）］。其主要内容是国王夫妇在王宫中各神庙的正门、神庙各大殿的门口、神庙储藏室的门口、王宫的正门、王后宫的正门、为王宫服务的各类人员的房门口等举行祭祀仪式。对于该节日仪式的功能和性质，学界争议较大。学者们根据目前发现的国王及王后在王宫中各个神殿门口祭祀仪式的记载，命名其为门节或门房节。② 但是这个命名显然不能合理解释为何该节日能够位列赫梯主要节日之列，其主要功能也尚未明示。

学界对于基拉姆节日的研究主要集中在文献解读上，自 H. G. 圭特博克发表第一篇文献释读成果后，陆续有学者发表新发现的文献残片。1983 年，I. 辛格发表《赫梯节日基拉姆》（上下卷）对已知属于基拉姆节日的文献进行了比较完整的归纳，分析了文献的内在结构及相互之间的联系，并尝试建立节日活动中各个事件之间的关系。在该著作中，辛格发表了新发现的 17 块属于该节日的泥板残片，③ 并首次发表了节日的概要记录。他还第一次发表了古王国时期的基拉姆文献版本（ABoT 5 +），确认祭品清单文献（*MELQĒT*）属于基拉姆文献系列。辛格的著作被赫梯学界视为研究基拉姆文献的

---

① H. G. Güterbock, "Some Aspects of Hittite Festivals," André Finet, ed., *Actes de la XVIIe Rencontre Assyriologique Internationale (1969)*, Brussel: Ancient Mesopotamian Society, 1970, pp. 175 – 180.

② 关于命名的原因，可参见 I. Singer, *The Hittite KI. LAM Festival*, Vol. Ⅰ, Otto Harrasowitz, 1983, 第 121 页及注 3。

③ I. Singer, *The Hittite KI. LAM Festival*, Vol. Ⅰ, pp. 23 – 27.

穷尽之作，此后少有有关基拉姆文献的研究成果问世。①

除文献解读和版本分析外，由于节日活动中涉及众多地名，因此这类文献也得到赫梯历史地理学研究者的关注。② 另外，基拉姆仪式活动的独特之处受到学者的关注。一些学者对该活动中的舞蹈、竞技、动物游行等仪式活动进行了论述。③

近年来，有关该节日活动的文献数量增多，部分文献残片已经被证明属于该节日活动，也有新的文献类型被纳入其中。据此，该节日活动的功能和性质有可能被重新定义。本文将尝试复原基拉姆节日活动的大致流程，分析其位列赫梯国家庆典的合理性及所面临的问题，最后总结基拉姆节日政治仪式功能及其在赫梯国家统治中发挥的作用。

一　基拉姆节日活动的流程

根据现有基拉姆节日活动的文献，大致可以梳理出该节日活动的基本内容和进程。根据常规泥板，基拉姆节日庆祝活动将持续三天，国王夫妇的活动也以王宫为中心。

"国王开始庆祝基拉姆节。"王宫大门打开，帘幔垂地，王入内

---

① Theo P. J. van den Hout, "A Tale of Tiššaruli（Ya）: A Dramatic Interlude in the Hittite KI. LAM Festival?" *Journal of Near Eastern Studies*, Vol. 50/3（1990）, pp. 193 – 202; Oğuz Soysal, "A Forgotten Hittite Fragment of the 'KI. LAM' Festival", *Journal of Cuneiform Studies*, Vol. 50（1998）, pp. 59 – 65.

② 相关成果十分丰富，可参见 J. Garstang & O. R. Gurney, *The Geography of the Hittite Empire*, London, 1959; "The North-Central Area of Hittite Anatolia", *Journal of Ancient Near Eastern Studies*, Vol. 20（1961）; R. Gorny, "Zippalanda and Ankuwa: The Geography of Central Anatolia in the Second Millennium B. C. ", *Journal of American Oriental Society*, Vol. 117/3（1997）, pp. 549 – 557; Maciej Popko, "Zippalanda and Ankuwa Once More," *Journal of American Oriental Society*, Vol. 120/3（2000）, pp. 445 – 448; Roger Matthews and Claudia Glatz, "The Historical Geography of North-central Anatolia in the Hittite Period: Texts and Archaeology in Concert," *Anatolian Studies*, Vol. 59（2009）, pp. 51 – 72。

③ Charles Carter, "Athletic Contests in Hittite Religious Festivals," *Journal of Near Eastern Studies*, Vol. 47/3（1988）, pp. 185 – 187; Stefano de Martino, "Music, Dance, and Processions in Hittite Anatolia," Jack M. Sasson ed. , *Civilizations of the Ancient Near East*, Peabody: Hendrickson Publishers Inc. , 2000, pp. 2661 – 2669; B. J. Collins, "Hittite Dance," *Near Eastern Archaeology*, Vol. 66/3（2003）, p. 105.

室更衣，他穿白衫、裹麻布、穿塞帕希衫、戴金耳环、脚蹬黑履。国王更衣毕，离开更衣室，登上宝座，侍卫献上金属长矛礼器。一切准备就绪，庆祝活动开始。此时，卡塔普兹纳宫（Kaptapuzna）门外，侍从卫士已经列队完毕，表演者在"王后宝藏室"门廊处肃立。国王走出宫门，端坐于观礼台上，观看神兽队列表演。

"众神兽和唱诗者"列队走过，表演者起舞、拍手、奏乐。卡塔普兹纳宫门口，王辇准备就绪，拉车牛的角和轭用黄金装饰，牛额头上佩戴着金月形装饰。王辇后，十余名舞者载歌载舞。在众神的门房，卡尔祭司（^{D}KAL）、圣卡尔祭司和唱诗人列队等待。卡尔祭司手持斟满葡萄酒的酒杯。祭司鱼贯通过宫门，"长矛队""铜羊毛"和"众神的神兽"紧随其后。这是整个基拉姆节日活动的第一个高潮，也是基拉姆节日的第一个独特之处。这个野生动物表演方队未见于其他赫梯国家节日活动中，学者们认为这体现了赫梯人狩猎生活的远古传统。[1]

动物游行告一段落，国王登车离开卡塔普兹纳宫。此时，国王手中的武礼器更换为金属斧。王后这时加入进来，国王夫妇先后登车出发，他们浩浩荡荡前往哈尔基女神（Halki）庙。在沿途各宫和众神殿门口，各地的阿格里格（AGRIG）官员[2]肃立等待；他们手持装满葡萄酒的银杯，携带着各色祭品——根据其他文献记载，各地的阿格里格官员贡献的祭品主要是绵羊及啤酒等。国王夫妇的车辇靠近时，礼宾官——向国王夫妇介绍各地官员，并举行祭酒仪式。

阿格里格仪式是基拉姆节日的另外一个独特之处。与其他赫梯国家庆典中国王夫妇巡行各地不同，目前已知基拉姆节日的全部活动都在王宫内举行，这也许就是各地的阿格里格官员齐聚王宫的原因，阿格里格仪式的功能应该与国王夫妇或王室成员巡行各地的作

---

[1] Stefano de Martino, "Music, Dance, and Processions in Hittite Anatolia," p. 2667.
[2] 这些官员所属城市包括安库瓦（Ankuwa）、内纳沙（Nenašša）、图瓦努瓦（Tuwanuwa）、胡皮什纳（Hupišna）、卡拉赫纳（Karahna）、舒格兹亚（Šugziya）、扎拉剌（Zallara）、卡什图瓦拉（Kaštuwara）、卡提拉（Kattila）。关于这类官员的来源、职责和历史沿革，可参见 Itamar Singer, "The AGRIG in the Hittite Texts," *Anatolian Studies*, Vol. 34 (1984), pp. 97–127。

用相同。

随后，国王夫妇在米亚坦兹帕（Miyatanzipa）神殿和太阳女神殿门房依次祭祀。众祭司向国王致敬，卡尔祭司向国王引见圣卡尔祭司，卫士长和雷神祭司参与祭祀活动，国王清洁嘴唇，供奉面包和奶酪，礼器敬上，行祭酒礼。这段描述应该是国王夫妇在各个门房举行祭祀仪式的一般程序。之后，国王夫妇回到雷神殿，再次举行一系列献祭活动。

文献记录在此处戛然而止，之后出现大段残缺。以下内容详细记录在大祭泥板文献中。王及王后先后在米亚坦兹帕、铁列平（Telipinu）、哈尔基、扎巴巴（ZABABA）、库塔尔玛（Kutarma）、卡尔（KAL）、哈潘塔里（Hapantali）及太阳女神庙等神庙门房祭祀，至少14位神祇接受国王夫妇祭酒。在太阳女神庙门口，国王向太阳女神和梅祖拉（Mezulla）女神[①]敬酒，国王进入神庙。庙内一切已经准备妥当，净手水已经送上，卫士长将兹帕兰达（Zippalanda）神圣祭司的银礼器置于国王右手墙边。阿瑞纳城三位圣桑嘎（SANGA）祭司及他们的侍者、兹帕兰达的桑嘎祭司、塔策里（Tazelli）祭司以及他们的侍者手持酒杯端坐在国王面前。国王和王后净手，供上面包。卫士长将长矛置于国王左手墙边。王祭祀14位神祇，在不同地点向14位神祇敬酒。

在阿瑞纳太阳女神庙举行的祭祀仪式显然更加繁复，可能说明两个问题：首先，作为赫梯的主神，阿瑞纳的太阳女神是赫梯国王祭祀的最主要神祇，相关仪式必然要更加盛大、更加复杂；其次，也有可能是常规泥板文献与大祭泥板文献记载的差异，体现出常规祭祀与盛大祭祀的繁简差异。

国王夫妇前往宴会厅举办盛大宴会，各色礼器一一就位。净手礼准备妥当，来自各地的官员，众神的祭司，歌者、舞者、唱诗者依序

[①] 梅祖拉也是哈梯神祇，她在哈梯人宗教崇拜活动中的作用不详。目前所知文献证据显示，她常与阿瑞纳的太阳女神同时出现，一般名列阿瑞纳的太阳女神之后，应该是这位赫梯主神的近侍。

落座。丰盛的食物摆上餐桌，与会者依次向诸神敬酒。宴会结束后，与会者依次离席，各类礼器一一撤出，国王离开宴会厅，随从手持各类礼器跟随。国王参加啤酒盆净身仪式，两名裸体的歌者蹲坐盆中，众祭司围绕啤酒盆举行仪式。仪式结束后，国王再次回到雷神殿祭祀部分神祇。之后国王夫妇回到王城，继续在众神庙门房祭祀众神。此处是否标志整个节日活动结束并不清楚，根据现有文献记载及国王夫妇回到王宫的行为判断，节日活动至少在这里告一段落。

二 基拉姆节日的国家庆典特征

将基拉姆节日列入赫梯国家庆典并非毫无争议，相关文献中存在一些不可理解之处。首先，节日活动举办地点有所局限。其他国家庆典举行期间，国王、国王夫妇或者王子等王室成员巡行多地，举行各种纪念或祭祀活动，基拉姆节日活动则集中在首都，甚至集中在王宫中举行。其次，基拉姆节日活动持续时间比较短暂。与其他节日庆祝活动动辄几十天相比，基拉姆节日庆祝活动仅持续三天，似乎并不匹配国家庆典的庄严性。

回答基拉姆节日是否有资格位列国家庆典的问题首先应从基拉姆节日活动本身入手，考察它是否具有国家庆典的神圣性、庄严性和权威性问题，之后再尝试解答相关的疑问。纵观基拉姆节日的活动流程和各类仪式，可以发现基拉姆节日包含赫梯国家庆典共有的一些要素，包括参与人员等级身份高，仪式流程严格，等级规范严格，该节日活动历史悠久等。

首先看参与活动的人员。赫梯国典活动的参与者众多，他们各司其职。节日中出现的人物包括王室家庭成员，也有王宫侍卫、文武大臣，甚至还有外国使节或客人，他们主要是观礼者。众多男女祭司、宫廷仆役和侍卫参与或主持各类仪式活动，协助国王或王室成员献祭。表演者的队伍也十分庞大，有歌舞表演者、乐器演奏者、杂技表演者和竞技表演者等。

国王和王后是赫梯国家节日活动的主持者或主要参与者。安塔舒姆节日文献记载，庆祝活动开始的时间因国王和王后的行程发生变化，① 反映了国王在这类庆祝活动中占主导地位。国王夫妇是各类祭神仪式的主祭人，是宴会的主人，也是各类表演和竞技活动的主观礼人。在庆祝活动的各个环节，国王夫妇的行动都具有标志性：国王夫妇抵达代表仪式开始，离开代表仪式结束。当然，也有部分赫梯节日活动由王子代为主持、参与，具有"如朕亲临"的含义。② 在基拉姆节日中，国王夫妇自始至终参与各类庆祝活动，亲自主持向众神献祭，主持宴飨活动，观看各种具有象征意义的表演活动。

基拉姆节日活动中，国王夫妇、王室成员、各级贵族、各类祭司、宫廷仆役和侍卫、各类表演者悉数到场。国王夫妇全程参与各项活动，王室其他成员和贵族参加了宴飨活动。王宫总管和卫士长、各个神庙的祭司、来自各地的阿格里格官员是各类仪式的参与者和辅助者，他们也是宴飨活动中的宾客。上述各类人员代表了赫梯国家的统治阶级是社会的上层。

这些上层人士在整个节日活动的进程中遵循严格的礼制和祭祀等级规范。国王和王后同为庆祝活动的主持者和主观礼人，但是在国王和王后分别主持的仪式中，祭品数量有明显差别。据文献记载，在哈尔基神庙主持基拉姆节日启动仪式时，国王献祭"来自王宫的两头牛，来自各个阿格里格城市的绵羊40只以及其他祭品"（ABoT 14 Ⅲ 15 – 19）；王后献祭"来自王宫的一头牛，来自各个阿格里格城市的绵羊20只以及其他祭品"（ABoT 14 Ⅲ 22 – 24）。显然，相关礼仪制度规定王后的供品是国王的一半。

在宴会活动中，各地祭司、诸神祭司、各地官员及各类参与者的排列座次及离席顺序也有严格规定。"三名卫士在国王附近就位，他们手持金长矛和金杖。侍者向长矛的卡尔神献面包，斟酒侍者准备杯架。宫廷仆役总管、卫士长和众王子就座。阿瑞纳和兹帕兰达

---

① H. G. Güterbock, "Some Aspects of Hittite Festivals," pp. 80, 85.

② Ada Taggar-Cohen, "The Prince, the KAR. KID Women and the *arzana*-house: A Hittite royal festival to the goddess *Katahha*（CTH 633），" *Altoriental. Forschungen*, Vol. 37（2010），pp. 113 – 131.

的众圣祭司以及他们的斟酒侍者就位，他们手持酒杯。司厨送上肉食。众哈梯的圣祭司、哈梯之主和哈尔基的女祭司就位，乐者、表演者、唱诗者就位，各级贵族就位。司厨送上食物和饮料。国王脱下麻衣，有人清洁地面……"在座次安排上，国王和王后位居首位，次席是王子和公主，三席为赫梯主要城市阿瑞纳、兹帕兰达和哈图沙的高级祭司，之后诸席为各地祭司、各地阿格里格官员，最后席末为娱乐或服务人员——也可能娱乐和服务人员并不入席，文献中对此并没有明确说明。宴会结束时离席的顺序大致相反，首先是下层贵族（L Ú^{MEŠ} DUGUD ERIG）离席，其次是宴席贵族（L Ú^{MEŠ} < DUGUD >！ NAPĀNIM），再次为王子和公主，其后为桑嘎诸祭司，最后是国王夫妇。参加活动的人员入席与离席顺序基本相反，表现出严格的人员限制和等级规范。

从参与者的人数和身份看，基拉姆节日活动具有参与人员众多、参加者等级身份较高的特点。参加者的等级身份有严格的限制，他们的活动也遵守严格的等级规范。这种严格的人员限制和等级规范也体现在仪式程序和祭祀品规格上。

赫梯文献中详细记载了赫梯节日活动的流程和各类仪式活动。这些文献有些逐日记录每天的活动流程，有些逐地记载；有些列举仪式活动中所需祭品和人员，还有一些列举各类仪式活动。这些文献基本能够确定各类节日中受祭神祇、主祭和陪祭人员服饰礼器以及祭祀品的种类和质量等，进而确认节日活动的等级和特征。

作为农业国家，赫梯人崇拜的神祇以农业神、丰产神为主，因此受祭众神大多是司职这类活动的神祇，诸如赫梯主神阿瑞纳的太阳女神、各地的雷神、农业神铁列平、谷物女神哈尔基等。赫梯曾经号称"千神之国"，神祇数量惊人，祭祀神灵耗费人力、财力巨大，这也是赫梯帝国国王穆瓦塔里（Muwatalli）（约公元前1295—前1272年在位）进行宗教改革的主要原因。[①] 在烦冗的赫梯神谱中，

---

① 刘健：《论赫梯宗教的特征》，《世界历史研究所学术文集》第1辑，江西人民出版社2001年版。

众神代表不同的文化传统，哈梯、赫梯、胡里、卢维（Luwian）、美索不达米亚等诸文化的各类神祇都在各类全国性节日活动的受祭神之列。基拉姆节主要祭祀哈梯诸神，包括赫梯主神阿瑞纳的太阳女神等，国王夫妇祭拜至少 14 位神祇。

除受祭神祇数量基本固定外，受祭神祇的等级也比较高。受祭的神祇——米亚坦兹帕、铁列平、哈尔基、扎巴巴、库塔尔玛、卡尔、哈潘塔里、伊斯塔努（Ištanu）、坎提普伊提（Kantipuitti）、塔什米兹（Tašimiz）、瓦希什（Wahiši）——是赫梯人崇拜神祇中最主要的哈梯神祇。在赫梯人统治时期，国家的主神一直是阿瑞纳的太阳女神，雷神也在赫梯宗教活动中占据至高地位。基拉姆节日活动中，具有印欧人传统特征的雷神在整个庆祝活动中扮演着重要角色，主要的祭祀仪式、庆祝活动和盛大宴会都在雷神殿举行，哈梯传统与赫梯人代表的印欧传统融合，也进一步确认基拉姆节已经成为赫梯全国性的节日。

在赫梯传统的全国性节日中，巡游表演、歌舞、礼乐、竞技、杂技魔术、神话故事表演和宴飨等活动名目繁多。巡游表演是节日庆祝活动中最主要的活动之一。多数节日中，来自各地的众神像列队游行，表明众神共襄盛举，共同祝福国王统治稳固、国泰民安的美好寓意。① 在游行队伍中，也有各种竞技、② 舞蹈、③ 歌唱、神话戏剧等表演活动。竞技表演主要是摔跤、角斗、赛跑等项目。舞蹈、歌唱、神话戏剧表演具有民族文化特征。④ 基拉姆节日中，在陪同国王夫妇前往诸神殿祭祀的队伍中，前方为舞蹈方队，队伍中间有一

---

① 众神像游行是整个古代近东宗教庆祝活动的共同特征。在巴比伦的新年节日活动中，来自各地的诸神像提前在巴比伦郊外集结，神像到来的数量与节日是否举行息息相关，节日是否举行则与国家政治局势关系密切。《巴比伦年代记》中多次记载，由于政治形势不稳定，神像无法抵达巴比伦，因此巴比伦新年庆祝活动多年未能举行。参见 Julye Bidmead, *The Akītu Festival. Religious Continuity and Royal Legitimation in Mesopotamia*, Goridas, 2002, p. 3。

② Charles Carter, "Athletic Contests in Hittite Religious Festivals," pp. 185 – 187.

③ B. J. Collins, "Hittite Dance," p. 105.

④ 比如普如里庆祝活动中，伊鲁岩卡（Illuyanka）与雷神大战的长篇神话表演具有印欧人的传统文化特征，故事内容见 G. Beckman, "The Anatolian Myth of Illuyanka," *Journal of Near Eastern Studies*, Vol. 14 (1982), pp. 11 – 25。

名裸体的杂技表演者。该方队后面是佩戴各种野生动物面具、手持象征性狩猎武器的表演者方队以及神兽像方队。在各类仪式举行的过程中，跑步比赛，戏剧表演等一一上演，表现出热闹、盛大、愉悦众人的节日活动景象。

活动的各个环节环环相扣，人员的位置和姿势有明确规定。例如，基拉姆文献规定："卫士们立于门廊右侧。"若有一些城市（的宫殿门廊）右侧无法站立，"他们可以站在左侧。不可改变的是他们必须立在门廊侧"〔IBoT I 36 (69) - (72)〕。"国王出现在宫门口时，侍从和卫士立于门廊左侧，表演者肃立在王后司宝官府库内门廊侧，面向国王，全体高呼'哈'"（KBo X 23 Ⅱ 23' - 35'）。

在活动中使用的礼器有武器、狩猎标志等，比如巡游队伍中的长矛礼器、斧形礼器，还有铜羊毛、神牛、金牛角和金轭等。礼器的数量有十分严格的规定，文献记载："当国王到达门前门廊①处，50个巨大的宝袋聚集在门廊旁"〔KUB XXV 18 Ⅱ (3) - (5)〕。

祭品的数量、种类和来源也有明确规定。前面提到，国王和王后在哈尔基神庙启动仪式中贡献的祭品数量有所差别。在阿格里格文献中，各地官员和各类神庙贡献的祭品种类也有差异。基拉姆节祭品清单文献中详细列举了祭品的接受者、祭品名称、提供者或机构以及主要针对接受者的一些要求。② 这些均反映出基拉姆节日活动具有盛大性、规范性、严肃性的国家庆典特征。

除基拉姆文献内容反映出的基拉姆节日的特征外，基拉姆文献的其他特征也能够印证基拉姆节日活动的重要地位。基拉姆文献种类较多，目前已经确定的相关文献主要有四类。③ 第一类为详细记载仪式流程的文献，这类文献又分为两类：一类是依时间顺序记录流

---

① 在赫梯语文献中，这个名词写作 $^{(E)}$arkiu (i) -，它位于王宫中宫殿建筑的正门口，有一定空间，但不是类似门房、警卫室或收发室之类的室内建筑。它应该类似一条通道，两面是围墙，但也可能与其他房屋相连。根据训令（Mešedi）文献，有些城市的宫殿没有右侧通道，可能由于建筑布局的关系，右侧有房屋或其他设施，造成参祭人员无法在右侧站立。具体位置、功能及词源分析，可参见 I. Singer, *The Hittite KI. LAM Festival*, Vol. Ⅰ, pp. 106 - 111。

② I. Singer, *The Hittite KI. LAM Festival*, Vol. Ⅰ, pp. 150 - 167。

③ 具体文献编号参见 I. Singer, *The Hittite KI. LAM Festival*, Vol. Ⅰ, pp. 13 - 16。

程的文献，因其结尾处有"盛大节日"字样，因此又称大祭泥板；另一类依泥板序号记录流程，因结尾处有"常规节日"字样，因此又称常规泥板。① 第二类文献为目录式的提纲文献。第三类为哈梯语颂词文献，第四类为祭品清单文献。② 上述文献中大多为中赫梯和新赫梯时期的抄本，部分文献年代甚至可以追溯至古赫梯时期。在祭品清单文献中没有发"同上、下同"（QĀTAMMA，KI. MIN）等缩略语表述形式，说明这类文献记录和编纂遵循严格的仪式规范，③ 不省略、不简化的表述方式也表明基拉姆节日具有规范性和严肃性特征。另外，基拉姆文献的主要出土地是王宫的图书馆或档案馆，目前所知98块泥板及残片均出土自哈图沙，除部分泥板具体出土位置尚待确认外，其他泥板文献广泛分布在王宫内城及外城神庙区的多个区域，④ 证明基拉姆节日是由王室掌控的节日。古赫梯时期的文献中还有"依规矩进行"的描述（ABoT 14 Ⅲ），显示赫梯国家极有可能编纂了礼书规范基拉姆节日的各项内容。

以上论述表明基拉姆节日活动确实具有赫梯国家庆典的主要特征，那么如何解释基拉姆节日作为国家庆典面临的问题？

---

① 盛大祭祀与常规祭祀的差别主要体现在泥板的落款上。目前所发现的基拉姆泥板文献中有15处落款，其中8处落款证明所属泥板内容为基拉姆节日常规（EZEN SAG. UŠNIM）仪式；另有6处落款证明属于基拉姆节日盛大祭祀（EZEN GAL）仪式。参见 I. Singer, *The Hittite KI. LAM Festival*, Vol. Ⅰ, pp. 34 – 35。

② 近年来，赫梯学界又相继确认所谓的阿格里格（AGRIG）文献和部分祭品清单文献（MELQĒT）均归属基拉姆节日文献序列。参见 Itamar Singer , "The AGRIG in the Hittite Texts," I. Singer, *The Hittite KI. LAM Festival*, Vol. Ⅰ, pp. 139 – 170。

③ I. Singer, *The Hittite KI. LAM Festival*, Vol. Ⅰ, p. 156.

④ 其中王宫区出土51块，斜坡建筑区发现6块，8块出土自下城大神庙区。参见 I. Singer, *The Hittite KI. LAM Festival*, Vol. Ⅰ, p. 21。最早确认的基拉姆仪式文献为1939年发表在《博阿兹柯伊出土楔形文字文件》第10卷第1篇中（KUB X 1）[本文中使用的原始文献主要发表在两类文献集成中，KUB 为 Keilschrifturkunden aus Boghazköi，即博阿兹柯伊出土楔形文字文件的缩写形式；KBo 为 Keilschrifttexte aus Boghazköi，即博阿兹柯伊出土楔形文字文献的缩写形式（莱比锡、柏林，1916年开始陆续出版）]。1957年，考古学者又在赫梯首都哈图沙遗址王宫区 K 建筑中发现了一批基拉姆文献，美国学者圭特博克抄录了其中部分文献，发表在《博阿兹柯伊出土楔形文字文献》（KBo）第10卷（1960年）中。之后，陆续有部分文献被归入该节日。E. 拉罗什的《赫梯文献目录》中收录了17篇基拉姆节日活动文献，第108—109页。

三　基拉姆节日作为国家庆典面临的问题

首先，赫梯全国性的节日庆祝活动往往不在一地举行。活动期间，国王夫妇大多在多个城市中心巡行。安塔舒姆节日期间，国王夫妇从首都哈图沙出发，巡行周围的二十多个城市。普如里庆祝活动在奈瑞克、兹帕兰达（Zipplanda）和哈图沙三座主要的宗教中心城市举行。努恩塔瑞亚斯哈庆祝活动开始时，国王在阿瑞纳城（Arinna），王后在塔胡尔帕（Tahurpa）同时主持仪式，然后他们携手巡行各地。另外，还有一些其他节日活动文献记载，王储或王子代替国王夫妇在某地主持祭神仪式，这些地方往往距离首都稍远，派遣王子代行仪式显然具有"如朕亲临"的含义。与上述三个节日中国王夫妇的巡行活动不同，基拉姆节期间，国王夫妇行走的区域似乎只局限在首都哈图沙及郊区祭祀圣地，大多数活动集中在王宫中。然而，基拉姆节日活动中有一个特别之处，尽管国王夫妇没有巡行各地，但是多地的阿格里格官员和祭司却集中到王宫中，参与庆祝活动。①

文献记载："国王和王后在行进，队伍到达哈尔基庙附近，门廊旁是来自安库瓦（Ankuwa）的啤酒队列……当他们靠近门廊的时候，内纳沙（Nenašša）的啤酒队列站在那里"（KBo X 24 Ⅳ 19-34）。队列中是来自各地的阿格里格官员和祭司。阿格里格②是赫梯官僚体系中的一个官职，有悠久的历史，可能从古赫梯王国时期开始，这个官职就已经存在。参与基拉姆节日活动的阿格里格衔后面冠以城市名，这些城市名大多拥有哈梯地名特征，说明这些官员来自赫梯人统治的核心区域。对于其他赫梯文献中记载的阿格里格城市名录的研究也证明了这一点。关于这个官职的职业身份，学界观点不一，有些

---

① Ada Taggar-Cohen, "The Prince, the KAR. KID Women and the *arzana*-house: A Hittite royal festival to the goddess *Katahha* (CTH 633)".

② Itamar Singer, "The AGRIG in the Hittite Texts" 一文对阿格里格的定义、历史沿革、职责和功能、城市特征等做了十分详细的梳理，下文所讨论的一些学者观点均转引自此文。

学者认为他们是上层高级官员，有些学者认为他们只是基层官员。对于他们在哈图沙城承担的职责，争论也很大。一些学者认为，他们专门在节日期间从各自司职的城市赶往首都，带去庆贺或贡献的礼器、祭品和仪式用具等；一些学者则认为，他们是各个城市常驻首都的官员，担负宗教职责，代替城市参与国家节日活动。

在其他的国家节日中，国王夫妇在多个城市间往返，参与各类活动，彰显王室荣耀和威严。那么，各地官员集中到首都的举动是否也是另外一种体现王室权威的手段呢？这些官员在首都如何活动？这些官员是否会在节日期间重申对王的忠诚？这些问题目前尚无法解答。但是，美索不达米亚文献中的部分记载可能会提出一些思路。在古巴比伦时期抄录的《南塞赞美诗》（南塞是苏美尔人崇拜的智慧女神和占梦女神）中，有记载说新年期间所有官员的官职都将被剥夺，南塞女神将一一甄别他们在过去一年的表现，最终做出是否重新授予职位的决定。[1] 另外，在古代美索不达米亚晚期文献中，有邀请外国使者和各地官员前往首都观看新年节日的记载。他们在整个典礼过程中充当观众，见识强国实力，美索不达米亚统治者也借此机会震慑各个邻国，警告各地官员不得轻举妄动。[2] 赫梯的阿格里格官员参与基拉姆节日活动是否也承担这些责任呢？

1991 年，荷兰学者范·登·豪特撰文讨论一篇新发现文献时，指出其中的内容可能反映了阿格里格仪式的更多内容。[3] 文献中描述一名来自提沙鲁利（Tiššaruli）的官员——也可能是统治者本人——受邀参加宴会，赫梯国王派一名军事官员代表国王陪同他。国王赐予他珍馐美馔，请他尽情享用。但是这名提沙鲁利人拒绝食用任何酒食，他只是出席宴会，对国王行跪拜之礼，之后径自离席。范·登·豪特认为这应该是根据真实事件改编的戏剧，在基拉姆节日活

---

[1] W. Heimpel, "The Nanshe Hymn," *Journal of Cuneiform Studies*, Vol. 33/2, 1981, pp. 88 – 91.

[2] T. M. Sharlach, "Diplomacy and the Rituals of Politics at the Ur III Court", *Journal of Cuneiform Studies*, Vol. 57, 2005, pp. 17 – 29.

[3] Theo P. J. van den Hout, "A Tale of Tiššaruli (Ya): A Dramatic Interlude in the Hittite KI. LAM Festival?" pp. 193 – 202.

动中表演，表现赫梯人祖先筚路蓝缕、缔造辉煌，最终万邦来服的盛景。从文献的描述中可以获知参加宴会的官员食国王赐予之食，饮国王赐予的美酒，具有表达忠诚、臣服之意，提沙鲁利人拒绝饮食恰恰说明此举具有重要的象征意义。提沙鲁利人向赫梯王行跪拜之礼是臣服的标志，拒绝饮食却具有违逆的意味，两种矛盾的行为恰恰表现了作为被征服者的矛盾心情。

总之，国王夫妇巡行各地、王子代行职责与各地官员集中到王宫中，应该表达了相同的寓意，即众神赐予的恩惠泽被四方，全国各地都在国王的雨露沐浴之中。

其次，赫梯全国性的节日庆祝活动都是持续多天的活动。目前所知持续时间最长的庆祝活动是安塔舒姆节，它在春天举行，活动持续38天。努恩塔瑞亚斯哈节是秋天庆祝丰收的节日，也是庆祝国王经过一年征战，胜利班师的节日，庆祝活动持续21天。海苏瓦庆祝活动则持续9天。依据基拉姆常规祭祀文献中出现的"第一天""第二天""第三天"的描述，基拉姆节日活动持续3天，[①]似乎稍显短暂。当然，另外一个可能性应该考虑，因为目前复原该节日活动主要依据常规祭祀文献，因此3天可能是常规祭祀的天数，大祭的持续时间可能更长。

大祭与常规祭祀的差别见于多类赫梯节日活动。除基拉姆节日外，文献中记载了普如里大祭（KBo Ⅱ 5 Ⅲ 14，17）、奈瑞克节日常规祭祀、哈拉普（Halap，即今叙利亚阿勒颇）雷电神节日的常规祭祀和特祭以及希斯塔（hešta）殿节日活动大祭（KUB XXX 68，obv. 8'）和常规祭祀（KUB XXX 68，obv. 9'）等。另外还有一些与大祭和常规祭祀有关的描述，诸如"当国王举行常规祭祀的时候"（KUB XXX 27 Ⅳ 8-9）；穆尔西里二世（Mursili Ⅱ）（约公元前1321—前1295）文献中有"6年大祭"记载，可能说明大祭6年举行一次。[②]

基拉姆大祭和常规祭祀文献所记载内容有所差别，大祭文献十

[①] I. Singer, *The Hittite KI. LAM Festival*, Vol. Ⅰ, pp. 125-127.
[②] I. Singer, *The Hittite KI. LAM Festival*, Vol. Ⅰ, pp. 47-48.

分详尽地记载了仪式中宴会的场面,常规祭祀文献则简略地描述了活动的流程和内容。由于常规祭祀文献保存状况相对完整,因此目前对于该节日的认识主要来自这部分文献。有理由相信,常规祭祀文献所记录的活动是程序简化后的流程。

基拉姆大祭持续时间较长的结论可能得到另外一条证据的支持。一篇卜辞文献(ABoT 14 Ⅲ 8 - 13)写道:"王主持基拉姆活动……王将在随后的一年时间里主持各种节日活动……"[①] 对于文中"王将在随后的一年时间里主持各种节日活动"的描述有两种解释:一种解释是基拉姆节日的庆祝活动将持续一年,这里的活动只是开始;另外一个解释认为基拉姆节日是国王在一年中主持的第一个节日活动,其他节日活动随后举行。如果第一种解释正确,那么它将能够解决基拉姆节日活动持续时间较短的问题。

四 基拉姆节日活动的政治仪式功能

作为国家庆典,基拉姆节日活动必然有其特殊功能。相较于努恩塔瑞亚斯哈节、普如里节强调农业丰收,祈求风调雨顺;安塔舒姆节和海苏瓦节强调军事征战,基拉姆节的仪式功能似乎并不突出。但是,基拉姆节的几个独特之处应该可以揭示出基拉姆节的主要功能:其一,节日活动中强调哈梯传统;其二,动物表演和金属动物像游行别具一格;其三,阿格里格仪式和盛大的宴会活动突出基拉姆节日的政治功能。

基拉姆节日活动中,哈梯传统要素十分显著。国王夫妇祭祀的神祇以哈梯神祇为主,前文已经提及,包括阿瑞纳的太阳女神、铁列平、哈尔基、哈潘塔里等至少 14 名神祇。1998 年发表的一篇基拉姆节日文献残片中又记载了一个神祇名——塔希斯塔努(Tahištanu)。[②] 尽管

[①] I. Singer, *The Hittite KI. LAM Festival*, Vol. Ⅰ, pp. 134 - 135.

[②] Oğuz Soysal, "A Forgotten Hittite Fragment of the 'KI. LAM' Festival," *Journal of Cuneiform Studies*, Vol. 50 (1998), p. 61.

该神祇的具体属性尚不明确，但是塔希（tahi-）具有典型的哈梯人名特征，证实该节日具有哈梯传统特征。

其次，陪同国王夫妇祭祀的祭司也多为哈梯传统祭司，比如沁图希（Zintuhi）女祭司[①]和来自哈梯城市阿努努瓦（Anunuwa）的男性祭司等。这些祭司在吟唱颂歌时也全部使用哈梯语。[②] 神话诵唱与表演的内容应该与蜜蜂有关，蜜蜂也是哈梯神话中的主要构成要素。另外，如上文所述，参加典礼的阿格里格官员也主要来自哈梯城市。哈梯人是印欧语族赫梯人到达安纳托利亚中部之前的居民，赫梯人到达并获得统治权之后，采用拉拢哈梯人、吸收哈梯文化的政策，确保统治稳固。哈梯人的主神阿瑞纳的太阳女神是赫梯国家尊奉的主神，其地位在传统印欧人神祇雷神之上；哈梯语也被奉为神圣语言，仅在神圣的宗教场合诵祷、演唱。

国王夫妇及王室成员、文武大臣、宫廷侍卫、各地官员、各级祭司等悉数出席一个具有古老的哈梯传统的节日，必然有将古老的哈梯传统与赫梯统治联系在一起的目的，表达赫梯人统治的国家具有延续性和合法性的寓意。

神兽游行和动物表演是赫梯基拉姆节日中最具特色的活动。在国王夫妇前往诸神殿祭祀时，有一个佩戴各种野生动物面具、手持象征性狩猎武器的表演者方队跟随左右。他们的面具用各种珍贵金属和宝石制成，华丽而庄重。在音乐伴奏下，阿兰祖祭司（LÚ.MEŠ ALAN.ZU9）表演豹舞。拉玛（LAMMA）保护神祭司队伍中，手持剑、狩猎袋（KUŠkurša）等礼器的祭司走在队伍前方。之后是各种圣兽形象，"一尊银豹像、一尊银狼像、一尊金狮像、一尊银野猪像、一尊天青石野猪像、一尊银熊像……（紧随其后）……卡尔歌者和阿努努瓦人（Anunuwa）演奏，他们用哈梯语演唱。大王宫中的人员牵引着金牡

[①] 关于沁图希女祭司的哈梯人属性，可参见 Liu Jian, "MUNUSzintuhi and MUNUSNIN.DINGIR", *Journal of Ancient Civilizations*, Vol. 9, 1994, pp. 82–94。

[②] Oğuz Soysal, "A Forgotten Hittite Fragment of the 'KI.LAM' Festival," *Journal of Cuneiform Studies*, Vol. 50, 1998, p. 62 中列举了部分哈梯语颂词：3' taniuuulla uaulla 4' tanizila zila 5' tasimaz。尽管颂词含义不明，但是确实具有哈梯语言特征。

鹿像，'左右卫牧人'从宫中牵引出有角银牡鹿像，哈瑞亚沙人（Harisha）牵引着金角银牡鹿像，齐齐玛拉人（Zizzimara）牵引着无角银牡鹿像，他们手持火把"①。

　　对于这个独特的表演活动，学者们认为这是再现远古祖先狩猎采集生活的场面，是该节日所强调的怀念先祖生活的内容之一。中国古代皇权有"一家一姓，自天承受"的传统。对于赫梯人来说，追溯祖先的传统表现在以下两个方面。一方面，与中国古代相同，赫梯国王热衷于追溯自身家族的祖先传统，在目前已经发现的众多赫梯王印上，都有用楔形文字和象形文字书写的家族世系。在赫梯王室铭文中，历代赫梯国王也都不厌其烦地重复自己的父亲、祖父，甚至曾祖父的名字，证明自身统治具有正统性和合法性。另一方面，赫梯国王追溯整个国家和民族的祖先，表明"奉天命，承德运"的神圣性和权威性，这主要体现为追溯哈梯传统、奉哈梯神为主神、遵循哈梯人的古老生活传统，这就是动物表演的目的所在。

　　关于基拉姆节日的功能，前文提及的一篇卜辞文献（ABoT 14 Ⅲ 8-13）可能有所帮助。该文献写道："王主持基拉姆活动，王的侍者（LÚ^{MEŠGIŠ}BANŠUR）在哈尔基神庙启动仪式——王将在随后的一年时间里主持各种节日活动……"② 这段描述中有两点值得注意：首先，基拉姆活动的启动仪式在哈尔基神庙举行，哈尔基是哈梯农业女神，在这里举行的仪式一般与祈求农业丰产或庆祝农业丰收有关，祭祀该女神的活动一般在春播或秋收时举行；其次，"王将在随后的一年时间里主持各种节日活动"，说明哈尔基仪式在年初举行，应该能够证明基拉姆节日活动在年初举行。也有学者认为这句话表述的意思是围绕基拉姆节日的一系列活动将持续一年。无论哪种解释正确，这句话的含义都可以证明，基拉姆节日是年初开始庆祝的节日，极有可能是国王夫妇每年主持的第一个节日庆祝活动。联系到基拉姆节日独具的两个特征——追溯祖先的哈梯传统，追忆久远

---

① Stefano de Martino, "Music, Dance, and Processions in Hittite Anatolia," p. 2666.
② I. Singer, *The Hittite KI. LAM Festival*, Vol. Ⅰ, pp. 134-135.

的狩猎生活，应该能够得出这样一个结论，即基拉姆节日的主要功能是祭祀祖先，确立祖先传统，进而确立王权统治的正统性和合法性、神圣性和权威性。

那么，在整个节日活动中，赫梯王通过哪些方式来具体实施他的意图呢？这首先体现在阿格里格仪式中，前文已经述及，该仪式极有可能表现各地效忠、外邦来朝的景象。来自各地的祭司和阿格里格官员陪同国王夫妇献祭，国王可能在这个场合接受各地官员的忠诚誓言，因此这是赫梯王室团结地方政府及地方宗教势力的场合。

另外一个场合则是在雷神庙举行的盛大宴会。宴飨活动一般是祭祀后全体参与者共同分享祭品的时刻，具有亲宗、敬友、安宾、乐民的多重功能。在基拉姆节日宴飨活动中，国王夫妇和王室成员悉数出席，体现王室与众神和谐相处，王族成员间团结一致，其乐融融；各级贵族、各神庙祭司、宫廷仆役以及侍卫参加宴会体现国王善待下属，各级官员和睦团结的气氛；各地阿格里格官员和祭司出席则再次强调各地官员臣服效忠于国王统治。最后，宴会中的赏赐、表演等娱乐节目表现王室与民同乐，具有普天同庆的意味。

综上所述，有关基拉姆节日活动的文献记录揭示出基拉姆节日与其他赫梯全国性节日相同，都是王室通过祭祀诸神宣示王室统治，祈求国泰民安，众神护佑的仪式性活动。其仪式内容、程序、步骤、仪仗规范、祀神顺序和神祇属性、宴会座次、国王和祭司服饰、节日举办场所等各个方面的特征反映了赫梯全国性节日活动的主要要素。基拉姆节日活动既强调哈梯传统，又强调远古祖先狩猎生活传统，在阿格里格仪式、宴飨活动等各类活动中表现王室统治的正统性和合法性、权威性和神圣性。具有祭祀祖先功能的基拉姆仪式与其他强调农业生产、军事胜利的全国性节日共同构成了赫梯国家的国家庆典体系，反映了古代国家通过仪式手段巩固统治的普遍性特征。

（原载《世界历史》2015 年第 5 期）

赋役豁免政策的嬗变与亚述帝国的盛衰

国洪更

亚述帝国时期（约公元前 934—前 612），王室铭文、国王的诏令和书信等多种文献不时提及赋役豁免的情况，豁免赋役是亚述统治者时常运用的一种统治策略。在帝国阶段，虽然亚述历史已绵延千余年，但是，其王权制度并未完善，国王经常面临国内外不同势力的挑战，[①] 需要采取各种措施与其进行博弈。国王豁免相关人员的赋役，将会赢得其对王权的拥护和支持，因此，赋役豁免政策是国王巩固政权的一种手段。

亚述帝国的赋役豁免政策曾经引起国际学术界的广泛关注。例如，波斯特盖特在研究亚述帝国时期的课税与人力的征调时，介绍了人员赋税的豁免、土地赋役的豁免和城市赋役的豁免三种豁免方式；[②] 他在考察公元前 1 千纪亚述的土地所有权时，还分析了土地税的豁免情况。[③] 摩西·魏因费尔德在剖析古代以色列与近东地区的社

[①] A. K. Grayson, "The Struggle for Power in Assyria: Challenge to Absolute Monarchy in the Ninth and Eighth Centuries BC," in K. Watanabe, ed., *Priests and Officials in the Ancient Near East*, Heidelberg: Universitätsverlag C. Winter, 1999, pp. 253 – 270.

[②] J. N. Postgate, *Taxation and Conscription in the Assyrian Empire*, Rome: Biblical Institute Press, 1974, pp. 238 – 244.

[③] J. N. Postgate, "Ownership and Exploitation of Land in Assyria in the First Millennium BC," in M. Lebeau and Ph. Talon, eds., *Reflets des Deux Fleuves: Volume de Mélannges Offerts à André Finet*, Leuven: Peeters, 1989, pp. 149 – 150.

会公正思想时，提到了亚述国王赐予巴比伦城居民的赋役豁免文件（ṭuppi[①] zakûti）。[②] 哈诺赫·雷维夫在追溯古代两河流域城市特权的发展演变时，注意到阿淑尔城居民因神灵的庇佑而被免除赋役。[③] 拉根在探讨新巴比伦时期神庙的依附者对神庙的义务时，曾提及亚述国王通过慷慨地赏赐土地与豁免其赋役来赢得神职人员忠诚的现象。[④] 上述研究虽然涉及亚述帝国的多种赋役豁免方式，但是，大多比较凌乱无序，尤其是忽视了赋役豁免政策的历时性差别。事实上，随着帝国政治经济的发展，亚述统治阶级内部各派力量不断发生此消彼长的变化，其赋役豁免政策也进行了相应的调整，因此在帝国前期（约公元前 934—前 745）、帝国盛期（公元前 744—前 669）和帝国晚期（公元前 668—前 612）三个阶段[⑤]呈现显著不同的特点。本文试图通过分析亚述帝国各个时期赋役豁免的方式、内容、受益者与历史背景，剖析国王豁免赋役的动机与实效，探讨该政策的变化对帝国盛衰的影响。

一 赋役豁免政策的引进与帝国前期的治乱

公元前 10 世纪晚期到前 8 世纪中期，乘西亚北非地区诸强衰落之机，亚述逐渐恢复强国本色，不但再次把其版图从底格里斯河东

---

① 为了避免排版和印刷过程中的乱码现象，本文的阿卡德语单词拼写与亚述学界通用的拼写方法有一定的出入。例如，以 ṭ 代替下面有点的 t，以 ṣ 代替下面带点的 s，阿卡德语单词元音的长短不作区分，等等。

② Moshe Weinfeld, *Social Justice in Ancient Israel and in the Ancient Near East*, Jerusalem: The Hebrew University Magnes Press, 1995, p. 109.

③ Hanoch Reviv, "Kidinnu: Observations on Privileges of Mesopotamian Cities," *Journal of the Economic and Social History of the Orient*, Vol. 31, No. 3, 1988, p. 289.

④ A. Ragen, The Neo-Babylonian *širku*: A Social History, Ph. D. Dissertation, Harvard University, US, 2006, p. 591.

⑤ 亚述帝国三百余年的历史可以有多种分期方法，本文大致采用贝德福德的分期方法，但是，与其不同的是将阿淑尔巴尼拔（Ashurbanipal，公元前 668—前 631 年在位？）归为帝国晚期，参见 P. R. Bedford, "The Neo-Assyrian Empire," in I. Morris and W. Scheidel, eds., *The Dynamics of Ancient Empires: State Power from Assyrian to Byzantium*, Oxford: Oxford University Press, 2009, p. 39。

岸的一隅扩展到两河流域北部的大部分地区，而且对南部的巴比伦王国虎视眈眈。然而，随着国家元气的恢复，世袭贵族势力重新抬头，终于酿成沙尔马纳沙尔三世末年波及亚述本土27个主要城市的叛乱。虽然沙马什－阿达德五世（Šamaš-Adad V，公元前823—前811年在位）平定了骚乱，但是，亚述政权依旧风雨飘摇，权臣势力空前膨胀，国王的权威面临挑战，王位更迭频繁，对外扩张难以为继。

上述历史时期，亚述帝国初具规模，赋役豁免政策基本形成。帝国前期，亚述主要有城市赋役豁免和地产赋役豁免两种方式，前者指城市居民作为一个整体因神灵的庇佑而享有免赋役的特权，后者指土地所有者因国王的赏赐而被免除地产的赋役。帝国形成以前，亚述国王从未免除过臣民的赋役，[①] 而巴比伦尼亚豁免赋役的历史却非常悠久，由于亚述帝国的赋役豁免政策是随其对巴比伦尼亚的征服而产生的，因此，它很可能延续了被征服地区的历史遗产。

城市赋役的豁免是亚述最早的豁免方式，而享受这种待遇的城市是巴比伦城，这与亚述干预巴比伦王国的事务有密切关系。公元前9世纪，亚述帝国四面出击，四分五裂的巴比伦王国成为其征服对象，后者的内乱赋予亚述人千载难逢的良机。公元前850年前后，巴比伦王国发生内乱，国王马尔都克－扎基尔－舒米（Marduk-zakir-šumi，公元前855—前819年在位）请求亚述帮助平叛。亚述大军所向披靡，沙尔马纳沙尔三世顺利进入巴比伦城，并宣称："我在宴会

[①] 根据格雷森的翻译，阿淑尔城邦国王埃里舒姆（Erišum）也曾豁免阿淑尔城居民的赋税："当我开始这项工作时，我的城市都服从我的命令，我豁免了（它的居民的）银、金、铜、铅、大麦和羊毛（税）以及（应支付的）糠麸和秸秆（税）。"[A. K. Grayson, *The Royal Inscriptions of Mesopotamia: Assyrian Periods*, Vol. 1, *Assyrian Rulers of the Third and Second Millennium BC II (to 1115 BC)*, Toronto, Buffalo and London: University of Toronto Press, 1987, A. 0. 33. 2: 15 – 20] 然而，格雷森的翻译是不准确的，被其译为"豁免"的动词是 *anduraru*，其确切意思是"免除债务"（A. Leo Oppenheim et al., *The Assyrian Dictionary of the Oriental Institute of the University of Chicago*, Vol. A/II, Chicago: The Oriental Institute, 1968, pp. 115 – 117.），因此，埃里舒姆免除的是债务而非税赋。

上确认了民众的 *kidinnu* 特权，给他们穿上了衣服。"① 阿卡德语词语 *kidinnu* 最早出现在古巴比伦时期（约公元前 2000—前 1500），原本指对私人商业交易以及诉讼合法性的保护；自加喜特（Kassite）② 王朝（约公元前 1602—前 1157）起，该词成为巴比伦尼亚城因神灵的庇佑而享有特权的统称，豁免城市居民的赋役是其重要内容。③ 通过确认巴比伦城居民的 *kidinnu* 特权，沙尔马纳沙尔三世承认该城免除赋役的特权。

沙尔马纳沙尔三世确认巴比伦城居民享有免赋役的 *kidinnu* 特权，缘于对巴比伦尼亚古老传统的尊重。苏美尔城邦时期（Sumerian City-states，约公元前 2700—前 2371），拉格什（Lagaš）国王乌鲁卡基那（Uru-ka-gina）进行政治、军事和社会改革，他遵照神灵的命令恢复了拉格什的旧制，其中包括豁免民众和祭司的赋税。④ 阿卡德王国时期（Akkadian Kingdom，约公元前 2371—前 2191），国王马尼什图舒（Maništušu，约公元前 2305—前 2292 年在位）以慷慨的馈赠来回报神灵对其平叛的帮助，其中献给太阳神沙马什（Šamaš）的

---

① A. K. Grayson, *The Royal Inscriptions of Mesopotamia, Assyrian Periods*, Vol. 3, *Assyrian Rulers of the Early First Millennium BC* II (858 – 745BC), A. 0. 102. 16: 62.

② 加喜特人是一支种属未定的外来民族，大概在古巴比伦时期以前以和平的方式进入巴比伦尼亚，继阿摩利人之后成为该地区的主宰（W. Sommerfeld, "The Kassites of Ancient Mesopotamia: Origins, Politics and Culture," in J. M. Sasson, ed., *Civilizations of the Ancient Near East*, Vol. 2, New York: Charles Scribner's Son, 1995, pp. 917 – 929）。

③ Hanoch Reviv, "*Kidinnu*: Observations on Privileges of Mesopotamian Cities," p. 289. 不过，亚述帝国时期，*kidinnu* 特权不仅指城市居民赋役的免除，而且包括允许被放逐者回归、释放战俘和债务奴隶、给衣不蔽体者衣物等。（Moshe Weinfeld, *Social Justice in Ancient Israel and in the Ancient Near East*, p. 109）

④ 乌鲁卡基那的改革铭文写道："恩利尔（Enlil）的勇士宁吉尔苏（Ningirsu）神把拉格什的王权授予从芸芸众生中挑选出来的乌鲁卡基那后，乌鲁卡基那执行他的主人宁吉尔苏的命令，恢复了昔日的制度：他把船夫头目调离了船只，把掌管牲畜的官员调离了驴和绵羊；他命令渔夫的监督不再征收鱼（税），命令仓库的监督不再征收麾祭司的大麦（税）；他废除了（法官要求）支付银子代替交纳白色的绵羊和羔羊（的做法），他（还）取消了神庙的管理者向王室交纳的贡品。"［Douglas R. Frayne, *The Royal Inscriptions of Mesopotamia: Early Periods*, Vol. 1, *Presargonic Period* (2700 – 2350 BC), Toronto, Buffalo and London: University of Toronto Press, 1998, E. 1. 9. 9. 1: vii 29 – ix 6］本文所引文本文献中括号里的内容系笔者根据上下文做的补充，否则，相关语句将无法理解。另外，本文所引文本文献均按照亚述学惯例标注文献的编号及其行数而非页码，杂志刊发的文本文献则标注页码及其行数。

38个城镇被豁免 *ilku*① 义务。② 古巴比伦时期，尼普尔城（Nippur）因苏美尔众神之王恩利尔的荫庇而被伊辛（Isin）国王豁免赋役。③ 加喜特王朝以后，巴比伦尼亚宗教中心城市居民享受免除赋役的 *kidinnu* 特权成为惯例，沙尔马纳沙尔三世承认巴比伦城居民的该权利不过是沿袭巴比伦尼亚的旧制。

沙尔马纳沙尔三世尊重巴比伦城市居民的免赋役特权，意在赢得当地传统势力的认可。古代两河流域流行君权神授观念，巴比伦尼亚的王权来自神王马尔都克（Marduk），巴比伦城因其保护神而被国王赐予 *kidinnu* 特权。例如，库里伽尔祖一世（Kurigalzu Ⅰ，大约公元前1377年前后在位）曾赐予巴比伦城 *kidinnu* 特权、豁免其居民的 *ilku* 义务，来感谢神灵对其政权合法性的认可。④ 沙尔马纳沙尔三世尊重巴比伦城市居民享有的权益，不仅培养了巴比伦人对亚述的好感，而且取悦了巴比伦神灵。

沙尔马纳沙尔三世确认巴比伦城居民免赋役的 *kidinnu* 特权，不过是巴比伦尼亚传统的延续，不属于严格意义上的亚述赋役豁免政策；而地产赋役豁免的受益人为亚述本土的人员，可谓名副其实的亚述赋役豁免政策。亚述宫廷档案中涉及帝国前期地产赋役豁免的诏书共有12份，其格式统一，一般包括国王豁免赋役情况的介绍、相关地产状况的描述、被豁免赋役种类的罗列、国王对受益人的承诺和颁布的日期五个部分。地产赋役豁免诏书并非亚述的首创，巴

---

① *ilku* 一般指古代两河流域的土地保有者对国家应尽的一种义务，既可能是兵役，又可能是劳役，还可以交纳实物代役（A. Leo Oppenheim et al., *The Assyrian Dictionary of the Oriental Institute of the University of Chicago*, Vol. I–J, Chicago: The Oriental Institute, 1960, pp. 73–80）。亚述帝国时期，一些没有占有土地的人员、征服地区居民也需要履行 *ilku* 义务。参见 J. N. Postgate, *Taxation and Conscription in the Assyrian Empire*, pp. 63–93。

② 参见 E. Sollberger, "The Cruciform Monument," *Jaarbericht van het Vooraziatisch-Egyptisch Genootschap "Ex Oriente Lux"*, Vol. 20–23, 1967–1974, pp. 56–57, 121–138。

③ Douglas R. Frayne, *The Royal Inscriptions of Mesopotamia, Early Periods*, Vol. 4, *Old Babylonian Period* (2003–1595 BC), Toronto, Buffalo and London: University of Toronto Press, 1990, E. 4.1.4.5: 1–14, E4.1.4.6: ii 1–12.

④ 库里伽尔祖一世的一篇铭文写道："为了眷顾其王朝的马尔都克神，他确认了巴比伦城居民的 *kidinnu* 特权，免除了其居民的 *ilku* 义务。"（P. A. Boissier, "Documents Cassite," *Revue d'Assyriologie et d'Archéologie Orientale*, Vol. 29, No. 2, 1932, p. 96: 13–14）

比伦尼亚地区从加喜特王朝起就已出现类似文件，学界称之为"纳鲁"（narû），[①] 是证明相关人员占有土地等财物的证书。[②] 在一些"纳鲁"中，国王不但赐予或确认臣僚的土地所有权，而且免除了相关地产的赋役。涉及赋役豁免的"纳鲁"一般包括土地所有者的介绍、相关土地的描述、被免赋役的罗列、证人和时间五个要素。[③] 亚述帝国的地产赋役豁免敕令出现在入侵巴比伦尼亚之后，它们与巴比伦尼亚豁免地产赋役"纳鲁"的诸多相似性表明，这种赋役豁免方式很可能也源于巴比伦尼亚。

帝国前期，地产赋役豁免政策的突出特点是赋役的豁免往往与赏赐土地同时进行。例如，阿达德-尼拉里三世（Adad-nerari Ⅲ，公元前810—前783年在位）在赐予阿淑尔神耕地的诏书中写道："为了保全他的生命，亚述国王阿达德-尼拉里（三世）豁免了其宦官兼阿淑尔神（Aššur）管家沙马什-纳西尔（Šamaš-naṣir）原本属于其宦官职位的城镇、耕地、房物、果园和人口（的赋税），（然后）把它们献给了他的主人阿淑尔神。"[④] 阿达德-尼拉里三世还曾豁免赐予宦官纳布-杜尔-贝利亚（Nabû-dûr-beliya）土地的赋税，他在相关的诏书中写道："亚述国王阿达德-尼拉里（三世）豁免了卡尔胡（Kalhu）总督贝尔-塔尔西-伊鲁马（Bel-tarṣi-iluma）辖区内一块□[⑤]□伊麦如（imeru，又作 imaru）[⑥] 的耕地□□□□□□

---

① "纳鲁"以前多称为"库杜鲁"（kudurru），意思是"界碑石"或"界标"等（A. Leo Oppenheim et al., *The Assyrian Dictionary of the Oriental Institute of the University of Chicago*, Vol. K, Chicago: The Oriental Institute and Glückstadt: J. J. Augustin Verlagsbuchhandung, 1971, pp. 495 – 496）。

② Kathryn E. Slanski, *The Babylonian Entitlement Narûs (Kudurrus): A Study in Their Form and Function*, Boston: American Schools of Oriental Research, 2003, pp. 287 – 289.

③ Kathryn E. Slanski, *The Babylonian Entitlement Narûs (Kudurrus): A Study in Their Form and Function*, p. 84.

④ L. Kataja and R. M. Whiting, *Grants, Decrees and Gifts of the Neo-Assyrian Period*, Helsinki: Helsinki University Press, 1995, 1: 3 – 4.

⑤ 亚述学界一般用"x"表示一个破损的楔形文字符号，但是，考虑到汉语与阿卡德语的区别，笔者用"□"代替"x"。

⑥ 古代两河流域的面积单位（A. Leo Oppenheim et al., *The Assyrian Dictionary of the Oriental Institute of the University of Chicago*, Vol. I – J, pp. 110 – 114）。

□□□□□□□□，赐给了他的宦官纳布－杜尔－贝利亚。"① 萨尔贡二世在一份敕令中提到："我之前的国王沙马什－阿达德（五世）之子阿达德－尼拉里（三世）豁免了'面包师的城镇'□□□（的赋税），把它交给了卡努尼（Qanuni）、阿胡－拉穆尔（Ahu-lamur）、曼努－启－阿比（Mannu-ki-abi），并把（供应）10伊麦如研磨好的谷物作为阿淑尔神和巴布神（Babu）的 sattukku 供品②（的任务）摊派到他们身上。"③

帝国前期，地产被豁免赋役的种类比较单一，仅限于与土地有直接关系的农业税。地产赋役豁免的内容在赐地敕令中有固定的表述方式："这块耕地的 nusahe 税不得征收，（它的）šibšu 税也不得征集。"④ Šibšu 税是两河流域的主要农业税赋，主要征收各种粮食作物。⑤ nusahe 是亚述独有的农业税种。亚述帝国时期，šibšu 税与 nusahe 税通常一起征收，前者征收的主要是农作物的秸秆，后者征收的主要是大麦。⑥

帝国前期的地产赋役豁免的受益者多为传统势力。目前可以辨识的受益者分别是阿淑尔神、高级祭司和宦官。⑦ 众所周知，阿淑尔神不可能经管自己的地产，其土地由神庙的总管（pahuti bit Aššur）掌管，因此，前两类地产赋役豁免获益者均为神职人员。古代两河流域的祭司等神职人员是专业技术人员，一般子承父业，⑧ 他们世代

---

① L. Kataja and R. M. Whiting, *Grants, Decrees and Gifts of the Neo-Assyrian Period*, 6: 4 - r. 2.
② *Sattukku* 源于苏美尔语 sá. dug4，既可以指食物配额，也可以指定期向神灵奉献的供品（Erica Reiner et al., *The Assyrian Dictionary of the Oriental Institute of the University of Chicago*, Vol. S, Chicago: The Oriental Institute and Glückstadt: J. J. Augustin Verlagsbuchhandlung, 1984, pp. 198 - 201）。
③ L. Kataja and R. M. Whiting, *Grants, Decrees and Gifts of the Neo-Assyrian Period*, 19: 23 - 26.
④ L. Kataja and R. M. Whiting, *Grants, Decrees and Gifts of the Neo-Assyrian Period*, 6: r. 3 - r. 5; 13: r. 1 - r. 2.
⑤ M. deJ Ellis, *Agriculture and the State in Ancient Mesopotamia: An Introduction to Problems of Land Tenure*, Philadelphia: University of Museum, 1976, pp. 102, 138 - 145.
⑥ 参见 J. N. Postgate, *Taxation and Conscription in the Assyrian Empire*, pp. 174 - 199。
⑦ L. Kataja and R. M. Whiting, *Grants, Decrees and Gifts of the Neo-Assyrian Period*, p. XXII.
⑧ H. W. F. Saggs, *The Might That Was Assyria*, London: Sidgwick and Jackson Ltd., 1984, p. 210.

从事同一职业，是传统习惯的坚定维护者。亚述帝国时期，宦官并不仅限于侍奉国王及其家庭成员的起居，而是在亚述的行政管理体系中占据重要地位。[1] 除了宦官总管（rab ša-reši）[2] 位列朝堂外，宦官还可以担任行省总督等军政官员，在帝国前期官僚队伍所占的比例超过10%。[3] 因此，充任宦官并不为社会鄙夷，反而成为一些贵族家庭维护家族利益的一种手段。[4] 由此可见，被豁免地产赋役的宦官并非普通人，很可能出自阿淑尔城的重要家族，也属于传统势力的代表。

阿达德-尼拉里三世豁免神庙和祭司地产的赋役旨在取得神灵的认可。亚述国王号称阿淑尔神的"伊沙库"（išša'ku），是"阿淑尔神的代理人"，代表阿淑尔神统治世俗世界。[5] 亚述的王权来自神灵，阿达德-尼拉里三世曾自称："伊吉吉诸神之王阿淑尔神选中的王，（阿淑尔）委托给他无可争议的统治权，使他对亚述人的领导权像疗伤的药物一样受欢迎，确立了他的王位。"[6] 通过免除神灵与祭司地产的赋税，阿达德-尼拉里三世增加了可支配的人力与物力，博得神职人员的好感，从而确保王位稳固无虞。

---

[1] A. Kirk Grayson, "Eunuchs in Power: Their Role in the Assyrian Bureaucracy," in M. Dietrich and O. Loretz, eds., *Vom Alten Orient Zum Alten Testament. Festschrift für Wolfram Freiherrn von Soden zum 85. Geburtstag am 19. Juni 1993*, Kevelaer: Butzon und Bercker Verlag, and Neukirchen-Vluyn: Neukirchener Verlag, 1995, pp. 91 – 98.

[2] 宦官总管系亚述帝国宫廷七大高官之一，是中央常备军的统帅（H. Tadmor, "The Role of the Chief Eunuch and the Place of Eunuchs in the Assyrian Empire," in Simo Parpola and Robert M. Whiting, eds., *Sex and Gender in the Ancient Near East: Proceedings of the 47th Recontre Assyriologue Internationale*, Helsinki: The Neo-Assyrian Text Corpus Project, 2002, pp. 603 – 611; Raija Mattila, *The King's Magnates: A Study of the Highest Officials of the Neo-Assyrian Empire*, Helsinki: The Neo-Assyrian Text Corpus Project, 2000, pp. 61 – 76）。

[3] A. Kirk Grayson, "Eunuchs in Power: Their Role in the Assyrian Bureaucracy," p. 93.

[4] K. Deller, "The Assyrian Eunuchs and Their Predecessors," in K. Watanabe, ed., *Priests and Officials in the Ancient Near East*, pp. 305 – 306.

[5] B. Oded, " 'The Command of the God' as a Reason for Going to War in the Assyrian Royal Inscriptions," in Mordechai Cogan and Israel Eph'al, eds., *Ah, Assyria… Studies in Assyrian History and Ancient Near Eastern Historiography Presented to Hayim Tamdor*, Jerusalem: The Hebrew University Magnes Press, 1991, pp. 226 – 227.

[6] A. K. Grayson, *The Royal Inscriptions of Mesopotamia, Assyrian Periods*, Vol. 3, *Assyrian Rulers of the Early First Millennium BC II* (858 – 745BC), A.0.104.8: 2 – 4.

阿达德－尼拉里三世豁免宦官地产的赋役意在安抚势力庞大的官僚。阿达德－尼拉里三世在位期间，一些官僚长期垄断要职，实力迅速膨胀。例如，涅尔伽尔－埃里什（Nergal-eriš）担任拉萨帕行省总督长达28年之久，两次荣任名年官，① 其辖区包括底格里斯河西岸的广阔区域。②"图尔塔努"（turtanu）③ 沙马什－伊鲁（Šamaš-ilu）有过之而无不及，他曾自称为"大纳吉尔（rab nagir）、神庙的管理者、庞大军队的主将、哈梯（Hatti）、古提（Guti）与整个纳姆里（Namri）的总督"④。亚述帝国时期，宫廷共有"图尔塔努"、"纳吉尔－埃卡里"（nagir ekalli）、"拉伯－沙克"（rab šaqê）、"马辛努"（masennu）、"萨尔提努"（sartinnu）、"苏卡鲁"（sukkallu）⑤和宦官总管七位高官，其中"图尔塔努"居宫廷七大高官之首，"大纳吉尔"（一般称"纳吉尔－埃卡里"）位居第二位或第三位，身兼两大要职的沙马什－伊鲁可以操控阿达德－尼拉里三世的朝政。作为"神庙的管理者"，沙马什－伊鲁还可以利用祭司操纵神意的解释。作为"庞大军队的主将"，沙马什－伊鲁可能掌控了国家的兵权。沙马什－伊鲁还兼任"哈梯、古提和整个纳姆里的总督"，其辖区从亚述西北部，经东北部，并延伸到亚述东部，他几乎控制了亚述帝国的半壁江山。沙马什－伊鲁占据"图尔塔努"的职位长达四十余年，三次荣任名年官。⑥ 国王根本无力同实力强大的权臣抗衡，

---

① 名年官纪年是亚述特有的纪年方法。亚述每年选出一个人担任本年的名年官，任期一年，当选者的名字、所任的官职及当年发生的主要事件即是下一年的年名。古亚述时期，名年官通过拈阄的方式从阿淑尔城重要家族的族长中选出；帝国时期，国王、宫廷高官和重要行省的总督垄断了该官职，出任名年官成为一种荣耀（A. R. Milliard, The Eponyms of the Assyrian Empire 910 - 612 BC, Helsinki: The Neo-Assyrian Text Corpus Project, 1994, pp. 7 - 9）。

② A. K. Grayson, "Assyrian Officials and Power in the Ninth and Eighth Centuries", State Archives of Assyria Bulletin, Vol. 7, No. 1, 1993, pp. 27 - 28.

③ "图尔塔努"系亚述帝国宫廷七大高官之一，是公民义务兵的主将（Raija Mattila, The King's Magnates: A Study of the Highest Officials of the Neo-Assyrian Empire, pp. 107 - 125）。

④ A. K. Grayson, The Royal Inscriptions of Mesopotamia: Assyrian Periods, Vol. 3, Assyrian Rulers of the Early First Millennium BC Ⅱ (858 - 745BC), A. 104. 2010: 8 - 9.

⑤ 亚述学界认为，"纳吉尔－埃卡里"为宫廷传令官，"拉伯－沙克"为大持杯者，"马辛努"为大司库，"萨尔提努"为大法官，"苏卡鲁"为大行政官（Raija Mattila, The King's Magnates: A Study of the Highest Officials of the Neo-Assyrian Empire, pp. 161 - 168）。

⑥ A. K. Grayson, "Assyrian Officials and Power in the Ninth and Eighth Centuries", p. 27.

只得以豁免地产赋役等方式来迎合他们。

面对权势熏天的臣僚的挑战,阿达德-尼拉里三世的王位似乎岌岌可危,但是,这位国王在位时间却长达 28 年,其原因相当复杂,① 不过,从巴比伦尼亚引进的豁免赋役政策也应该发挥了一定作用。国王豁免有关人员地产的赋役,安抚了传统势力,暂时推迟了矛盾的爆发,但并没有从根本上消除他们对王权的威胁。阿达德-尼拉里三世去世后,亚述的政局陷入混乱,他的四个儿子相继登上王位,官僚贵族的势力持续膨胀,其中,"纳吉尔-埃卡里"贝尔-哈兰-贝鲁-乌粟尔(Bel-Harran-belu-uşur)是一位可以与拉萨帕行省总督涅尔伽尔-埃里什及"图尔塔努"沙马什-伊鲁相提并论的人物。贝尔-哈兰-贝鲁-乌粟尔是亚述政坛的常青树,从公元前 782 年起担任"纳吉尔-埃卡里",公元前 727 年转任古扎努(Guzanu)行省总督。② 作为"纳吉尔-埃卡里",贝尔-哈兰-贝鲁-乌粟尔还兼领扎格罗斯山的大片区域。③ 随着权势的增长和王权的衰微,贝尔-哈兰-贝鲁-乌粟尔的不臣之心已现端倪,他不仅模仿国王建造了以自己的名字命名的城市,而且豁免了其居民的赋役:"我豁免了这个城市(的赋役),(于是)其居民的 šibšu 税与 nusahe 税不要征收了,任何人不得使它的水流向其他渠道、(不得)改变它的边界或向其牲畜课征 ṣibtu 税,④ ilku 义务和 tupšikku 义务⑤不得摊派到居住在那里的人身上。"⑥ 亚述的赋役豁免权一般掌握在

---

① Luis Robert Siddall, *The Reign of Adad-nīrarī* Ⅲ: *A Historical and Ideological Analysis of an Assyrian King and His Times*, Leiden and Boston: Brill, 2013, pp. 81 – 132.

② A. K. Grayson, "Assyrian Officials and Power in the Ninth and Eighth Centuries", p. 29.

③ J. N. Postgate, "Assyria: The Home Provinces," in M. Liverani, ed., *Neo-Assyrian Geography*, Roma: Università di Roma "La Sapienza" Dipartimento di Scienze storiche, archeologiche e antropologiche dell'Antichità, 1995, pp. 8 – 9.

④ 参见 A. Leo Oppenheim et al., *The Assyrian Dictionary of the Oriental Institute of the University of Chicago*, Vol. ṣ, Chicago: The Oriental Institute and Glückstadt: J. J. Augustin Verlagsbuchhandung, 1962, pp. 158 – 164。

⑤ *tupšikku* 本义指"(运砖的)砖斗、(运土的)篮子",引申为"强迫劳动、劳役"。参见 Erica Reiner et al., *The Assyrian Dictionary of the Oriental Institute of the University of Chicago*, Vol. T, Chicago: The Oriental Institute, 2006, pp. 476 – 479。

⑥ A. K. Grayson, *The Royal Inscriptions of Mesopotamia*, *Assyrian Periods*, Vol. 3: *Assyrian Rulers of the Early First Millennium BC* Ⅱ (858 – 745BC), A. 0. 105. 2: 19 – 22.

国王手中，① 贝尔-哈兰-贝鲁-乌粟尔的行为显然僭越了国王的特权，是对国王权威的公然挑战。如此一来，豁免赋役政策在王权衰微之际竟然变成了乱臣贼子谋权乱政的手段，这也从反面说明赋役豁免政策的确可以成为笼络人心的工具。

二 赋役豁免政策的完善与帝国盛期的繁荣

公元前8世纪后期，经过提格拉特皮拉沙尔三世的改革，② 亚述帝国一改此前七八十年的颓势，进入长达七八十年的繁荣阶段。虽然世袭贵族的势力仍然不容小觑，但是，通过行省改革、组建常备军等措施，③ 国王不断加强王权，基本保持了政局稳定。尽管帝国盛期多次发生夺权篡位的事件，但是，国家的发展未受明显影响，亚述不仅统一了整个两河流域，而且征服了埃及北部和埃兰等遥远的地区，帝国的声威达到了顶峰。

随着帝国的稳定发展，亚述的赋役豁免政策也趋于完善。其一，除了在帝国前期从巴比伦尼亚引进的城市赋役豁免和地产赋役豁免方式外，亚述还创制了豁免士兵赋役的方式；其二，城市赋役豁免的对象不再局限于巴比伦尼亚的城市，而是惠及亚述本土的城市；其三，除了维护传统势力的利益外，国王通过豁免赋役来保障新兴势力的利益。

帝国盛期，亚述继续承认巴比伦尼亚城市免赋役的 *kidinnu* 特权。例如，公元前731年，提格拉特皮拉沙尔三世远征巴比伦尼亚，但巴比伦城久攻不克，于是他遣使与巴比伦人谈判，并向他们承诺："我要进巴比伦城确认你们的 *kidinnu* 特权。"④ 公元前720年，萨尔

---

① H. W. F. Saggs, *The Nimrud Letters*, 1952, London: British School of Archaeology in Iraq, 2001, ND 2648: 10–11.

② Georges Roux, *Ancient Iraq*, London: Penguin Books Ltd., 1992, pp. 306–307.

③ H. W. F Saggs, "Assyrian Warfare in the Sargonid Period," *Iraq*, Vol. 25, No. 2, 1963, p. 145.

④ Mikko Luukko, *The Correspondence of Tiglath-pilerser Ⅲ and Sargon Ⅱ from Calah/Nimrud*, Helsinki: The Neo-Assyrian Text Corpus Project, 2012, 98: 17.

贡二世（Sargon Ⅱ，公元前721—前705年在位）修建乌鲁克城伊什塔尔女神的埃安娜（Eanna）神庙，相关的铭文写道："愿他对享受 *kidinnu* 特权、被诸神免除赋役的民众实施统治！在他统治期间，那些被免除赋税的人不得发动叛乱！"[①] 埃萨尔哈东（Esarhaddon，公元前680—前669年在位）不仅重建巴比伦城，而且再次确认了巴比伦城的 *kidinnu* 特权及其居民免赋役的待遇："我恢复了（它）被取消和褫夺的 *kidinnu* 特权，重新书写了他们的'豁免证书'。"[②] 埃萨尔哈东时期，尼普尔城也可能像巴比伦城一样被豁免赋役。尼普尔城的占卜师贝尔-乌舍兹伯（Bel-ušezib）在致国王的信中提到："尼普尔城是天地间诸位大神的朝房和神庙，它（的居民）不曾被摊派 *ilku* 义务，也不需要交 *maddatu* 贡赋，[③] 他们只做国王合理摊派的工作，不在那里□□□□□□*tupšikku* 义务……"[④]

巴比伦尼亚城市赋役的豁免与亚述、阿拉米人（Aramaean）、[⑤] 迦勒底人（Chaldean）[⑥] 和埃兰四种外部势力在巴比伦尼亚的角逐有

[①] Grant Frame, *The Royal Inscriptions of Mesopotamia: Babylonian Periods*, Vol. 2, *Rulers of Babylonia: From the Second Dynasty of Isin to the End of Assyrian Domination (1157 – 612 BC)*, Toronto, Buffalo and London: University of Toronto Press, 1995, B 6. 22. 3: ii 28 – ii 31.

[②] Erle Leichty, *The Royal Inscriptions of Esarhaddon, King of Assyria (680 – 669 BC)*, Winona Lake, Indiana: Eisenbraus, 2011, 105 vii 33 – vii 37.

[③] *maddattu*，也拼为 *mandattu*，主要指宗主国向附属国摊派的贡赋，也可以指工作任务、赠与、奴隶的赔偿等，参见 A. Leo Oppenheim and Erica Reiner, eds., *The Assyrian Dictionary of the Oriental Institute of the University of Chicago*, Vol. M, part I, Chicago: The Oriental Institute, 1977, pp. 13 – 15。

[④] Frances Reynods, *The Babylonian Correspondence of Esarhaddon and Letters to Assurbanipal and Sin-šarru-iškun from Northern and Central Babylonia*, Helsinki: Helsinki University Press, 2003, 124: 9 – 11.

[⑤] 阿拉米人是西塞姆人的一支，公元前21世纪中期他们在叙利亚和两河流域北部过着游牧生活。公元前14世纪起，阿拉米人与向外扩张的亚述发生冲突。公元前2千纪末，乘亚述衰落之际，阿拉米人在底格里斯河西岸与地中海沿岸之间的广阔区域建立众多国家。亚述复兴后，阿拉米人成为其蚕食的对象，一些阿拉米部族则渗透到两河流域腹地。参见 G. Leick, *Historical Dictionary of Mesopotamia*, Lanham, Maryland and Oxford: The Scarecrow Press, 2003, pp. 10 – 11。

[⑥] 迦勒底人也是西塞姆人的一支，公元前1千纪前期进入巴比伦尼亚，成为影响亚述统治巴比伦尼亚的重要因素。公元前626年，迦勒底人建立新巴比伦王国，并与米底人一起灭亡了亚述帝国。参见 G. Leick, *Historical Dictionary of Mesopotamia*, p. 28。

关。在亚述衰落之际，阿拉米人和迦勒底人乘机在巴比伦尼亚扩展势力。公元前731年，阿拉米人酋长乌金-泽尔（Ukin-zer）篡夺了巴比伦王国的政权。提格拉特皮拉沙尔三世派军队推翻了阿拉米政权，开始直接统治巴比伦尼亚。公元前720年，迦勒底人首领马尔都克-阿普拉-伊迪纳（Marduk-apla-iddina）在埃兰的支持下登上巴比伦王国的王位，萨尔贡二世迅速出兵，在德尔城（Der）大败迦勒底与埃兰联军，任命总督统治巴比伦尼亚北部。[①] 公元前702年，辛纳赫里布（Sennacherib，公元前704—前681年在位）改变控制巴比伦尼亚的策略，扶植亲亚述的傀儡间接统治巴比伦尼亚。然而，亚述的傀儡并不能控制巴比伦尼亚的局面，辛纳赫里布于是在公元前699年任命自己的儿子阿淑尔-纳丁-舒穆（Aššur-nadin-šumu）为巴比伦国王。公元前694年，埃兰又一次入侵巴比伦尼亚，用自己的傀儡取代了辛纳赫里布的儿子。公元前689年，辛纳赫里布出兵巴比伦尼亚，并将千年古城巴比伦夷平。埃萨尔哈东时期，埃兰与迦勒底人勾结，巴比伦尼亚依然是一个令人头疼的地区，他不仅重建巴比伦城，而且与臣民约定其子沙马什-舒穆-乌金（Šamaš-šumu-ukin）为巴比伦国王。

　　承认或恢复巴比伦尼亚城市免赋役的特权是亚述笼络巴比伦人、稳定巴比伦尼亚地区局面的策略之一。巴比伦尼亚诸城，尤其是巴比伦城，是该地区的政治、经济和文化中心，各方势力均以占领巴比伦城为目标，巴比伦城居民是各方竞相争取的对象。提格拉特皮拉沙尔三世以来，亚述国王多延续沙尔马纳沙尔三世对巴比伦尼亚的政策，企图以承认 kidinnu 特权、豁免赋役为诱饵，培植亲亚述的势力，稳定巴比伦尼亚的局势，并产生了一定的效果。一位巴比伦官员在致萨尔贡二世的信中写道："巴比伦城正在被摧毁，我的主人为什么还保持沉默呢？沙马什和马尔都克已在亚述委派你去调解（冲突），愿国王来这里为马尔都克豁免巴比伦城（居民的赋役），

---

① Georges Roux, *Ancient Iraq*, pp. 309-312, 321-322.

你的名字将永远镌刻在埃萨吉拉（Esagila）和埃兹达（Ezida）！"①巴比伦官员恳请萨尔贡二世前去豁免赋役，表明他们已认可亚述的统治。埃萨吉拉是巴比伦城保护神马尔都克的神庙，而埃兹达是其子纳布的神庙，巴比伦人承诺将萨尔贡二世的名字镌刻在这两座神庙中，象征着这位国王已被巴比伦尼亚神灵接纳。

除了巴比伦尼亚城市外，亚述本土的阿淑尔城也被赐予 kidinnu 特权，其居民也被豁免了赋役，且被豁免的赋役种类显著增加。萨尔贡二世是目前已知最早免除阿淑尔城赋役的国王，他在相关的文件中写道："（阿淑尔城是）我钟爱古代王朝（中享有）kidinnu 特权的城市，（是）他的主人阿淑尔神为（奠定）王权的根基而选择的崇高祭祀中心。它是无与伦比的，其居民自古就不知道何为 ilku 义务和 tupšikku 义务……为了使我的王位的根基牢靠和我的王朝稳固，我打算豁免那些市民，恢复了他们的 kidinnu 特权，使其能够尽心竭力地在埃沙拉（Ešarra）神庙中在他面前行走□□□□从 šibšu 税、nusahe 税、ilku 义务、tupšikku 义务、dikût mati 义务、②传令官的召唤和港口税（miksu）③到摊派到亚述所有神庙的税赋，我把它们都豁免了。"④需要指出的是，ilku 义务、tupšikku 义务和 dikût mati 义务是亚述帝国最重要的兵役和劳役，⑤可见萨尔贡二世不仅免除了阿淑尔城居民的农业税和商业税，而且豁免了国家的各种徭役。

与帝国前期国王豁免神职人员地产赋役的目的一样，萨尔贡二世通过免除阿淑尔城的赋役赢得神灵认可的意图更加明确。沙尔马纳沙尔五世（Shalmaneser Ⅴ，公元前 726—前 722 年在位）时期，

---

① Manfried Dietrich, *The Babylonian Correspondence of Sargon and Sennacherib*, Helsinki: Helsinki University Press, 2003, 21: r. 11 – r. 16.

② 亚述帝国时期，dikût mati 指亚述在重大战役时的举国动员（J. N. Postgate, *Neo-Assyrian Royal Grants and Decrees*, Rome: Pontifical Biblical Institute, 1969, p. 16）。

③ miksu 在古巴比伦时期可以指农业和商业方面的税收，而在亚述帝国时期则仅限于商业方面的税赋（M. deJ Ellis, "Taxation in Ancient Mesopotamia: The History of the Term *Miksu*," *Journal of Cuneiform Studies*, Vol. 26, No. 4, 1974, p. 246）。

④ H. W. F. Saggs, "Historical Texts and Fragments of Sargon Ⅱ of Assyria. 1: The 'Aššur Charter,'" *Iraq*, Vol. 37, No. 1, 1975, pp. 14 – 17, 29 – 31, 36 – 43.

⑤ J. N. Postgate, *Neo-Assyrian Royal Grants and Decrees*, pp. 15 – 16.

亚述又出现动乱，萨尔贡二世乘机篡夺王位。① 上台以后，萨尔贡二世极力污蔑前任国王横征暴敛，借助神灵掩盖自己的篡权行为："沙尔马纳沙尔（五世）不尊奉四方之王的命令，把罪恶之手伸向那个城市，把苦难强加到他们身上。他令人悲伤地把 ilku 义务和 tupšikku 义务摊派到它的居民身上，把他们视为奴仆。怒不可遏的众神之王推翻了他的统治，擢升我萨尔贡（二世）为合法的国王，使我抓住权杖、王位和王冠。"② 公元前 879 年，阿淑尔纳色尔帕二世迁都卡尔胡以后，阿淑尔城依然是全国的祭祀中心。萨尔贡二世利用豁免赋役的方式取悦神灵，作为回报，祭司则编撰了国王篡权合法的神话。

　　辛纳赫里布和埃萨尔哈东遵循其父祖的旧制，均承认阿淑尔城的 kidinnu 特权及其居民免赋役的待遇。由于 kidinnu 特权受到侵犯，阿淑尔城的市长和长老曾向埃萨尔哈东控诉道："您的父亲、您的祖父和您祖父的父亲都豁免了阿淑尔城（的赋役），您也授予我们额外的特权，（而现在）他们正在（向我们）强征 šibšu 税与 nusahe 税。您是辛纳赫里布的真正继承人，阿淑尔和沙马什保护了您、您的儿子、您的孙子乃至千秋万代；您正对我们行使王权，他们（竟然）在您统治期间（向我们）征收 šibšu 税与 nusahe 税。"③ 于是，埃萨尔哈东重新确认了阿淑尔城居民免赋役的特权："古代圣城巴尔提尔（Baltil）的居民与阿努（Anu）及恩利尔眷顾的人一起被赐予 kidinnu 特权□□□□□□我是国王埃萨尔哈东，我喜爱他们就像喜欢自己的灵魂，远比我的前辈更加注意保护他们的 kidinnu 特权。我重写了（他们的）'豁免证书'，使它比以前更加崇高、宏伟、壮观。我豁免了他们的 šibšu 税、nusahe 税、港口税以及在我的

---

① A. K. Grayson, "Assyria: Tiglath-Pileser Ⅲ to Sargon Ⅱ (744 – 705 BC)," in John Boardman et al, *The Cambridge Ancient History*, Vol. 3, Part 2, Cambridge: Cambridge University Press, 1991, pp. 87 – 88.

② H. W. F. Saggs, "Historical Texts and Fragments of Sargon of Assyria. 1: The 'Aššur Charter,'" pp. 14 – 15, 32 – 35.

③ Mikko Luukko and Greta van Buylaere, *The Political Correspondence of Esarhaddon*, Helsinki: Helsinki University Press, 2002, 96: 8 – 18.

国土上的通行费。"①

虽然辛纳赫里布和埃萨尔哈东是合法的王位继承人，但是，他们的统治并不稳固，也需要神灵的支持。为了避免争夺王位的战火重燃，萨尔贡二世在世时就确定辛纳赫里布为继承人，并命其在自己出征时监国，②但是，辛纳赫里布还是死于企图篡位者之手。③尽管辛纳赫里布曾就其子埃萨尔哈东的继位问题签订条约，④埃萨尔哈东的王位仍然面临挑战，其铭文曾提到："阿淑尔、辛（Sin）、沙马什、贝尔（Bel）、纳布（Nabû）、尼尼微的伊什塔尔（Ishtar）和阿尔贝拉（Arbaila）的伊什塔尔目睹了阴谋篡位者的卑劣行为，他们违背诸神的意愿，它们将不再支持他们。"⑤为确保王位的合法性不被挑战，辛纳赫里布和埃萨尔哈东急需神灵的认可，于是他们效仿萨尔贡二世，授予阿淑尔城 kidinnu 特权、豁免其居民赋役。

帝国盛期，亚述的地产赋役豁免政策基本上是先前赋役豁免政策的延续，只不过，被免除赋役的地产限于向神灵提供供品的土地。萨尔贡二世建造新都杜尔－沙鲁金（Dur-Šarruken），占用了阿达德－尼拉里三世确定向神灵供应供品的土地，他拿尼尼微城附近的耕地进行交换，他在相关敕令中写道："那个城镇将要被变为耕地，居住在那里的民众都要被迁走。我的主人阿淑尔神使我的王权稳固，使我的双膀有力，我尊重他的意愿；我以地易地，在尼尼微城附近'祭司城镇'（uru-lú. tu. meš-é）的水浇地中给阿淑尔神划出 95 伊麦如耕地，赐给阿胡－拉穆尔之子舒尔穆－沙里（Šulmu-šarri）、伊帕

---

① Erle Leichty, *The Royal Inscriptions of Esarhaddon, King of Assyria (680 – 669 BC)*, 57：ii 27 – iii 14.

② 在萨尔贡二世出征期间，辛纳赫里布多次致信其父汇报国家军政事务的情况（Simo Parpola, *The Correspondence of Sargon II, Part I: Letters from Assyria and the West*, Helsinki: Helsinki University Press, 1987, 29 – 37）。

③ Jean-Jacques Glassner, *Mesopotamia Chronicles*, Leiden and Boston: Brill, 2005, pp. 198 – 199：iii 34 – iii 36.

④ Simo Parpola and Kazuko Watanabe, eds., *Neo-Assyrian Treaties and Loyalty Oaths*, Helsinki: Helsinki University Press, 1988, 4.

⑤ Erle Leichty, *The Royal Inscriptions of Esarhaddon, King of Assyria (680 – 669 BC)*, 1：i 45 – i 47.

尔什杜（Ipparšidu）和乌布尔-伊萨尔（Ubur-Issar），卡努尼之子里西苏（Rišišu）、曼努-启-阿比的儿子们。我重新确认阿达德-尼拉里（三世）指定作为阿淑尔神供品的 10 伊麦如磨碎的谷物□□□□□困难与灾荒□□他们都要履行（他们的义务），整年都不许拖欠（供品）。由于要供应阿淑尔神磨碎的谷物，它在所有的时间都是免赋税的，那块耕地的 nusahe 税不应征收，它的 šibšu 税也不得征收。"① 无独有偶，埃萨尔哈东在一份豁免敕令中写道："我把向她提供 ginû 供品②确定为□□□□□阿塔尔-亚提（Atar-yati）和农夫辛-科努-乌粟尔（Sin-kenu-uṣur）的义务。他们的房屋、耕地、果园和人口都不需要交纳赋税，他们的 nusahe 税不应征收，他们的 šibšu 税也不得征收。"③ 毋庸多言，萨尔贡二世与埃萨尔哈东免除供应神灵供品土地的赋税，也与前期一样是在取悦代表神灵的传统势力。

　　士兵赋役的豁免是亚述帝国盛期发展起来的一种赋役豁免方式，指有关人员因为入伍当兵而被免除国家的赋役，被免除赋役的分别是阿拉米族士兵、"拉科苏"士兵和"扎库"（zakkû）士兵三类军人。亚述帝国时期，阿拉米部落一度遍布两河流域，亚述曾多次兴兵征剿，但总是无法取得彻底胜利，其中阿拉米的重要部族伊图（Itu'，最初也拼为 Utu'，Itu'aju）④ 总是走在对抗亚述侵略的前列。⑤ 既然武力

---

① L. Kataja and R. M. Whiting, *Grants, Decrees and Gifts of the Neo-Assyrian Period*, 19: 27 - r. 5.

② ginû 供品是古代两河流域定期向神灵奉献的供品之一，主要是各类食品和牲畜，亚述帝国时期主要由行省轮流提供（Salvatore Gaspa, "Meat Offerings and Their Preparation in the State Cult of the Assyrian Empire," *Bulletin of the School of Oriental and African Studies*, Vol. 75, No. 2, 2012, pp. 249 - 273）。

③ L. Kataja and R. M. Whiting, *Grants, Decrees and Gifts of the Neo-Assyrian Period*, 24: r. 5 - 11e.

④ J. N. Postgate, "Itu', Utu', Itu'aju," in Dietz Otto Edzard, ed., *Reallexikon der Assyriologie und Vorderasiatischen Archäologie*, Fünfter Band, Berlin and New York: Walter de Gruyter, 1976 - 1980, pp. 221 - 222.

⑤ D. D. Luckenbill, *Ancient Records of Assyria and Babylonia*, Vol. 1, Chicago: University of Chicago Press, 1926, 782, 788; D. D. Luckenbill, *Ancient Records of Assyria and Babylonia*, Vol. 2, Chicago: University of Chicago Press, 1927, 99.

镇压无法征服，亚述代之以怀柔政策，即允许伊图人在境内保持一定的独立性；作为交换，伊图人要替亚述当兵。① 阿米蒂（Amidi）行省总督里普胡尔－贝尔（Liphur-Bel）在致萨尔贡二世的信中提到伊图士兵的情况："请国王我的主人写信给（伊图）酋长，他们应该把'国王的士兵'（ṣab šarri）② 都带出来，和我一起在拉鲁巴（Laruba）进行警戒，直到我们收获完庄稼。"③ 阿米蒂总督在收获庄稼时征调伊图士兵担任警戒任务表明，有关人员可能并不参与农业生产，而是仅仅从事战争。④

伊图族士兵因为常年服役而被免除税赋。阿米蒂总督里普胡尔－贝尔在致萨尔贡二世的另一封信中提到："国王我的主人告诉过我那个伊图（士兵）是免税赋的，于是他的'弓田'不需要交 nusahe 税和 šibšu 税。"⑤ 伊图族士兵是亚述军中的弓箭兵，⑥ 其"弓田"被免除赋税表明，其赋税的豁免与服役有关。除了伊图族士兵外，阿拉米人的另一部族古鲁人（Gurrean，也拼为 Qurreans）也频繁地出现在亚述军队中，并且经常与伊图士兵一起执行军事任务。⑦ 尼姆鲁德出土的一份破损的泥板文书提到亚述军的鲁卡赫（Ruqahe）部族、哈拉图（Hallatu）部族等阿拉米部族。⑧ 迄今为止，尚未发现古鲁人

---

① J. N. Postgate, "The Assyrian Army in Zamua", *Iraq*, Vol. 62, 2000, p. 101.

② ṣab šarri 是亚述公民义务兵的统称，主要由行省中履行 ilku 义务的人员构成（J. N. Postgate, *Taxation and Conscription in the Assyrian Empire*, pp. 219 – 223）。

③ Giovanni B. Lanfranchi and Simo Parpola, *The Correspondence of Sargon II, Part II: Letters from the Northern and Northeastern Provinces*, Helsinki: Helsinki University Press, 1990, 3: r. 10 – r. 20.

④ 一些学者称之为"雇佣军"（Georges Roux, *Ancient Iraq*, p. 307）。

⑤ Giovanni B. Lanfranchi and Simo Parpola, *The Correspondence of Sargon II, Part II: Letters from the Northern and Northeastern Provinces*, 16: 4 – 7.

⑥ 在亚述浮雕上，伊图士兵一般手握弓箭（Davide Nadali, "The Representation of Foreign Soldiers and Their Employment in the Assyrian Army", in W. H. van Soldt, R. Kalvelagen and D. Katz, eds., *Ethnicity in Ancient Mesopotamia*, Leiden: Nederlands Instituut voor het Nabije Oosten, 2005, pp. 223 – 230）。

⑦ J. N. Postgate, "The Assyrian Army in Zamua", p. 103.

⑧ Barbara Parker, "Administrative Tablets from the North-West Palace, Nimrud", *Iraq*, Vol. 23, No. 1, 1961, ND 2646: 1 – 2.

和其他阿拉米部族士兵被豁免赋役的证据，不过，由于他们经常像伊图士兵一样执行军事任务，不能排除他们像伊图人一样被免除税赋的可能性。

"拉科苏"士兵是亚述帝国另一类被免除赋税的亚述士兵。提格拉特皮拉沙尔三世改革以后，亚述出现了被征服地区居民组成的常备军，宦官总管为统帅，而"拉科苏"士兵是宦官总管麾下常备军的精锐，主要由征服地区的人员组成，[1] 阿拉泊哈（Arrapha）行省总督伊萨尔-杜里（Issar-duri）在回复国王萨尔贡二世的一封信中提到："关于宦官总管的'拉科苏'士兵，国王我的主人写信说：'他们都是免赋役的；任何人都不得对他们提起诉讼，任何人都不许征收他们的 nusahe 税□□□□□队官和'拉科苏'士兵□□□□□他的儿子□□□□□他们的□□□□□他们的儿子□□□□□也是免赋役的。'"[2] 虽然这封书信破损比较严重，但是，"拉科苏"士兵被豁免 nusahe 税是毫无疑问的，国王的恩赐可能还惠及他们的家庭。作为常备军的"拉科苏"士兵很可能像伊图士兵一样，因为常年当兵打仗而被国王免除赋税。

"扎库"士兵是亚述帝国从未被提过具体名字的一类士兵，其名称（zakkû）源于动词 zakû（豁免），[3] 其字面意思是"免赋役者"。不过，由于材料的局限，他们被免除的赋税的种类目前尚不清楚。学界曾认为"扎库"是一种低级的官吏，主要在巴比伦尼亚的占领区充当警察。[4] 不过，现有的材料表明，"扎库"士兵也是驻守军事要塞的重要力量。例如，拉希鲁（Lahiru）省的一个要塞指挥官纳

---

[1] 国洪更：《亚述帝国的"拉科苏"士兵探析》，《世界历史》2012 年第 1 期。

[2] Andreas Fuchs and Simo Parpola, eds., *The Correspondence of Sargon II, Part III: Letters from Babylonian and the Eastern Provinces*, Helsinki: Helsinki University Press, 2001, 15: 3 – 6.

[3] zakû 本义为"清洁、使干净"，引申为"使自由、释放、豁免（赋役）"等，参见 A. Leo Oppenheim et al., *The Assyrian Dictionary of the Oriental Institute of the University of Chicago*, Vol. Z, Chicago: The Oriental Institute, 1961, p. 31。

[4] A. Leo Oppenheim et al., *The Assyrian Dictionary of the Oriental Institute of the University of Chicago*, Vol. Z, p. 22.

布－舒穆－伊蒂纳（Nabû-šumu-iddina）在致国王的信中写道："祝国王我的主人身体健康！要塞、'扎库'士兵和国王的仆人们都非常好。"① 一个名为基纳（kinâ）的亚述军官在致埃萨尔哈东的信中提到："派给我的'扎库'士兵此刻正驻扎在阿尔贝拉城外。"② 军事要塞的驻军需要时刻警惕敌人的进攻，驻守军事要塞的"扎库"士兵无疑也是一种常备军，他们很可能像伊图族士兵和"拉科苏"士兵一样因常年服役而被免除赋税。

上述三类被豁免赋役士兵的出现与亚述帝国统治方式的变化及社会变革密切相关。随着帝国的发展，亚述对士兵的需求量大增：一方面，越来越多的被征服地区变成直接管理的行省，而新建行省需要大量士兵戍守；另一方面，由于亚述对附属国控制的加强，国王需要派驻大量士兵。然而，与之形成鲜明对比的是，亚述帝国可以征调的公民义务兵却在减少：其一，由于亚述社会的两极分化，服兵役的人口数量减少；其二，帝国形成以后，亚述停止了归化被征服地区民众的做法，亚述的公民兵队伍不再随征服人口的增加而扩大；其三，在频繁的战争中战场伤亡直接导致士兵数量的下降。鉴于上述情况，国王不得不开发另外的资源，英勇善战的阿拉米部落和其他被征服地区居民遂成为征兵对象，并通过豁免赋役的方式让其常年服役。因此，士兵赋税的豁免是国王在社会变革之际实施的一种应变之策。

被免除赋役的士兵在亚述扮演非常重要的角色。作为宦官总管麾下常备军的精锐，"拉科苏"士兵的重要性是毋庸多言的。阿拉米族士兵是亚述行省军队的重要组成部分。马扎穆阿（Mazamua）总督阿达德－伊西亚（Adad-Issiya）曾向国王报告其麾下的士兵组成情况："630 名亚述人、360 名古鲁人和 440 名伊图人，总共 1430 名

---

① Andreas Fuchs and Simo Parpola, *The Correspondence of Sargon II, Part III: Letters from Babylonian and the Eastern Provinces*, 136: 1–5.

② Mikko Luukko and Greta van Buylaere, *The Political Correspondence of Esarhaddon*, 120: 6–10.

士兵，包括先前驻扎那里的以及国王的侍卫带来的士兵。"① 在马扎穆阿行省军队中，阿拉米的两大部族士兵超过亚述士兵，成为军队的主力。马扎穆阿行省的军队构成也许不具有普遍性，但是，阿拉米族士兵的重要性由此可见一斑。虽然"扎库"士兵不如阿拉米族士兵和"拉科苏"士兵知名，但是，其作用却不亚于他们。为了确保阿淑尔巴尼拔能够顺利继承王位，辛纳赫里布的王后、埃萨尔哈东之母扎库图（Zakutu）曾与臣民订立契约，"扎库"士兵也是签约的对象。②

尽管亚述帝国盛期多次发生篡位事件，巴比伦尼亚城市居民在各方势力的煽动下摇摆不定，但是，亚述帝国总体保持稳定发展的态势，巴比伦尼亚地区基本处于可控状态。通过免除城市居民、神职人员和宦官地产的赋役，国王赢得了传统势力的支持；士兵赋役的豁免导致职业军人的产生，国王既可以借助他们震慑有不臣之心的贵族官僚，也可以随时镇压被征服地区的反叛。总之，赋役豁免政策的完善照顾了各方利益，为亚述帝国的繁荣发展创造了条件。

三　赋役豁免政策的滥用与帝国晚期的混乱

随着宿敌埃及与埃兰的相继降伏，亚述帝国达到了极盛，然而，沙马什-舒穆-乌金发动的叛乱使亚述帝国繁荣表面下潜伏的危机迅速显现出来，政局持续动荡不安，被征服地区的起义此起彼伏。阿淑尔巴尼拔去世后，其子阿淑尔-埃特尔-伊拉尼（Aššur-etel-ilani，公元前631—前626年在位）被宦官总管辛-舒穆-里什尔（Sin-šumu-lišir）拥戴为王，但他在位仅仅5年就被其兄弟辛-沙鲁-伊什昆（Sin-šar-iškun，公元前626—前612年在位）取代。据尼普尔和巴比伦城的文献记载，宦官总管辛-舒穆-里什尔也曾在

---

① Giovanni B. Lanfranchi and Simo Parpola, *The Correspondence of Sargon II, Part II : Letters from the Northern and Northeastern Provinces*, 215：21 - r. 2.

② Simo Parpola and Kazuko Watanabe, eds., *Neo-Assyrian Treaties and Loyalty Oaths*, 8：7.

公元前626年登上亚述王位。① 与此同时，桀骜不驯的米底人和迦勒底人强势崛起，从东北和南部两个方向攻入亚述本土，并于公元前612年攻陷亚述都城尼尼微，盛极一时的帝国迅速土崩瓦解。

在帝国由盛转衰过程中，亚述的赋役豁免政策也发生了显著变化。帝国晚期，亚述主要有城市赋役豁免和地产赋役豁免两种方式，它们显然是先前赋役豁免政策的延续；不过，城市赋役的豁免对象局限于巴比伦尼亚城市，而地产赋役的受益者主要为新兴的军事贵族，豁免的内容也明显增加。尤其需要指出的是，纵观亚述帝国三百余年的历史，地产赋役豁免诏书大概有五十余份，而帝国晚期不过区区五六十年，其间地产赋役豁免诏书却多达三十余份，可见地产赋役的豁免成为这个阶段主要的豁免方式。

阿淑尔巴尼拔反复确认巴比伦尼亚城市的 *kidinnu* 特权，巴比伦尼亚城市继续享有免赋役的特权。例如，在记录修复巴比伦城的铭文中，阿淑尔巴尼拔曾写道："在我统治期间，伟大的主人马尔都克兴高采烈地进入巴比伦城，定居在永恒的埃萨吉拉。我（重新）批准了埃萨吉拉与巴比伦城诸神的 *sattukku* 供品，确认了巴比伦城的 *kidinnu* 特权。"② 在提及西帕尔城时，一篇破损铭文写道："他提升它为永恒之城，这座享有 *kidinnu* 特权的城市在天堂被称为巨蟹。"③ 巴比伦城居民在致阿淑尔巴尼拔的信中称："从国王我们的主人登极伊始，您就刻意保护我们的 *kidinnu* 特权与幸福。"④

阿淑尔巴尼拔授予巴比伦尼亚城市的免赋役的 *kidinnu* 特权与其弟沙马什-舒穆-乌金在巴比伦尼亚发动的叛乱有关。在阿拉米人、

---

① J. E. Reade, "Assyrian Eponyms, Kings and Pretenders, 648 – 605 BC," *Orientalia*, Vol. 67, No. 1, 1998, p. 262.

② Grant Frame, *The Royal Inscriptions of Mesopotamia: Babylonian Periods, Volume 2: Rulers of Babylonia from the Second Dynasty of Isin to the End of Assyrian Domination (1157 – 612 BC)*, B. 6. 32. 1: 11 – 12.

③ Grant Frame and A. K. Grayson, "An Inscription of Ashurbanipal and the *kidinnu* of Sippar," *State Archives of Assyria Bulletin*, Vol. 8, No. 1, 1994, p. 5: 3.

④ Frances Reynods, *The Babylonian Correspondence of Esarhaddon and Letters to Assurbanipal and Sin-šarru-iškun from Northern and Central Babylonia*, 158: 2 – 3.

迦勒底人与埃兰的煽动下，巴比伦人在亚述与各方势力之间左右逢源，亚述始终找不到彻底解决巴比伦尼亚问题的最优方案；埃萨尔哈东效仿其父，任命其子沙马什-舒穆-乌金为巴比伦国王。然而，事与愿违，沙马什-舒穆-乌金勾结阿拉伯、迦勒底和埃兰等民族，组成了强大的反亚述联盟，亚述帝国面临空前的危机。阿淑尔巴尼拔企图以赏赐免赋役的 kidinnu 特权来分化反亚述联盟，他向巴比伦人强调："我已听到一个没有任何兄弟会讲的谎话，但是他的确讲了。（你们）不要相信他的谎言！我以我的神灵阿淑尔和马尔都克的名义向你们起誓，我既没有想过，也没有说过他恶毒攻击我的污言秽语。此外，这个家伙心生诡计，谎称我的想法是：'我本人与忠于我的巴比伦人的名声要玉石俱焚。'就我而言，我从未听到过（这种说法）。直到现在，我的思想还停留在你们与亚述居民一样的兄弟般情谊上，我要赐予你们 kidinnu 特权。"① 需要指出的是，先王往往在征服巴比伦尼亚后，主动赐予巴比伦人 kidinnu 特权，而阿淑尔巴尼拔却是在叛乱前夕赐予他们这种特权，其豁免赋役行为是一种被动的抉择。巴比伦人并没有接过阿淑尔巴尼拔抛来的橄榄枝，而是卷入了沙马什-舒穆-乌金的叛乱，阿淑尔巴尼拔的赋役豁免政策遭到失败。

帝国晚期，亚述的地产赋役豁免政策具有鲜明的特点。其一，赏赐土地与豁免赋役分离。被豁免赋役的土地原本就属于其保有者，国王不过是免除其国家义务。阿淑尔巴尼拔时期，被豁免的土地及其依附人口数量众多，不便在赋役豁免敕令中一一列举，而是单独出现在另外的文件中。② 不过，在免除草料供应总管巴尔塔亚（Baltaya）地产赋役的敕令中，阿淑尔巴尼拔写道："在我的庇护下，他获得了耕地、果园和人口，建立了自己的地产。我豁免了（它们的赋役），写了（这道敕令），并盖上了我的印玺，赐给了敬畏我的王

---

① 转引自 W. L. Moran, "Assurbanipal's Message to the Babylonians (ABL 301), With an Excursus on Figurative Biltu," in M. Cogan and I. Eph'al, eds., *Ah, Assyria…Studies in Assyrian History and Ancient Near Eastern Historiography Presented to Hayim Tadmor*, p. 320。

② L. Kataja and R. M. Whiting, *Grants, Decrees and Gifts of the Neo-Assyrian Period*, 27.

权的草料供应总管巴尔塔亚。"① 既然被豁免赋役的耕地、果园和人口是有关人员在"国王的庇护下"获得的，这意味着地产主人是通过合法渠道得到的。萨尔贡二世时期，阿米蒂省总督里普胡尔－贝尔也曾"在国王的庇护下"建立了自己的地产，由于遭人诬陷侵占他人的祖产，他曾致信国王澄清自己的清白："（关于）这些耕地（的来源），国王我的主人知道我□□年前在国王的耕地里建造了一座城镇。在国王我的主人的庇护下，我从阿什帕（Ašipâ）居民手里购买了400伊麦如耕地，并添加到它里面。"② 里普胡尔－贝尔可以在国王的庇护下通过购买的方式建立地产，帝国晚期被豁免赋役土地的所有者可能像阿米蒂总督一样购买土地。既然有关人员已经占有大量土地，国王仅仅豁免其赋役即可显著增加其可支配的资源。

国王只豁免相关土地的赋役而不再赏赐土地的行为，与帝国晚期的土地兼并有直接关系。尽管亚述国王号称国家的"监督"（uklu），是全国土地名义上的所有者，但是，除了自己的薪俸田外，他并不直接占有其他土地，神庙、各级官府和贵族都占有大量土地，普通的平民也占有用于维持生计的份地。③ 亚述不禁止土地兼并，土地买卖非常频繁。由于沉重的劳役和兵役、种类繁多的赋税，再加上各种人为与自然灾害的侵袭以及高利贷的盘剥，一大批平民破产，他们被迫出卖或抵押土地、妻子儿女，甚至自身。④ 陷入窘境的官府有时也会转让土地。⑤ 土地是最受亚述人青睐的财产，一些人趁机购买土地和人口，建立了规模巨大的大地产。⑥ 据阿淑尔巴尼拔在豁免

---

① L. Kataja and R. M. Whiting, *Grants, Decrees and Gifts of the Neo-Assyrian Period*, 25: 23-29.

② Giovanni B. Lanfranchi and Simo Parpola, *The Correspondence of Sargon II, Part II: Letters from the Northern and Northeastern Provinces*, 15: 14 - r. 4.

③ J. N. Postgate, "The Ownership and Exploitation of Land in Assyria in the First Millennium B. C. ," pp. 141-151.

④ J. N. Postgate, "The Ownership and Exploitation of Land in Assyria in the First Millennium B. C. ," p. 150.

⑤ T. Kwasman and Simo Parpola, *Legal Transactions of the Royal Court of Nineveh, Part I: Tiglath-Pileser III through Esarhaddon*, Helsinki: Helsinki University Press, 1991, 123.

⑥ F. M. Fales, "A Survey of Neo-Assyrian Land Sales," in T. Khalid, ed. , *Land Tenure and Social Transformation in the Middle East*, Beirut: Beirut American University, 1984, pp. 8-9.

宦官总管纳布－沙鲁－乌粟尔地产赋役的列表记载，其可以辨识的6宗田产就包括1700伊麦如耕地、40个葡萄园和2个菜园。① 阿淑尔巴尼拔的车夫长莱曼尼－阿达德（Remanni-Adad）也热衷购买土地，他先后购买了13宗土地，其中包括2个整个村庄和6个葡萄园。② 随着土地兼并的发展，国王可以任意支配的公有土地数量不断减少，大量赏赐神庙和臣僚土地的方式难以为继，只免赋役而不赏赐土地成为一种顺应形势的变通方式。

其二，被豁免赋役的种类显著增加。阿淑尔巴尼拔不但豁免了相关地产的农业税，而且免除了豢养在相关地产上的牛羊的 şibtu 税，附着于地产上各类人员的劳役、兵役以及使用港口、渡口的税费也被豁免了，赋役豁免的内容在敕令中有格式化的表述："那些耕地、果园的 nusahe 税不得征收，（它们的）šibšu 税不得征收，（它们的）牛羊的 şibtu 税也不得征收。那些耕地和果园里的人口不得被摊派 ilku 义务、tupšikku 义务和 dikût mati 义务；他们不需要缴纳港口和通行费，他们将不交□□□□□他的依附人口也像他一样免除了赋役□□□□□。"③ 与其父阿淑尔巴尼拔相比，阿淑尔－埃特尔－伊拉尼豁免的项目又增加了出入城门的税赋与通过关卡的税费："这些耕地和果园的 nusahe 税不得征收，（它们的）šibšu 税也不得征收。这些人员不得被摊派 ilku 义务、tupšikku 义务和 dikût mati 义务□□□□□他们不需要缴纳在陆地和水上的港口、城门的通行费，他们也不需要缴纳渡船和关卡税，他们的牛、绵羊和山羊不得课 şibtu 税。"④ 上述两位国王罗列的赋役是目前已知亚述帝国所有的赋役，⑤ 相关地产的主人及其依附者不需要负担任何国家义务，他们的

---

① L. Kataja and R. M. Whiting, *Grants, Decrees and Gifts of the Neo-Assyrian Period*, 27：30.

② F. M. Fales, "Neo-Assyrian Prosopography, 1: The Archives of Remanni-Adad," *State Archives of Assyria Bulletin*, Vol. 1, No. 2, 1988, p. 107.

③ L. Kataja and R. M. Whiting, *Grants, Decrees and Gifts of the Neo-Assyrian Period*, 25：30 - r. 5, 26：30 - r. 5.

④ L. Kataja and R. M. Whiting, *Grants, Decrees and Gifts of the Neo-Assyrian Period*, 35：r. 19 - r. 26, 36：r. 25 - r. 30, 39：r. 4 - r. 7.

⑤ J. N. Postgate, *Neo-Assyrian Royal Grants and Decrees*, pp. 14 - 16.

地产成为名副其实的私人土地。国王赐予相关人员豁免地产赋役的诏书,不仅增加了有关人员的可支配财物,而且承认了其兼并土地的合法性。

有关人员赋役的豁免直接减少了可征用的资源,导致了国家财政出现亏空,阿淑尔巴尼拔在修建尼尼微城时厉行节约就是一个明证。亚述国王喜欢用规模巨大的建筑来彰显国家的强盛和震慑征服地区的臣民,重要的建筑物门口一般安放一对由整块的大石头雕刻成的守卫怪兽(lamassu);① 然而,尼尼微城阿淑尔巴尼拔的皇家仓库前的守卫怪兽却一反常态,它是用小块石头雕成的。搬运小块石头可以节约大量的人力,阿淑尔巴尼拔的皇家仓库前的守卫怪兽形制变小暗示着亚述人手不足。② 因此,亚述晚期,赋役豁免政策的滥用使亚述的财政状况进一步恶化,削弱了王权的经济基础。③

其三,地产赋役豁免的受益者多为新兴的军事贵族。被阿淑尔巴尼拔豁免赋役的分别是草料供应总管巴尔塔亚、宦官总管纳布-沙鲁-乌粟尔、国王的内侍和宦官等,而被阿淑尔-埃特尔-伊拉尼免除赋役的是宦官总管辛-舒穆-里什尔麾下的队官塔伯-沙尔-帕帕希(Tab-šar-papahi)和一位宦官,④ 他们都属于随战争扩大而迅速崛起的军事贵族。亚述帝国对外扩张的一个重要目的是掠夺战利品及勒索贡赋,国王一般与神庙、群臣、士兵和亚述重要城市的居民分享从征服地区掠夺的战利品。⑤ 士兵与城市居民一般可以获

---

① J. M. Russell, *Sennacherib's Palace without Rival at Nineveh*, Chicago: University of Chicago Press, 1991, pp. 115 – 116.
② S. Brown, "The Collapse of the Neo-Assyrian Empire", *Bulletin of the Canadian Society for Mesopotamian Studies*, Vol. 34, 1999, pp. 69 – 75.
③ 巨额的财富与神灵的支持、皇家的血统、庞大的军队构成了亚述王权的四大基石(A. K. Grayson, "The Struggle for Power in Assyria: Challenge to Absolute Monarchy in the Ninth and Eighth Centuries BC," p. 263)。
④ L. Kataja and R. M. Whiting, *Grants, Decrees and Gifts of the Neo-Assyrian Period*, p. XII.
⑤ 例如,公元前738年,提格拉特皮拉沙尔三世在征服温齐后宣布:"我像(瓜分)绵羊与山羊一样,把(他的)人口与他们的财物□□□与骡马在我的军中瓜分了。"(Hayim Tadmor and Shigeo Yamada, *The Royal Inscriptions of the Neo-Assyrian Period*, Vol. 1, *The Royal Inscriptions of Tiglath-Pileser III (744 – 727 BC) and Shalmaneser V (726 – 722 BC), Kings of Assyria*, Winona Lake, Indiana: Eisenbrauns, 2011, 12: 6 – 7)

得牲畜和奴隶,而贵族、官僚和神庙分享大部分贵金属和奢侈品。①附属国进献的各种贡赋一般仅仅由国王、王室成员、宫廷高官和国王的其他亲信分享。② 军事贵族在战争中获益最多,经济实力不断壮大。

随着实力的增长,军事贵族逐渐把持了政权,国王被迫豁免其地产的赋役,赋役豁免政策严重变质。沙马什－舒穆－乌金叛乱以后,亚述帝国急剧衰落,阿淑尔巴尼拔在忧虑中去世。阿淑尔－埃特尔－伊拉尼在宦官总管辛－舒穆－里什尔辅助下,登上王位,但是,他面临叛乱的考验。阿淑尔－埃特尔－伊拉尼在豁免宦官总管麾下队官的敕令中写道:"我的父亲去世后,(既)没有父亲抚养我或帮助我成长,又没有母亲照料我或关注我的教育。宦官总管辛－舒穆－里什尔曾受我的父亲厚恩,他像父亲一样引导我,平稳地把我扶上我父亲的王位,使大大小小的亚述民众在我年幼时保护我的王权、尊重我的特权。□□□□□纳布－莱赫图－乌粟尔(Nabu-rehtu-uṣur)纠集亚述城市和行省的民众,发动了叛乱□□□□与任命为□□□□城总督的宦官缔结盟约□□□□□□□□□□□□□□□根据我的主人贝尔与纳布的命令,我的宦官总管辛－舒穆－里什尔率领地产的战斗部队(ṣabu tahazu ša biti)□□□的支持者□□□□□□获得了好的名声□□□□□□我决定厚待他们□□□给他们穿上彩色的衣服,给他们的腕上戴上金手镯□□□□□□□□□我豁免了□□□耕地、果园、房屋和人口,赐给了他们。"③ 阿淑尔－埃特尔－伊拉尼不但靠宦官总管的支持登上王位,而且凭借他率领的武装力量平定叛乱,宦官总管成了国王的股肱之臣。然而,值得注意的是,宦官总管平叛时率领的不是由俘

---

① M. Elat, "The Impact of Tribute and Booty on Countries and People within the Assyrian Empire," *Archiv für Orientforschung*, Vol. 19, 1982, pp. 244 – 245.

② Simo Parpola and Julian Keade, eds., *The Correspondence of Sargon II, Part I: Letters from Assyria and the West*, Helsinki: Helsinki University Press, 1987, 34.

③ L. Kataja and R. M. Whiting, *Grants, Decrees and Gifts of the Neo-Assyrian Period*, 36: 4 – 19.

虏和被征服地区居民组成的常备军，而是"地产的战斗部队"。上述人员原本是看家护院的私人武装，宦官总管率领他们成功平叛表明，宦官总管的私人武装已是一股不可小觑的力量。在豁免宦官总管部属地产的赋役时，相关的敕令不厌其烦地历数宦官总管的功绩，表明相关人员地产赋役的免除与其长官有关。国王很可能在宦官总管的胁迫下免除了其部属地产的赋役，赋役豁免政策完全变质，成为权臣笼络部属的一种手段。国王的妥协并不能换来他的忠心，宦官总管辛－舒穆－里什尔篡夺亚述政权表明，亚述帝国的赋役豁免政策遭到失败。

结　语

通过对帝国前期、盛期和晚期赋役豁免情况发展演变情况的考察，我们可以发现亚述赋役豁免政策的本质及其对帝国盛衰的影响。首先，豁免赋役是亚述统治者利用经济手段维护政权的一种策略。从公元前10世纪晚期到公元前7世纪末，尽管亚述帝国的发展也曾遭遇暂时和局部的挫折，但是，它从未出现过严重的历史倒退，版图持续扩大，对被征服地区的控制逐步加强。亚述三百余年的相对繁荣与稳定固然是由多种因素造成的，各方势力对王权的认可与支持是一种不可忽视的因素。虽然国王并未直接赐予被豁免赋役人员任何财物，但是，受益者却因国王的恩赐而减轻了经济负担，实际上增加了可支配的资源。具体而言，亚述国王赐予本国祭祀中心城市免赋役的特权，维护了传统势力的既得利益，作为回报，他们千方百计地确保王权的合法性不容置疑。亚述国王通过确认被征服地区宗教中心城市居民免赋役的权利，恢复了他们业已丧失的利益，消弭了他们的反亚述情绪，稳定了被征服地区的统治秩序。通过豁免地产的赋役，亚述国王不仅酬谢了臣僚的功勋，而且承认了其兼并土地的成果，作为回报，他们将效忠国王以谋取更大的利益。亚述国王豁免士兵的赋税，创造了一种新的征兵方式即募兵制，扩大了常备军的规模；既有利于有效控制征服地区，也会对有不臣之心的官僚产生一定的威慑。无论是从维护既得利益出发，还是立足于谋取更大的利益，亚述的各方势力都有理由拥护王权，维持政权的稳定。

其次，亚述帝国的赋役豁免政策体现了国王与亚述统治集团内部各派力量的政治博弈。亚述统治阶级并非铁板一块，而是由不同的利益集团构成的；其中出身阿淑尔城古老家庭的世袭贵族自始至终都在帝国的政治、经济和社会生活中扮演不可或缺的角色，[1] 随着军事扩张崛起的军事贵族是帝国发展的中坚力量。亚述的各派势力既依附于王权，又觊觎王位，国王时常面临严峻的挑战，国王需要想方设法地同各方势力进行周旋。亚述帝国的赋役豁免并非一种普惠全体臣民的政策，而是少数人享有的特权，而赋役的豁免权一般由国王垄断，这项政策就成为国王与各方势力进行博弈的一枚重要棋子。其中，国王豁免城市和祭司的赋役以赢得世袭贵族的拥戴，还要豁免士兵的赋税来制衡传统势力，各派力量的平衡是王位稳固、国家稳定发展的前提和基础。帝国末期，军事贵族一派独大，破坏了统治阶级内部的平衡，导致赋役豁免政策变质，并最终加剧了国家的混乱。

再次，帝国统治阶级内部各派势力的此消彼长是推动亚述赋役豁免政策不断变革的主要动力。随着帝国的发展，统治阶级内部各种力量对比不断发生变化，国王豁免赋役需要顾及各方利益。例如，帝国前期，国王借助阿淑尔城世袭贵族的力量收复了失地，征服了两河流域北部地区，豁免宦官地产的赋役意在取悦其代表的传统势力。世袭贵族的势力膨胀，国王面临严重的挑战，不得不求助于神灵，豁免神灵和祭司地产的赋役旨在迎合神职人员所在的传统势力。帝国盛期，祭司贵族和世袭贵族仍然是亚述统治集团的重要组成部分，国王豁免城市和供给神灵地产的赋役，维护了传统势力的利益。提格拉特皮拉沙尔三世以后，常备军成为国王控制征服地区和制衡

---

[1] Simo Parpola, "The Neo-Assyrian Ruling Class," in Thomas R. Kämmerer, ed., *Studien zur Ritual und Sozialgeschichte im alten Orient*, Berlin: Walter de Gruyter, 2007, p. 258.

权臣的主要力量，士兵赋役的免除反映了国王对新兴军事力量的眷顾。帝国晚期，在战争中发财致富的军事贵族成为王权的主要支柱，但是，他们功高盖主，竟然胁迫国王免除其地产的赋役，导致赋役豁免政策变质。

最后，亚述赋役豁免政策的变革与帝国的盛衰关系十分密切，合理利用该政策有利于国家的稳定发展，滥用它则导致国家混乱。通过豁免城市、地产和士兵的赋役，亚述统治者调整了统治集团内部各方势力的利益，赢得了他们的拥护和支持，保持了政局的稳定，为亚述帝国的快速崛起创造了有利条件。但是，赋役的豁免直接减少了政府可征用的资源，有时会导致相关官员出现人力和物力不敷需要的局面。例如，由于萨尔贡二世免除阿淑尔城居民的赋役，阿淑尔总督不得不靠征调宫廷仆从和奴隶等人员填补由此造成的埃卡拉图宫（Ekallatu）短缺的人手。[1] 由于国王豁免了伊图士兵"弓田"的 $šibšu$ 税与 $nusahe$ 税，阿米蒂总督不得不使用往年的农作物秸秆。[2] 亚述帝国早期，赋役豁免种类不多、频次较低，赋役豁免引起的财政危机多是暂时的和局部的；然而，随着赋役豁免种类的增多与频率的增加，亚述捉襟见肘的财政雪上加霜。帝国晚期，国王在强势的军事贵族的胁迫下免除了其地产的赋役，帝国的财政状况进一步恶化，社会的两极分化加深，从而导致政局不稳直至帝国的衰亡。

（原载《历史研究》2015 年第 1 期）

---

[1] 阿淑尔总督在致国王的信中写道："在过去的岁月，国王我的主人的父亲在位时□□□□□□□我不需要填补埃卡拉图宫的亏空；但是，现在国王我的主人，豁免了'内城'的赋役，内城的 $ilku$ 义务被摊派到了我身上，我不得不填补埃卡拉图宫的亏空。" Simo Parpola, *The Correspondence of Sargon II*, Part I: *Letters from Assyria and the West*, 99: r. 2 - r. 9.

[2] 阿米蒂总督在给国王的信中写道："我已在工作时使用陈旧的秸秆，但现在已用完了。" Giovanni B. Lanfranchi and Simo Parpola, *The Correspondence of Sargon II*, Part II: *Letters from the Northern and Northeastern Provinces*, 16: r. 2 - r. 4.

雅典古典时期的埃菲比亚文化

吕厚量

一 古典政治思想与埃菲比亚制度

在《法律篇》(*Leges*) 卷6中，柏拉图（Plato）借雅典客人之口设计了一套守卫城邦外围领土的制度：城外郊区将被分成12个面积大致相当的区域，由12个部落轮流履行警戒职责。每个部落必须派出5名官员，担任"村政官（agronomos）"和"警戒长（phrourarchos）"；这些官员各自挑选12名年龄在25岁至30岁之间的青年，负责抵御外敌、维护圣所和协助农业生产等任务，青年们的服役期限为两年。① 与柏拉图生活于同时代的另一位雅典作家色诺芬（Xenophon）则在《居鲁士的教育》(*Cyropaedia*) 卷首介绍了波斯人教育青年时采用的军训制度：波斯青年从16岁或17岁开始服长达十年的兵役，在此期间，他们要在部落长官监督下保护城内的公共建筑、担任夜巡警戒、学习军事技能和外出狩猎，并在十年服役期满后正式步入成年人的行列。②

众所周知，《法律篇》和《居鲁士的教育》都是集中阐述作者政治理念的、空想式的政治哲学作品。但我们可以看到，尽管柏拉图与色诺芬的这两部作品在叙述背景、写作风格和政治见解方面存

---

① Plato, *Leges*, 760b – 763c.
② Xenophon, *Cyropaedia*, 1.2.8 – 12.

在巨大差异，但是两位作家在设计军事防御制度时的不谋而合之处却是十分耐人寻味的。首先，他们都选择即将步入成年人行列的青年作为守卫城市的理想人选，并对其年龄范围作了具体规定；其次，这些青年都要承担准军事性职责，而且这些任务带有明显的军事操练和成人教育色彩，显然是为壮年兵役和成人生活设计的军训环节；最后，这些青年同时都接受国家与部落的管理与监督。在思想史研究中，学者们往往会利用苏格拉底（Socrates）的影响或色诺芬对柏拉图原创性思想的抄袭来解释这些雷同之处。然而，在笔者看来，造成这种相似性的并不完全来自文化史上的传承，而是同柏拉图、色诺芬耳濡目染的雅典古典时期的社会环境密切相关。

事实上，柏拉图和色诺芬留下的文字本身已经暗示了其思想的历史渊源。在《法律篇》设计的郊区卫戍体系中，柏拉图明确指出青年人的服役期限为两年；而在《居鲁士的教育》中，色诺芬将已达到 16 岁或 17 岁、即将开始服兵役的波斯青年称呼为"埃菲比（ephēboi）"，这也是 ephēbos 这个术语首次在希腊古典文献中出现。[①] 这两处细节不能不让人联想到亚里士多德在《雅典政制》（*Athenaion Politeia*）中介绍的、为期两年的雅典青年军训体系——"埃菲比亚（Ephebia）制度"。

亚里士多德在《雅典政制》第 42 章中系统说明了在雅典授予公民权的埃菲比亚军训制度。"公民权属于那些父母双方都为本城邦公民的人，他们要在年满 18 岁时在本部落里登记。部落成员们要在宣誓后对他们进行投票，首先表决判断他们是否已达到法定年龄……其次要看这位候选人是否为自由人，且出身合法……当埃菲比们通过审查之后，他们的父亲便按部落组织开会，宣誓并选出本部落中三位年满 40 岁，且在他们心目中最优秀、最适宜的人来管理埃菲比们。民众再用举手表决的方式从这些人中为每个部落选出一位训导员，并从其他雅典人中选出一人担任总教官。这些人将埃菲比们集

[①] C. Pélékidis, *Histoire de l'Éphébie Attique : des origines à 31 avant Jésus-Christ*, Paris : Éditions E. de Boccard, 1962, p. 23.

合起来,首先围绕各处神庙环行,随后前往佩里乌斯港,其中一些人负责驻防穆尼齐亚,另一些人则去把守海角。民众又为他们挑选两位体育教练和一名教师,以便教授他们重装步兵的作战技巧和使用弓箭、投枪、投石器的方法。他们还给总教官每日一德拉克马的津贴,给每名埃菲比四欧宝。[①] 总教官替本部落中的所有参与者领取饷金,之后为大家一起购买食物(因为他们以部落为单位食用公餐),并负责料理其他事务。他们的第一年便这样度过;到了第二年,雅典人民将在剧场集会,埃菲比们要向民众表演他们操练的阵法,并接受城邦颁发的一面盾牌和一支长枪。随后,他们要在乡间巡逻,在驻防要塞居住。在服役的两年间,他们要身穿短斗篷,不必交税。他们不得被人起诉或起诉别人,以便他们无法借故擅离职守,不过,有关产业、继承和宗教职务继任的案件除外。两年期满后,他们便加入正式公民的队伍了。"[②]

在亚里士多德的笔下,古典时代末期成熟状态的埃菲比亚制度具有以下几个特点。首先,它与雅典公民权的授予密切相关,是符合其他条件的雅典青年最终取得正式公民权之前必须经历的教育环节。其次,它采用严格的军事化管理模式,侧重对雅典公民作战技能的训练和培养。再次,它在很大程度上限制了雅典青年们的人身自由,国家一方面为他们提供全方位的经济支持;另一方面又强制规定他们两年内不得擅自离岗回到雅典,其政治、经济和法律权利也受到一定的限制。最后,宣誓、环绕神庙游行等仪式的存在反映了古典末期埃菲比亚制度的宗教色彩。埃菲比亚式军事训练在内容上同色诺芬《斯巴达政制》等作品描述的斯巴达军事化管理模式存在一定的相似性,[③] 但它同公民权授予、雅典当地宗教仪式的联系和对年龄的精确要求却是雅典本土文化所特有的。

亚里士多德所描述的、在雅典现实生活中实行的埃菲比亚军训

[①] 古典时期雅典使用的小型货币单位。
[②] Aristotle, *Athenaion Politeia*, 42.1–5.
[③] 祝宏俊:《军事教育与斯巴达的阿高盖制度》,《世界历史》2013 年第 4 期。

制度，显然同柏拉图在《法律篇》中设计的两年卫戍体系和色诺芬《居鲁士的教育》中描述的波斯埃菲比亚教育模式存在某种关联，但其因果次序却很难仅仅依靠这三条孤立的材料加以断定。关键问题在于：亚里士多德的《雅典政制》必然成书于前辈柏拉图和色诺芬的作品之后，属于雅典古典时代末期的史料，但他却未在作品中明确说明，埃菲比亚制度在雅典从何时开始实行，并在历史进程中经历了哪些演变。① 因此，我们无从判断，究竟是柏拉图、色诺芬的乌托邦式政治思想塑造了雅典的埃菲比亚军训传统，还是历史上的这种训练体系影响了柏拉图等人的著述。可见，厘清埃菲比亚制度及其所承载的文化传统在雅典古典时期的兴起与流变历程，对于我们理解雅典民主制的基本性质，研究柏拉图、色诺芬与亚里士多德等古典作家们的政治思想，都具有重要意义。然而，在西方古典学术史中，关于埃菲比亚制度的起源一直是众说纷纭和看似无法得到彻底解决的难题。

二 西方古典学关于埃菲比亚制度起源的论争

在西方古典学者的语境下，判断埃菲比亚制度是否诞生的标志在于，这种军事教育方式是否已由雅典政府进行组织、管理并通过法律、经济手段予以支持。根据这种理解方式，寻找埃菲比亚制度源头的关键，就是要找到令人信服的铭文证据。因为埃菲比亚军训体系一旦得到官方承认和制度化，成为国家组织青年军人的一种正统模式，就应当在同时期关于军事（埃菲比亚的操练与参战）、政治（公民大会对埃菲比亚组织成员的投票表决）、经济（涉及埃菲比亚的薪金与奖赏问题）、宗教（希腊化早期雅典城邦的许多宗教活动即由埃菲比亚承担）等事务的官方铭文中留下痕迹。早在《雅典政制》于19世纪末被发现前，雅典埃菲比亚制度的起源时间已成为学

---

① C. Pélékidis, *Histoire de l'Éphébie Attique: des origines à 31 avant Jésus-Christ*, pp. 72–73.

界争论的热点问题。[1] 亚里士多德的这部作品和若干铭文证据的发现足以证明,埃菲比亚制度至迟在公元前 338 年前后已经建立起来。[2] 然而,一个多世纪之后,学术界始终未能获得关于埃菲比亚制度存在于雅典古典末期之前的决定性证据。[3] 在这一背景下,关于埃菲比亚制度是否存在于公元前 5 世纪至前 4 世纪的雅典民主社会的问题,引发了一场漫长而充满波折的学术争论。

1907 年,英国古典学者肯尼思·约翰·弗里曼(Kenneth John Freeman)在《希腊的学校》(*School of Hellas*)一书中较为系统地探讨了雅典的埃菲比亚制度。弗里曼认为,埃菲比亚誓词与仪式的古老性证明了埃菲比亚制度是一种十分悠久的传统;[4] 雅典青年在宣誓前受过雅典宪法教育,这可以说明埃菲比亚教育从一开始就是同雅典国家的社会管理相配套的;[5] 雅典最富有的三个等级的公民都可以满足埃菲比亚训练的财产要求,可见埃菲比亚制度具有普遍的适用性;[6] 埃菲比亚制度在历史发展中逐渐演变成雅典大学;[7] 这种训练体系在当时的希腊具有普遍性,与斯巴达、阿哥斯、叙拉古等地的军事化教育如出一辙,并影响了柏拉图、色诺芬、亚里士多德等人的政治学思想。[8]

弗里曼的观点代表了西方古典学界对埃菲比亚制度问题的初期研究成果。在我们今天看来,他的不少结论是较为武断和缺乏说服力的。首先,作者在论述过程中缺乏必要的历史感,经常将各个时

---

[1] P. Vidal-Naquet, *The Black Hunter: Forms of Thought and Forms of Society in the Greek World*, A. Szegedy-Maszale, tr., Baltimore & London: Johns Hopkins University Press, 1986, p. 106.

[2] C. Pélékidis, *Histoire de l'Éphébie Attique: des origines à 31 avant Jésus-Christ*, p. 7.

[3] J. Friend, Ephebe, in M. Gagarin and E. Fantham, eds, *The Oxford Encyclopedia of Ancient Greece and Rome*, Vol. 3, Oxford & New York, Oxford University Press, 2010, p. 77; S. Hornblower and A. Spawforth, Ephēboi, in S. Hornblower and A. Spawforth, eds., *The Oxford Classical Dictionary*, third edition, Oxford & New York: Oxford University Press, 1996, p. 527.

[4] [英] 肯尼思·约翰·弗里曼:《希腊的学校》,山东教育出版社 2009 年版,第 172 页。

[5] [英] 肯尼思·约翰·弗里曼:《希腊的学校》,山东教育出版社 2009 年版,第 172 页。

[6] [英] 肯尼思·约翰·弗里曼:《希腊的学校》,山东教育出版社 2009 年版,第 177 页。

[7] [英] 肯尼思·约翰·弗里曼:《希腊的学校》,山东教育出版社 2009 年版,第 179 页。

[8] [英] 肯尼思·约翰·弗里曼:《希腊的学校》,山东教育出版社 2009 年版,第 171—182 页。

期的不同事物混为一谈。例如，他没有看到埃菲比亚制度和雅典大学属于不同历史时期、性质存在根本区别的教育机构，更没有意识到埃菲比亚传统在希腊化时期可能出现的转型与中断；又如，埃菲比亚誓词在精神上同所谓"雅典宪法（其内容同样难以澄清）"的一致性并不能证明埃菲比亚组织在当时已成为由政府直接组织管理的国家机构。其次，弗里曼的一些具体结论也不够成熟。例如，他指出的埃菲比亚组织财产门槛较低的现象并不足以证明当时社会接受埃菲比亚教育的普遍性；而他认为埃菲比亚制度为全希腊共有的观点也同色诺芬的《斯巴达政制》（认为斯巴达的军事教育制度在全希腊是独一无二的）[①]、亚里士多德的《雅典政制》（将埃菲比亚制度描述为雅典特有的政治制度）[②] 中的基本论断相悖；同时，由于时代的局限性，弗里曼作品中本应最具说服力的史料——埃菲比亚誓词由于出自后世语法学家斯托贝乌斯（Stobaeus）之手而被当时的多数学者视为伪作，几乎没有引起古典学界的注意。由于这些不足，弗里曼对埃菲比亚传统的不少颇具启发性和建设性的观点没有在学术界成为主流。

亚里士多德的《雅典政制》的文本被公布后，率先对相关史料进行扎实研究，提出埃菲比亚制度的年代问题，并使这场学术讨论受到广泛关注的是德国古典学者维拉莫维茨（U. Wilamowitz-Moellendorf）。[③] 维拉莫维茨认为，雅典的埃菲比亚制度建立于公元前336/前335年前后，是雅典城邦在喀罗尼亚（Chaeronea）战役惨败后所进行的军事、社会改革的产物，标志着雅典民主制度的转型与蜕变。关于埃菲比亚制度存在于喀罗尼亚战役之前的假说，不但缺乏文献证据的支持，而且是违背雅典民主社会的基本自由原则的。[④] 维拉莫

[①] Xenophon, *Spartan Constitution*, 10.8.

[②] Aristotle, *Athenaion Politeia*, 42.1–5.

[③] O. W. Reinmuth, "The Genesis of the Athenian Ephebia", *Transactions and Proceedings of the American Philological Association*, Vol. 83, 1952, p. 34; C. Pélékidis, *Histoire de l'Éphébie Attique: des origines à 31 avant Jésus-Christ*, p. 8.

[④] U. Wilamowitz-Moellendorff, *Aristoteles und Athen*, Berlin: Weidmannsche Buchhandlung, 1893, pp. 193–194.

维茨将否定埃菲比亚制度存在于古典盛期①的论据归纳为四点：第一，埃菲比亚制度在本质上与雅典民主精神相违背；第二，古典盛期的作家们从未提及过这项重要制度；第三，公元前334/前333年之前的铭文材料无法证实该制度的存在；第四，将埃菲比亚制度的设立视为莱库古政治改革产物的假说十分符合逻辑。由于维拉莫维茨在德国乃至国际古典学界的崇高声望，他关于埃菲比亚制度产生时间的假说在很长时期内统治着学术界。

维拉莫维茨关于埃菲比亚制度起源问题的论述在两个方面影响了古典学领域对相关问题的讨论。一方面，他敏锐地看到，关于埃菲比亚传统的官方（或部落）铭文证据在公元前336/前335年前后才开始出现，这很可能表明，该组织模式在此之前并不构成一种国家制度。因此，我们必须谨慎对待弗里曼等人过于轻率、乐观的假说。通过扎实的史料分析，维拉莫维茨将对埃菲比亚起源年代的讨论带入了更为学术化、实证化的阶段。另一方面，在缺乏决定性史料的情况下，维拉莫维茨选择用古典民主制意识形态来作为主要论据。他认为，埃菲比亚传统限制了雅典公民的人身自由，是同雅典民主文化的意识形态背道而驰的。因此，这种传统不可能存在于古典民主制度瓦解之前，它必然是雅典人在经历喀罗尼亚战役惨败后，为调整、改造民主制而设计出来的军事组织制度。这样一来，维拉莫维茨将埃菲比亚传统的起源这一史实问题大大复杂化了，使之成为不同古典学者维护、颂扬、质疑和批判雅典民主文化时进行争论的一个焦点话题。

20世纪60年代末，赖因穆特（O. W. Reinmuth）根据1967年出

---

① 在维拉莫维茨及其他西方学者对埃菲比亚起源问题的学术讨论语境中，他们采用的历史分期一般是以雅典民主制度的兴衰作为参照体系的。因此，希腊诸城邦在政治、经济上处于动荡状态的伯罗奔尼撒战争时期（公元前5世纪中后期）和战后城邦危机时期（公元前5世纪末至公元前4世纪中叶）都因雅典民主政治制度与思想文化在此期间的发展成熟而被归入"古典盛期"；而雅典在喀罗尼亚战役中的惨败和随之而来的、导致民主制度开始发生质变的莱库古改革则被视为从古典盛期进入古典末期的转折点。为叙述方便起见，笔者在本文中沿用了相关领域的西方学者普遍使用的这种历史分期方式。

土的铭文材料提出，埃菲比亚制度早在公元前361/前360年已经存在，①但他所依据铭文材料的年代一直无法得到证实，因而其史料基础很快遭到学术界的普遍否定。②随着学术界对古典时期教育、艺术和经济等领域的理解不断深入，佩尔基迪斯（C. Pélékidis）、维达尔-纳凯（Pierre Vidal-Naquet）、戈捷（P. Gauthier）等法国学者从不同角度出发，提出了埃菲比亚制度具有悠久历史渊源的看法。但到了世纪之交，德·马塞鲁斯（De Marcellus）和弗雷德（J. L. Friend）又在各自的博士论文中重新拾起了维拉莫维茨等人的传统观点。③德·马塞鲁斯认为，埃菲比亚制度是公元前4世纪后期雅典新政治环境中的产物，诞生于公元前335/前334年的莱库古（Lycurgus of Athens）改革，它对雅典公民人身自由的限制体现了反民主的苏格拉底哲学对莱库古等政治家的影响。④弗雷德同样认为，由于缺乏铭文证据的支持，关于公元前334/前333年之前存在埃菲比亚制度的假说缺乏根据。埃菲比亚制度只能是莱库古时期的政治改革所创设的。⑤可见，直至今日，西方学者在雅典古典时期是否存在埃菲比亚制度这一基本问题上仍存在较大分歧。

通过对相关研究论著的分析，笔者认为，真正促使维拉莫维茨、德·马塞鲁斯与弗雷德等学者对古典时期存在埃菲比亚传统的可能性持根本否定态度〔其中最激进的德·马塞鲁斯甚至极力质疑波鲁克斯（Pollux）、埃斯奇尼斯（Aeschines）、莱库古等重要作家提供的一切反面证据〕的原因，并非文献与考古证据的不足（类似现象

---

① O. W. Reinmuth, *The Ephebic Inscriptions of the Fourth Century B. C.*, Leiden: Brill, 1971, pp. 2, 123.

② F. W. Mitchel, "The So-called Earliest Ephebic Inscription", *Zeitschrift für Papyrologie und Epigraphik*, Vol. 19, 1975, p. 237, p. 243; De Marcellus, *The Origins and Nature of the Attic Ephebeia to 200 B. C.*, PhD Thesis, Oxford University, 1994, pp. 25 – 26. J. Friend, *The Athenian Ephebeia in the Lycurgan Period: 334/3 – 322/1 B. C.*, PhD Thesis, University of Texas at Austin, 2009, pp. 9 – 10.

③ P. Liddel, *Civic Obligation and Individual Liberty in Ancient Athens*, Oxford: Oxford University Press, 2007, p. 291.

④ De Marcellus, *The Origins and Nature of the Attic Ephebeia to 200 B. C.*, p. 48, p. 2, pp. 128 – 129.

⑤ J. Friend, *The Athenian Ephebeia in the Lycurgan Period: 334/3 – 322/1 B. C.*, p. vi.

在古典时期的希腊史中其实十分常见，且关于埃菲比亚传统的间接证据并不特别匮乏），而是由于他们坚信，这样一种限制公民人身自由的制度是同雅典民主社会的基本原则无法兼容的。[1] 维拉莫维茨从一开始便假定自由是雅典民主制中至高无上的准则，认为埃菲比亚制度同修昔底德（Thucydides）笔下伯利克里（Pericles）在阵亡将士墓前讲话中强调的民主原则是根本对立的，因此不可能存在于典型的民主社会中。[2] 德·马塞鲁斯则认为，古典时代末期的雅典由于受到苏格拉底哲学等反民主思潮的冲击而步入转型期，开始在莱库古等集政治家、思想家于一身的领袖治理下探索建立一种"适度民主"模式的新路，因而埃菲比亚制度最合理的产生时间只能在莱库古执政时期。[3] 值得注意的是，否认埃菲比亚传统的学者们往往来自19世纪末的德国学界和当代英美等信仰个人至上的学术环境；而相对更为重视国家权威和公民义务的法国古典学者们却很少认为埃菲比亚传统与民主精神存在根本矛盾。换言之，左右古典学者们判断的不仅是他们手头拥有的现存史料，也包括他们基于自身现实生活背景而对"民主"原则形成的个人理解，带有较为鲜明的意识形态与时代色彩。客观而言，维拉莫维茨、德·马塞鲁斯等人的研究方法带有明显的主观性和目的论倾向。随着当今学界对埃菲比亚传统相关史料的理解日趋深刻，德·马塞鲁斯与弗雷德等人的理论已经难以自圆其说。例如，德·马塞鲁斯一方面坚决否认埃菲比亚制度中的各种元素存在于古典盛期；另一方面又不得不承认莱库古建立的埃菲比亚制度"并没有创造任何新的东西"[4]，而只是对旧有传统的规范和总结。弗雷德同样承认"埃菲比亚誓词"、埃菲比的称呼等埃菲比亚制度中的核心元素在公元前4世纪或更早的年代里很可能已经存在，不过却一味强调在莱库古之前的雅典青年军事操练模式

---

[1] O. W. Reinmuth, *The Ephebic Inscriptions of the Fourth Century B. C.*, p. 131.

[2] C. Pélékidis, *Histoire de l'Éphébie Attique: des origines à 31 avant Jésus-Christ*, p. 9.

[3] De Marcellus, *The Origins and Nature of the Attic Ephebeia to 200 B. C.*, pp. 122, 128-129, 137.

[4] De Marcellus, *The Origins and Nature of the Attic Ephebeia to 200 B. C.*, p. 49.

还没有被叫作"埃菲比亚制度"①。可见,德·马塞鲁斯与弗雷德等人其实是在玩一种文字游戏,他们一方面被迫承认在古典时期的雅典社会中存在埃菲比亚传统,另一方面却片面强调这种传统在莱库古执政之前尚未被制度化和正名。从历史学的视角看,如果说一种传统的基本要素的出现早于其特定称谓,那么对该传统的研究就必须从其前身或萌芽阶段开始。因此,笔者认为,为了尽可能真实地还原雅典古典时期埃菲比亚传统的面貌,我们必须抛弃各种先入为主的意识形态偏见,打破各学派间的隔阂和在古典语境中原本就较为模糊的"制度"概念对埃菲比亚研究的束缚,对散见于各种现存文献中的史料证据进行全面、系统的综合分析,历史地解读埃菲比亚传统在古典时代盛期和末期呈现出的不同特点,进而探讨雅典埃菲比亚文化在古典时期的演变历程及其在不同阶段所反映的时代特征。

三 埃菲比亚誓词及其在古典文献中的痕迹

除英国学者弗雷德外,维拉莫维茨等埃菲比亚传统的早期研究者们几乎完全忽视了对埃菲比亚誓词的探讨。② 这主要是由于古典学者们对通过年代较晚的语法学家作品保留下来的史料的可靠性持怀疑态度。在维拉莫维茨的时代,学者们只能通过罗马帝国时期的语法学家波鲁克斯③与斯托贝乌斯(Stobaeus)④ 转录的材料去了解埃菲比亚誓词的内容,因此很多古典学家认为,这种经过转抄、改写后的铭文史料必然会存在各种错误,甚至可能是伪造的。然而在1932年,考古学家们在雅典阿卡奈(Acharnai)部落聚居区发现了书写于公元前4世纪中期、刻有整篇誓词的铭文,⑤ 其内容与波鲁克

---

① J. Friend, *The Athenian Ephebeia in the Lycurgan Period*: 334/3 – 322/1 B. C., p. 31, p. 34.
② C. Pélékidis, *Histoire de l'Éphébie Attique*: des origines à 31 avant Jésus-Christ, pp. 76 – 77.
③ Pollux, *Onomasticon*, 8. 105 – 106.
④ Stobaeus, *Anthologium*, 4. 1. 48.
⑤ C. W. Hedrick, "The American Ephebe: The Ephebic Oath, U. S. Education, and Nationalism," *The Classical World*, Vol. 97, 2004, p. 387.

斯、斯托贝乌斯保存下来的文本基本吻合，从而证实了"埃菲比亚誓词"在历史上的真实存在。铭文版誓词的主要内容如下："我将不辱没神圣的武器，不抛弃与我并肩作战的任何一位战友。我将保卫神圣与世俗的财产，不会坐视祖国蒙受损失，而将同大家一起使它变得更为强大与美好。我将永远服从那些合理地进行统治的官员，服从现行法律和将在未来被制定出来的合理法规。无论是谁破坏了这些传统，我自己和大家都不会纵容他们，我还将尊重父辈崇拜的圣所。请阿格劳鲁斯诸神、赫斯提娅、埃努奥、埃努亚里奥斯、阿瑞斯和战争之神雅典娜、宙斯、塔洛、奥克索、赫格墨涅、赫拉克勒斯及祖国的疆界、小麦、大麦、葡萄树、齐墩果树、无花果树作证。"[1]

不难看出，埃菲比亚誓词的基本内容包括：埃菲比要承担国家规定的各种军事、政治义务，他们必须服从政治官员、遵守现行法律，他们还要尊重雅典的传统宗教。[2] 埃菲比亚誓词的核心精神与亚里士多德所介绍的埃菲比亚制度是完全一致的，显然同作为雅典公民的身份资格和基本道德要求存在密切联系。[3] 与此同时，铭文版誓词的出土，不仅无可争议地将埃菲比亚政治文化传统的形成年代提前到了公元前4世纪中期，并且还暗示了一种更为古老的传统的存在。首先，从格式上看，埃菲比亚誓词的结构，与狄奥多鲁斯（Diodorus）所记录的、希腊联军在科林斯地峡集结抗击波斯入侵者时立下的誓言[4]十分相似，反映了一种从公元前5世纪已开始存在的军队誓言形式。[5] 这一点似乎表明，埃菲比亚誓词本身是有着非常悠久的历史传统的。其次，铭文版埃菲比亚誓词使用的希腊语词汇较为生

---

[1] P. J. Rhodes and R. Osborne, eds., *Greek Historical Inscriptions, 404 – 323 B. C.*, Oxford: Oxford University Press, 2003, No. 88.

[2] P. Siewert, "The Ephebic Oath in Fifth-Century Athens," *Journal of Hellenic Studies*, Vol. 97, 1977, p. 102.

[3] O. W. Reinmuth, "The Genesis of the Athenian Ephebia," p. 40.

[4] Diodorus, *Library of History*, 11. 29. 2 – 3.

[5] P. Vidal-Naquet, "Le Philoctète de Sophocles et l'éphébie," *Annales, Histoire, Sciences Sociales*, Vol. 26, 1971, p. 623.

僻和古朴（如铭文版誓词习惯将动词置于宾语之前，说 ouk elattō paradōsō tēn patrida，而非波鲁克斯与斯托贝乌斯所转抄的 tēn patrida ouk elattō paradōsō；又如铭文版誓词中直接写 ta iera opla，而不像斯托贝乌斯那样写成 opla ta iera，以符合古典时期雅典人的用语习惯），甚至使得波鲁克斯与斯托贝乌斯在转写和解释中犯下若干错误（如用更为符合古典中晚期阿提卡方言表述习惯的 kai monos kai meta pollōn/pantōn 来代替 kata te emanton kai meta apantōn）。[1] 该现象同样反映了誓词本身的古老历史渊源。

值得注意的是，与埃菲比亚铭文迟至公元前334/前333年之后才大量涌现的情况不同，我们在公元前5世纪的雅典古典文学作品中，似乎可以找到对埃菲比亚誓词的不少借鉴、模仿与回应。索福克勒斯（Sophocles）在悲剧《安提戈涅》(Antigone) 中写道："我相信这样的人能够成为优秀的统治者和被统治者，在奉命手持长枪的时候成为正直而优秀的战友。"[2] 这段文字在含义上流露出模仿埃菲比亚誓词的痕迹，并且两份文本都使用了 parastatēs 这一核心概念。无独有偶，修昔底德也在创作（或重构）伯利克里演说词的时候写道："尽管我们在私人交往中不受约束，我们却不会在公共场合冒犯神明，而是会服从权威和法律，特别是在那些需要援助受害者的场合及同事关荣辱的未成义习俗有关的事务上。"[3] 语句所传达的基本精神同样与埃菲比亚誓词十分吻合。细节处的借用还包括阿里斯托芬的《云》(Nubes) 中证人的赌咒方式、[4]《和平》(Pax)[5] 与《阿卡奈人》(Acharneuses)[6] 中提及的葡萄树和无花果树等。这些惊人的相似之处证明，埃菲比亚誓词很可能产生于公元前5世纪后期甚至更早的雅典文化传统中。公元前5世纪的雅典作家与他们的读者、

---

[1] J. Rhodes and R. Osborne, eds., *Greek Historical Inscriptions*, 404 – 323 B. C., pp. 445 – 446.

[2] Sophocles, *Antigone*, 663 – 671.

[3] Thucydides, *Historiae*, 2. 37. 3.

[4] Aristophanes, *Nubes*, 1220 – 1221.

[5] Aristophanes, *Pax*, 596 – 600.

[6] Aristophanes, *Acharneuses*, 998 – 999.

听众们对誓词的内容十分熟悉,并在日常的文学创作和语言交流中频繁地模仿或改造誓词里的字句。埃菲比亚誓词的存在与影响力说明,公元前4世纪后期的埃菲比亚制度并不是凭空产生的,它是对以埃菲比亚誓词为代表的、在公元前5世纪已经广为流传的雅典爱国主义政治文化的继承。

四 古典盛期史料中的埃菲比亚文化元素

维拉莫维茨等埃菲比亚传统的早期研究者们质疑其古老性的一个重要理由在于,这种同军事、教育密切相关的文化现象不见于任何古典盛期作家们的记载。[①] 然而,20世纪以来,在埃菲比亚誓词研究取得的突破性进展,罗纳德·里德利(Ronald T. Ridley)[②] 等学者在对古典时期相关史料的梳理成果基础上,学术界逐渐意识到,古典盛期雅典文献材料中对埃菲比亚传统的间接提及其实并不罕见。

在《论非法使节》(Oratio de falsa legatione)中,埃斯奇尼斯在回击政敌质疑自己合格雅典公民身份的场合宣称:"我告别童年后,立刻加入了这片国土的环戍部队,服役达两年之久。"[③] 埃斯奇尼斯在陈述中提及了自己于公元前370年前后承担的两年服役期,并使用了"环戍部队(peripolos)"这个术语,其字面含义"环绕巡行者",正好符合本文开篇引述的柏拉图的《法律篇》对守卫郊区的青年职责的叙述。[④] 而环戍部队恰恰是雅典军队中十分古老且特殊的一种编制。铭文证据显示,伯罗奔尼撒战争后期,雅典的环戍部队没有参与公元前415/前414年对西西里岛的大规模远征。[⑤] 结合埃斯奇尼斯的叙述判断,"环戍部队"很可能是由雅典青年组成的负责城

[①] C. Pélékidis, *Histoire de l'Éphébie Attique: des origines à 31 avant Jésus-Christ*, p. 9.

[②] R. T. Ridley, "The Hoplite as Citizen: Athenian Military Institutions in their Social Context," *L'Antiquité classique*, Vol. 48, p. 532.

[③] Aeschines, *Oratio de falsa legatione*, 167.

[④] P. Vidal-Naquet, *The Black Hunter: Forms of Thought and Forms of Society in the Greek World*, p. 107.

[⑤] C. Pélékidis, *Histoire de l'Éphébie Attique: des origines à 31 avant Jésus-Christ*, p. 36.

郊警戒、巡逻任务的预备役军队和日后埃菲比的前身。

在《伯罗奔尼撒战争史》(Historiae) 卷一中，修昔底德写道："雅典人没有派出正规军去攻打埃吉纳，而是任命麦罗尼德斯为将领，集合留守城中的、由最年老的和最年轻的军人组成的守卫部队，出征麦加拉。"① 其中使用的"最年轻者"（neōtatos）这个军事术语在修昔底德的著作中多次出现。② 结合引文中的语境判断，这些最年轻的士兵尚不被视为雅典的正规军，他们在战争期间仍然留在雅典城内，负责城防和警戒任务。因此，他们很可能跟埃斯奇尼斯所说的"环成部队"是同一批人，是埃菲比在伯罗奔尼撒战争期间及此后相当长的一段历史时期内的两种不同称谓。

德摩斯梯尼（Demosthenes）在《论非法使节》(Oratio de falsa legatione) 里提到，有人当众宣读"米尔提泰、铁米斯托克利的法令与埃菲比们在阿格劳鲁斯圣区里立下的誓词"③。从上下文的语境看，德摩斯梯尼显然将埃菲比亚誓词视为与希波战争期间雅典杰出政治家所颁布的法令同样古老而神圣的文本。

在《雅典的收入》(Poroi) 中，色诺芬建议雅典政府资助"在健身房里努力训练的人"和担任要塞守卫、持盾兵士和郊区巡卫的人，以便把雅典人塑造成为"更加服从权威、遵守纪律、精于战事"的族群。④ 结合历史语境判断，色诺芬在这里讨论的显然是雅典青年的军事教育问题。⑤ 色诺芬提供的证据似乎暗示青年军训制度在公元前4世纪中期的雅典已经实行，但国家尚未像日后的埃菲比亚制度所设计的那样足额提供青年的全部训练、生活费用。

除散文作家提供的材料外，雅典剧作家们也在保存埃菲比亚传统相关史料方面做出了重要贡献。这一现象并非出于偶然。根据维

---

① Thucydides, *Historiae*, 1. 105. 4.
② C. Pélékidis, *Histoire de l'Éphébie Attique: des origines à 31 avant Jésus-Christ*, p. 47.
③ Demosthenes, *Oratio de falsa legatione* (Oration 19), 303.
④ Xenophon, *Poroi*, 4. 51 – 52.
⑤ J. J. Winkler, "The Ephebes'Song: Tragôidia and Polis," in J. J. Winkler and F. I. Zeitlin, eds., *Nothing to Do with Dionysos? Athenian Drama in Its Social Context*, Princeton: Princeton University Press, 1990, p. 30.

达尔-纳凯的统计，本地人与外来人口的遭遇和冲突是希腊戏剧中极为流行的主题。① 埃菲比通过履行军事义务而获准进入雅典公民集体和政治舞台的过程与外来者融入本地社会的过程十分相似，因而成为戏剧作家们经常借用的素材。在这方面的研究中，波维（A. M. Bowie）对阿里斯托芬喜剧《骑士》（*Equites*）中香肠商形象的解读十分生动和令人信服。

阿里斯托芬的《骑士》是一部讽刺雅典民众蛊惑家的政治喜剧。该剧通过叙述一个默默无闻的香肠商通过粗野下流的手段在辩论中击败当时的雅典民众领袖克勒昂（Cleon，剧中化名为 Paphlagon）并取而代之的荒诞故事，嘲讽了古典时期雅典政界的反复无常、恶劣庸俗与混乱无序。然而，波维指出，在这一主干剧情背后，阿里斯托芬还设计了埃菲比步入雅典公民行列的隐喻。这种隐喻效果是有着亲身生活体验的雅典观众们完全能够意识到的。

在《骑士》中，香肠商是一个"非常年轻的人"②，"即将步入成年"③；他一度不敢相信自己有朝一日能够长大成人，④ 他在同克勒昂的较量中得到了诸位神明，特别是埃菲比保护神的佑助。⑤ 香肠商在成功前基本处于与世隔绝的状态：⑥ 他因找不到配偶而时常自慰取乐，⑦ 他在雅典城门口贩卖香肠，⑧ 与驻守在雅典郊区的埃菲比⑨十分相似。但他在获胜后得到了"雅典人民"的认可与欢迎，⑩ 取得了"阿格拉克里图斯（Agoracritus，意为'在广场上通过考验的

---

① P. Vidal-Naquet, "The Place and Status of Foreigners in Athenian Tragedy," in C. Pelling, ed., *Greek Tragedy and the Historian*, Oxford: Clarendon Press, 1997, pp. 111 – 112.
② Aristophanes, *Equites*, 611.
③ Aristophanes, *Equites*, 1241.
④ Aristophanes, *Equites*, 178 – 179, 1254 – 1255.
⑤ A. M. Bowie, *Aristophanes: Myth, Ritual and Comedy*, Cambridge: Cambridge University Press, 1993, pp. 53 – 54.
⑥ A. M. Bowie, *Aristophanes: Myth, Ritual and Comedy*, pp. 52 – 53.
⑦ Aristophanes, *Equites*, 1242.
⑧ Aristophanes, *Equites*, 1245 – 1247.
⑨ P. Vidal-Naquet, *The Black Hunter: Forms of Thought and Forms of Society in the Greek World*, p. 107.
⑩ A. M. Bowie, *Aristophanes: Myth, Ritual and Comedy*, pp. 55 – 56.

人')"这个富有寓意的名字,① 并披上了一件蛙绿色的袍子②（历史上的埃菲比在被授予公民权的仪式上要身穿黑袍③）。可见,古典末期埃菲比亚制度中的许多核心元素,如成年仪式、公民权授予、竞赛与考核程序、服役期间对人身自由的限制等,都在《骑士》中以一种戏谑的方式展现出来了,而很可能亲身接受过埃菲比亚式军事训练的大多数雅典观众对二者间的这种联系是一望即知的。阿里斯托芬意在通过这种对雅典民主传统中被视为十分严肃、神圣的成人仪式的讽刺性模仿,引发雅典观众对混乱政局下古老政治传统所遭到的破坏进行反思。

此外,埃菲比的形象也在其他一些古典剧作中有所反映。阿里斯托芬在《吕西斯特拉塔》（Lysistrata）中勾勒了一个远离家庭生活与故土,久居野外并以打猎为生的青年麦拉尼昂（Melanion）形象,其原型很可能来自驻守郊外并通过狩猎进行军事训练的雅典埃菲比。④ 罗宾米切尔－博亚斯克（Robin Mitchell-Boyask）认为,欧里庇得斯（Euripides）的作品《希波利图斯》（Hippolytus）中违背自己立下的誓言,触怒象征埃菲比亚传统的英雄提修斯（Theseus）并被迫永久背井离乡,最终在野外遇难死去的主人公代表着一个失败了的埃菲比。⑤ 维森特·法伦加（Vincent Farenga）则在埃斯库罗斯（Aeschylus）的《乞援人》（Suppliants）中的异邦人身上看到了埃菲比的影子。⑥ 总之,在雅典古典时期的戏剧创作中确实存在一种通用的艺术手法,它以埃菲比或其在古典盛期的雏形为基本原型来构建作品中的人物形象;并且,这种方式是对青年军训生活有着切身体验的

---

① A. M. Bowie, *Aristophanes*: *Myth*, *Ritual and Comedy*, p. 56.
② Aristophanes, *Equites*, 1404 – 1408.
③ A. M. Bowie, *Aristophanes*: *Myth*, *Ritual and Comedy*, p. 56.
④ Aristophanes, *Lysistrata*, 781 – 796.
⑤ R. Mitchell-Boyask, "Euripides' *Hippolytus* and the Trials of Manhood (The Ephebia?)," in M. W. Padilla, ed. , *Rites of Passage in Ancient Greece*: *Literature*, *Religion*, *Society*, London & Toronto: Associated University Press, 1999, pp. 43 – 44, 58.
⑥ V. Farenga, *Citizen and Self in Ancient Greece*: *Individuals Performing Justice and the Law*, Cambridge: Cambridge University Press, 2006, pp. 351, 369.

雅典观众们所喜闻乐见的。

在此基础上，让·马里（Jean maire）、沃克（Henry J. Walker）与法伦加等学者进一步提出，雅典民主文化传统中理想的埃菲比形象，是以希腊神话中的英雄提修斯为原型的。① 巴库利德斯（Bacchylides）的残篇证明，关于青年提修斯的传说至迟在古典时代早期已经基本确立。在巴库利德斯的笔下，提修斯在寻父道路上克服了千难万险，② 他身背利剑，手持长枪，是一个"刚刚成熟的青年"，随时准备投身战争，并寻找进入雅典的道路。③ 巴库利德斯的描述很可能是对当时已经存在的埃菲比亚传统的一种比附。无论历史情形如何，正如沃克所指出的，提修斯认父的神话叙述了一个原本具备雅典王位资格要求的外来青年，通过各种险阻的考验，最终被雅典城邦接纳的经历。这一故事很可能同埃菲比亚传统在雅典古典时期的形成与发展存在密切联系；④ 而提修斯在希腊化时期被尊为埃菲比保护神的现象，也必然是有着十分古老的历史渊源的。除文献证据外，当代希腊艺术史研究者们，还在古风时代后期的希腊陶瓶画中发现了与埃菲比非常相似的参与军事、体育训练的青年形象。⑤ 总之，尽管我们依旧缺乏证明埃菲比亚作为一种法律规定的正式制度存在于古典盛期的雅典社会的铭文或其他一手史料证据，公元前5世纪末至公元前4世纪中期反映埃菲比亚军事训练体系及其前身的间接证据却是极为丰富和不容否认的。无论莱库古执政前的雅典政府是否通过立法将青年军训的社会习俗制度化并予以经济资助，作为一种政治文化传统的埃菲比亚模式必定在很早的历史阶段就已根植于雅典社会之中，同民主制下的其他各种传统与制度共存和相互

---

① V. Farenga, *Citizen and Self in Ancient Greece: Individuals Performing Justice and the Law*, p. 355; H. J. Walker, *Theseus and Athens*, New York & Oxford: Oxford University Press, 1995, p. 95.
② Bacchylides, 18.19 – 30 (in Maehler).
③ Bacchylides, 18.46 – 60 (in Maehler).
④ H. J. Walker, *Theseus and Athens*, p. 96.
⑤ C. R. Morey, "The 'Arming of an Ephebe' on a Princeton Vase," *American Journal of Archaeology*, Vol. 11, 1907, pp. 143, 149; C. Pélékidis, *Histoire de l'Éphébie Attique: des origines à 31 avant Jésus-Christ*, p. 116.

作用，其誓词内容、公民权授予仪式和相关神话传说都在雅典文化史上留下了不可磨灭的痕迹。

五 埃菲比亚传统与雅典民主精神的一致性

对现存史料的全面分析表明，埃菲比亚誓词的格式与文字风格反映了一种悠久的历史传统，古典盛期散文、韵文作家们留下的，同古典末期埃菲比亚制度的前身间接相关的证据也十分丰富。这一事实基本可以推翻维拉莫维茨否认埃菲比亚传统存在于古典盛期的主要依据。据此，笔者认为，埃菲比亚政治文化传统至迟在公元前5世纪末至4世纪初的雅典民主制盛期已经存在。当时的埃菲比亚传统似乎并未通过国家法令制度化，也或许没有得到雅典政府的充分经济支持，甚至有可能在色诺芬的时代之前尚未被命名为"埃菲比亚"，但它已作为一种政治文化与宗教文化传统植根于雅典民主制的土壤中。埃菲比亚传统将忠于国家、服从法律和尊敬传统宗教作为雅典青年必须承担的基本义务，将义务兵役的履行同公民权的授予联系起来，并在青年服役期内对其人身自由进行严格限制，具有典型的强制性特征。那么，我们应当如何解释维拉莫维茨、德·马塞鲁斯等人质疑古典盛期埃菲比亚传统存在的首要依据——埃菲比亚传统原则同雅典民主生活原则之间的不兼容性呢？

在维拉莫维茨等19世纪末的古典学者们心目中，埃菲比亚传统所反映的要求是无法同古典民主精神相调和的，在他们看来，国家对个体公民义务的强制性要求必然构成对民主原则的侵犯。[①] 然而，笔者认为，在真正生活于古代民主制之下的雅典公民眼中，情况很可能并非如此。

不容否认的是，与大多数实行专制的古代国家相比，雅典民主制对公民的个人自由给予了更多的保护。柏拉图在《法律篇》中将

---

① J. W. Taylor, "The Athenian Ephebic Oath," *The Classical Journal* Vol. 13, 1918, p. 495.

雅典式的自由作为斯巴达式社会管制的对立面;① 伪色诺芬（Pseudo-Xenophon）则在《雅典政制》（*Constitution of the Athenians*）中抨击了雅典民主制下公民享有的过度自由。② 然而，雅典民主制同时还奉行另外一个基本原则，即通过民主决议和政治、宗教、社会传统习俗所体现的公民集体意志是永远高于个人自由的。具体到公民教育领域，我们可以看到，主张国家加强对雅典青年的教育、管制力度的呼声，在古典盛期的雅典作家中一直居于主流。③ 在《反提马库斯演说词》（*Oratio in Timarchum*）中，埃斯奇尼斯赞美了梭伦（Solon）、德拉古（Draco）等古代立法者们对雅典儿童、青年严格而近于苛刻的道德管教，并肯定了雅典政府通过立法来规范、管理公民教育的做法。④ 伊索克拉底（Isocrates）无比怀念雅典从前在战神山（Areopagus）上设立的、负责监督青年道德举止的教育组织，认为更为严酷的传统教育制度可以培养出民主制下更为合格的公民。⑤ 可见，在许多雅典古典作家心目中，对青少年进行严格教育和军事化管理的做法，并不构成对民主制下自由原则的侵犯，相反却是促进民主文化发展的教育手段和完全符合雅典古老美德的传统习俗。在雅典之外，斯巴达人虽然只知有国家而不知有个人，却同样热爱和信奉自由原则。⑥ 那么，古典时代的雅典知识精英们对埃菲比亚文化的看法究竟如何呢？相关的材料十分匮乏，但莱库古的《反勒奥克拉底演说词》中的评价却为我们提供了宝贵启示。莱库古在请文吏当众宣读完埃菲比亚誓词⑦后评论道："在座的各位，这是一篇出色而庄严的誓词。勒奥克拉底违背了其中的所有要求。还有谁能在渎

---

① Plato, *Leges*, 642c.
② Pseudo-Xenophon（Old Oligarch）, *Constitution of the Athenians*, 1. 8.
③ A. Brelich, *Paides e Parthenoi*, Vol. Ⅰ, Roma: Edizioni dell' Ateneo, 1969, p. 224.
④ Aeschines, *Oratio in Timarchum*, 6 – 18.
⑤ Isocrates, *Areopagiticus*, 37, 50 – 51, 82.
⑥ 滕大春、戴本博主编：《外国教育通史》第1卷，山东教育出版社2005年第2版，第137—138页。
⑦ 抄写莱库古著作的古代手稿并未记录埃菲比亚誓词的文本。现今《洛布古典丛书》相关文本中的埃菲比亚誓词取自前述1932年发现的铭文材料。

神和叛国方面做得更加过分呢？还有比不愿拿起武器抵御外敌更为可耻的行为么？一个根本没有在战场上露面的人难道不就等于是抛下战友逃跑了么？一个不敢面对这种战争危险的人如何能够保卫尘世与神界呢？还有什么做法能比把祖国丢给敌人发落更符合叛国的定义呢？难道你们不觉得应当诛杀一个犯下这么多罪行的人吗？……维系民主的正是这份誓言。"①

莱库古的这段话明白无误地表明，埃菲比亚誓词及其所承载的国家利益高于个人自由的基本原则，非但不同古典民主制度构成矛盾，反而恰恰是支撑雅典民主政治体系的基石。从宏观角度看，埃菲比亚政治文化传统是雅典政府按照年龄段对公民进行管理、组织的政治统治模式中的关键一环。② 在《克里同》（Crito）中，柏拉图借苏格拉底之口指出，如果国家意志与法律权威的威信不能凌驾于个人之上，雅典民主政权就无法存在；个体公民的权利享受必须以服从国家权威和履行相应义务为前提。③ 在面对同自身意志根本对立的内外力量时，雅典民主政权并不排斥使用暴力与强制手段。④ 这一特征在与埃菲比亚传统密切相关的军事活动中体现得尤为明显。大概生活于公元前4世纪中叶的希腊军事作家埃涅阿斯（Aeneas Tacticus）认为，在兵临城下的危急关头，必须严格限制和密切监督公民的交际生活，甚至有必要审查出入城市的私人信件。⑤ 我们没有理由怀疑，在战事频繁的古典时代，奉行民主原则的雅典同样会采用跟其他希腊城邦近似的严格军队管理模式；而针对青年的埃菲比亚军事训练体系，正是雅典各部落成年公民军事化组织模式的延伸。⑥ 在

---

① Lycurgus, *Against Leocrates*, 77-78.
② P. J. Rhodes, *A Commentary on the Aristotelian Athenaion Politeia*, Oxford: Clarendon Press, 1981, p. 503.
③ Plato, *Crito*, 50a-51e.
④ J. F. McGlew, *Tyranny and Political Culture in Ancient Greece*, Ithaca & London, Cornell University Press, 1993, p. 184.
⑤ Aeneas Tacticus, 10.5-6.
⑥ O. W. Reinmuth, *The Ephebic Inscriptions of the Fourth Century B. C.*, p. 125.

古风与古典时期,埃菲比亚传统与其他类似的军训形式,都是为重装步兵部队培养预备役的重要手段。[1] 语言学方面的证据则表明,在古希腊人的观念里,青年有时等同于一批有待操练的年轻兵员。[2] 在古代希腊世界城邦林立的政治格局下,对公民进行军事化组织与管理是所有城邦生存与自我维系的基本手段,古典时期的雅典在这方面也不例外。根据古代城邦政治的必然逻辑,即将被纳入公民集体、享受政治权利的青年必须履行保家卫国的基本义务,[3] 因为军事力量的支持乃是城邦生活的根本基础。[4] 在这方面,古典时期雅典的埃菲比亚传统与19世纪欧洲各国建立的义务兵役制不谋而合;[5] 而古代民主制下政治自由高于个人自由的基本原则和频繁战事对民主政权生存的根本威胁,促使雅典民众采取了更为激进、强硬的手段,来对即将成为正式军人的青年进行军事化组织与管理。要之,埃菲比亚传统对公民人身自由的限制与侵害并不违背雅典民主制下的自由原则,它是集体利益至上的政治观念与希腊城邦危机时期的战争环境共同塑造的产物。

结　论

埃菲比亚传统是雅典古典文明的有机组成部分,其社会强制性、军事性、宗教性及其与公民权之间的天然联系,对我们深入理解雅典民主制的基本特征具有重要启示意义。通过对原始材料和后世学者研究成果的梳理,笔者认为,一方面,作为一种由国家法律明确规定和政府提供经济支持的正式社会制度,埃菲比亚军训体系在公

---

[1] P. Vidal-Naquet, *The Black Hunter: Forms of Thought and Forms of Society in the Greek World*, p. 120.

[2] P. Vidal-Naquet, *The Black Hunter: Forms of Thought and Forms of Society in the Greek World*, p. 149.

[3] O. W. Reinmuth, "The Ephebate and Citizenship in Attica," *Transactions and Proceedings of the American Philological Association*, Vol. 79, 1948, p. 212.

[4] O. W. Reinmuth, "The Genesis of the Athenian Ephebia," p. 42.

[5] H. I. Marrou, *Histoire de l'éducation dans l'antiquité*, Paris: Éditions du Seuil, 1948, p. 152.

元前 336/前 335 年之前的存在缺乏铭文与史料的直接证据；另一方面，作为一种民间文化的埃菲比亚传统，必然已在公元前 5 世纪末以降的古典盛期雅典民主制社会中逐步建立起来了。① 该传统具有以下四个鲜明的基本特征。

首先，埃菲比亚传统是为了维护雅典城邦的政治利益和军事需要，对即将步入政治生活的雅典青年们进行身体、思想教育的理性社会管理模式，旨在培养服从政治权威、尊重文化传统和具备保家卫国的军事技能与强健体魄的雅典公民。② 它在发展过程中很可能吸收借鉴了希腊古风时期的尚武和狩猎传统、斯巴达的全民军事化管理模式等要素，但它对年龄的精确规定及其同雅典本土神祇崇拜的密切联系，则反映了埃菲比亚传统在雅典本地文化背景影响下形成的独特性。

其次，埃菲比亚传统将服兵役的义务与雅典公民权的授予资格和服从国家权威、公民大会投票决议及各种现行法律的政治要求紧密联系起来，体现了城邦政治体制下权利与义务互为表里的基本原则，反映了埃菲比亚传统鲜明的民主政治文化特征。

再次，埃菲比亚传统带有浓厚的宗教色彩。③ 接受埃菲比亚军事训练的雅典青年必须首先立下庄严的誓言，保证自己对传统宗教的无条件支持。相关铭文史料表明，埃菲比在几乎所有绝大多数重要的雅典宗教节日庆典中都扮演十分重要的角色。④

最后，埃菲比亚传统具有典型的社会强制性。⑤ 在得到国家法律的认可与支持前，这种政治文化传统同样可以依靠宗教信仰、社会

---

① P. Vidal-Naquet, *The Black Hunter: Forms of Thought and Forms of Society in the Greek World*, p. 106.
② C. Pélékidis, *Histoire de l'Éphébie Attique: des origines à 31 avant Jésus-Christ*, p. 257.
③ C. Pélékidis, *Histoire de l'Éphébie Attique: des origines à 31 avant Jésus-Christ*, p. 211.
④ S. Humphreys, "Lycurgus of Putadae: An Athenian Aristocrat," in J. W. Eadie and J. Ober, eds., *The Craft of the Ancient Historian, Essays in Honor of Chester G. Starr*, Lanham & New York & London, University Press of America, 1985, p. 207.
⑤ C. Pélékidis, *Histoire de l'Éphébie Attique: des origines à 31 avant Jésus-Christ*, p. 74.

习俗、宣誓仪式、公民权的资格要求①和部落内部的组织体系在民间得到维系,并且同雅典政府所推行的国家意志保持着高度一致性,是雅典政治文化的有机组成部分。至迟在莱库古政治改革后,埃菲比亚传统进一步演变成了一种由雅典政府提供法律、财政支持,以部落为组织形式,通过年龄审查、公民权限制、军事化训练、宗教誓词约束和民众大会监督等手段,进行全方位管理的国家军事教育制度。它在很大程度上限制了雅典青年们的人身自由,反映了古代民主制下集体意志高于个人自由的精神。

埃菲比亚传统不是由柏拉图、莱库古等人的个体聪明才智创造的,而是在古希腊特定社会环境下的产物。②诚然,如维拉莫维茨、德·马塞鲁斯和弗雷德等学者所说,雅典在喀罗尼亚战役中的失败和随之而来的政治改革很可能开启了埃菲比亚文化传统制度化的进程。但笔者认为,成熟阶段埃菲比亚制度所表现出的核心特征,如与未成年人和公民权授予的联系、宗教色彩、对法律与政治权威的服从要求等,都在古典盛期即已存在的埃菲比亚誓词和相关古典史料中有所体现。因此,对于埃菲比亚传统而言,莱库古等人实行的政治改革只构成对旧有原则的肯定与强化,③并没有成为埃菲比亚传统发展进程中的根本转折点。考古学家们在雅典周边已发现了24块书写于公元前333/前332年至前324/前323年间的埃菲比亚铭文,④而在此之前的铭文证据一直付之阙如。这似乎说明,在莱库古政治改革期间,在喀罗尼亚战役惨败的背景下,雅典政府开始(或大大

---

① 根据摩根·汉森(Mogens Herman Hansen)的出色研究成果,在公元前4世纪的雅典民主社会中,雅典公民不但可以享受参与城邦政治决策与法律制定的政治权利,还在占有农业、矿产等资源和财产继承方面享有国家认可的诸多特权(M. H. Hansen, *The Athenian Democracy in the Age of Demosthenes, Structure, Principles and Ideology*, J. A. Crook, tr., Oxford & Cambridge, Massachusetts: Blackwell Publishers, 1991, p.97);这些资格都是客籍民和外邦人所不具备的。因此,雅典公民权必然是绝大多数具备相关资格的雅典居民不会放弃的重要权利。无论古典盛期的雅典政府是否立法规定雅典青年必须加入埃菲比亚组织,埃菲比亚传统的社会强制性特征都必然是客观存在的。

② C. Pélékidis, *Histoire de l'Éphébie Attique: des origines à 31 avant Jésus-Christ*, p.79.

③ O. W. Reinmuth, *The Ephebic Inscriptions of the Fourth Century B.C.*, p.132.

④ De Marcellus, *The Origins and Nature of the Attic Ephebeia to 200 B.C.*, p.24.

强化)了对埃菲比亚教育模式的组织和管理,将原本流传于民间的、其训练强度与水平可能尚无法满足国家军事需要的埃菲比亚传统制度化和法律化了。而色诺芬于公元前4世纪中期呼吁雅典政治家们资助青年军事、体育训练的史料①和古典时代末期埃菲比每日领4欧宝生活费的史实②也暗示,莱库古政府很可能启动了对埃菲比亚制度的全面经济支持。所有这些调整都不是革命性的,而只是对现有埃菲比亚传统的肯定、支持与提倡,意在通过这种训练体系实现对雅典公民教育、军事与宗教生活的全面组织与引导。③

对埃菲比亚传统起源的认识有助于我们更深刻地理解雅典民主制的实质。与乔治·格罗特(George Grote)将古代民主制理想化、现代化而描绘出的情形④不同,历史上的雅典民主意识形态更看重的是公民集体的政治自由,而非个体公民的自由;⑤ 埃菲比亚传统、苏格拉底审判事件与陶片放逐法等,都是雅典城邦对其公民具有绝对权威的典型证据。通过限制、牺牲个体公民的自由来维护公民集体的意志、权威与整体利益,是历史上包括雅典民主制在内的各种古代政治管理模式采用的一种基本统治手段。

(原载《世界历史》2014年第4期)

---

① Xenophon, *Poroi*, 4.51-52.
② H. Gehrke, "Ephebeia," in H. Cancik and H. Schneider, eds., *Der neue Pauly, Enzyklopädie der Antike*, Band 3, Stuttgart & Weimar: Verlag J. B. Metzler, 1997, p.1073.
③ P. Liddel, *Civic Obligation and Individual Liberty in Ancient Athens*, p.290.
④ G. Grote, *History of Greece: From the Earliest Period to the Close of the Generation Contemporary with Alexander the Great*, Vol. V, London: John Murray, 1907, p.71.
⑤ B. Constant, *Political Writings*, B. Fontana, ed./tr., Cambridge & New York & Port Chester & Melbourne & Sydney, Cambridge University Press, 1988, pp.31-312.

希腊城邦与奥林匹亚节[*]

邢　颖

公元前420年，正值伯罗奔尼撒战争第一阶段结束后的短暂休战期，斯巴达与雅典刚刚签订了"尼基阿斯和约"（Peace of Nicias），各自获得宝贵的喘息机会。然而，伯罗奔尼撒同盟内部并不平静，以科林斯为首的其他同盟国不赞成议和；一些同盟国甚至开始酝酿私下结盟，以摆脱斯巴达的领导地位。在这一背景下，地处伯罗奔尼撒半岛西北隅的城邦伊利斯（Elis）因领土问题与同盟领袖斯巴达产生嫌隙。斯巴达只接受一定程度的让步，不同意伊利斯人提出的要斯巴达缴纳罚款的和解方案。最终，伊利斯以斯巴达人违背奥林匹亚和约为由，禁止斯巴达人参加当年的奥林匹亚祭祀仪式和竞技比赛。[①]

从上述事件可以看出，只要有合适的理由，伊利斯城邦有权阻止其他希腊城邦的公民参加奥林匹亚节。这意味着，一个希腊城邦公民无论是参加祭祀仪式还是竞技比赛，都要以城邦为单位，即代表了其所属城邦。同时也进一步说明，城邦社会是奥林匹亚节这个泛希腊宗教节日的重要背景，是其运作的框架。

---

[*] "奥林匹亚节"传统上译为"奥林匹亚赛会"或"奥林匹亚运动会"，对应的英文表达方式是Olympian Games或Olympic Games，可见传统译法与英文一致。该词的古希腊文原型是ta Olympia，本身是复数形式，以表示在奥林匹亚举办的祭祀宙斯神的宗教节日。在笔者看来，传统上从英文对译而来的"赛会"或"运动会"只强调了庆典中的一部分祭神活动，有以偏概全之嫌，故本文采用了"奥林匹亚节"的新译法。

① Thucydidis, *Historiae*, 5.49.

事实上，在近些年的希腊宗教史研究领域，越来越多的学者开始重视城邦在希腊宗教崇拜体系中所起的基础框架作用，一些学者甚至用"城邦宗教"（Polis Religion）这一概念来概括希腊的宗教体系。[①] 在这一体系中，宗教乃至希腊人用以表达其宗教情感的仪式行为，都与希腊城邦社会的形成和发展进程密切相关。对于城邦范围内的宗教节日，如雅典的城市狄奥尼索斯节（The Great Dionysia）等，城邦社会与宗教仪式之间的关联比较容易理解，也得到不少学者的关注。[②] 但在城邦范围以外，即跨城邦和泛希腊的宗教节日中，城邦宗教的特征也同样有所反映。本文试图从古希腊奥林匹亚节入手，论述这个泛希腊宗教节日与希腊城邦之间的密切关联。

一 伊利斯城邦与奥林匹亚节的管理

在古希腊城邦社会，宗教属于全体公民，而不为某一阶层所垄断。城邦委派一些公民或公民团体负责宗教事务，他们代表整个公民集团履行宗教职能。这些祭司的身份类似行政官员，其权力仅限于他本人所服务的神祇圣地以及相关的宗教活动。[③] 他们有固定的任职期限，有些在卸任时还要述职，以接受监察。虽然某些祭司职位限定于特定家族团体范围内，但他（她）们也要服从议事会和公民大会的决议法令。其他没有出身规定的祭司职位对所有公民开放，以选举或抽签方式选出，满足相关条件（如性别、无身体缺陷等）

---

① Christiane Sourvinou-Inwood, "What is *Polis* Religion?"; "Further Aspects of *Polis* Religion", in Richard Buxton, ed., *Oxford Readings in Greek Relgion*, Oxford & New York: Oxford University Press, 2000, pp. 13 – 55. 黄洋：《古代希腊的城邦与宗教——以雅典为个案的探讨》，《北京大学学报》（哲学社会科学版）2010 年第 6 期。

② Simon Goldhill, "The Great Dionysia and Civic Ideology," *The Journal of Hellenic Studies*, Vol. 107, 1987, pp. 58 – 76; Simon Goldhil, "Civic Ideology and the Problem of Difference: The Politics of Aeschylean Tragedy, Once again," *The Journal of Hellenic Studies*, Vol. 120, 2000, pp. 34 – 56; W. R. Connor, "Tribes, Festivals, and Processions: Civic Ceremonial and Political Manipulation in Archaic Greece," in Richard Buxton, ed., *Oxford Readings in Greek Relgion*, pp. 56 – 75.

③ R. S. J. Garland, "Religious Authority in Archaic and Classical Athens," *The Annual of the British School at Athens*, Vol. 79, 1984, pp. 75 – 78.

的公民都可参选。① 以雅典为例，城邦的 3 个高级执政官本身就执掌一定的宗教职能；城邦每年还会从 500 人议事会中选出一个 10 人委员会管理城邦的大型节庆活动；泛雅典人节（Panathenaia）② 也有专门的委员会负责。③ 由此可见，在古希腊城邦内部，宗教祭祀活动的管理权掌握在由全体公民组成的城邦共同体手中。这样的管理模式并非限于单个城邦范围内的宗教活动，即使跨城邦或泛希腊的宗教活动也如此。以泛希腊的宗教节日——奥林匹亚节为例，位于奥林匹亚圣地西北约 36 公里处的伊利斯城邦执掌着节庆的管理权。这也是公元前 420 年伊利斯能够禁止斯巴达参加奥林匹亚节的原因。

伊利斯对奥林匹亚节的管理权体现在竞技比赛和宗教崇拜两个方面。首先，竞技比赛裁判的选拔与设置体现了伊利斯的管理权。奥林匹亚节的裁判——同时也是活动的管理者——被称为"希腊人的裁判"（Hellanodikai），这一名称本身反映了节日的泛希腊性质。然而，这些裁判实际上都是从伊利斯人中选拔出来的，而且其选拔与伊利斯城邦的政治结构、行政区划之间密切关联。在伊利斯城邦内占统治地位的一直是富有的乡绅寡头阶层，而负责管理奥林匹亚节的也正是他们。④ 根据波萨尼阿斯（Pausanias）的记载，节日最初的管理者 1 人，是伊利斯王族奥西鲁斯（Oxylus）家族的后裔；从

---

① L. B. Zaidman and P. S. Pantel, *Religion in the Ancient Greek City*, Cambridge: Cambridge University Press, 1992, pp. 47 – 48. Christiane Sourvinou-Inwood, "Further Aspects of *Polis* Religion," p. 38.

② 此处摒弃了传统的"泛雅典娜节"的译法，而译为"泛雅典人节"，其原因如下：首先，Panathenaia 中的 pan-指"泛……的""全体……的"，这里是指全体雅典人的节日；其次，根据普鲁塔克：《名人传记·忒修斯传》，忒修斯在统一城邦后为其定名为雅典，并为全体阿提卡居民创办了 Panathenaia。此处并没提到雅典娜女神，而是表明这个节日是全体雅典人的节日。根据波萨尼阿斯《希腊志》（Pausanias, *Description of Greece*, Cambridge: Harvard University Press, 1926, 8.2.1）的记载，这个节日早先被称为"雅典娜节"（Athenaia），是供奉雅典娜的节日，但在忒修斯时代改为"泛雅典人节"，因为是统一在一个城邦之下的所有雅典人共同设立了这个节日。有关从"雅典娜节"到"泛雅典人节"的变化过程，可参考 Julia Louise Shear, *Polis and Panathenaia: the History and Development of Athena's Festival*, PhD Thesis, University of Pennsylvania, 2001, p. 61。

③ Aristotle, *Athenaion Politeia*, 54.7 – 60.1.

④ M. I. Finley, H. W. Pleket, *The Olympic Games: the First Thousand Years*, London: Dover Publications, 1976, p. 59.

第 50 届节日开始，裁判变成 2 人，并从全体伊利斯人中抽签选出，负责管理节日；之后到第 95 届节日，裁判数量变成 9 人；下一届 10 人；到第 103 届，裁判数目变成 12 人，当时伊利斯共有 12 个部落（phylai），每部落选出 1 人；由于伊利斯人在与阿卡狄亚人的战争中失掉了部分领土，伊利斯城邦的部落数量由 12 个缩减为 8 个，而同一时期的第 104 届节日也仅设 8 名裁判；直到第 108 届又恢复成 10 名，之后这个数目才固定下来。[1] 由此看来，伊利斯由王制发展为寡头制的政治制度变化，以及伊利斯城邦行政区划结构的变动，都成为影响奥林匹亚节裁判数目变化的重要因素。而裁判的选拔过程遵循在一定范围内抽签选出的选举机制，这也符合希腊城邦政治运作的普遍原则。

除竞技比赛之外，伊利斯城邦也管理奥林匹亚节的宗教崇拜和祭祀仪式。在每届奥林匹亚节举办之际，为保障节日参与者往返路途的安全，伊利斯都会派传令官赴希腊各城邦宣布一个休战规定，即在节日举办前后以及节日期间，任何可能干扰节日举办的行为，包括战争、处决死刑犯等都要停止，此为"奥林匹亚和约"。和约的传令官由伊利斯指派，这本身就体现了伊利斯城邦在节日中的管理者角色。另外，节日期间还举办盛大的巡游仪式，巡游的终点是奥林匹亚圣地，而起点则正是位于 30 多公里以外的伊利斯城邦，这也反映出伊利斯的特殊地位。

伊利斯城邦拥有对奥林匹亚节的管理权，这项管理权甚至成为该城邦一项重要的城邦事务，这一点突出反映在伊利斯城邦中心的建筑布局上。波萨尼阿斯在他的游记中详细描述了伊利斯的建筑格局。根据他的说法，伊利斯城邦中最醒目的建筑之一是旧体育馆，除此之外还有两个体育馆。这些体育馆的功用都与奥林匹亚节有关。运动员的赛前训练、比赛分组等事宜都在这些体育馆内完成。此外，伊利斯城邦议事会的会堂（Bouleuterion）也设置在其中一个体育馆内。通向体育馆的道路有两条，一条连接浴室，另一条则连接裁判

---

[1] Pausanias, *Graeciae Descriptio*, 5.9.4.

的居所（Hellanodikaion）以及相邻的阿戈拉（Agora）。① 由此可见，与奥林匹亚节相关的建筑，特别是体育馆，在伊利斯城邦中占据中心地位，就连城邦的议事厅也设在体育馆内。因而，管理奥林匹亚节在伊利斯城邦事务中占据重要位置。同时，这样的建筑布局也反映出希腊城邦政治空间与宗教空间重合的特点。这一点在其他希腊城邦中也有体现，例如雅典的阿戈拉是雅典议事厅等政治机构所在地，但其中也有神庙、祭坛、英雄墓等宗教建筑。政治与宗教空间的重合，从一个侧面表现了希腊宗教与城邦政治乃至城邦社会的交融关系。

事实上，伊利斯城邦并非轻而易举就得到了奥林匹亚节的管理权，而是经历了长期的斗争，从奥利匹亚周边到伯罗奔尼撒半岛其他地区的多个城邦都卷入这场争夺战之中，斗争与希腊城邦格局的发展变化密切相关。

综合波萨尼阿斯、斯特拉波（Strabo）和色诺芬（Xenophon）的记载，我们可以梳理出几个城邦争夺奥林匹亚节管理权的大致过程。最初的争夺在皮萨（Pisa）与伊利斯之间展开，伊利斯稍占优势。但到公元前8世纪中期，在阿尔哥斯（Argos）国王斐冬（Pheidon）的支持下，皮萨接替伊利斯管理第8届节日。之后这个管理权又转回伊利斯手中。到公元前644年的第34届节日，皮萨靠武力夺回管理权，但伊利斯很快再次赢回权利。在公元前6世纪中叶前后，伊利斯彻底摧毁皮萨，其对节日的管理权固定下来。② 然而，公元前364年，阿卡狄亚（Acardia）旧事重提，以皮萨最早管理赛会为借口，取代伊利斯控制当年的第104届节日，奥林匹亚圣地成为双方的战场，最终伊利斯方面取胜。③ 根据波萨尼阿斯的说法，上述第8届、第34届、第104届节日都被伊利斯人宣布为"非奥林匹亚节"（non-Olympiad），拒绝将其登记在他们的奥林匹亚节名单上。④

① Pausanias, *Graeciae Descriptio*, 6.23.1–7.
② Pausanias, *Graeciae Descriptio*, 6.22.2–5. Strabo, *Geography*, 8.3.30.
③ Xenophon, *Hellenica*, 7.4.28–32.
④ Pausanias, *Graeciae Descriptio*, 6.22.3.

需要注意的是，上述文字记载不可被视为完全可靠的信史，特别是有关奥林匹亚节早期的记叙。后世作家对这段历史的描述很大程度上依赖希庇阿斯（Hippias）所修撰的奥林匹亚编年史。但希庇阿斯本人是伊利斯人，生活在公元前400年前后，这正是伊利斯与阿卡狄亚不睦的时期。在这样的背景下，希庇阿斯修撰这段历史实际是在为伊利斯对节日的管理权寻找合理的历史依据，因而必然带有严重的主观倾向性。[1] 从这个角度上说，希庇阿斯这一行动本身就是出于伊利斯城邦发展的需要。

但综合文献资料和考古证据，我们基本可以肯定，在经历了公元前8—前7世纪的一系列争夺斗争后，到公元前6世纪中晚期，伊利斯已牢固掌控了奥林匹亚节的管理权。从考古发掘成果来看，公元前7世纪中期，在奥林匹亚曾发生过一次大动荡，许多贵重的供奉品都遭到人为破坏，埋在圣地中心的地下，同时圣地内又修建了一批大型建筑。而到公元前6世纪早期，圣地再次经历一轮毁灭性破坏与重建。学者们将这两次动荡与圣地控制权的变更联系在一起，认为节日的管理权经历了从伊利斯到皮萨再到伊利斯的变更。[2] 另外，考古学家们还从奥林匹亚的阿尔提斯（Altis）圣地发掘出土了一些铭文。这些铭文的年代可追溯到公元前6世纪中晚期。其中有大约40条是与伊利斯城邦相关的法律铭文，涉及伊利斯的土地使用、和其他城邦订立的盟约以及与其社会结构相关的官方文件。[3] 由此可见，奥林匹亚圣地是伊利斯人放置城邦法律铭文的重要地点。而根据希腊人的传统，涉及城邦法律的铭文常常放置于城邦的宗教

---

[1] Ulrich Sinn, *Olympia: Cult, Sport, and Ancient Festival*, Princeton: Markus Wiener Publishers, 2000, p. 5.

[2] Michael Scott, *Delphi and Olympia: The Spatial Politics of Panhellenism in the Archaic and Classical Periods*, Cambridge: Cambridge University Press, 2010, pp. 150 – 151, 154 – 155.

[3] Nigel B. Crowther, "Elis and Olympia: City, Sanctuary and Politics," in David Phillips and David Pritchard, eds., *Sport and Festival in the Ancient Greek World*, Swansea: The Classical Press of Wales, 2003, p. 64; R. Meiggs, D. Lewis, eds., *A Selection of Greek Historical Inscriptions to the End of the Fifth Century B. C.*, Oxford & New York: Oxford University Press, 1969, pp. 31 – 32.

中心。① 圣地内出土的这些铭文表明，奥林匹亚在这一时期已成为伊利斯城邦重要的宗教中心，由此看出伊利斯在长期的斗争中获得了胜利。

奥林匹亚节的管理权之所以如此炙手可热，一方面是宗教情感的驱使，即各城邦向往与圣地建立更紧密的联系；另一方面也是因为节日可以给管理者带来实际的利益。依托奥林匹亚节的影响力，管理节日的城邦可以提高自身的声望，这是显而易见的好处。此外，节日的管理权甚至可以成为小城邦用以制约强大对手的筹码。本文开头提到的伊利斯禁止斯巴达参加奥林匹亚节的事件就是很好的例证。②

事实上，对伊利斯来说，奥林匹亚节的管理权在城邦兴起阶段就已具有重大意义。法国学者波利尼亚克（Polignac）曾指出，在城邦兴起时代，希腊城邦的边缘圣地大大促进了城邦边界的形成以及城邦共同体认同意识的发展。然而，奥林匹亚、德尔菲、多多纳等泛希腊的宗教崇拜中心并没有被纳入这些边缘圣地的范围。在波利尼亚克看来，这些宗教中心由于地理位置远离标志城邦形成的战争及其他因素，因而从公元前8世纪起逐渐发展出泛希腊的特征。③ 我们由此似乎可以认定，当希腊世界发生翻天覆地的变化时，那些位于城邦世界边缘的泛希腊圣地却置身事外。然而以奥林匹亚为例来看，这个观点值得商榷。按照波利尼亚克对非城邦中心圣地的划定标准，即使是离城市较远的圣地，其与城市中心的距离至多也就在12公里到15公里之间。而奥林匹亚距伊利斯36公里，显然要远得

---

① 例如在公元前420年，雅典、阿尔哥斯、曼提尼亚和伊利斯签订了一份百年盟约。其中一项条约规定，刻有盟约条款的石碑要分别置于雅典的卫城、阿尔哥斯的阿戈拉和阿波罗神庙以及曼提尼亚的宙斯神庙和阿戈拉。参见 Thucydides, *Historiae*, 5.47.11。1876年，在雅典卫城南坡出土了刻有此条约内容的石碑。参见 Simon Hornblower, *A Commentary on Thucydides*, Vol. Ⅲ, Oxford & New York: Oxford University Press, 2008, pp. 109 – 112。

② 邢颖：《试论古代奥林匹克运动会中的城邦关系与城邦贵族》，《世界历史》2010年第1期。

③ François de Polignac, *Cults, Territory, and the Origins of the Greek City-State*, Chicago and London: The University of Chicago Press, 1995, p. 12.

多，因此也许无法算作人们可以进行日常宗教崇拜的城邦边缘圣地。但在波利尼亚克的划分中，还有一类宗教中心被纳入乡村圣所的范围，它们虽然不是人们日常宗教崇拜的地点，但在居民定居点分散的地区，却是周边居民集会的中心，奥林匹亚在伯罗奔尼撒西部也正起到类似的作用。① 正如上文已经提到的，在这个集会中心最盛大的节日上，巡游以伊利斯为起点，管理权掌握在伊利斯人手中，这在某种程度上正是伊利斯城邦向周边地区展示其特殊地位的绝好机会；这样的展示，反过来也有利于城邦共同体认同意识的形成和强化。此外，由于与奥林匹亚相距36公里，伊利斯对奥林匹亚节管理权的争夺过程也许不足以被视为城邦领土边界的确立过程，即便如此，它至少也可算作伊利斯城邦划定自身势力范围的过程。

因而，即使是诸如奥林匹亚节这样的泛希腊宗教节日，其管理权也是掌握在某一城邦手中的，而且其管理权的确立过程和运作方式与希腊城邦社会的形成与发展密切相关。

二 希腊城邦对奥林匹亚节的参与

从本质上讲，奥林匹亚节是希腊人祭祀宙斯神的宗教节日。在希腊的宗教崇拜体系中，神、信仰以及表达信仰的仪式涵盖了其宗教的绝大部分内容。希腊宗教没有统一的圣书和教义，宗教仪式是希腊人表达宗教情感的最重要的方式，甚至可以说，希腊宗教在一定程度上是仪式性宗教。在这些宗教仪式中，仪式的参与者构成了最基本的群体单元，他们所在的社会结构塑造出仪式举办的社会背景。因此有学者提出："在城邦成为希腊世界最突出的政治组织形式之后，希腊的宗教信仰和仪式也被赋予了相应的结构框架。"② 作为一个泛希腊宗教节日，奥林匹亚节的参与者是所有希腊人。然而，在城邦结构下，这些希腊人的身份又被细分为代表某一城邦的公民，

---

① François de Polignac, *Cults, Territory, and the Origins of the Greek City-State*, p. 22.
② L. B. Zaidman and P. S. Pantel, *Religion in the Ancient Greek City*, p. 6.

参与者在奥林匹亚的活动代表了某个城邦在奥林匹亚的活动，城邦社会的结构和特点由此反映在节日中。

让我们回到公元前 420 年的事件。斯巴达城邦因与伊利斯交恶而遭受惩罚，所有斯巴达公民都被禁止参加祭祀仪式和体育竞赛。就在这届节日上，一个名叫里卡斯（Lichas）的斯巴达人为追求荣誉，隐瞒了自己的真实身份，冒充忒拜人（Theban）参加了马车比赛，并取得胜利。结果这一骗局被戳穿，里卡斯受到惩罚，遭裁判鞭笞。[1] 由此可见，在总的城邦政治结构之下，节日的参与者都以城邦为单位，代表各自城邦参加节日中的仪式活动。在比赛胜利者名单上，每个运动员的名字之后都标记着其所属的城邦。古代作家在提及某位运动员时，也都会交代他是哪个城邦的公民。这不仅适用于奥林匹亚节，其他泛希腊或跨城邦的节日皆如此。根据希罗多德的记载，哈利卡纳苏斯（Halicarnassus）曾属于一个宗教联盟，在这个联盟为特里奥皮翁的阿波罗（Triopian Apollo）举办的一个节日上，哈利卡纳苏斯的一名公民在取胜后违反比赛规定，没有把他得到的奖品青铜三足鼎奉献给神，而是带回了家，结果整个哈利卡纳苏斯城邦因此被赶出宗教联盟。[2] 斯巴达公民因其城邦获罪而被禁止参加公元前 420 年的奥林匹亚节，而哈利卡纳苏斯城邦则因其公民的错误而遭受惩罚，二者从两个不同的方向证明了宗教仪式与城邦之间密不可分的联系。

自城邦兴起之后，城邦相互间的竞争乃至战争一直是希腊社会的重要特征。在这一特征的影响下，希腊城邦以多种途径参与到奥林匹亚节中，因为这个节日为各城邦提供了向其他城邦展现自身实力的舞台。

城邦参与奥林匹亚节的途径之一是用重奖胜利者的方式鼓励其公民参加竞技比赛。节日主办方给予比赛胜利者的只有精神层面的奖励，如来自阿尔提斯圣地的橄榄枝花冠，在圣地供奉一座胜利雕

---

[1] Thucydidis, *Historiae*, 5. 50. 4. Pausanias, *Graeciae Descriptio*, 6. 2. 2.
[2] Herodotus, *Histories*, 1. 144. Christiane Sourvinou-Inwood, "What is *Polis* Religion?" p. 17.

像等。然而，获胜运动员在回归故乡时，迎接他们的不仅有盛大的凯旋仪式，还有慷慨的物质奖励。根据普鲁塔克的《名人传记·梭伦传》的记载，梭伦在法律中明确规定，雅典城邦要给予在泛希腊节日的竞技比赛中获胜的公民一定数量的奖励：地峡节的胜利者可得到 100 德拉克马（drachmae），而奥林匹亚的胜利者奖金更高达 500 德拉克马。① 事实上，梭伦时代的雅典尚未出现货币，普鲁塔克的这段记载肯定是犯了时代背景误置的错误。但这段史料至少说明，根据普鲁塔克的见闻，城邦给予节日胜利者的奖金是很丰厚的。除此之外，胜利者获得的奖励还包括在城邦议事厅免费公餐②等特权。比赛的胜利还会给运动员带来巨大的荣誉和声望，一些运动员的事迹甚至逐渐演变成不可思议的传奇故事。③ 比赛的胜利被有心人利用，成为他们未来仕途发展的重要资本。④ 上述这些都表现出希腊城邦对奥林匹亚节竞技比赛胜利的重视程度。这种重视与希腊城邦社会的竞争性特征密切相关：竞技比赛的胜利不仅是个人的荣耀，更关乎城邦的荣誉。雅典贵族阿尔基比阿德斯（Alcibiades）曾在雅典人面前炫耀道："希腊人曾认为我们的城邦已被战争拖垮，但当看到我在奥林匹亚的壮举之后，他们把我们城邦的力量估计得较实际更为强大。我派了七辆马车参加比赛，过去从没有人曾派这样多的马车参赛，而且还取得了冠军以及第二名和第四名的好成绩；同时我还预备下各种排场，使之能与我的胜利相配。"⑤ 阿尔基比阿德斯吹嘘了自己在奥林匹亚的表现，其中虽不乏夸大的成分，但其个人胜利与城邦荣誉直接相关的说法，则如实反映出奥林匹亚节与希腊城邦社会的竞争性特点的密切关联。

城邦参与的另一个途径是积极地在圣地内建造宝库（thesauroi）。

---

① Plutarch, *Life of Solon*, 23. 3.
② Plato, *Apology*, 36d.
③ Pausanias, *Graeciae Descriptio*, 6. 14. 5 – 8.
④ 如希罗多德所载的有关米尔提亚德斯（Miltiades）和客蒙（Cimon）的故事，Herodotus, *Histories*, 6. 103.
⑤ Thucydidis, *Historiae*, 6. 16. 2.

除实用功能之外，这些宝库也满足了城邦在自身展示方面的诉求。在泛希腊圣地，如奥林匹亚和德尔斐，城邦会组织建造宝库，以储存自己城邦及其公民献给神的供奉品以及仪式活动上使用的装饰物。在奥林匹亚阿尔提斯圣地的东北角排列着 12 座宝库，这些宝库的修建时间从公元前 6 世纪直到公元前 5 世纪上半期。目前有 10 座宝库已断定出所属的城邦，其中大部分是殖民城邦，特别是南意大利和西西里的殖民城邦，希腊本土城邦只有两个。相比于另一个重要的泛希腊圣地德尔斐来说，奥林匹亚的宝库在数量、建筑规模等方面都要逊色，但它们也承载着各自城邦所要展现的内容：有的是为了纪念战争的胜利，有的为了表现母邦与殖民城邦之间关系的紧密，有的则纯粹为了展示城邦的实力与财富。① 在观察奥林匹亚宝库的分布时，我们会注意到一个奇怪的现象，十几座宝库都挤在阿尔提斯圣地东北角的一块狭小区域内，有的城邦（如西夕温［Sicyon]）甚至不惜耗时耗力将该区域内的洼地填平来建设宝库，也不愿另寻他处。究其原因，乃是宝库所承担的展示炫耀城邦实力的功能使其如此。这片区域是从圣地到体育场的必经之路，其前面的一块平坦空地在早期又是观众聚集在一起观赏献祭、巡游以及体育比赛的地点，因而最适合城邦进行自我展示。② 更有趣的是，由于宝库建在山坡上，面朝圣地，观赏者能看到的只有建筑的正面，因而一些宝库的装潢就只限于建筑的正面。在公元前 5 世纪 90 年代，盖拉（Gela）重修了奥林匹亚的宝库，焕然一新的建筑使相邻的麦加拉（Megara）宝库相形见绌，于是麦加拉也紧随其后重修了自己的宝库。③ 正如苏尔维努—因伍德所说，"宝库是城邦宗教体系在这些圣地的符号象

---

① Michael Scott, *Delphi and Olympia*: *The Spatial Politics of Panhellenism in the Archaic and Classical Periods*, p. 167.

② E. N. Gardiner, *Olympia*: *Its Hisory & Remains*, Oxford & New York: Oxford University Press, p. 178. Michael Scott, *Delphi and Olympia*: *The Spatial Politics of Panhellenism in the Archaic and Classical Periods*, p. 165 n. 81.

③ Michael Scott, *Delphi and Olympia*: *The Spatial Politics of Panhellenism in the Archaic and Classical Periods*, p. 167.

征……是城邦展示、夸耀成就和财富的外在表现形式"①。奥林匹亚的宝库反映出希腊城邦社会竞争性的特点。

除了以上两个途径，城邦的参与还体现在奥林匹亚的供奉品上。考古学家们在奥林匹亚遗址发现了大量宗教祭祀的供奉品。特别是公元前8世纪，供奉品的数量呈现急剧增长的趋势，但这一时期的供奉品主要以动物小雕像和青铜三足鼎为主，武器作为供奉品鲜有出现。② 从公元前6世纪末5世纪初开始，头盔、胫甲、盾牌，乃至全套的披甲都在奥林匹亚出现，而且大多数在上面都刻有铭文，明确指出它们属于哪一城邦为纪念哪一场军事胜利而奉献的。从公元前500年到公元前450年，为纪念战争胜利而奉献的供奉品在数量上达到顶峰。③ 这些带有明确军事色彩的供奉品以更直接的方式表现出城邦之间竞争乃至战争的关系。

---

① Christiane Sourvinou-Inwood, "What is *Polis* Religion?" p. 16.

② Robin Osborne, *Greece in the Making*, 1200 – 479 B. C., London and New York: Routledge, p. 94. Catherine Morgan, *Athletes and Oracles: The Transformation of Olympia and Delphi in the Eighth Century BC*, Cambridge: Cambridge University Press, 1990, p. 31. 供奉品的数量和质量在公元前8世纪大幅度提升。在分析其原因时，西方学者们不约而同地强调这是希腊社会结构性变化的结果：如奥斯邦、波利尼亚克都认为墓葬的随葬品减少而宗教圣地的供奉品增多是当时希腊社会平等化进程的表现。Robin Osborne, *Greece in the Making*, pp. 84, 88; François de Polignac, *Cults, Territory, and the Origins of the Greek City-State*, p. 14. 摩根则更明确地指出，这些贵重的供奉品是城邦兴起时期希腊贵族们为提升身份地位而做出的投入，将圣地这一时期的变化与希腊城邦的兴起建立关联。Catherine Morgan, *Athletes and Oracles: The Transformation of Olympia and Delphi in the Eighth Century BC*, p. 234. 这些分析实际上都是对斯诺德格拉斯（Snodgrass）等学者建构的"结构性革命"之城邦兴起学说的证实与补充。对于这一学说，最近几年已有中国学者提出了不同的意见，从根本上质疑目前早期希腊历史研究的主导性框架，认为这样的学说割裂了历史本身的延续性，是西方主流价值观潜移默化地影响的结果。黄洋：《迈锡尼文明、"黑暗时代"与希腊城邦的兴起》，《世界历史》2010年第3期；黄洋、晏绍祥：《希腊史研究入门》，第164—170页。简单地用城邦兴起的需要来解读奥林匹亚等宗教圣地的兴起，这样的观点也受到一些西方学者的质疑。乔纳森·霍尔（Jonathan Hall）指出，许多宗教圣所的兴起并不是从公元前8世纪才开始的，许多地点早在黑暗时代就已出现影响广泛的宗教仪式活动。Jonathan M. Hall, *A History of the Archaic Greek World*, ca. 1200 – 479 BCE, Blackwell Publishing, 2007, p. 85. 罗伯特·帕克（Robert Parker）也认为，宗教圣所兴起的背景不能仅仅解释为政治上的发展变化，经济、文化等方面的因素同样值得考虑。Robert Parker, *Athenian Religion: A History*, Oxford and New York: Oxford University Press, 1998, p. 23.

③ Michael Scott, *Delphi and Olympia: The Spatial Politics of Panhellenism in the Archaic and Classical Periods*, pp. 169, 191.

因此，在奥林匹亚这个对所有希腊人开放的宗教中心，通过积极地参与宗教祭祀和体育竞技活动，希腊城邦满足了自我展示的诉求，城邦社会的竞争性特征寻找到恰当的表达方式。

三　城邦世界与奥林匹亚节的泛希腊性

奥林匹亚节最大的特点之一是其泛希腊性。与城邦范围内的宗教仪式不同，所有希腊人，不论是哪一个城邦的公民，都可以参加奥林匹亚节，只有非希腊人被排除于节日之外。① 这样的特点很容易使奥林匹亚节被标注上展现希腊民族同一性、促进民族团结的标签。实际上，奥林匹亚节与希腊民族认同意识之间的确有密切关联。② 但需要注意的是，这个节日在希腊民族认同上的作用与其体现了希腊城邦间竞争关系的事实并不矛盾。古希腊民族是一个典型的"文化民族"，其同一性不依赖政治上的统一。③ 奥林匹亚节从未成为推动希腊世界政治统一的因素，况且绝大多数希腊人也从未有过这样的诉求。其更多的是对希腊人身份认同意识的一种刺激，而且即使是这种刺激作用，也是伴随希腊历史的发展逐渐发生的。

奥林匹亚节创立初始，其影响只局限在周边地区。从地域范围来看，这是一个跨城邦的宗教节日，但远未达到泛希腊的程度。根据尤西比乌斯（Eusebius）记录的奥林匹亚节比赛胜利者名单，公元前720年之前，获胜的运动员都来自伯罗奔尼撒半岛，最初的十几届全都来自伊利斯、美塞尼亚等与奥林匹亚毗邻的地区。公元前736年之前，名单中有7个美塞尼亚人，但在之后只有1个。而从公元前720年到前576年，名单中的获胜运动员有一半多来自斯巴达

---

① 参加者的身份受到严格限制，其父母双方必须都是希腊的自由公民。据希罗多德记载，公元前490年，马其顿国王为了参加奥林匹亚节上的比赛也必须证明自己是阿尔哥斯英雄的后裔，以此拥有希腊人的身份。Herodotus, *Histories*, 5.22；8.137–139.

② 邢颖：《奥利匹克赛会与古希腊的民族认同意识》，《中国社会科学院世界历史研究所学术文集》第7辑，社会科学文献出版社2011年版，第88—103页。

③ 徐晓旭：《罗马统治时期希腊人的民族认同》，《历史研究》2006年第4期。

(总共37人,斯巴达占20人)。① 胜利者名单的变化反映出伯罗奔尼撒地区局势的变化。斯巴达通过一步步的征服行动逐渐向西扩张,并开始寻求在奥林匹亚节上展现实力。由此可见,在这一节日兴起的早期,奥林匹亚主要是其周边地区开展宗教崇拜活动的一个地点。随着这里的宗教崇拜和节日影响力的逐渐扩大,慕名前来参加宗教活动的人的地域范围逐渐扩展,直至整个希腊世界。因而,奥林匹亚节的泛希腊性并非其与生俱来的特征。

随着希腊在希波战争中的胜利,希腊人对自我和他者的界定日益明晰,民族优越感逐渐形成。奥林匹亚作为一个盛大的泛希腊节日的举办地,歌颂希腊人联合起来战胜蛮族的元素开始在那里出现。马拉松和普拉提亚战役之后,雅典人在奥林匹亚奉献的头盔②以及宙斯神庙山墙上以神话素材影射希腊人战胜蛮族的浮雕,都反映出希腊人日渐清晰的民族认同意识。由于有来自希腊各地的庞大的观众群体,奥林匹亚节也成为一些社会活动家宣扬自己思想的最佳场所,这其中就包括配合时代精神而兴起的泛希腊主义思潮。如公元前5世纪末,修辞学家高尔吉亚(Gorgias)就曾在奥林匹亚发表演说,号召希腊人团结一致。③ 高尔吉亚的门生、雅典演说家伊索克拉底(Isocrates)更是大力渲染奥林匹亚等泛希腊节日在这方面的作用:"我们伟大节日(指泛希腊的节日)的缔造者应该得到赞扬。因为他们传给我们这样一个习俗,由此我们宣布休战,消除了行将发生的争吵。我们共同来到一

---

① David Matz, *Greek and Roman Sport: A Dictionary of Athletes and Events from the Eighth Century B. C. to the Third Century A. D.*, Jefferson, North Carolina and London: McFarland Publishing, 1991, pp. 121–122. [英]奥斯温·默里:《早期希腊》,晏绍祥译,上海人民出版社2008年版,第155页。最近也有学者质疑奥林匹亚节创立的时间,有的学者甚至把这一时间推迟到公元前6世纪初。如果按照这一观点,那么古代文献所记录的奥林匹亚节初期的胜利者名单就很可能是后人臆造的。但目前上述观点在学界并没有被完全接受。Stephen Hodkinson, "An agonistic culture? Athletic competition in archaic and classical Spartan Society," in Stephen Hodkinson, Anton Powell, eds., *Sparta: New Perspective*, Swansea: Classical Press of Wales, 1999, p. 161.

② Michael Scott, *Delphi and Olympia: The Spatial Politics of Panhellenism in the Archaic and Classical Periods*, p. 170.

③ Michael Scott, *Delphi and Olympia: The Spatial Politics of Panhellenism in the Archaic and Classical Periods*, p. 203.

个地方,我们在此通过共同的祈祷与共同的献祭活动,回忆起存在于我们之间的亲属关系。这使我们感到未来互相间要更加友善。于是,我们旧时的友谊复苏了,新的联系建立了。"①

然而,伊索克拉底的演讲显然是演说家为实现主观目的而夸大泛希腊节日作用的溢美之词。② 实际情况远非如此,正如我们在上文已着重阐述的,自希腊文明进入城邦时代以来,各城邦间的竞争乃至战争成为希腊世界的主旋律,这样的社会大背景在奥林匹亚节上同样有所体现。根据修昔底德的记载,在伯罗奔尼撒战争期间,密提林人为应对雅典的封锁而向斯巴达求援。此时适逢奥林匹亚节举办之际,斯巴达人建议密提林的使者在奥林匹亚发表演说,以便伯罗奔尼撒同盟的其他国家也能听到他们的诉求。于是,在节日活动结束后,密提林使者以宙斯神庙乞援人的身份,控诉雅典人对他们的奴役,请求斯巴达同盟解放自己。③ 由此可见,奥林匹亚节的舞台上虽然有倡导泛希腊主义的声音发出,但反映城邦间纠葛的事件也同样存在。

对于奥林匹亚节的泛希腊性与城邦框架之间的关系,苏尔维努-因伍德的一段话将其诠释得恰到好处:"希腊人将自身视为一个宗教群体中的成员,这是所谓希腊性(Greekness)的决定性特征之一。全希腊人都参加共同的仪式活动,非希腊人被排除在外。通过这些仪式活动,希腊人的认同感从文化上得以表达并进一步加深。在这些仪式活动中,奥林匹亚的竞赛活动是最为重要的。但是,每个人又都是通过城邦成员的身份才得以成为泛希腊群体中的成员。我们不能简单地认为,只要成为某个城邦的公民就保证了这个人的希腊性。正如我们看到的,城邦对于希腊人参与泛希腊宗教仪式起到了中间桥梁的作用。"④

---

① Isocrates, *Panygiricus*, 43.
② 伊索克拉底写作《庆会词》的目的是希望斯巴达和雅典结束敌意,共同领导希腊人对付波斯。
③ Thucydidis, *Historiae*, 3.8 – 14.
④ Christiane Sourvinou-Inwood, "What is *Polis* Religion?" pp. 17 – 18.

因此，奥林匹亚节虽然具有泛希腊的特点，但这并不意味着以它为代表形成了超越于城邦之上的宗教体系。事实上，每一个参与节日的希腊人都会感受到自己身份的双重性，他既是一个希腊人，同时又是属于某一个城邦的人。正如斯科特所说："如果奥林匹亚被简单地概括为最受关注的'希腊的'或'泛希腊的'圣地，那么我们很可能忽略了更加复杂的现实情况。"①

在公元前4世纪，情况发生了变化。随着马其顿对希腊的征服，希腊城邦不得不承认马其顿的领导地位。城邦独立的丧失，使整个希腊世界呈现出不同于以往的面貌。奥林匹亚仍然是一个有巨大影响力的宗教崇拜中心，赛会的举办并未中断，但希腊世界的变化也反映于其间。马其顿王腓力在登基之初就已表现出对奥林匹亚节的兴趣。他在公元前356年取得了赛马项目的胜利，之后又获得马车项目的胜利，而且他还把获胜马车的形象印制在了马其顿的钱币上。② 喀罗尼亚（Chaeroneia）战役之后，腓力在事实上征服了希腊。在控制了伊利斯之后，奥林匹亚也落入他的掌控之中。他开始在奥林匹亚修建一个环形神庙——腓力庙（Philippeion）。③ 这个神庙地处奥林匹亚入口旁边，位于人们前往阿尔提斯圣地的必经之路上。建筑以腓力王的名字命名，内部竖立着马其顿王室成员的雕像，反映出马其顿的王室要将自身融入希腊的万神殿——或至少也是英雄行列——的意图。腓力的继承人亚历山大并没在奥林匹亚留下显赫的建筑工程或供奉品，甚至有史料记载，他个人对亲自参加这个节日的竞技比赛毫无兴趣。④ 不过这并不妨碍他对奥林匹亚节这个泛希腊

---

① Michael Scott, *Delphi and Olympia: The Spatial Politics of Panhellenism in the Archaic and Classical Periods*, p. 217.

② Plutarch: *Life of Alexander*, 4. E. N. Gardiner, *Olympia: Its Hisory & Remains*, p. 129.

③ 根据加德纳的叙述，虽然有学者认为这个神庙是腓力死后亚历山大开始修建的；但大多数学者认为它的修建开始于腓力统治时期，完成于亚历山大时期。E. N. Gardiner, *Olympia: Its Hisory & Remains*, p. 135.

④ 据记载，曾有同伴问亚历山大是否愿意参加奥林匹亚节的跑步比赛，亚历山大回答说："如果有其他君王和他同场竞技，他还愿意去试一下；如果是和那些运动员一起比试，他没有兴趣。" Plutarch: *Life of Alexander*, 4.

场合的利用，有关战争和胜利的消息都在那里发布，并被记录在案。公元前324年，他派尼肯特尔（Nikantor）赴奥林匹亚向众人宣布他的敕令，要求所有希腊城邦都召回放逐者，并且要希腊人承认他的神性。[①] 到公元前4世纪末，出现在奥林匹亚的一个重要现象是奉献给个人的荣誉雕像大量增加，这些人包括王室成员、哲学家、历史学家等。波萨尼阿斯提到了35尊这样的雕像，其中有的人不止一尊。[②] 奥林匹亚成为个人表现其政治和社会地位的舞台，这也符合当时个人凭借强力或魅力施行统治或施加影响力的时代潮流。由此可见，自马其顿征服希腊起，奥林匹亚也开启了适应地中海世界崭新政治格局的过程。在这个新格局中，希腊城邦式的政治组织形式失去了主导性地位。到罗马时期，奥林匹亚节虽一直存在，甚至在哈德良（Publius Aelius Traianius Hadrianus）统治时代似乎一度出现了复兴之势，直至公元394年被罗马皇帝作为异教信仰彻底废止。但过去曾支撑奥林匹亚节的城邦框架已经分崩离析，奥林匹亚节不再与某个城邦的势力发展或城邦间相互竞争相关，因此这个节日呈现出与过去希腊城邦时代截然不同的气质特征。

综上所述，奥林匹亚节虽然是希腊各个城邦都可参加的宗教节日，但其运作仍遵循着城邦范围内宗教仪式的运行模式。伊利斯城邦执掌着奥林匹亚节的管理权，并将对节日的管理纳入城邦事务之中，节日管理权的确立过程与伊利斯等周边城邦的兴起和发展历史关系密切。运动员参加奥林匹亚节的竞技比赛要以城邦为单位，希腊城邦也以多种方式参与这一宗教活动，城邦社会的竞争性特征在这一节日上得到充分体现。此外，奥林匹亚节的泛希腊性质使其在希腊民族认同的建构和强化方面发挥了重要作用，但其泛希腊性与城邦框架背景并不矛盾。城邦保证了希腊人的"希腊性"，而泛希腊

---

① E. N. Gardiner, *Olympia: Its History & Remains*, p. 130.
② Pausanias, *Graeciae Descriptio*, 6. 2. Michael Scott, *Delphi and Olympia: The Spatial Politics of Panhellenism in the Archaic and Classical Periods*, pp. 213–214.

特征必然要以这种"希腊性"为前提条件。因此,以奥林匹亚节为代表的泛希腊节日实际上是希腊城邦制度的内在组成部分,而非超然于城邦体系之外的宗教节日。

(原载《世界历史》2013年第6期)

古代斯巴达的公民大会

祝宏俊

公民大会是古代希腊政治生活中的重要权力机构,不仅在雅典等民主制度比较典型的国家存在,在斯巴达等民主政治不太发达的国家也存在。但长期以来,人们对雅典等民主国家的公民大会比较重视,而对斯巴达等民主政治不典型的国家的公民大会比较忽视。在西方,斯巴达研究的大家们都有意、无意地忽视甚至贬低斯巴达公民大会的作用,如芬利称斯巴达公民大会没有公民讨论,不能充分表达公民意志;[1] 德圣克罗阿主要从外交政策的制定这个角度说明公民大会对国家大政方针没有实权;[2] 卡特里奇具体分析了公元前432年的公民大会、公元前404年的审判波桑尼阿和公元前378年审判索福德里阿斯三次事件,指出公民大会对国内事务不具有真正权力。[3] 当然,与此相反的意见同样存在,如安德鲁斯认为斯巴达最主要的决策活动都是在公民大会上完成的,[4] 刘易斯则列举了公元前418、公元前415年的公民大会,并对德圣克罗阿的观点进行了反驳。[5]

---

[1] M. I. Finley, "Sparta," in M. I. Finley, *The Use and Abuse of History*, London: Penguin, 1990, p. 161.

[2] G. E. M. de Ste. Croix, *The Origins of the Peloponnesian War*, Ithaca, N. Y.: Cornell University Press, 1972, pp. 124 – 131.

[3] Paul Cartledge, *Agesilaos and the Crisis of Sparta*, Duckworth, London: The Johns Hopkins University Press, 1987, pp. 130 – 138.

[4] A. Andrewes, "The Government of Classical Sparta," in E. Badian, ed., *Ancient Society and Institutions: Studies Presented to Victor Ehrenberg's 75th Birthday*, Oxford: Basil Blackwell, 1966, pp. 1 – 18.

[5] Dadid M. Lewis, *Sparta and Persia*, Leiden: Brill, 1977, pp. 36 – 39.

综合来看，目前人们对斯巴达公民大会的研究存在三个问题：一是没有从组织制度上对其进行全面的研究；二是没有从历史的角度进行研究，往往以某一特定时期内的公民大会的状况来代指全部历史；三是往往以雅典公民大会作为标准来评价斯巴达公民大会。因此有必要对斯巴达公民大会进行进一步的研究。

一

公民大会在古希腊由来已久。早在荷马时代，公民大会就普遍存在，但当时的公民大会不具有突出的政治意义。① 到了古风时期，也就是古希腊城邦体制形成的过程中，随着平民等社会下层的社会地位的提高，公民大会在国家政治生活中越来越重要，逐渐成为国家政治中重要的权力机构。斯巴达的公民大会也是在这个过程中形成的。

约公元前 10 世纪，斯巴达人南下，来到拉科尼亚，逐步定居下来，并继续对周边地区扩张。此后不久，发生了著名的莱库古改革。流传下来的改革文件"大瑞特拉"对公民大会的机构设置作了新的规定。大瑞特拉说：当你为宙斯和雅典娜建立起了一座神庙，并把人们分成"菲利"（phyle，以血缘关系进行的政治划分——笔者注）和"奥巴"（obae，以地缘关系进行的政治划分——笔者注），再创立起包括阿卡伽塔伊（archagetae，通常认为他们是国王——笔者注）在内的 30 人的元老院（gerousia），你们就得经常在巴比卡（Babyca）和科纳基翁（Cnacion）之间"阿佩拉曾"（意即"举行阿佩拉"）并在那儿提出或废除提案。但是，人民必须要有表决权和权力。② 根据大瑞特拉，斯巴达公民大会成为拥有明确权力、固定会期和会所的政权机构。

大瑞特拉中重新设立的公民大会第一个显而易见的变化是大会的

---

① 国内学者晏绍祥教授对此有专门研究。参见晏绍祥《荷马史诗中的人民大会及其政治作用》，《华中师范大学学报》2000 年第 6 期。

② [古希腊] 普鲁塔克：《希腊罗马名人传》，黄宏煦等译，商务印书馆 1999 年版，第 9 页。

名称由 agora 变成 apella。大瑞特拉提供了四个政治任务，一是创立新的宗教信仰；二是实行新的行政区划，即以血缘和地缘双重标准来划分；三是创立包括国王在内的元老院；四是创立 apella 会议。虽然大瑞特拉没有直接提到 apella，但通过语言分析，我们可以发现这个新的权力机构就是 apella。apella 一词在后来的希腊语中出现得很少，所以人们对它早期的具体情况了解并不多。据克里姆斯研究，apella 可能来自德尔斐的神 apollo，在德尔斐地方，太阳神写作 Apellon，apella 就是以祭祀太阳神阿波罗为中心的宗教集会。[①] 应该承认，宗教改革在大瑞特拉中有特殊意义，这方面的改革被列为整个大瑞特拉法律的第一条。再者，在古代宗教对国家政治的影响极大，因此举行一种带有宗教色彩的会议代替以前的那种公民大会，或者借助于宗教的力量召集民众的力量，举行公民集会，是有可能的。但是这个词被用到斯巴达时不再仅仅是个宗教集会，而是指一种具有宗教色彩的群众的集会。从大瑞特拉的后文看，文献规定了会议召开的时间、地点、职能等。显然，apella 是一个代表面较广的权力机构。

在大瑞特拉改革中，斯巴达公民大会的召集人似乎没有发生本质的变化，大瑞特拉的条文中没有这方面的明确记述。估计这时公民大会的召开仍然控制在贵族和国王的手中。

在大瑞特拉中，公民大会成为相对固定的权力机构，有了比较固定的召开地点。大瑞特拉规定，公民大会在巴比卡和科纳基翁之间举行。克里姆斯从词源学的角度加以分析，认为这两个词反映出：最初斯巴达的公民大会是在斯巴达城之外举行的。[②] 密希尔赞同这一观点，他说斯巴达城内拥挤、嘈杂，迫使人们到城外开会。[③] 但据亚里士多德研究，科纳基翁是一条河，巴比卡则是一座桥。普鲁塔克对亚里士多德的说法基本表示赞同，只是指出巴比卡在他那个时代改称科罗马

[①] K. M. T. Chrimes, *Ancient Sparta*, Manchester: Manchester University Press, 1952, pp. 487 – 488.
[②] K. M. T. Chrimes, *Ancient Sparta*, pp. 485 – 486.
[③] H. Michell, *Sparta*, Cambridge: Cambridge University Press, 1952, p. 146.

斯，科纳基翁改称奥努斯。① 古代斯巴达城坐落在厄托拉斯河中游及其支流交汇处，从考古材料看，斯巴达主要居民点都分布在厄托拉斯河的西侧。如果是这样，那么斯巴达的公民大会则必然在斯巴达人聚居中心。早期斯巴达的公民大会也没有人工建造的会议厅。普鲁塔克称早期斯巴达在野外开会。② 这一说法可以得到修昔底德的佐证，修昔底德则称到他那个时代斯巴达都没有大型的建筑物。③ 大概是到了公元前6世纪中后期，斯巴达的公民大会有了自己的固定且经过人工修筑的会址。波桑尼阿在他的游记中称斯巴达的公民大会有固定的开会地点，这个会址为西阿斯（Skias），由特奥多罗斯主持修建。④ 据《牛津古典辞书》，特奥多罗斯的活跃期在公元前550—前520年。⑤ 因此，笔者认为斯巴达的公民大会的场所可能经过了一个发展过程，开始的时候主要是在城外，后来逐渐移入城内，开始的时候没有建筑物，在露天举行，后来有了自己的会馆。虽然地点有所变化，但不是像荷马时代那样频繁变化，而是在一段时间内保持了相对固定。

大瑞特拉还表明公民大会已经成为定期开会的实权机构。大瑞特拉对公民大会的召开用了一个介词词组——hwbas es hwbas——做状语。学者对这个短语的理解意见纷纭，克里姆斯认为是一个季度一次，而且其次数可能也有所变化。⑥ 哈蒙德认为会议间隔没有固定的时间，但其频率大于每月一次，但他没有说是不是一个季度一次。⑦ "洛布古典丛书"也与哈蒙德持同样的观点，中国商务印书馆出版的《希腊罗马名人传》上册在翻译相关段落时也持同样的观点。⑧ 但大多数学者认为公民大会是逐月开的。如密西尔、奥利瓦、瓦德-凯瑞等，瓦

---

① Plutarch, *Lycurgus*, 6, 3.
② Plutarch, *Lycurgus*, 6, 2.
③ Thucydides, *History of The Peloponnesian War*, 1. 10.
④ Pausias, *Description of Greece*, 3. 12. 10.
⑤ S. Hornblower, Spawforth, A., Eidinow E., eds., *The Oxford Classical Dictionary*, Oxford: Oxford University Press, 1996, p. 1501.
⑥ K. M. T. Chrimes, *Ancient Sparta*, pp. 488.
⑦ N. G. L. Hammond, "The Lycurgus Reform at Sparta", *Journal of Hellenic Study*, Vol. 70 (1950), p. 43.
⑧ [古希腊] 普鲁塔克：《希腊罗马名人传》上，黄宏煦等译，第93页。

德-凯瑞更认为它在每个月的固定日子召开。① 综合比较,此论得到更多的证据支持。修昔底德在记述公元前432年的斯巴达公民大会时,曾说斯巴达的公民大会是习惯的、惯常的。② 这表明斯巴达的公民大会是政治生活中的常见现象,一年一次、一季一次似乎都间隔太久。希罗多德曾经记述在马拉松战役前夕,斯巴达托称月亮没圆不能出征。③ 显然,月圆在斯巴达的政治生活中有着重要的意义。如果我们联系斯巴达公民大会本身与宗教有着特殊的关系,④ 同时处理军事行动又是公民大会的重要职能,那么在每个月的满月之时召开公民大会的观点与其他观点相比显得更为合理。

大瑞特拉颁布之后,斯巴达公民大会的政治职能发生了很大变化。大瑞特拉的最后一句规定:"要让人民拥有权力。"权力的内容在大瑞特拉的第三句中作了规定,"在这里(或在这种情况下)提出或取消法律",结合上下文可知,应是国王或元老院在公民大会前提出议案。

大瑞特拉对公民大会的权力、会期、会址作出了明确的规定,这是公民大会和普通民众政治地位提高的表现。这些规定使得公民大会初步摆脱了贵族的控制,推进了斯巴达政治制度的发展和政治民主化的发展。莱库古改革发生在公元前9世纪末到公元前8世纪初,在雅典,定期召开公民大会直到公元前508年克利斯提尼改革才初步确定下来。可见,大瑞特拉的改革使斯巴达的政治民主化来得比雅典更早。

二

大概自公元前7世纪前期,斯巴达公民大会发生了较大的变化,其政治地位和平民性质进一步提升。公元前399年,下层公民基那敦密谋起义。消息传到斯巴达城内,色诺芬说,监察官来不及召开公民

---

① H. Michell, *Sparta*, p. 146; P. Oliva, *Sparta and Her Social Problems*, Prague: Academia, 1971, p. 92.
② Thucydides, *History of The Peloponnesian War*, 1.67.
③ Herodotus, *Histories*, 6.106.
④ 大瑞特拉的第一条就是创立宙斯崇拜和阿波罗崇拜。

大会，甚至"小公民大会"（little assembly）都来不及召开，临时召集了在斯巴达城内的长老就马上采取行动。在这里，公民大会被放在首先考虑之列，此后是小公民大会，最后才是长老会议。显然，公民大会在斯巴达的政治生活中处于最为重要的地位。德圣克罗阿、卡特里奇等人曾经指责斯巴达的公民大会是个橡皮图章，其主要证据有三：一是公民大会没有独立提案权，或者说普通公民在公民大会上没有发言的机会，不能发表自己的意见；二是公民大会没有自己的独立意志，只是附和贵族和国王的意志；三是公民大会的召开与否掌握在贵族手中。但实际情况并非如此。

首先，公民大会并非没有自己的独立意志。大概在第一次美塞尼亚战争之后，色奥彭浦斯王在位时期，斯巴达的政治制度进行了一次大的调整，其中涉及公民大会的内容。一是设置了代表普通公民利益的民选监察官。[①] 二是对公民大会举行了新的规定，据普鲁塔克记载，色奥彭浦斯、波吕多洛斯任国王时，在大瑞特拉中加进了一条："如果公民大会意欲采纳一条歪曲的决议，元老和国王有权休会。"[②] 这一改革文献告诉我们，自莱库古改革建立斯巴达公民大会之后，斯巴达公民大会的政治地位显然得到了进一步的提升。公民大会在原先的表决权的基础上得到了审议权，即对国王、长老提出的议案加以审议修订的权力。按普鲁塔克的记述，最初公民人会不允许提出议案，但可以对长老或国王的议案表示反对或支持，也就是说只能投票表示支持或表示反对，但不能修正原先的议案。普鲁塔克接着说，后来公民大会利用增加字句的办法来歪曲或曲解提交给他们的议案。[③] 正是在这种情况下，色奥彭浦斯的新法案规定：如果出现这种情况，元老和国王有权休会。但色奥彭浦斯并没有取消公民大会的审议权，只是加以限制，所以如果与公民大会刚刚成立时相比，其政治地位和政治权力无疑增加了。

---

① Aristotle, *Politics*, 1313a25；参见吴寿彭译本，商务印书馆 1997 年版，第 291 页；又见 Plutarch, *Lycurgus*, 7。
② Plutarch, *Lycurgus*, 6.
③ Plutarch, *Lycurgus*, 6.

公民大会的主要成员是平民，所以公民大会是否有独立意志的关键是看公民队伍大多数的平民的意识是否得到伸张。最典型的例子是公元前432年的斯巴达公民大会。在这次会上，国王阿基达马斯与监察官先后发言，提出不同的主张。阿基达马斯要求暂缓宣战、寻求仲裁，而监察官主张立即宣战，最后公民大会表决认为斯巴达和雅典之间的"三十年和约"已被破坏，必须宣战。随后，斯巴达采取了紧锣密鼓的措施进一步向雅典施压，并不惜宣战。[1] 这里首先公民大会有在不同意见间进行选择的权力；其次，斯巴达采取的这些措施显然与阿基达马斯和监察官的建议都不一样，应该是这次公民大会独立做出的决议。这些说明公民大会的独立意志并没有完全取缔。又如，公元前418年，阿基斯一世率军进攻阿尔哥斯，在形势一片大好的情况下，阿基斯一世擅自撤军，致使整个战争功亏一篑。回国后，斯巴达人要拆毁阿基斯一世的住宅，处以巨额罚款。后经阿基斯一再恳求，斯巴达人同意免予处罚，但设置了一个十人委员会，规定阿基斯不经委员会同意不得自作主张。显然只有公民大会才能代表斯巴达人，反过来如果全体斯巴达有这样的主张，那也会在公民大会上获得合法性。因此，这个决议显然也是公民大会独立做出的。[2] 再如，公元前415年的公民大会。这一年，雅典发动远征西西里的战役。叙拉古、科林斯代表来到斯巴达，参加了斯巴达的公民大会，要求立即支持西西里。但监察官和其他官员只打算派人要求叙拉古不要投降，不准备采取军事行动支持西西里。这时，恰好雅典名将阿尔西比阿德斯叛逃到斯巴达。阿尔西比阿德斯随后在公民大会上发表演讲，指出了雅典的薄弱之处。最后，斯巴达公民大会放弃了原先的主张，接受了阿尔西比阿德斯的建议，决定立即兵分两路，一支进攻雅典本土，一支直奔西西里。[3]显然，在这几个例子中，公民大会并不是橡皮图章，而是对斯巴达的政局产生了实实在在的影响。

---

[1] Thucydides, *History of The Peloponnesian War*, 1.87, 88, 126.
[2] Thucydides, *History of The Peloponnesian War*, 5.63.
[3] Thucydides, *History of The Peloponnesian War*, 6.88–93.

公民大会内部的不同意见和辩论通常被视作公民大会是否拥有独立意志和真实权力的标准之一。芬利认为，既然斯巴达公民被教育得只知道服从，那么公民大会内部就不可能有辩论。实际情况并非如此。前文所述，色奥彭浦斯的改革就是在公民大会有权对议案进行讨论、修订的情况采取的。具体实例如公元前475年的公民大会，此时斯巴达刚刚退出希波战争，雅典建立了提洛同盟，成为东地中海的海上霸主。斯巴达元老院、公民大会一致主张对雅典宣战，以恢复斯巴达的海上领导权。这时，赫托伊马里达斯（Hetoemaridas）向元老院和公民大会提出反对意见。最后，公民大会采纳了他的意见。① 又如公元前432年的公民大会，监察官在表决时要求按观点不同，分别站队，显然公民大会内部存在不同的观点。公元前378年，在审理斯巴达海外总督斯福德里阿斯（Sphodrias）擅自进攻雅典时，斯巴达公民就分成三派：监察官要处以死刑，国王克里奥布鲁托斯（Cleombrotus）主张赦免，还有不少人介于两者之间。② 最后的结果虽然是国王的意见得以通过，但它告诉我们，公民内部并不是铁板一块，而是存在两种、三种甚至更多的不同意见，这些不同意见必然反映到公民大会内部。显然，斯巴达公民大会存在不同的意见，有不同意见必然会有讨论、争论，只不过这种讨论不及雅典公民大会那么激烈精彩。

其次，斯巴达公民大会并非没有独立提案权。笔者认为，卡特利奇等人所说的没有独立提案权的关键是没有代表普通公民的提案权，就雅典而言，因为雅典的提案权掌握在四百人会议或五百人会议手中，而四百人会议、五百人会议主要由普通公民组成。诚然，大瑞特拉规定国王和长老会议拥有向公民大会提出议案的权力，但我们并不能将国王和长老会议的这一权力扩大化，认为他们垄断了所有的提案权，更不能认为斯巴达的平民就绝对地没有了提案权。事实上，斯巴达没有雅典那样的四百人会议、五百人会议，但是，斯巴达的普通公民同样拥有提案权。

---

① Diodorus of Sicily, *The Library of History*, 11.50.
② Xenophon, *Hellenica*, 5.4.23–26.

其依据之一是代表平民利益的监察官拥有提案权。斯巴达监察官何时建立不得而知,但可以确知在公元前7世纪前半期,斯巴达设置了代表平民利益的监察官。它由普通公民选举产生,一年一任。所有公民不分贫富均有权当选。[1] 所以,监察官主要代表了普通公民的利益。斯巴达监察官共有五位,虽不像雅典的四百人会议或五百人会议那样有较广泛的代表性,但它同样属于一个代表平民利益的集体性的权力机构。引人注目的是,监察官有权向公民大会提出议案。如公元前432年的公民大会,国王和监察官在雅典是否违背三十年和约、是否发动对雅典的战争问题上出现分歧,国王主张暂缓对雅典发动战争,而监察官则主张立即对雅典发动战争。最后,监察官将分歧提交公民大会。显然,这里监察官与国王一样拥有提案权。公元前3世纪末,阿基斯四世改革时,为了减轻改革阻力,他授意亲信监察官吕山德向公民大会提出改革议案,后被公民大会批准。[2] 这里为什么国王不向公民大会直接提出议案,显然监察官与公民大会有着更为密切的关系,他们的提案更易为公民大会所接受。应该指出,监察官同样没有垄断提案权。

依据之二是普通平民也拥有向公民大会提出议案的权利。如前所述,公元前475年,赫托伊马里达斯在公民大会上提出议案,反对对雅典宣战,最后公民大会采纳了他的意见。[3] 赫托伊马里达斯虽然属于贵族阶层,但他显然不是以元老院和国王的名义,而是以公民的身份提出新建议的。又如,雅典演说家埃斯奇尼斯(Aeschines)曾经说:一次,一位善于演讲但名声恶劣的人在公民大会上提出自己的议案,公民大会准备对他提出的议案进行表决,这时一位元老赶到会场指责公民大会竟允许这样的人发言,建议指定一位不善演讲,但具有勇敢、公正、智慧的人将他的演说尽可能完美地重述一遍。[4] 这里,新的发言人没有指定为元老贵族,只是有道德人品方面的要求,说明

---

[1] 参见祝宏俊《斯巴达的"检察官"》,《历史研究》2005年第5期。
[2] Plutarch, *Agis*, 9.1.
[3] Diodorus of Sicily, *The Library of History*, 11.50.
[4] Aeschines, *Against Timarchus*, 180–181.

公民在理论上拥有发言权。

依据之三是长老会议并没有真正行使提案权。从历史材料看，古典时期斯巴达的长老会议很少活动。从希罗多德、修昔底德、色诺芬等人的记载中，我们所能见到的只有两次，一次是公元前6世纪，国王阿那克桑德里戴斯没有男性后裔，监察官要求他重新娶妻生子，但阿那克桑德里戴斯称其妻无错，不肯休妻，监察官与元老院商量后决定，同意阿那克桑德里戴斯在不离婚的情况下娶妻生子。这里不是长老会议向公民大会提出议案，倒像是监察官向长老会议提出议案。另一次是基那敦起义，因为消息来得突然，监察官来不及召开公民大会，色诺芬说甚至"小公民大会"（little assembly）都来不及召开，临时召集了在斯巴达城内的长老就马上采取行动，秘密逮捕了基那敦。显然，这里的长老会议是不得已而召开的。反过来，在相当长的时间内，长老会议不见活动，如此一来，哪里有由长老会议提出的议案？

可见，在古典时期，斯巴达的公民大会的政治地位有了极大的提高。同时，公民大会的运行也发生了一些新的变化。首先，监察官是公民大会的实际召集人。如公元前405年，伯罗奔尼撒战争即将结束的时候，雅典被迫向斯巴达将军吕山德求和。但吕山德告诉雅典使节必须到斯巴达向监察官汇报。[1] 战争与议和是国家最重大的事务，理所当然应当由全体公民讨论决定，监察官并没有权力独自决定，但之所以向监察官汇报，其原因在于监察官是公民大会的召集人。公元前383年，阿堪杜斯（Acanthus）和阿波罗尼亚（Apollonia）的使节来到斯巴达，监察官在听取了他们的出使目的之后，将他们带到了公民大会上。[2] 原本处于休会状态的公民大会何以可以听取外国使节的演讲呢？显然色诺芬略去了一个细节，即监察官先召集公民大会，后让来使在大会上进行陈述。公元前399年，国王阿基斯在厄利斯受到非礼貌的待遇，于是监察官和公民大会都感到气愤，决定对厄利斯宣战，宣布战令的就是监察官。这里，监察官和公民大会一起完成了对厄利

---

[1] Xenophon, *Hellenica*, 2.2.17–19.

[2] Xenophon, *Hellenica*, 2.2.11.

斯宣战这一政治程序，显然，监察官在这一程序处于主动的地位，正是他召开主持了公民大会，又是他最后宣读了公民大会的决议。① 公元前389年，阿开亚人遭到阿卡奈亚人的入侵，向斯巴达求援，监察官和公民大会都认为有必要支持阿开亚人，于是决定派遣亚偈西劳率领两个军团开赴阿开亚。② 这里显然也是由监察官主持召开了公民大会。监察官还控制着公民大会的过程。如公元前432年的公民大会，虽然我们不知道这次会议开始的情况，但在会议进行表决的关键时刻，是监察官亲自把问题提交公民大会，并且临时决定更改大会的表决方式，即用分队站立的方式取代呼声表决。③ 这里，很明显，监察官在会议进程中，控制着大会的程序。可以想见，监察官是斯巴达公民大会的召集人和象征。④

其次，为了应对日益复杂的公共事务，公民大会不得不调整会期，实行定期与不定期相结合的原则。史书上很少见到定期召开的公民大会，更多的是不定期召开的。在色诺芬记述的八次公民大会中，公元前405年的那一次是临时召开的，此时雅典遭受斯巴达军队的包围，为克服困境派全权代表到斯巴达求和，斯巴达监察官在他们到达之时召开公民大会。⑤ 公元前403年，国王波桑尼阿斯和吕山德围攻雅典的庇利乌斯港，两位指挥官之间发生矛盾，波桑尼阿斯暗中指示庇利乌斯港内的雅典人向他求和，雅典使者与他接触之后，被随军监察官派往斯巴达国内，然后守卫城墙的雅典人也派使者到斯巴达，他们在斯巴达公民大会上通报了各自的要求，看来这次公民大会也不是按固定会期召开的。⑥ 公元前383年，阿堪杜斯（Acanthus）和阿波罗尼亚（Apollonia）的使节来到斯巴达，先向监察官通报，然后监察官将他们

---

① Xenophon, *Hellenica*, 3.2.23.
② Xenophon, *Hellenica*, 4.6.3.
③ Thucydides, *History of The Peloponnesian War*, 1.87.
④ A. Andrewes, "The Government of Classical Sparta"; A. H. M. Jones, "The Lycurgan Rhetra," in E. Badian, ed., *Ancient Society and Institutions: Studies Presented to Victor Ehrenberg's 75th Birthday*, 1966, p. 13 – 14; p. 168.
⑤ Xenophon, *Hellenica*, 2.2.19.
⑥ Xenophon, *Hellenica*, 2.4.38.

带到了公民大会上，这次公民大会也不可能是按固定会期召开的。[1] 另外，公元前 399 年，国王阿基斯在厄利斯受到羞辱，监察官和公民大会气愤万分；[2] 公元前 383 年，底比斯使节到斯巴达，他们也在斯巴达公民大会发表了演讲。[3] 这两次大会也不大可能等到固定时刻再开会。所以，从这些情况看，斯巴达的公民大会有不少是不定期召开的。

总之，从公元前 7 世纪前半期至公元前 4 世纪初，斯巴达公民大会在斯巴达政治生活中拥有较高的地位。它与监察官一道构成斯巴达立法机制的核心，其地位之高实际上已经超过了国王和长老会议。古典作家多次把斯巴达政体称作混合政体。如柏拉图在《法律篇》中说斯巴达政体体现了均衡原则，[4] 又说斯巴达政体不能简单地称为君主制、寡头制或民主制，而应称为混合政体，[5] 亦即各派势力均衡。柏拉图虽然没按照亚里士多德的记述，在当时的希腊持这种观点的不仅仅是柏拉图，[6] 亚里士多德本人也持同样的观点。[7] 但是他们只从静态的结构上进行分析，没有从动态的政治运作加以研究。如果我们考虑到贵族会议长期处于休眠状态，国王的提案必须经过公民大会的批准，那么我们就会得出如下结论：在古典时期，斯巴达政治生活中的民主因素超过了贵族因素，斯巴达的政治实际上是特殊形式的民主制度。

三

公元前 4 世纪中期，斯巴达公民大会失去了以往的政治影响。其原因主要是斯巴达贫富分化加剧，公民队伍解体。公元前 4 世纪初斯巴达颁布法律，允许赠送财产和土地，变相地承认了土地私有。从此，斯巴达富人大肆侵吞土地，公民人数急剧减少。在公元前 5 世纪斯巴

---

[1] Xenophon, *Hellenica*, 5.2.11.
[2] Xenophon, *Hellenica*, 3.2.23.
[3] Xenophon, *Hellenica*, 5.2.33.
[4] Plato, *The Laws*, 692a.
[5] Plato, *The Laws*, 712d.
[6] Aristotle, *Politics*, 1265b35.
[7] Aristotle, *Politics*, 1270b20.

达还有公民 10000 人左右，土地私有令颁布之后不久，公民人数就减少为 1900 人。公元前 4 世纪末，减为 1000 人。到公元前 3 世纪中叶，斯巴达公民人数更减为 700 人，其中只有 100 人是全权公民。① 随着公民人数减少，国王的权力日益突出，监察官日益成为王权的附庸，公民大会的地位也随之下降。

公元前 383 年，斯巴达在国外的驻军首领富比达斯擅自带军进攻底比斯。② 公元前 379 年，另一位驻外将领斯福德里阿斯又擅自率军进攻阿提喀。③ 这两次军事行动都没有得到公民大会的授权。监察官和公民大会对这种藐视国家权威、擅自开战的行为极为愤怒，要处以死刑；这两位罪犯都因亚偈西劳的干预被宣布无罪。亚偈西劳先是为富比达斯辩护，称处罚与否要视其行为是否对斯巴达有利，④ 然后又为斯福德里阿斯辩护，称其是一员斯巴达需要的勇士。最后，两位将领都被免予处罚。在这两次事件中，公民大会的权威已经荡然无存。

公元前 4 世纪后期，亚里士多德在研究希腊世界的政治制度，讨论到迦太基时，谈及斯巴达的公民大会。他说：

（迦太基）两王和长老们在一致同意的条件下，可以决定任何案件是否提交人民（公民大会）公议，但人们（公民大会）对于他们未经一致同意提出的案件，却也一样可以进行讨论。又，对于国王和长老们一致同意而提出的案件，人民在大会上并不专限于听受原案而后予以通过或批准，他们可以做出自己的最后决断，出席大会的人民谁都可以起来反对执政人员提交的议案。公民大会的这种权力在斯巴达和克里特的政体中是没有的。⑤

这里亚里士多德提到了在迦太基向公民大会提出议案的两种可能，

---

① Plutarch, *Agis*, 5.4.
② Xenophon, *Hellenica*, 5.24; 5.2, 32.
③ Xenophon, *Hellenica*, 5.4, 15.
④ Xenophon, *Hellenica*, 5.2, 32; 5.4, 26.
⑤ Aristotle, *Politics*, 1273a5–12.

一是国王和长老们的意见一致，国王和长老们可以决定是否向公民大会提交。这时又分为提交和不提交两种类型。不提交意味着在这种情况下，不管公民大会是否批准都可以获得法律效力。这是第一种类型。如果提交，那么公民大会就可以对其加以审议，作出自己的判断，甚至通过与提交者意愿相反的法案。这是第二种类型。二是如果意见不一致，此时问题自然要提交公民大会，接受公民的审议，最后通过的议案可能与某一方的意见一致，也可能与双方的意见都不一致。这是第三种类型。亚里士多德指出：迦太基政体的基本特点与斯巴达一样，迦太基、克里特和斯巴达的政制是相似的。[1] 但它们之间也有某些些微的区别，亚里士多德指出第二种类型的审议权就是克里特和斯巴达所没有的，也就是说，在斯巴达，只要国王和长老会议的意见一致，那么议案就自然获得了法律效力，是否提交公民大会无关紧要，提交也只是一种形式，公民大会无权讨论。显然相对于古典时期初期，公民大会的权力已经大为削弱，只能对贵族无法作出决断的事务进行讨论、表决。

到公元前3世纪时，阿基斯改革时，公民大会的权力已经微乎其微了。阿基斯的改革遭到保守派的反对，于是他首先扶植吕山德担任监察官。吕山德首先向长老会议提出议案，主张取消债务、分配土地。长老会议内部分为两派，不能给以肯定。然后，吕山德再向公民大会提出议案进行讨论，最后公民大会基本上同意了阿基斯的改革主张。这里我们可以将其与基那敦起义时的决策程序比较，监察官首先向长老会议提出议案，而不是像此前直接向公民大会提出议案。这说明昔日公民大会的地位已经不复存在了。这种情形也大致上反映了普鲁塔克所说的：先由长老会议审议，再提交公民大会表决。一年之后，支持改革的吕山德监察官任期满，吕山德建议阿基斯与同僚国王克里奥布鲁托斯要保持高度一致，指出：监察官之所以有权主要是国王之间意见不一致，如果两个国王保持步调一致，那么监察官就无可奈何。[2]

---

[1] Aristotle, *Politics*, 1272b25 – 27.

[2] Plutarch, *Agis*, 12.

这里，吕山德所述的监察官抑制国王的权力显然是指古典时期的情形，当时监察官是平民利益的代表，是公民大会的召集人，同时也可以说是公民大会政治地位的晴雨表。现在，当两位国王意见一致时监察官就无可奈何，这一方面说了监察官的政治地位的下降，也说明了公民大会政治地位的下降。可见，到了这个时候，公民大会终于成为真正的橡皮图章。克列奥美涅斯三世改革时，监察官、公民大会都被抛在一边。克列奥美涅斯通过政变手段取消了监察官，绕开了公民大会，强行推行改革。公民大会已经可有可无了，我们在公元前4世纪之后也很少看到公民大会的活动。

  总体说来，在斯巴达的历史上，公民大会毋庸置疑是一个重要的权力机构。但在不同的历史时段，公民大会所拥有的权力与地位并不完全一样。大体上，斯巴达国家建立伊始，斯巴达公民大会已经产生。但直到公元前7世纪初，它一直是贵族统治的装饰物，是某些史家所说的橡皮图章。在这之后，公民大会在斯巴达政治生活中发挥了重要作用，但其运行方式与雅典公民大会有较大的差别，我们不能以雅典公民大会来评判斯巴达公民大会的政治意义。事实上，它与监察官一道构成古典时期斯巴达立法机制的核心，使得斯巴达政制成为特殊的民主政治。自公元前4世纪初，斯巴达公民大会逐步失去了政治意义，至公元前3世纪，完全退出了斯巴达政治舞台。

（原载《世界历史》2008年第1期）

罗马化抑或高卢化

——高卢罗马化过程中的文化互动现象考察

胡玉娟

罗马化研究始于 19 世纪末,最初以文明征服论、同化论为基调,宣扬罗马帝国推动了高卢、日耳曼、不列颠等落后民族的文明进程。[①] 这种研究模式无形中带有某些殖民主义和种族主义的色彩。20 世纪初期的研究进一步发展了帝国与蛮族二元对立的思维模式,呈现帝国文明与被征服民族的传统文化之间的对抗关系。[②] 70—80 年代,罗马化研究引进了世界体系理论的"中心—边缘"概念。[③] 该理论认为中心对边缘产生文化辐射作用,中心输出先进技术和产品,边缘依附于中心,仅仅提供劳动力、资源和市场。90 年代以后,研究者更多借用后殖民主义理论对罗马文化霸权的话语立场进行批判,强调族群文化的平等和互动作用,认为族群交往产生相互影响:不仅被征服的民族模仿罗马人,而且罗马文明自身也在外来文化的影响下发生了变化。[④] 罗马化研究逐渐由"同化"

[①] 罗马化研究的开创者以蒙森、哈弗尔德为代表。Theodor Mommsen, *Römische Geschichte*, I, II, III, IV, Berlin: Weidmannsche Buchhandlung, 1854, 1855, 1856, 1885. Francis J. Haverfield, *The Romanization of Roman Britain*, Oxford: Claredon Press, 1912.

[②] Jullian Camille, *Histoire de La Gaule*, Paris: Hachette, 1908. R. G. Collingwood, *Roman Britain*, Oxford: Clarendon Press, 1932.

[③] Peter S. Wells, *The Barbarians Speak: How the Conquered Peoples Shaped Roman Europe*, Princeton: Princeton University Press, 1999. Penelope J. Goodman, *The Roman City and Its Periphery: From Rome to Gaul*, Abingdon: Routledge, 2007.

[④] Greg Woolf, "Beyond Roman and Natives," *World Archaeology*, Vol. 28, No. 3, *Culture Contact and Colonialism*, 1997, pp. 339 – 350.

论转向"互动"论;① 强调被征服地区传统文化的抵制性调整（Resistant Adaptation）与适应（Resistant Accommodation），再生产与复兴，把这种现象理解为一种"文化抵抗"②；反思"罗马化"这一概念，提出用后殖民理论的术语"克里奥尔化"（croelization）取代"罗马化"③，用"文化互渗"或"文化适应"（acculturation）取代"文化趋同"（assimilation）；尝试用中性术语"文化转型"（Cultural Transformation）、"文化变迁"（Cultural Change）、"文化革命"（Cultural Revolution）④ 来纠正"罗马化"概念所造成的偏见。

不过，二元对立的思维模式和文明扩张的单向研究模式仍是有待突破的瓶颈。如何在研究中凸显"蛮族"对罗马帝国的文化影响，这是一个尚待开拓的研究领域。事实上，行省的"罗马化"现象只是帝国早期（公元1世纪—2世纪）的突出现象。公元2世纪末至3世纪，帝国西北部行省就出现了"凯尔特文化复兴"迹象。⑤ 公元4世纪，西部行省日益走向蛮族化，东部行省则趋向东方化，直至帝国分崩离析。⑥ 罗马帝国的历史走势清楚地表明，罗马古典文明在行省地区不断退缩，逐渐蜕变为蛮族化的、东方化的晚期古典文明。

这说明被罗马征服的民族不但长期保持文化传统，而且对罗马帝国也具有相当大的影响。⑦ 罗马与"蛮族的关系绝不是罗马文明单

---

① Barry Cunliffe, *Greeks, Romans & Barbarians: Spheres of Interaction*, London: B. T. Batsford Ltd., 1988.

② Marcel Bénabou, *La Résistance Africaine à la ramanisation*, Paris: editions la Découverte, 2005. David Rankin, *Celts and the Classical World*, London: Routledge, 1996. Peter S. Wells, *The Barbarians Speak: How the Conquered Peoples Shaped Roman Europe*.

③ Jane Webster, "Croelization of the Roman Provinces," *American Journal of Archaeology*, Vol. 105, No. 2, 2001, pp. 209–225.

④ Jane Webster and Nicholas Cooper, eds., *Roman Imperialism: Post-colonial Perspectives*, Leicester, England: School of Archaeological Studies, University of Leicester, 1996.

⑤ Peter S. Wells, *The Barbarians Speak: How the Conquered Peoples Shaped Roman Europe*, p. 197.

⑥ ［美］M. 罗斯托夫采夫：《罗马帝国社会经济史》下册，马雍、厉以宁译，商务印书馆1985年版，第723页。

⑦ Peter S. Wells, *The Barbarians Speak: How the Conquered Peoples Shaped Roman Europe*, Princeton: Priceton Universit/Press, 1999.

向的同化过程,蛮族对罗马世界的影响使得罗马世界发生了变革"[1]。从帝国初期开始,文化转型已悄然进行。"在高卢立足的罗马文明在许多方面都融合了高卢原有的一些文化特征。"[2] 在阿非利加行省,当阿非利加人变得罗马化时,罗马文明自身也变得"阿非利加化"了。[3]

近年来,国内学者对帝国西部行省的城市化、宗教罗马化,以及军队和殖民地与罗马化的关系等方面的研究做出了不少成果。[4] 但主流观点仍然以罗马帝国文明优越论和同化论为核心,强调罗马文明对行省"蛮族"的推动性影响。对于后殖民主义理论在罗马化研究中的影响和新的研究模式,虽然有所介绍,[5] 但这些新的观点和研究方法在国内目前已发表的成果中并不占主流。国内罗马化研究在概念、理论和方法方面都有待改进。

本文在综合国外最新研究成果的基础上,提出罗马化运动本质上是一种文化互动或文化互渗现象。以帝国初期高卢行省的罗马化

---

[1] Ralph W. Mathisen and Danuta Shanzer, eds., *Romans, Barbarians, and the Transformation of the Roman World*, Farnham: Ashgate Publishing Limited, 2011.

[2] 陈文海:《法国史》,人民出版社2004年版,第25页。

[3] Marcel Bénabou, *La Résistance Africaine à la Romanisation*. 该书第二卷"阿非利加行省对罗马的文化抵抗"揭示了阿非利加文化遗产对行省罗马文明的影响,例如在宗教领域存在着罗马神祇"阿非利加化"(Africanisation)现象(第331—375页)。

[4] 行省的城市化研究参见宫秀华、孙敏《关于罗马—高卢城市兴起的几个因素》,《史学集刊》2009年第1期;宫秀华、尚德君:《影响罗马—高卢城市迅猛发展的几个因素》,《东北师大学报》(哲学社会科学版)2011年第1期;宫秀华、王佃玉:《略论高卢行省城市发展的"罗马化"特质》,《社会科学战线》2011年第10期;符松涛:《罗马帝国早期城市化的类型和作用》,《青海师范大学学报》(哲学社会科学版)2014年第2期;孙敏:《罗马高卢地区城市化问题初探》,硕士学位论文,东北师范大学,2004年。军队与罗马化关系的研究参见王鹤《罗马军队与西部行省罗马化关系研究》,博士学位论文,吉林大学,2010年;宋立宏:《行省中的罗马军队:以罗马不列颠为中心》,《古代文明》2008年第3期;宫秀华、肖丽:《试论罗马海外殖民地的罗马化功用》,《东北师大学报》(哲学社会科学版)2014年第3期;康凯:《罗马军队与文化融合》,硕士学位论文,上海师范大学,2009年。宗教罗马化研究参见薄海昆《罗马帝国山北高卢元首行省体制》,《广西社会科学》2006年第12期;《流行于罗马帝国山北高卢的元首崇拜》,《社会科学论坛》(学术研究卷)2006年第7期;《山北高卢宗教领域罗马化现象探悉》,《重庆社会科学》2007年第4期;宫秀华、尚德君:《罗马帝国早期西班牙行省宗教崇拜罗马化刍议》,《古代文明》2014年第3期。

[5] 宋立宏:《对"罗马化"及罗马帝国文化认同的反思》,《史林》2012年第4期。

为例，分析罗马文明的传播导致高卢的城乡面貌，经济发展，宗教崇拜和日常生活等方面发生巨变的同时，其自身也受到高卢文化的强烈影响和基因渗透，不可避免地衍生出罗马文明的地方化变体。这种地方文化甚至在某些方面"青出于蓝而胜于蓝"，超越了意大利本土文化，促使罗马古典文明逐渐走向转型。

一 罗马化景观背后的高卢身份认同

（一）罗马化城市中的高卢文化标志

独立时期的高卢地区已出现城市化萌芽。高卢城市至少有三个源头——山北高卢的设防聚落"奥必达"（oppida）（即"寨堡"，约公元前7世纪末），纳尔榜高卢的希腊化殖民城邦（公元前3世纪）和高卢战争结束后建立的罗马殖民地（公元前1世纪晚期）。罗马征服高卢之后，在将近一百年时间里，高卢城市仍保持着凯尔特风格。直到公元1世纪末，罗马城市元素才逐渐占据优势地位。罗马高卢城市不是对罗马城市的简单复制，而是罗马城市元素与凯尔特城市传统嫁接而成的。[1]

高卢城市传统的延续主要体现在，半数以上的城市，例如奥顿（Autun）、比布拉克特（Bibracte）、卢格杜努姆（Lugdunum，今里昂）都是在铁器时代的寨堡（oppida）旧址或附近的平地重建、扩建的。许多前罗马时代的寨堡未被废弃或迁移，那里的居民们仍然保持着原来的生活方式，并且因地制宜，适应了罗马的统治，获得新的发展机遇。例如，奥克索山（Mt Auxois）为罗马的阿波罗神庙供应热水，提供金属加工；曼杜比（Mandubii）则因为接待崇拜者和贸易而获得了财富。[2]

寨堡传统在罗马化城市的名称里有所体现。如"奥古斯都—杜纳姆"（Augusto dunum）、"奥古斯都—杜拉姆"（Augusto durum），

---

[1] Peter S. Wells, *The Barbarians Speak: How the Conquered Peoples Shaped Roman Europe*, p. 171.
[2] J. F. Drinkwater, *Roman Gaul: The Three Provinces*, London: Croom Helm Ltd., 1983, p. 152.

其凯尔特语后缀词根"*-dunum*"或"*-durum*",意为"寨堡"。此外,"尤里奥马居"(Juliomagu)和"奥古斯都马居"(Augustomagu)的后缀词根"*-magu*",在凯尔特语中是"市场"之意。常见的罗马化城市名的后缀词根还有"*-ritum*"(意为"通衢")和"*-nemetum*"(意为"圣地")等。①"市场""通衢""圣地"这些后缀体现了寨堡作为贸易、交通枢纽和宗教活动中心的职能。这些城市被冠以罗马元首名字之后,看上去变成了罗马城市,但是,城市名的凯尔特语后缀则表明寨堡传统根深蒂固。

高卢人在保持传统的同时,也有选择地吸收罗马文明,通过模仿实现了文化转型。高卢城市的罗马化景观包括:高耸的城墙,市中心的广场、议政厅(basilica)、纪念碑、神庙、剧场、竞技场、浴场;贯穿东西、南北两条交叉的中轴线;纵横交错的街道;居民区沿主要街道分布,手工作坊集中在城市边缘;墓地位于城外的道路两旁;等等。不过,尽管高卢人竭力模仿罗马城市的外观,减少本地特征,但高卢城市仍与意大利本土城市有着明显差别。

"高卢城墙"(murus Gallicus)的建造方式就与罗马城墙不同。高卢人先用木梁搭建框架,用 30 厘米长的大铁钉加固,再按照框架用石块和泥沙填筑成墙体。这种石木结合的墙体十分坚固,可以抵御破城槌的攻击,还不怕火攻,比罗马的石头城墙更为先进。这给罗马征服者留下了深刻印象。凯撒的《高卢战记》对此有详细描述。②

高卢城门塔楼使用的一种特殊木材也引起了罗马人的注意。建筑师维特鲁威在《建筑十书》(公元前 1 世纪末)中提到一则轶事,凯撒率军在山南高卢作战时,发现波河流域生长着一种落叶松,其材质耐火。拉里格努穆城(Larignum)的居民用这种落叶松搭建的塔楼,成功地抵挡了罗马军队的火攻。此后,罗马人大量输入这种木材,用于制作城市居民楼屋檐下的防火挡板,使城市街区免受火

---

① [法]乔治·杜比主编:《法国史》上卷,吕一民、沈坚、黄艳红等译,商务印书馆 2011 年版,第 127 页。
② [古罗马]凯撒:《高卢战记》,任炳湘译,商务印书馆 2009 年版,第 169 页。

灾蔓延的侵害。①

高卢的城市住宅有其特色。传统的黏土茅屋构成了高卢城镇的特色风景。公元1世纪，罗马化高卢城市中仍有大量凯尔特式黏土木屋民居，它们与石砌的浴场、剧场和竞技场等罗马公共建筑长期并存。②传统的泥坯和版筑砌墙技术直到公元1世纪中期仍很流行。石料和混凝土建材传入高卢后很少用于民居，仅仅在大型公共建筑物上使用。石墙、混凝土墙直到公元2世纪才被普遍使用。③

罗马中庭式住宅（domus）传入高卢地区。其特点是以砖石建材为主，装饰着壁画、雕像，拥有带立柱的围廊和庭院，一般造价昂贵，多为上流社会人士所居住，集中分布在城市中心的富人区。高卢人对罗马式住宅进行了某些局部改造，使其呈现出本地化特点。

"高卢门房"就是罗马住宅的一种地方变体。维特鲁威在《建筑十书》中提到过这种位于大门入口处的接待室，这种功能性房间不见于意大利本土，源自希腊化时期宫廷的入口接待厅，体现了希腊化文化对高卢住居的影响。高卢罗马住宅的厢房（alae）与中庭（atrium）的长度比例为1∶6或1∶10，而意大利的罗马住宅一般为1∶4。④庭院立柱的风格也有差别。罗马人发明的科林斯式与爱奥尼亚式混合型柱头在高卢地区并不常见。这是因为罗马式混合型柱头需要以大理石为原料，而高卢民居的柱头多采用本地产软质石灰石，承重力有限，不适合做复杂造型，故而朴素的托斯卡式柱头在高卢运用得最为广泛。⑤

在城市布局方面，高卢城市虽然模仿意大利北部城市的中轴线和网格状街道设计，但由于地形不同，而且受原有寨堡聚落建制的影响而有所调整，同罗马城市相比，高卢城市的布局显得较不规则。

---

① ［古罗马］维特鲁威：《建筑十书》，高履泰译，知识产权出版社2001年版，第64—65页。
② Peter S. Wells, *The Barbarians Speak: How the Conquered Peoples Shaped Roman Europe*, p. 57.
③ Lörinc Timár, *The Spread of the Roman Domus Type in Gaul*, British Archaeological Reports International Series 2206, 2011, p. 51.
④ 参见 Lörinc Timár, *The Spread of the Roman Domus Type in Gaul*, pp. 21–22。
⑤ Lörinc Timár, *The Spread of the Roman Domus Type in Gaul*, p. 47.

例如，格拉努姆（Glanum）因地势高峻、狭窄，不适宜营建大型公共场所，故另外选址修建广场、纪念碑等建筑群。比布拉克特（Bibracte）保留着前罗马时代的聚落住居遗址。许多居民区并不是沿新修的中轴线道路平行分布，房屋散漫分布，且朝向各异，不同于整齐划一的罗马城市街区。① 手工业生产区起初与居民区混为一体，延续了铁器时代聚落分工不明确的特点。在桑特（Saintes），直到公元30—40年代，在奥顿（Autun）直到公元70年代，手工作坊才被转移到城区边缘。

地方性宗教建筑构成了城市的特殊风景，体现了城市居民的文化认同。例如，在佩里格（Périgord）的城市中心，有一座土著保护神沃絮那（Vesunna）的圆形神庙，圣殿周围带有走廊。在艾尔（Aire），广场西部用廊柱环绕着，有一座凯尔特类型的神庙，可能是献给塔拉尼斯神的（Taranis）。在奥顿，有一些方形神庙，被圆形廊柱环绕着，这是地方传统的圣殿建筑。②

可见，在罗马化的外表下，地方传统长期存在。城市景观呈现多元文化混合的特点。在帝国行省各地，这种以延续传统文化为手段的"文化抵抗"可以说是一种比武装起义更常见的反抗罗马霸权的方式。

另一种"文化抵抗"方式则表现为，作为"罗马性"的象征物发生了地方性变异。在高卢行省，广场、剧场、浴场、纪念碑等罗马城市建筑的样式有所变化，呈现出高卢化风格。例如，高卢北部的城市大多没有独立的剧院和竞技场。这两种建筑往往合而为一。高卢人将罗马式剧场改造成阶梯剧场，这样既可以用来演戏，也可以表演角斗；还把其中四分之一左右的面积改为舞台，使演员可以直接面向观众，以提升舞台效果。这种形式的最著名的例子是在巴黎发现的"竞技场"（Arenes），它包括一个椭圆形的竞技场，周围

---

① Lörinc Timár, *The Spread of the Roman Domus Type in Gaul*, p. 45.
② ［法］让-皮埃尔·马丁：《中欧西欧的罗马行省和社会宗教》，刘增泉译，台湾编译馆1996年版，第67页。

是标准的露天剧场的座椅,在西边还有一个舞台。① 此外,出于经济考虑,为了节省开支,高卢绝大多数的娱乐场所都没有圆形拱顶,座席凭依山坡设置。高卢的输水道在山间穿行时,尽量不修高架桥,而是沿山谷地面铺设。这一点也不同于意大利的输水道设计。

城市纪念碑的数量和规模象征着城市的地位。然而,高卢某些次级城市(如阿莱西亚,Alesia),却拥有超过首府城市规模的纪念性建筑群。原因在于,这些城市在前罗马时代是该地区的中心聚落。在罗马统治下,不甘心失去特权地位的高卢地方贵族通过兴建罗马式纪念碑表达双重象征意义:对于高卢本地人来说,它们意味着重申城市传统的权力、地位,炫耀其实力,暗中表达了对罗马统治秩序的抵抗情绪;② 但在帝国政府看来,它们意味着同化和效忠,不仅完全无害,还应鼓励。可见,罗马化城市的外表具有欺骗性,它使帝国中央与地方的对抗关系变得暧昧、隐蔽。高卢城市中的罗马元素在不同人的眼中,在不同的语境下具有不同的象征意义,既体现了罗马人/高卢人的双重身份认同,也暗含对帝国的忠诚/反抗的双重隐喻。

帝国初期,高卢的城市化水平不及意大利本土。意大利的城市人口大约占总人口的百分之三十,而高卢的城市人口仅占百分之十,纳尔榜高卢的城市人口比例稍高(约百分之二十)。意大利的城市密度为每11—16公里有一座城市,高卢北部地区城市之间距离在50—100公里;纳尔榜行省的城市间距在20—40公里。③

高卢北部和南部布列塔尼地区城市化发展尤其缓慢。直到公元1世纪末,城内的居民区和城外的农庄仍保持铁器时代黏土和木建筑为主的聚落原貌,几乎看不到罗马式纪念碑之类的大型公共建筑。即便在拥有众多纪念碑的城市,例如位于罗讷河谷的首府城市亚眠(Amiens),虽然街区规划井然有序,但居民人口稀少,空地广阔。

---

① J. F. Drinkwater, *Roman Gaul: The Three Provinces*, p. 149.
② Greg Woolf, *Becoming Roman: The Origins of Provincial Civilization in Gaul*, Cambridge: Cambridge University Press, 1998, p. 132.
③ Greg Woolf, *Becoming Roman: The Origins of Provincial Civilization in Gaul*, pp. 137–140.

维松（Vaison）的居民在城内开荒种地，虽然是城里人，却仍然务农。聚居城市的工匠人数不多，手工业者的社区规模很小，像里昂这样的手工业生产者大量聚集的中心很少见。

高卢城市化程度低的原因固然与这些地区（特别是北部和布列塔尼地区）地处偏远，较少接受罗马殖民者、驻军和商人传播罗马文明有关，也反映了当地居民在接受罗马文明方面缺乏足够的热情。[1]

不过，经过两三百年的发展，高卢城市化水平逐渐赶上并超越了意大利。公元2世纪之后，高卢成为帝国最富裕的地区之一。意大利本土的经济却江河日下。到帝国晚期，高卢拥有1200多座城市，超过了意大利（1197个）和其他行省，如希腊（900个）、阿非利加（650个）、西班牙（300多个）等。[2]

（二）乡村罗马化景观的本地解读

以富裕的手工业者、商人和以部落首领、土地贵族为代表的地方精英构成了高卢的市民阶级。但他们只占总人口的10%—20%。高卢的大众始终是农民，乡村生活仍然占主导位置。

罗马征服之后，高卢的土地制度发生了深刻变革，土地分为罗马公民的土地和非公民的土地。罗马人在殖民地实行方田制（centuriation），土地被均匀地划分成方田份地，由沟渠、田埂和道路分割开来，形成独特的乡村罗马化景观。在殖民地之外，旧地主依然存在，只不过需要每年申报财产，缴纳赋税。即便在殖民地，一部分土地仍然归以前的地主和农夫所有。土地制度的革新并没有改变村庄的经济结构。

乡村罗马化运动进行得十分缓慢而浅显。从公元前1世纪末到公元1世纪末，高卢乡村长期保持着铁器时代凯尔特人茅屋村落的

---

[1] Greg Woolf, *Becoming Roman: The Origins of Provincial Civilization in Gaul*, p. 147.
[2] 符松涛：《罗马帝国早期城市化的类型和作用》，《青海师范大学学报》（哲学社会科学版）2014年第2期，第84页。

旧观。直到公元 2 世纪中期，罗马的影响才逐渐显现，例如，农舍的茅草屋顶换上了瓦片。瑞斯维克（Rijswijk）遗址（荷兰西部）记录了一个高卢村庄罗马化的进程。该遗址是一个带牲口棚的农舍，从公元 1 世纪到 2 世纪经过多次翻修、扩建。在公元 1 世纪 30—60 年代，该遗址的建筑物是一座具有铁器时代晚期凯尔特高卢人住居风格的三廊式木屋。60—90 年代，木屋在原址上被翻新、扩建，但建筑结构不变，只是屋内罗马日用品的数量明显增多，而本地陶器仍占多数。到公元 2 世纪前期，再次被重建的农舍增添了许多罗马化建筑元素，包括木建筑的某些部分改用石砌，增加了壁画装饰和加热系统等，但传统的三廊式建筑结构保持不变。罗马元素只是局部的、点缀性的存在，以不破坏传统建筑结构的协调性为前提，① 本地风格的陶器在日用器皿中仍占主导地位。②

公元 1 世纪晚期至 2 世纪，高卢地区由南向北，在罗马化城市中心附近的农业地区开始出现罗马庄园。典型的罗马庄园包括如下特征：豪华的石建筑别墅；有精美马赛克拼贴画装饰的墙壁、地板；配有冷热水的洗浴场；中央供暖设备；精美的家具；神庙和祭坛；牲口棚、手工作坊等。

不过，高卢地区的罗马庄园遗址在形态、规模、结构方面与意大利的罗马庄园并不完全相同。考古学家认为，这些庄园的主人很可能不是意大利移民，而是当地的中小地主。他们从当地聘请建筑师，利用当地建材，不完全模仿意大利本土的标准，而是因地制宜，遵循传统营造法式修建庄园。③

行省的罗马庄园在很大程度上保留着传统农庄的特色，呈现出地区性差别。例如，日耳曼行省的庄园有一个共同特点，即一个小庄园往往拥有一个相对宽大的房间或中厅，各个房间都有走廊相连。这种中央大厅和走廊设计是继承铁器时代的居住功能而来的。在雷

---

① Greg Woolf, *Becoming Roman: The Origins of Provincial Civilization in Gaul*, p. 153.
② Peter S. Wells, *The Barbarians Speak: How the Conquered Peoples Shaped Roman Europe*, pp. 149 – 150.
③ J. F. Drinkwater, *Roman Gaul: The Three Provinces*, p. 164.

提亚行省（Reatia）的奥本多夫（Oberndorf）庄园发现了三个早期使用的木壁水井。① 在莱纳涅（Rhenanie）的庄园，主人还保留了早期的壁炉。②

下莱茵河地区（今荷兰）的传统农舍是按照当地人畜同居的习惯设计的：农舍呈长方形，一头住人，一头养牲口。改建为罗马庄园之后，只是扩大了房屋面积，部分采用石砌，局部装饰壁画，增设了廊柱，但人畜共居的格局并未改变。

罗马式庄园跟高卢传统农庄同时并存。在交通发达地区和城市中心附近，罗马庄园数量较多。在交通不太发达的山区或森林地带，传统的高卢农庄仍然是最主要的生产、生活单位。勃艮第（Burgundy）、瑞士（Switzerland）、高卢东北部、高卢中部和郎格多克（Languedoc）中部等地就是传统高卢农庄比较集中的地区。埃斯特里－德涅库（Estrees-Deniecourt）等地的农庄从公元前2世纪直到公元4世纪，从来没有被罗马庄园代替。③

还有一些地区，如皮卡第（Picardy），由于土壤类型和深度的不同，既有一部分本地农场，又存在一些罗马式的庄园。④ 两者的形态彼此非常接近，就连考古学家也很难做区分。⑤ 这是高卢农庄罗马化与罗马庄园本地化两种趋势作用的结果。

高卢的大地主和富农营造庄园所需的人笔资金是从哪里来的？合乎逻辑的推论是，这笔资金来自城市和罗马军营。⑥ 城市居民和罗马驻军要从农村购买粮食、农畜产品、日用品和建筑材料。口岸城市对外输出的商品，如陶器、金属制品、木材、葡萄酒、橄榄油、纺织物等也主要来自村镇的生产中心。以高卢西南部地区最大的庄

---

① Peter S. Wells, *The Barbarians Speak: How the Conquered Peoples Shaped Roman Europe*, p. 178.
② ［法］让－皮埃尔·马丁：《中欧西欧的罗马行省和社会宗教》，刘增泉译，第91页。
③ Greg Woolf, *Becoming Roman: The Origins of Provincial Civilization in Gaul*, p. 152.
④ Greg Woolf, *Becoming Roman: The Origins of Provincial Civilization in Gaul*, pp. 159 – 160.
⑤ Greg Woolf, *Becoming Roman: The Origins of Provincial Civilization in Gaul*, p. 149.
⑥ Ramsay MacMullen, "Rural Romanization," *Phoenix*, Vol. 22, No. 4, 1968, pp. 337 – 341.

园之一蒙莫兰庄园为例。该庄园拥有铁匠铺、瓦窑、陶坊、织坊等手工作坊,其致富的秘密很可能就在于外销产品,赚得可观利润。①这是城市化和罗马军事殖民给高卢农村经济带来积极影响的一面。

罗马文化对高卢乡村的宗教生活也产生了影响。法国北部的"昂克尔河畔的里布蒙"(Ribemont-sur-Ancre)、"阿龙德河畔的古尔奈"(Gourney-sur-Aronde)、维埃纳(Vienne)的桑克萨伊(Sanxay)等地区的旷野上,耸立着理应属于罗马城市的建筑群——神庙、剧场和公共浴场。这种显得十分突兀的罗马化景观给人的第一印象是,罗马的宗教信仰、文化娱乐方式在高卢乡村传播。但是,没有证据表明这些庞大的纪念碑式的公共建筑是帝国政府推行文化殖民政策的产物。几乎可以肯定,这是当地的高卢精英所捐建的。研究表明,这些地点原先就是土著凯尔特人的宗教信仰中心或部落会议举行的地点。神庙、剧场和浴场多半是用于举行本地宗教仪式的。②从这个意义上说,罗马文明在高卢乡村发生了意义与功能的转变。

在不同语境下,这些乡村纪念碑的象征意义可能会有所差别。在罗马行省官员看来,它们象征着罗马文明的征服和帝国的威望;在高卢乡下人看来,这些高大的巨石建筑只是为取悦土著神灵而奉献的异族祭品。神还是本地的神,只是被装扮成罗马神的模样。在这些罗马建筑的掩盖下,本地宗教生生不息,并未中断。

二 罗马化市场的互动与竞争

高卢同罗马的经济交流既有和平交往的一面,也有暴力掠夺的一面。高卢地区拥有丰富的矿藏,尤其盛产黄金,令罗马人垂涎,这是凯撒发动征服战争的动机之一。罗马人从高卢抢劫了大量黄金。高卢人无论男女都爱佩戴黄金首饰,他们用黄金做成手镯、臂环、

---

① [法]乔治·杜比主编:《法国史》上卷,吕一民、沈坚、黄艳红等译,第143页。
② Gérard Coulon, *Les Gallo-Romaines: Au Carrefour de Deux Civilisations*, Paris: Armand Colin Editeur, 1985, pp. 65–69.

项圈、项链、戒指,甚至盔甲,还用黄金做祭品。湖泊、沼泽等圣地的水下淤泥里埋藏着大量金条、银条。罗马人成为高卢的主人之后,就把这些湖泊、沼泽拍卖来增加国库的收入。① 在高卢人的神庙和圣地,堆积着许多献给神的金子,出于对神的恐惧,无人敢碰这些金子。② 凯撒征服高卢之后,"劫掠了放满贡品的神庙……金子多得不知如何处理是好,于是在意大利和行省以每磅 3 千塞斯特尔提乌斯的价格把金子卖掉"③。这个价格只相当于市价的三分之二。

高卢地区的比利牛斯山、塞文山脉、阿尔卑斯山谷,莱茵河沿岸等地富有金矿。罗马人征服高卢之后,这些金矿全部易手,大量黄金涌入意大利。凯撒时代的国库贮备量上升到 25000 块金条和 4000 万银币,导致罗马金价下跌,金银比价从 1∶11.91 降至 1∶8.93。④金银大量外流,使高卢各部落都受到不同程度的打击,经济受到重创。这在高卢的铸币上有所反映。高卢凯尔特风格的铸币最早出现在公元前 3 世纪,公元前 2 世纪,银币、铜币和金币流行开来。被征服之后,高卢地区的金矿主要用作为罗马帝国提供铸币和奢侈品的原料,因此高卢地区发行的主要为面额较小的铜币和银币,金币几乎消失了。⑤

在正常的经济交往中,高卢与罗马之间通过商品交易形成互动和角色转换。高卢地区同地中海希腊罗马世界之间早在铁器时代晚期就建立了贸易交流网络,葡萄酒、橄榄油和精致陶器是最主要的进口产品。随着"罗马和平"的到来,高卢与不列颠、西班牙、日耳曼尼亚行省之间,以及与意大利之间的商业活动更加活跃。

高卢境内水道纵横,形成了便利的水路运输网。河流航运四通

---

① Strabo, *Geography*, 4.1.13.
② Diodorus Siculus, *Bibliotheca Historia*, 5.27.4.
③ [古罗马]苏埃托尼乌斯:《罗马十二帝王传》,张竹明等译,商务印书馆 1995 年版,第 28 页。
④ [法]克里斯蒂亚娜·埃吕埃尔:《凯尔特人的欧洲》,邵明、丁建译,上海人民出版社 2006 年版,第 160 页。
⑤ Barry Cunliffe, *Greeks, Romans & Barbarians: Spheres of Interaction*, London: B. T. Batsford Ltd., 1988, p.131.

八达，在浅滩或通过架设桥梁，与陆路交通线连接，也可连接海运抵达不列颠。① 这些通道在凯撒征服时期为罗马部队的行军带来了非常大的便利，其实用性和便利性并不逊于罗马。

罗马人在高卢原有道路和河流的基础上建立了质量更高、更完善的道路系统，确实便利了高卢地区的沟通和经济的发展。但由于高卢已存在高效的河流运输系统，新建的罗马道路对贸易的影响实际上很小。② 因为陆路交通的高投入使得它们并不吸引贸易者，大宗货物的运输使用水运会更加经济和实惠；而且水运航道连接了主要的城市和军事基地，航行也很方便，所以更多时候人们还是会选择水运。

便利的交通极大地促进了高卢与意大利，与各行省之间的商贸活动。在奥古斯都时期（公元前1世纪晚期至公元1世纪初），意大利是帝国制造业最发达的地区，在商业生活中占据突出地位，向东部、西部行省输出大量产品。高卢一度成为意大利商品的倾销市场。从意大利进口的最大宗商品是葡萄酒和橄榄油，对阿莱提乌姆（Arretium）精致印花彩陶、卡普阿（Capua）青铜制品和坎佩尼亚（Campania）玻璃制品的需求量也很大。

不过，这些奢侈品主要供高卢贵族和罗马驻军、官员和殖民者消费。普通高卢民众依旧使用本地生产的日用品。考古发现，直到公元2世纪下半叶，前罗马时代拉泰纳风格的手工粗陶仍然是高卢人的日用必需品。

在罗马征服后的一百年时间里，高卢依靠原有雄厚的制造业基础和发达的交通系统，生产规模迅速扩大，并且在制陶、金属加工、葡萄酒生产等最富有意大利特色的生产方面很快超越了对手，给意大利的制造业造成几乎致命的打击。

高卢人从引进轮制技术，仿制意大利彩陶起步，后来居上地生

---

① Strabo: *Geography*, 4. 4. 14.

② Claudia Durrwachter, *Time, Space and Innovation: An Archaeological Case Study on the Romanization of North-Western Provinces (50 BC to AD 50)*, Oxford: Hadrian Books Ltd, 2009, p. 38.

产出更加精致、美观，同时兼具传统风格，形式多样的陶器。高卢陶工模仿意大利的"阿莱提乌姆陶器"，制造出一种新型的高卢印纹陶器（terra sigillata）。其特点是采用罗马技术——快速转轮和大型高温陶窑烧制；在形制和装饰上则继承拉泰纳陶器风格中的带框纹饰、白底陶瓷等元素。代表性产品有里昂地区生产的一种带椭圆框镶嵌的瓷瓶（公元2世纪）；在阿利埃河谷的作坊批量生产的白色陶制的小雕像等。[1]

中部高卢地区制造出白底上色的轮制红陶和赭陶，以罗埃讷（Roanne）陶碗最为著名；吉尔戈维亚（Gergovia）寨堡出现轮制的灰陶和黑陶；东北部阿尔莫瑞卡（Armorica）地区的黑陶，装饰着石墨花纹和漂亮的黑色饰带；比尔及卡（Belgica）和莱茵河地区（Rhineland）生产的红陶（terra rubra）、灰陶或黑陶（terra nigra）也是将拉泰纳传统和罗马新技术相结合的典范。[2] 传统的手制陶器在器形、装饰方面刻意模仿轮制罗马陶器，从而形成一种新变体。[3]

具有融合性和创新性的高卢印纹陶器在帝国范围内广受欢迎。在意大利庞贝遗址发现的高卢陶器窖藏表明，在公元1世纪，高卢印纹陶已销售到意大利市场。到公元1世纪末，高卢印纹陶器的产量和出口量进一步提高，开始把意大利制品从凯尔特人和日耳曼人的市场上完全排挤出去。罗马帝国差不多60%的陶器都产自高卢。[4] 高卢逐渐成为帝国陶器的生产中心。

公元前2世纪，葡萄种植被引进纳尔榜高卢。此后，高卢人克服了气候不宜和罗马政府禁令的双重障碍，成功把葡萄种植推广到高卢各地。公元1世纪，高卢人培育出了一批葡萄新品种：阿罗布洛吉卡（Allobrogica，阿罗布洛吉人培育），卡尔布尼卡（Carbunica，纳尔榜地区出品），比图里卡（Biturica，比图里吉人培育）。[5] 代表

---

[1] Greg Woolf, *Becoming Roman: The Origins of Provincial Civilization in Gaul*, p. 194.
[2] Greg Woolf, *Becoming Roman: The Origins of Provincial Civilization in Gaul*, pp190—191.
[3] Greg Woolf, *Becoming Roman: The Origins of Provincial Civilization in Gaul*, p. 156.
[4] Greg Woolf, *Becoming Roman: The Origins of Provincial Civilization in Gaul*, p. 194.
[5] Gérard Coulon, *Les Gallo-Romaines: Au Carrefour de Deux Civilisations*, p. 108.

性的葡萄酒品种如"阿罗布洛吉克酒"和阿罗布洛吉人首府维埃纳出产的"松香酒"。高卢美酒深受罗马美食家的青睐。① 高卢人发明的木桶可用来运输葡萄酒和橄榄油,这种容器比希腊人和罗马人使用的安佛拉陶罐(amphora)更为轻巧便利,是一项重要发明。

帝国初期,高卢不但摆脱了对意大利葡萄酒的依赖,由葡萄酒的消费市场变成了葡萄酒生产和出口基地,而且抢占了意大利在不列颠和日耳曼的葡萄酒、橄榄油市场,给意大利本土的经济作物种植业造成巨大的打击。考古发现,这一时期,意大利坎佩尼亚地区以市场为导向的葡萄、橄榄大种植园经济萎缩了,倒退回以谷物种植为主的小农经济。② 公元1世纪末,图密善皇帝曾颁布敕令,要求缩减行省的葡萄园面积,最多保留一半。③ 这项敕令反映了意大利葡萄酒行业与行省之间竞争。

在莱茵河与多瑙河沿线的边境地区,经济互动也十分活跃。那里驻扎着7、8个军团和无数辅军。在军营附近聚居着军人的眷属、工匠和商人,逐渐发展形成中小城镇(canaba或vicus)。罗马驻军需要依靠本地城镇提供各种服务和商品才能得以维持,这就形成一种互动模式:高卢人的城镇是军需品的主要生产基地。高卢工匠为罗马士兵提供粮食、武器、铠甲、马匹、粮食、服装和日用品,并且按照他们的传统工艺和样式制造。④

比如,公元1世纪,莱茵河边防线的工场大批量生产高卢式头盔供应罗马驻军,⑤ 高卢鞋"卡里库斯"(gallicus)成为罗马帝国的军鞋,来自意大利的军团和来自行省的辅军都使用本地工场生产的拉泰纳风格的传统陶器。可以说,行省罗马人的物质文化实际上是由被征服领土上的居民创造的,他们采用的工艺技术和表现风格通

---

① [法]乔治·杜比主编:《法国史》上卷,吕一民、沈坚、黄艳红等译,第145页。
② [美]罗斯托夫采夫:《罗马帝国社会经济史》下册,马雍、厉以宁译,第149页。
③ [古罗马]苏维托尼乌斯:《罗马十二帝王传》,张竹明等译,第330页。
④ [美]腾尼·弗兰克:《罗马经济史》,上海三联书店2013年版,王桂玲、杨金龙译,第266页。
⑤ 魏凤莲:《罗马军团》,北京大学出版社2010年版,第148页。

常是由前罗马时代工艺传统直接发展而来的。①

不过，当地工匠也逐渐改变生产技术，调整传统产品的式样以便适应消费者的品位。例如，原产于意大利的印花彩陶（terra sigillata）在高卢十分受欢迎。高卢的南部、北部和东部都出现了仿制意大利彩陶的生产中心，其产品既供应平民定居点，也供应军营。

高卢元素也渗入了罗马帝国的时尚界。来自阿尔脱瓦（Artois），埃瑙（Hainault），香槟（Champagne），诺曼底（Normandy），兰斯（Reims）和艾伯夫（Elbeuf）等地区的高卢传统服饰在罗马帝国非常流行。意大利的居民开始穿起高卢人的束腰外衣；② 高卢式羊毛大氅"不仅行销于意大利，而且还行销于东方"③；"高卢肥皂"，一种可使日渐灰白的头发染成赤褐色鬈发的染发剂出口到意大利，大受欢迎；④ 高卢人佩戴黄金饰物的习惯也传到意大利，成为罗马显贵妇女的新时尚。此外，高卢人的面包、啤酒、奶酪、腌肉、鱼酱等特色饮食也成为罗马人的美食。

高卢与罗马的经济互动模式表明，行省在生产技术方面由模仿到超越意大利，制造中心由意大利向行省转移。帝国中心与边缘之间的经济地位逐渐发生了逆转。

三 罗马化宗教的局限性和杂糅性

罗马宗教随军队和殖民者传入高卢地区，同当地源于凯尔特传统的宗教信仰发生了接触。需要弄清的是，罗马人是否把他们自己的宗教强加给所有被征服者？被征服者是否乐于接受罗马人的神？究竟是罗马人的神同化了高卢人的神，还是高卢人的神同化了罗马

---

① [英]彼得·S. 威尔士：《帝国边界内外的生产》，《新史学》第 2 辑，胡玉娟译，大象出版社 2004 年版，第 224—237 页。

② Fr. Funck-Brentano, A History of Gaul: Celtic, Roman and Frankish Rule, New York: Barnes & Noble Books, 1993, p. 153.

③ [美]罗斯托夫采夫：《罗马帝国社会经济史》上册，马雍、厉以宁译，商务印书馆 2009 年版，第 252 页。

④ [美]威尔·杜兰：《世界文明史》，东方出版社 1999 年版，第 124 页。

人的神?

首先看纯粹的罗马神在高卢地区的传播情况。这方面最具代表性的是卡皮托山的三位主神（朱庇特、朱诺和密涅瓦）。卡皮托神庙是罗马国家的象征。行省的殖民地城市同罗马城一样，在城市规划中必定要设计一座卡皮托神庙，作为罗马国家统一性的象征。文献中提到一些高卢城市，如殖民地城市纳尔榜和非殖民地城市奥顿都建有卡皮托神庙，已被考古学证据所验证。①

三位主神中朱庇特的地位最高。行省各地发现的献给它的神庙、祭坛和纪念柱最多，信徒主要是军人和官员。有关朱诺和密涅瓦崇拜的资料相对较少，其信徒来源与朱庇特的不完全一样，在军人和政治方面的特点不多。密涅瓦的信徒中有一些社会下层的被释奴和手工业行会成员。

其他具有代表性的罗马神包括马尔斯、墨丘利、阿波罗、狄安娜、西尔瓦努斯、尼普顿、伍尔卡努斯等，以及抽象概念化身的罗马神，如虔诚之神、胜利之神、和谐之神等。为这些罗马神奉献的祭坛大多在罗马军营附近。从献祭铭文可以看出，这些罗马神的崇拜者几乎属于同一阶层：罗马人阶层，或者罗马化程度很高的阶层。他们是来自意大利的殖民者，是军团指挥官、普通士兵和退伍老兵，包括被同化的辅军士兵，还包括各个级别的行政官员，从行省总督到地方财政长官。当地的下层民众很少信奉这些罗马神。②

可以得出的结论是，罗马人并没有在行省民众中强行推广他们自己的宗教崇拜。罗马的神主要依靠那些在高卢定居下来的罗马人和变成了罗马人的当地人，在殖民地城市和罗马化城市范围内传播。③

---

① [法]让-皮埃尔·马丁：《中欧西欧的罗马行省和社会宗教》，刘增泉译，第111页。

② [法]让-皮埃尔·马丁：《中欧西欧的罗马行省和社会宗教》，刘增泉译，第123、124页。

③ [法]让-皮埃尔·马丁：《中欧西欧的罗马行省和社会宗教》，刘增泉译，第123、130页。

罗马神在传播过程中，当地的宗教因素对它们产生了某些影响。例如，朱庇特在行省被称为"最优美的朱庇特""最伟大的朱庇特"，朱诺变成了"雷吉娜·朱诺"。这些别名具有行省地方特色，旨在强调这些神的罗马性，避免与大量同名的地方神相混淆。

又如，变身为罗马人的高卢人仍按照自己的方式祭祀罗马的神。最具有帝国西部行省地方特色的宗教建筑是一种献给"最优美、最伟大的朱庇特"的纪念柱。这种柱子一般拥有一个刻有拉丁献祭铭文，一个带有希腊罗马神话浮雕的基座和科林斯式柱头。朱庇特的雕像位于柱顶，其造型往往是"骑马、手持标枪"，马蹄直立，脚踏怪兽。这种形象不见于希腊、罗马神话，却自然使人联想到凯尔特神话中不朽的天神塔拉尼斯（Taranis）战胜了象征死亡的蛇形怪物。神的名字和建筑工艺都是罗马的，但神的形象及其象征意义却出自地方宗教传统。

朱庇特的纪念柱所具有的杂糅性特征表明，当地人把外来的神解释为凯尔特宗教传统中固有的某个神。当罗马人的神遇到高卢人的神，彼此都想同化对方，自然会产生双重解读，即对当地神的罗马解读和对希腊罗马神的凯尔特解读。

除了朱庇特和塔拉尼斯以外，马尔斯与诸多地方神发生同化：与勒瑟提乌斯（Leucetius）同化成光明之神，与阿尔比奥里克斯神（Abiorix）在热奈福尔山（Genève）同化为医疗之神和旅行者保护神，与鲁迪亚努斯（Rudianus）同化成为掌管山巅之神，与斯梅尔特里奥斯（Smertrius）同化成为富饶之神等。赫拉克罗斯在爱克斯勒班（Aix-les-Bains）将他的一些属性转移到了凯尔特神博尔沃（Borvo）身上；在孚日（Vosges）山区的格朗（Grand），阿波罗与格朗努斯（Grannus）同化成了太阳神，而在阿莱西亚，阿波罗与莫里塔斯古斯（Moritasgus）合为一体并保留了"健康"象征。高卢的锤神苏塞卢斯（Sucellus）与罗马树神希尔瓦努斯（Silvanus）归为一体，成了葡萄园和住宅的保护神。罗马神墨丘利，至少有20多个别名，仍然是商业、旅行和工匠的保护神，但对高卢罗马人来说，他既是能治病的神，也是山巅之神。① 可见，罗马的神并没有取代当地的神，反而走向本地化，趋向与当地神合为一体。

再看高卢地方宗教的变化。除德鲁伊德教因政治原因遭到取缔以外，大多数地方宗教崇拜，因罗马的宗教宽容政策，并没有消失或被替代。高卢人和罗马人有着共同的印欧人起源，宗教信仰来源相似，这使他们对彼此的宗教能够相互承认和互相宽容。只要对罗马利益不构成损害，不但高卢行省居民可以自由信奉自己的神灵，而且许多在行省生活的罗马人，无论他是否有罗马背景，也信奉高卢的神。在高卢宗教圣地发现的用拉丁文书写的祭神、许愿铭文证明，献祭者中既有本地人，也有罗马人。

高卢诸神中最有影响力，传播最广的是女神埃波娜（Epona）。埃波娜女神原为马、驴、骡的保护神，也是丰殖女神。埃波娜崇拜起源于凯尔特人和日耳曼人的社会，最初流行于西北诸行省（日耳曼、西班牙、不列颠）。公元 1 世纪，埃波娜崇拜传入意大利，被罗马骑士奉为保护神。在意大利北部地区，对这位高卢女神的崇拜成为固定的宗教节日，被列入罗马日历——每年 12 月 18 日被定为祭祀埃波娜的日子。埃波娜崇拜进而演变成帝王崇拜，人们以罗马皇帝的名义向该女神祈福。她又被称为埃波娜·奥古斯塔（Epona Augusta）和埃波娜·瑞吉娜（Epona Regina），而"至尊"（augusta）和"王者"（regina）是罗马神祇的专用头衔，这表明埃波娜已成为罗马官方宗教的一个组成部分。②

埃波娜是唯一传播到罗马的高卢神祇。其他高卢神祇受罗马宗教的影响也发生了某些变化。最浅显的变化是神名拉丁化，有时神名由一个地名加上 deus（神）、dea（女神）或 sanetus（神圣的）组成，表示这是某个地方的保护神。神名虽有变化，但还能看出独立时期凯尔特神名的特征。

在凯尔特宗教里，神通常是动物形态的；在罗马宗教的影响下，

---

① ［法］乔治·杜比主编：《法国史》上卷，吕一民、沈坚、黄艳红等译，第 155 页。
② http://en.wikipedia.org/wiki/Epona.

其造型被拟人化了。动物原型演变为神的坐骑或伴侣。例如，女神埃波娜具有了女性形象，她常与马匹一起出现。还有一位女神阿尔提奥（Artio）常与熊在一起。这两位女神除了在造型上受罗马艺术的影响以外，既没有被某个罗马女神所同化，也没有做某些罗马男神的配偶。她们不但成功地抵制了罗马宗教的影响，还在行省的罗马人中找到了信徒。

另一种变化更为深刻。高卢人借用罗马神的名字来称呼自己原先的神，但为了显示这个神的高卢属性，他们通常在神名之后加上地区性的别名。这样，高卢神原先的身份就被完全掩藏起来。幸亏卢坎（Marcus Annaeus Lucanus，39—65）在《田园牧歌》（*Georgic Pharsalia*）中记载了一些高卢语的神名，才使得罗马化的神名得以复原。

比如在高卢地区的中部、东部和北部，最重要的神被称为"墨丘利"，但他不是罗马神。他拥有25个以上地方别名。别名为村庄的，意味着他是该村的保护神，如"墨丘利·亚维努斯"（Merculis Arvenus 意为"保护亚维努斯村的保护神"）；别名为"母熊"（Artaius）、"野猪"（Moccus）或牲畜的（Mercalis），意味着他是狩猎、畜牧业的保护神。

同时，高卢人模仿希腊罗马的雕刻、壁画中的神像造型，按照罗马神的形象来塑造对应的高卢神。但在局部刻意添加了一些地方文化元素，强调高卢神的地方属性。在罗马艺术作品中，墨丘利往往是一位裸体的青年神祇，手持节杖，杖头盘旋着两条蟒蛇。在高卢地区，他的形象发生了很大变化。他不再是裸体的青年，而是一位壮年，留着胡须，身穿高卢式长内衣或斗篷，身边常有一只乌龟、小公鸡或有两三张脸的蛇怪。他还是一位伴侣——高卢女神罗斯梅达（Rosmerta）的伴侣。

被称为"朱庇特"的天空之神塔拉尼斯（Taranis），其地方别名很少。他总是被描绘成一位年富力强、蓄须、裸体或身披高卢大氅的形象，他手持一根权杖或小标枪，有时是轮子或线状象征物，代表太阳和空气，或雷电。①

在阿奎塔尼亚和纳尔榜地区，当地最重要的神灵被称为"马尔斯"，其别名有 60 多个。多数与城市名相关，表明他是城市的保护神；也有与"骡子"（Mars Mullo）相连的，说明他是赶骡人的保护神。偶尔出现把当地神名放在马尔斯前面的情况，例如在特拉维（Trèves）的一个圣所供奉着"勒努斯·马尔斯"神（Lenus Mars）。② 马尔斯绝大多数时刻被描绘成罗马神的外形。阿波罗、密涅瓦也一样，虽有地方别名，但造型如同其对应的罗马神。

经历了改头换面的高卢神祇不仅在高卢人中保留下来，更为罗马殖民者所接受，影响了他们的宗教信仰。行省的罗马士兵和管理者有时候也会向地方神献祭。奉献给高卢女神埃波娜、西奥娜和马特瑞斯（Matres）的祭品和铭文印证了这一点。③

高卢地区宗教领域的变化还表现在具有混合风格的神庙建筑的出现。独立时期，高卢宗教建筑虽不多见，但已形成比较固定的风格，如神庙建筑多呈圆形或多边形，入口朝东，有一个内部的正殿（cellum）和四周环绕列柱的回廊。罗马时期的高卢神庙建筑引进了科林斯柱式、山墙、古典雕塑等罗马元素。

现存的具有混合风格的高卢罗马神庙有尼姆的卡列神庙、奥顿的雅努斯（Janus）神庙和维苏纳·佩特罗科瑞奥拉姆（Vesunna Petrocoriorum）的"维索纳塔"神庙（La Tour de Vesone）。④ 阿莱西亚（Alesia）的阿波罗的神庙是一个八边形的凯尔特式神庙，说明高卢人对引进的罗马神殿进行了本地化的改造。

高卢人的日历也是一个宗教互动的样本。凯尔特人用的是太阴历，罗马人用的是太阳历。罗马时期的高卢人改造传统历法，实行阴阳合历。19 世纪在法国东部科利格尼发现的公元 2 世纪制作的

---

① Gérard Coulon, *Les Gallo-Romaines: Au Carrefour de Deux Civilisations*, p. 221.
② Gérard Coulon, *Les Gallo-Romaines: Au Carrefour de Deux Civilisations*, p. 222.
③ Greg Woolf, *Becoming Roman: The Origins of Provincial Civilization in Gaul*, p. 228.
④ J. F. Drinkwater, *Roman Gaul: The Three Provinces*, pp. 147-148.

"科利格尼日历"① 是高卢的祭司们为了记录和推算重大的节日以及季节的交替而制作的。这个日历一方面按月亮的盈亏规律记日、设月，另一方面通过置闰法（每隔 30 个月增设一个闰月）使全年天数符合地球围绕太阳的自转周期 365 天，体现了高卢人对罗马太阳历的借鉴和对自身太阴历的改造，实现了两种元素的结合。同时，科利格尼日历上面虽然使用了罗马的数字和字母，但其中的词语，如每个月和每个节日的名字，对日期吉利或不吉利的标明，都来自古代凯尔特人的语言，这是用罗马字母书写凯尔特语的例证。

宗教仪式方面，罗马时期的高卢人仍在传统的祭祀场所，按照传统的祭祀方式，先焚烧再将祭品投入河流、湖泊、泉源，以及地窖和水井中。不过，祭品具有混杂特征，既有铁器时代晚期拉泰纳风格的本地物品，也有外来的或仿制的罗马物品。②

高卢人在很大程度上继续保持墓葬风俗。在福勒维·拉·里维埃拉（Fleve-la-Riviere）发现的奥古斯都和提比略时期的墓葬中，死者周围围绕着武器和精致的青铜酒器，墓室里还有陶制桌椅，和大量的陶器，体现的是铁器时代晚期拉泰纳文化的墓葬风格。③ 较北的贝里（Berry）地区出土的一系列贵族墓（公元前 1 世纪—公元 1 世纪）为方形墓室，上覆土墩；墓葬中有武器、陶制桌椅、金属饮酒器、陶器和食物，也都完全遵循铁器时代晚期高卢的墓葬习俗。④

一些高卢贵族墓中也发现了罗马风格的随葬品。例如，在哥布林根-诺斯佩尔特（Goeblingen-Nospelt）发现的 4 座墓（公元前 50 年—公元前 15 年）属于罗马征服之后不久的墓葬。墓室都是木制的，墓室上方有土墩，随葬品大都是传统风格的器物。但是，在公元前 30 年到公元前 20 年的 A 号墓中，发现了罗马式的器皿，包括

---

① ［美］戴尔·布朗主编：《凯尔特人：铁器时代的欧洲人》，任帅译，广西人民出版社 2002 年版，第 10—11、129 页。

② Peter S. Wells, *The Barbarians Speak: How the Conquered Peoples Shaped Roman Europe*, p. 165, 168.

③ Greg Woolf, *Becoming Roman: The Origins of Provincial Civilization in Gaul*, p. 191.

④ Greg Woolf, *Becoming Roman: The Origins of Provincial Civilization in Gaul*, p. 166.

从意大利进口的印纹陶器和全套罗马酒具。公元前25年到公元前15年的B号墓中除了当地风格的武器和装饰品、马具外，还有青铜酒具和大量罗马风格的杯碟。①

这些罗马风格的随葬品说明墓主人不仅采用了罗马社会的物质文化因素，也接受了罗马的宴饮风俗；而凯尔特随葬品和墓葬设计的沿用，又体现了墓主人的高卢传统。两种风格随葬品的混合，是对墓主人双重文化身份的一种表述。

传统的高卢墓葬为土墩葬，并没有墓志铭或墓碑。罗马征服后，为墓主人刻碑、刻墓志铭的风气也传至高卢。但在努伊·圣·乔治（Nuits-Saint-Georges）的博拉尔（Bolards）墓地遗址发现的26块墓志铭中，有5个按照罗马墓志铭的格式书写，其余都按高卢风俗书写。② 这就说明，高卢人的墓志铭只有少数人采用罗马式的写法，大多数人仍保持本民族的传统写法。

由此可见，罗马宗教在高卢的社会传播有相当大的局限性，并未真正进入普通高卢人的生活，只不过通过罗马化的高卢人间接渗入高卢社会，构成行省文化的一部分，但不可避免地受到高卢原有宗教崇拜方式的影响和渗透，从而带有杂糅性特点。

四　高卢拉丁语的方言化特征

拉丁语从意大利传入高卢地区，吸收了不少本地的高卢语借词和混种词，语音也发生了变化，逐渐向高卢方言化演变。高卢人的拉丁语实际上是一种方言变体，与意大利本土的标准拉丁语有所区别。首先，在语音方面，高卢人在发音上易混淆元音 i 和 e，辅音 v 和 b。高卢地区出土的拉丁铭文中的这类拼写"错误"反映的正是

---

① Peter S. Wells, *The Barbarians Speak：How the Conquered Peoples Shaped Roman Europe*, p. 96.
② Gérard Coulon, *Les Gallo-Romaines：Au Carrefour de Deux Civilisations*, p. 136.

这种地方性语音变体。①

其次，高卢拉丁语中包含大量的高卢语借词和混种词。借词指的是音义兼借的外来词。② 高卢语属于凯尔特语范畴。来自高卢、不列颠、西班牙等地的凯尔特语借词大约占拉丁语的四分之三，足见其影响力之大。③

西塞罗提到山南高卢人所讲的拉丁语中包含一些高卢词汇，只有当地人才能理解。④ "猫头鹰"被意大利人称为 uluccus，被山北高卢今法国里昂地区的高卢人称为 cauannus。⑤ 常见的拉丁语高卢借词包括动植物名、农作物名、神名、宗教术语、社会阶层术语等。一般是高卢行省居民根据需要从母语借用的。罗马作家为了记录高卢的奇异物产和风俗，也引进了一些高卢语借词。如凯撒（Caesar，公元前1世纪）的作品中提到的高卢社会的"仆从"（*ambactus*）一词，⑥ 老普林尼（Pliny，公元前1世纪）的《自然史》里记载的高卢"牛鸟"（taurus）。⑦ 科路美拉（Columella，公元1世纪）的《农业志》里记载了几个高卢葡萄品种（marcus，longa，cana）和土地计量单位"高卢亩"（candetum）⑧，等等。

高卢语借词不局限于高卢地区使用，某些词汇甚至传播到帝国其他地区。例如，拉丁语中有许多与交通运输和马匹有关的高卢语借词。拉丁语"车"（carrus）就源于高卢语 karros，epona 一词随马神埃波娜崇拜传入意大利本土。山南高卢出身的诗人维吉尔（公元1世纪）在广为流传的田园诗《牧歌》和史诗巨著《埃涅阿斯纪》中不时采用高卢方言语汇进行修辞润色，由此可见，高卢方言在拉

---

① J. N. Adams, *The Regional Diversification of Latin 200BC – AD600*, Cambridge：Cambridge University Press, 2014, pp. 244, 637 – 638.
② 张兴权：《接触语言学》，商务印书馆2012年版，第102页。
③ Thomas Statton, *The Celtic Origin of the Most Part of Greek and Latin*, 1870, p. 8.
④ Cicero, *De Brutus*, 46. 171.
⑤ J. N. Adams, *The Regional Diversification of Latin 200BC – AD600*, p. 251.
⑥ Caesar, *De bello Gallo*, 6. 15. 2.
⑦ Pliny the elder, *Naturalis Historia*, 10. 116.
⑧ Columella, *Res Rustica*, 3. 2. 25；5. 1. 6.

丁文学中也占有一席之地。①

"混种词是由源自不同语种的语言要素混合而成的复合性词语。"② 法国东部地区出土的一些石纺锤上的铭文体现了高卢混合语的特征。其中一件纺锤铭文如下：

(1) nata uimpi curmi da. （漂亮的姑娘，拿啤酒来。）
(2) Nata uimpi pota ui (nu) m. （漂亮的姑娘，喝杯葡萄酒吧。）③

这两条铭文采用了拉丁语、高卢语和混种语三种语言要素。第二条铭文中的动词词组"喝葡萄酒"（pota Vinum）是拉丁语表达法，包含两个拉丁语词"喝"（pota）和"葡萄酒"（Uinum）。第一条铭文中的"拿啤酒来"（curmi da）的"拿"（da）是拉丁语动词，但"啤酒"（Curmi）是高卢语名词。两条铭文中的形容词 uimpi（漂亮的）也属于高卢语。

nata（姑娘）是一个混种词。它与高卢语的"姑娘"（ganatha），与拉丁语的"姑娘"（filia 或 puella）都不相同，是高卢人独创的新词，其中融汇了高卢—拉丁两种语言要素。nata 只借用了高卢语 ganatha 的语义，未借用其语音，故不属于高卢语借词。nata 拉丁语动词 nascere（出生）的过去分词 natus 的阴性变格衍生词，并且增加了 natus 原本没有的"女儿""姑娘"这层语义。高卢语和拉丁语通过语言接触，而发生互动、互渗，最终混合为一体的演变模式由此可见一斑。

借词和混合语在拉丁语中的存在，在某种意义上代表从属语言对支配语言的反抗，但不同阶层的反抗程度不同。高卢贵族和知识精英们尽量模仿标准、优雅的拉丁语，下层民众在生产、生活中则

---

① Virgil, Georg. 1. 104. Aen. 7. 705. 参见 J. N. Adams, *The Regional Diversification of Latin 200BC – AD600*, p. 250。
② 张兴权:《接触语言学》，商务印书馆2012年版，第102页。
③ J. N. Adams, *Bilingualism and Latin Language*, Cambridge: Cambridge University Press, 2013, p. 197.

按照传统习惯大量使用方言表述。例如，北部高卢陶工在陶器上做"某某制造"的标记时不用拉丁语的 fecit，而用源自凯尔特语的拉丁高卢方言 avot。① 南部高卢地区的拉·格兰费森科（La Granfesenque）的制陶工场，采用源自希腊语的拉丁高卢方言 uxedios（"高品质的"）做标记。②

高卢语借词和混种语的大量渗入打破了拉丁语的纯洁性。黄金时代的古典拉丁语（公元前 90 年—公元 14 年）在西部行省逐渐演化为夹杂着"蛮族"方言的粗俗拉丁语（vulgar latin）。不过，粗俗拉丁语的生命力甚至比罗马帝国更长久。古凯尔特语"壮丁"（wasso）一词，原意指跟随酋长出征的部落青壮年，该词被吸收到拉丁语中（vassus），演变为 vassallittus，指罗马高卢社会保护关系中的"随从"，并进而衍化为中世纪封建关系中的"附庸"（vassallus）。③ "蛮族"语言的融入使拉丁语的语汇和思想内涵得到扩充和丰富，从而变得更具有活力和生命力。透过语言交流的窗口，我们可以观察到，罗马人在物质文化和社会发展方面其实也曾以"蛮族"为师。

综上所述，在高卢地区的罗马化过程中，文化互动现象普遍存在。高卢本地的传统文化具有顽强的抵抗与再生能力，也有极强的接受和适应能力。罗马文明既有强大的同化能力，又受到本地文化潜移默化的影响和改造，结果在传播过程中发生了蜕变，逐渐趋于本地化，演变为具有杂糅性的行省文明。帝国时代的罗马文明实际上就是由众多具有多样性特征的行省文明构成，行省文明的发展同意大利本土古典文明的兴衰息息相关，对这个问题的深入研究将有助于重新认识帝国中心与边缘文化互动的辩证关系。

（原载《社会科学研究》2015 年第 4 期）

---

① 陈文海：《法国史》，第 27 页。
② J. N. Adams, *Bilingualism and Latin Language*, p. 456.
③ 拉丁语中的高卢语词源参见 http://en.wikipedia.org/wiki/List_of_English_words_of_Gaulish_origin。

庄园法庭、村规民约与中世纪欧洲"公地共同体"

赵文洪

公地制度（common field system）又叫敞田制度，曾经在欧洲农村长期广泛存在。① 著名的圈地运动就是以该制度下的土地为对象。这一制度在 18—19 世纪大规模消失。

为避免引起歧义和叙事清楚，有必要对"公地共同体"予以简要的交代。"公地共同体"是笔者提出的一个概念，指同一个村庄或者庄园内实行公地制度的土地所有者或者持有者共同组成的生产和生活的单位。② "公地共同体"应有如下内容：全体成员或者全体成员的代表组成最高权力机构，该权力机构集体讨论团体的共同事务，它一般用投票表决的方式做出决定，该机构实行一致同意原则或者多数统治原则，其管理人员通过选举产生，等等。

---

① Joan Thirsk, "The Origin of the Common Fields," *Past and Present*, No. 33, Apr. 1966, p. 145. "common" 做名词时有两种意义：一指公共土地，比如公共牧场；一指公共权利，即公地和圈地问题专家龚纳（E. C. K. Gonner）定义的"一个人或者多人必须拿走或者使用其他人的土地产出的东西的一部分的权利"。参见 E. C. K. Gonner, *Common Land and Inclosure*, New York: Augustus M. Kelley, Bookseller, 1966, p. 7。

② "共同体"（community）与"社会"是否对立？抑或具有独立的地位？19 世纪末 20 世纪初有关"共同体"与"社会"之间的学术争论并没有得出一个清晰的结论。随着现代社会的推进，"共同体"这一概念发生了重大变化。本文只关注中世纪欧洲，尤其是英格兰的具体历史事实。罗赛讷说，一个村庄，只有当村民开始行使他们的权利"以实施其有关集体事务的权威，并且赋予此权威以合法性"之时，才可以称得上是一个村庄共同体。参见 Werner Rosener, *Peasants in the Middle Ages*, Alexander Stutzer (trans.), Urbana and Chicago: University of Illinois Press, 1992, p. 150。

一些长期深入研究公地问题的专家,包括对实行公地制度的村庄进行过实际考察的欧美专家,在公开发表的著述中提出的有关公地共同体存在的看法,应该是有史料和事实根据的。欧文夫妇是20世纪50—60年代研究欧洲公地制度的著名学者,他们不但深入考察了历史上的公地制度,还对英国诺丁汉郡的莱克斯顿堂区公地制度进行了实地考察,并且写出了研究论著。他们明确指出,莱克斯顿堂区的农业管理是"由人民的共同同意""决定的"。到1650年的时候,该地的经济组织"完全是由共同体控制"[1]。欧文先生说:"耕作体系以及社会生活被由庄园法庭表达和实施的公意(public opinion)所控制。"[2] 他们还强调了那里的平等精神,认为在当时那样严重不平等的社会里,"这里的工作和生活却是建立在所有人服从同一法律的原则基础之上"。"在农业实践中,领主和人民都是平等的。"管理人员的任职方式、来源,以村规为标志的法律制度,都可以揭示共同体民主管理的具体内容。对此,他们说,那里的管理单位是(作为村民会议的)庄园法庭。陪审团成员也来自村民,并且有独立的权利。村规年年制定,新的替换旧的。

那么,为什么共同体这一组织形式能扎根于公地制度?他们是这样解释的:公地制度使所有人的利益都交织在一起,这使得对任何佃农的区别对待是不可能的。因此,由人民的权威来管理是必要的,"这个制度只有在由人民(自由持有农和佃农)自己管理的情况下,由他们共同同意制定共同规则管理公地农业,并且有权实施,才可以没有摩擦地发挥功能"。因此,他们认为莱克斯顿的人民自治是真实的,"也许,它比这个国家曾经知道的任何制度都更加民主"[3]。

另一位著名的公地问题专家耶林指出,公地的生产活动方式需要得到土地所有者的普遍同意,他认为尽管村庄共同体的议事地方

---

[1] C. S. and C. S. Orwin, *The Open Fields*, Oxford: Clarendon Press, 1967, p. 124.

[2] C. S. Orwin, "Observations on the Open Fields," *The Economic History Review*, Vol. 8, No. 2, May 1938, p. 135.

[3] C. S. and C. S. Orwin, *The Open Fields*, pp. 125 – 126, 146, 158.

是庄园法庭，但是，甚至在中世纪，村庄的决定一般是"公地共同体"而非领主做出。越到后来，庄园法庭越少，许多地方公共事务是由村民的堂区会议管理。他明确地把"公地共同体"的管理看作"共同管理"和"公地村庄的社会自治"①。

著名的村规研究专家奥尔特，深入详细地考察了村规制定和执行方面体现出的某些共同体的特征。在看到"公地共同体"许多非民主因素的同时，他认为，从史料看来，似乎村民们定期集合起来开会制定管理他们共同事务的村规是习惯性的。他引述了14世纪英国达勒姆（Durham）修道院村民会议的原始记录以支持这一看法："这个镇的所有佃农都被命令：他们中的每一个人都在村官的召唤下来讨论与本镇利益有关的共同事务。""经共同同意，命令：每一个佃农在村官的召唤下前来讨论共同事务，每个人都要遵守他们大家自己同意的无论什么规则。"②

一 "公地共同体"的最高权力机构
——庄园法庭和村民会议

理论上，大致有三类庄园法庭：民事法庭（the Leet）用于维护国王的和平；男爵法庭（the Court Baron）和习惯法庭（the Customary Court）则纯粹处理庄园事务。而与公地共同体事务有关的主要是男爵法庭。③

庄园法庭是领主的法庭，是处理领主与其非自由佃农关系（纵向关系）的机构。这是正确的。但是，还需要记住的是，它也是领主的佃农们处理他们之间的关系，主要是公地制度下的关系（横向

---

① J. A. Yelling, *Common Field and Enclosure in England 1450 – 1850*, London and Basingstoke: The Macmillan Press Ltd., 1977, pp. 147, 215 – 216.

② Warren O. Ault, *Open-Field Farming in Medieval England: A Study of Village By-Laws*, London: George Allen and Unwin Ltd., 1972, p. 59.

③ 不过，也有在民事法庭上制定村规的例子。参见 Warren O. Ault, *Open-Field Farming in Medieval England: A Study of Village By-Laws*, p. 140; C. S. and C. S. Orwin, *The Open Fields*, pp. 147 – 148。

关系）的机构——在这一意义上，它是真正的村民会议，是公地共同体的象征。正如欧文前面指出的那样："耕作体系以及社会生活被由庄园法庭表达和实施的公意所控制。"到了13世纪，许多地方渐渐地把庄园法庭叫"halimotum"，英文为"hallmote"，意为"在庄园房子里举行的村民会议"（moot held in the hall）。[①] 这就明确地显示了法庭作为村民会议的性质。

同一个机构，却具有两种性质，并且两种性质经常混淆（比如，领主或者他的代理人主持作为村民会议的法庭；根据村规对违规村民的罚款一部分交给教堂，一部分交给领主；村民在法庭上个别或者集体起诉领主；法庭对领主实施处罚）。如果说它的第一种性质更多地表现出领主的专制，那么第二种性质则表现出一定的共同体因素。本文主要考察它的第二种性质。

史料表明，庄园法庭之外，经常还有村民会议（因此，有时我们难于区分一些著作中提到的"村民会议"到底是指庄园法庭还是指法庭之外的村民会议），它们审理案件的过程也有记录。[②] 在庄园法庭消失而公地制度还保留的村庄共同体，作为共同体的管理机构，则只有纯粹的村民会议了。

庄园法庭和村民会议具有公地共同体的最高权力机构的功能。

（一）制定与执行村规

公地问题专家基本上是通过村规了解公地制度的。村规既是公地共同体涉及共同生产生活所有细节的法律，[③] 又是司法判决书，详

[①] Sir Paul Vinogradoff, *Villainage in England*, Oxford: Clarendon Press, 1892, pp. 382, 364, 367; Frances and Joseph Gies, *Life in a Medieval Village*, New York: Harper & Row, Publishers, 1990, p. 172.

[②] Sir Paul Vinograd off, *Villainage in England*, p. 394.

[③] 村规举例："大荷武德庄园。1314年6月20日，星期四。整个村子同意和颁布：在圣母领报节（Feast of the Annunciation of the Blessed Virgin Mary）之前，以及在圣彼德节（Feast of St. Peter in Chains）之后，任何人不得让他的小牛进入任何庄稼地和草地。任何人不得在任何地里打草，除非在他自己的地里。任何人不得侵入分到户的草地。大家同意，如果任何人违背了以上规定，他将因每一次违规而向领主交4便士。"参见 Warren O. Ault, *Open-Field Farming in Medieval England: A Study of Village By-Laws*, p. 88。

细地记录了判决方式和处罚内容。

现存的所有村规都表明，作为村民会议的庄园法庭和独立的村民会议，都是制定和执行村规的主要机构。欧文先生发现莱克斯顿地区数百年的庄园法庭档案中，有大量关于庄园法庭以集体的形式制定、修改村规的记录。奥尔特也发现了大量庄园法庭制定村规以及在庄园法庭上全体在场人员同意村规的例子。他得出结论：当庄园和村庄重合时，庄园法庭就是一个村庄会议。"它可以非常恰当地为村庄共同体制定村规。"① 目前能够见到的对违背村规行为的处罚都是在庄园法庭以审判的方式进行的，其记录（许多本身也是村规）也都保存在庄园法庭卷宗之中。这就充分证明庄园法庭是制定（和执行）村规的主要场所。独立的村民会议更是村规制定的场所。甚至在有庄园法庭的情况下，也有村民在法庭外开会起草村规的事例。欧洲14世纪和15世纪的村规远比13世纪多，原因何在？有人以德国、法国为例，指出在德国，随着自领地和管理自领地的官员的消失，农民取而代之。"他们举行村庄会议讨论具体事宜；他们任命村官以管理之。"他们新制定了许多村规。在法国，随着领主—农民纽带的松弛，农民被迫形成一个共同体来提供某些农业生活的管理规则，因此，他们也制定了许多新村规。② 法国大革命废除了领主的司法权之后，地方惯例的维护就完全靠村民会议（village council）了。例如，20世纪开始时，由于担心出现地方性饥荒，某些村民会议要求所有身体健全的居民相互帮助收割庄稼。由于公地农业的客观要求而制定的一些规则，也被一些村民会议宣布为必要的。③ 英国小村庄诗汝顿（Shrewton）在1596—1599年发生过下述事情：1596年庄

---

① C. S. Orwin, "Observations on the Open Fields," *The Economic History Review*, Vol. 8, No. 2, May 1938, p. 131; Warren O. Ault, *Open-Field Farming in Medieval England: A Study of Village By-Laws*, pp. 82, 99; Warren O. Ault, "Some Early Village By-Laws," *The English Historical Review*, Vol. 45, No. 178, Apr. 1930, p. 231.

② Warren O. Ault, "Village By-laws by Common Consent," *Speculum*, Vol. 29, No. 2, Apr. 1954, pp. 392 – 393, 380.

③ George W. Grantham, "The Persistence of Open-field Farming in Nineteenth-Century France," *The Journal of Economic History*, Vol. 40, No. 3, Sep. 1980, p. 521.

园解散，庄园法庭停止。三年之后，村庄生活过于"不规范，无秩序"，因此，自由持有农、习惯性佃农、村庄的其他成员在堂区牧师领导下召开村民会议，以一种法典的形式确认了传统的习惯的村规，并附以处罚条例。罚金无法像以前那样收归领主，而是归本镇穷人。①

（二）选任共同体管理人员

共同体有自己的管理人员，他们的称呼各地不一。比如，在英格兰叫村头（reeve，也有人翻译成"庄官"、"庄头"或者"村官"），在意大利叫长老（priors）②和执政官（consuls），在爱尔兰居然还叫村王（king），与国王同一个词。

文诺格拉多夫发现，庄园的管家和服务人员由领主任命，与之对应的则有村民自己选举的代表其利益的村头（也有个别的由领主任命村头的例子）。③ 苏珊·雷诺兹发现，一个村庄的居民，或者一个庄园的佃农，能够作为共同体成员集体地选举其管理人员。村庄自由选举出来的官员有时取代了原有领主任命的官员；有时，共同体安排自己的代表与领主官员一起共事。13世纪，北意大利的某一公社的执政官就是由分散的村庄或者零散居住点（quarters）的村民共同选举出来的。④ 杰罗姆·布拉姆发现，在许多地方，村民会议选举村庄官员。一些村庄选两个人平分职责，有时候，相邻的小村庄结合起来共同选举一班官员。福汉姆发现，庄园出现以前，6世纪前后的一些村庄就通过村民会议选举管理人员。村头最大，代表全村与外部谈判；其次是"干草监管员"（hayward），协助村头管理农耕；还有"草地划分员"（meadsman），管理草地的划分；"护林员"

---

① Warren O. Ault, "Some Early Village By-Laws," *The English Historical Review*, Vol. 45, No. 178, Apr. 1930, p. 229.

② Caroline Castiglione, "Political Culture in Seventeenth-Century Italian Villages," *Journal of Interdisciplinary History*, Vol. 31, No. 4, Spring 2001, p. 530.

③ Sir Paul Vinogradoff, *Villainage in England*, p. 6.

④ Susan Reynolds, *Kingdoms and Communities in Western Europe, 900 – 1300*, Oxford: Clarendon Press, 1984, pp. 132 – 133, 138 – 139.

(woodreeve），照看林地；"牛倌"（oxherds）、"羊倌"（sherpherds）、"猪倌"（swineherds）、"蜂倌"（beeherds），分别照管牛、羊、猪和蜜蜂。①

为了执行村规，公地村庄共同体成员一般要选出督察员，负责监督村规的执行情况。1289年，英国纽英顿（Newington）庄园法庭卷宗记录了"秋季法令的督察员"的选举，这种选举是作为一年固定的工作之一而被记录在卷宗上的，一直记录到15世纪卷宗终止之时。每年都通知大家参加选举。为选举而召集的庄园法庭在7月开会。1289年选出了四名督察员，也就是从庄园的四个小村（hamlet）中各选一个。1416年5月23日记录：某地，村民全部到齐，某甲和某乙被选为村规督察员。②

英国诺丁汉郡莱克斯顿堂区法庭卷宗中的罚款系列清单自1651年起一直保存，延续到20世纪只有一次中断。它披露了庄园法庭选举村庄管理人员的情况：首先从在场的人中间选出陪审团成员及其负责人（foreman），并且宣誓。然后选任官员：治安警官及其副手（一般两个）；牲口监管员（pinder），其职责是监视牲口，并且扣留和处罚跑进公地的牲口及其主人；监管员（overseers），职责未提；十户联保区负责人（head of the frankpledge）；村规督察员，监督由法庭制定的村规。③

（三）决定其他公共事务

公地共同体还有其他一些共同事务，比如，与领主的关系，与国王的关系，公地的购买，等等。它们都是庄园法庭和村民会议要讨论和处理的。④

---

① Montague Fordham, *A Short History of English Rural Life*, London: George Allen & Unwin Ltd., 1916, p. 13.

② Warren O. Ault, "Some Early Village By-Laws," *The English Historical Review*, Vol. 45, No. 178, Apr. 1930, pp. 223 – 225.

③ C. S. and C. S. Orwin, *The Open Fields*, pp. 127 – 128.

④ 参见赵文洪《中世纪欧洲村庄的自治》，《世界历史》2007年第3期。

从庄园法庭和村民会议的以上功能看出，它们是集立法、司法、行政功能于一体的最高权力机构。那么它们的代表性是否广泛，它们的决策程序是否民主，就成为本文探讨的关键所在。

二　庄园法庭及其所包含的共同体因素

(一) 何人参加庄园法庭

共同体的第一个原则是，团体内众人的事情众人管。因此一个共同体的最高权力机构，如果通过适当程序代表共同体的全体成员，这个共同体就是一个实体；反之，则不够完整。作为公地共同体最高权力机构的庄园法庭，是否能够代表整个公地共同体呢？这个问题与公地共同体的重要成员——自由农是否参加庄园法庭直接相关。

传统上，一般认为由于自由农地位高于非自由农，因此他们是由国王法庭而不是庄园法庭管理的。当我们看到村规中不断出现的"整个共同体"字样时，首先会想到梅特兰所说过的，村庄共同体是由农奴组成的，他们是"村庄的正规的股份持有人"①。而自由人在法律上是由国王的法庭管理的。因此，可能不会把庄园法庭这种"低级的"地方与"高级的"自由人联系起来。事实是怎样的呢？让我们看看参加庄园法庭的到底有哪些人。领主一般是法庭的主持人。他本人不在时，就委托庄园总管或者其他人主持。所有非自由农或者农奴都有义务参加庄园法庭，这一点非常明确。除非领主允许他可以不出庭，或者他有充分的不出庭的理由，否则不出庭就会受到处罚，通常是被课以罚金。在许多庄园，农奴在节日之外出席法庭可以计入他必须向领主提供的周工劳役。②

可以肯定的是，有些庄园法庭只有领主（或其代理人）和非自由农参加。

---

① Warren O. Ault, "Village By-laws by Common Consent," *Speculum*, Vol. 29, No. 2, Apr. 1954, p. 389.
② [英] 亨利·斯坦利·贝内特：《英国庄园生活：1150—1400 年农民生活状况研究》，龙秀清、孙立田、赵文君译，侯建新校，上海人民出版社 2005 年版，第 176 页。

但是，的确有大量关于自由农参加庄园法庭的记录。研究庄园问题、公地问题、法律问题的许多专家也发现了这一现象。比如，苏姗·雷诺兹指出，有大量记录表明，自由农与非自由农都参加同一法庭。① 佛兰西斯和约瑟夫·吉斯说，非自由农和自由农都参加庄园会议。② 柯尔顿说，"所有佃农都必须参加庄园法庭。在达勒姆庄园，共有75%的自由农和非自由农到庭"③。奥尔特指出，从见到的庄园法庭卷宗看，在较早的世纪里，自由农和非自由农都到领主法庭诉讼。有些自由持有农持有土地的条件就是出席庄园法庭。在13世纪，有法令从反面证明，有自由持有农出席庄园法庭，因为该法令规定："任何自由人均无义务在其领主之法庭上诉讼，除非这是由颁发给他的特许证规定的，或者是在亨利王于1230年去布列塔尼之前就这样做的。"有大量证据表明，领主努力使自由持有农在其庄园法庭上诉讼。④ 哈罗德·J. 伯尔曼指出："关于自由人与农奴参与裁判的权利和义务没有区别，当他们是争议的当事人时，对适用他们各自的诉讼程序也没有区别。"⑤

在庄园法庭中起重要作用的陪审员的身份（personal status），多数情况下是非自由农，但是同样也有关于自由持有农担任陪审员的记录。有学者认为："关于陪审员的身份，没有一定之规"；既有自由农，也有非自由农。随着时间的推移，有些庄园出现了两种类型的陪审团——自由农陪审团和非自由农陪审团。⑥ 14世纪英国一个叫艾克里夫（Aycliffe）的村庄有关于8个自由持有农的记载。其中威廉·鲍尔（William Power）在1369年是一个4人和12人陪审团的

---

① Susan Reynolds, *Kingdoms and Communities in Western Europe, 900 – 1300*, pp. 115, 142, 390.
② Frances and Joseph Gies, *Life in a Medieval Village*, p. 173.
③ G. G. Coulton, *The Medieval Village*, Cambridge University Press, 1925, pp. 72 – 73.
④ Warren O. Ault, "Village By-laws by Common Consent," *Speculum*, Vol. 29, No. 2, Apr. 1954, p. 390.
⑤ [美] 哈罗德·J. 伯尔曼：《法律与革命——西方法律传统的形成》，贺卫方等译，中国大百科全书出版社1993年版，第397页。
⑥ [英] 亨利·斯坦利·贝内特：《英国庄园生活：1150—1400年农民生活状况研究》，龙秀清、孙立田、赵文君译，侯建新校，第185页。

成员；在 1375 年他是 4 名治安警官（constables）之一；他也做过村官（reeve）和护林人。而这些职务一般被认为是由非自由农担任的。还有自由农参与起草村规的明确记载：威廉·鲍尔在 1369 年、1379 年和 1383 年，三次被选为由数名村民组成的村规起草小组的成员之一。8 个自由持有农中一个叫托马斯·帕金森（Thomas Parkinson）的人，两次任村规起草小组成员。另有三人也参加过村规起草小组。① 还有关于由自由持有农选出的村规督察员监督村规的执行。②

在有关领主的权力和经济收入的问题上，领主是非常重视其佃农的自由和非自由身份差别的。但是在有关公地共同体内部的关系上，一些领主则并不太注重这种差别。许多领主授予村庄的特许状、庄园惯例、法庭诉讼案都表明，地方共同体认为他们包括每一个人——无论自由与否。许多特许状无差别地颁布给"人们，或者好人们，或者居民们"（"the men or good men or residents"），没有任何对人的法律地位的描述。比如，有一位叫尼古拉斯（Nicholas of Avesne）的领主，在他发给某村（Prisches）的特许状中，就保证自由人（liberi）和农奴（servi）都免于被任意逮捕。领主在某些方面表现出的对村民的无差别的尊重，似乎也能够说明，有时候他们并没有过多地在意自由农与非自由农的身份区别。比如主持法庭的管家被要求对法庭参加者和诉讼双方都彬彬有礼。13 世纪一篇关于庄园法庭（男爵法庭）的文章中，法庭主持人把诉讼人称为"好朋友"（fair friends）或者"好先生"（fair sirs）。③ 这也许是在作为村民会议的庄园法庭中，自由人与非自由人经常在一起的原因之一。因为自由人出席庄园法庭并不见得很降低身份。

自由农与非自由农在法律界限方面经常存在的模糊，恐怕也是让他们经常共同出席庄园法庭的因素之一。在英国某些地方，甚至

---

① Warren O. Ault, "Village By-laws by Common Consent," *Speculum*, pp. 382, 391.
② Thomas Edward Scrutton, *Commons and Common Fields*, New York: Burt Franklin, reprinted in 1970, p. 23.
③ Susan Reynolds, *Kingdoms and Communities in Western Europe, 900–1300*, pp. 141–142, 144.

普通律师有时候也难以在一个共同体中区分自由和非自由身份。佛兰西斯和约瑟夫·吉斯说，法律上维兰是不自由的，但是实际上多数人有很大的自由。在《末日审判书》中，维兰与自由农并列。他们引用梅特兰的话说，"维兰在与领主之外的任何人的关系中，都是一个自由农"①。希尔顿在对中世纪"自由人"概念做过一番考察后指出，对于何为准确意义上的"自由人"，尤其是13世纪前的"自由人"，至今仍不甚清楚。13世纪英国法庭认定的一些自由人，包括富有的非贵族出身的地主（franklin），他们付钱给领主但未受封骑士。也包括穷苦的茅舍农（cottar），或无地的劳工——只要没有证据表明他的祖先或亲属是不自由的。有大量既非官方认定的自由人，又非农奴的人存在。梅特兰发现在12世纪早期英国法律书中，既有把男爵叫自由人的，又有把维兰包括进自由人行列的。②

既然存在自由人也参加庄园法庭的情况，那么在领主或者领主的代理人、非自由农、自由农都参加作为村民会议的庄园法庭讨论公共事务的时候，庄园法庭就可能是全体公地共同体成员的最高权力机构。在考虑出席会议人员的普遍性时，有一点也值得指出，就是斯累特（Slater）发现的，"在公地村庄，完全无地的劳工几乎没有"③。有土地，就具有共同体成员资格，就要出席法庭。

（二）谁是庄园法庭的主角

在一个团体众人都参加公共事务管理的权力机构内，必须有一定的规则，来保障每一个参加者能够充分行使其决策的权利。这种规则要么是全体同意，要么是多数同意。对于庄园法庭来说，即使共同体成员都参加了庄园法庭，也并不必然意味着他们有平等的权

---

① Frances and Joseph Gies, *Life in a Medieval Village*, pp. 68 – 69.

② R. H. Hilton, "Freedom and Villeinage in England," *Past and Present*, No. 31, Jul. 1965, pp. 3, 4, 5. 关于"自由"概念之模糊的探讨，另见 Frances and Joseph Gies, *Life in a Medieval Village*, pp. 68 – 69; Susan Reynolds, *Kingdoms and Communities in Western Europe*, 900 – 1300, pp. 112 – 113。

③ J. A. Yelling, *Common Field and Enclosure in England 1450 – 1850*, p. 215.

利,完全实行民主决策。因此,我们必须进一步考察,在有关"公地共同体"公共事务方面,谁是庄园法庭的主角?

我们能够见到大量有关领主或者他们的代理人操纵庄园法庭、任意做出决定的记载。在这种情况下,他们就是法庭的主角。当然还有难以分清主角是他们还是村民集体的时候。①

但是有许多证据表明,在有关公地共同体公共事务方面,村民或者他们的代表经常是主角。佛兰西斯和约瑟夫·吉斯明确指出,大量事务与领主毫无关系,而只涉及村民之间的关系。管家主持会议,但不是法官。法官是陪审团或者全体出席法庭的村民。村民是会议的主角,事实上他们就是检察官、法律权威、证人和法官。"庄园会议的程序并非由领主的意志决定,而是由古老而强有力的传统,即庄园习惯统治。"他们用从庄园法庭卷宗里找到的法庭记录文字来说明这点。比如,陪审团的判决词不是"领主"或者其他人"怎么说",而一般是"陪审员发现……""陪审员说……""他们说……"接着便是案件的事实,最后是结论"因此……"以及罚金数额。陪审团的判决无疑要得到管家的支持,但最重要的是,必须由全体与会者同意批准。而判决最终要表现为整个会议或者整个村庄的同意。大量法庭记录是这样说的:原告和被告"将他们置于整个法庭的考虑之下";村庄的同意在卷宗里记录为"村庄说"或者"当着整个村庄的面"或者"由整个庄园会议……"② 哈罗德·J. 伯尔曼指出:"法庭本身由庄园全体成员组成,上至领主和管家,下至地位最低的农奴。他们全都是法官,被称作'诉讼参与人'(suitors)","裁决通常是以整个法庭的名义做出的"。他还正确地强调了庄园法庭集体决策与公地制度之间的密切关系:"庄园司法的运作需要全体成员之间高度的合作。而这种合作也是11世纪后期和12世纪整个欧洲的农业体制所要求的。""敞田制度(或者公地制度)本身要求全体庄

---

① G. G. Coulton, *The Medieval Village*, pp. 72 – 73; Susan Reynolds, *Kingdoms and Communities in Western Europe, 900 – 1300*, p. 120.

② Frances and Joseph Gies, *Life in a Medieval Village*, pp. 172 – 174.

员之间很高程度的合作。""所有这些事务都由庄园法院通过全体诉讼参加人的表决做出裁决。"① 文诺格拉多夫也明确指出,对于理解庄园法庭,重要的是,大量现存的庄园法庭卷宗一直说,整个法庭(参加人员)决定事情。② 欧文夫妇通过对莱克斯顿堂区数百年法庭卷宗中的罚款系列清单的详细考察,也得出了类似的结论。这里的法庭由领主的总管主持。开庭后,先从在场的人中间选出陪审团及其负责人,并且宣誓。陪审团负责判决。总体上,它主管了一切影响共同体利益的事情:社会生活与耕地放牧,村规和其他规则的执行。另外,在三圃制的三圃中,它负责看管种麦子的那圃。它必须下地检查条田界桩是否准确放置,补上未立的;记录一切侵蚀公共草地的行为;记录沟渠是否清理、篱笆是否修理,以及其他任何违背村规的行为。以这种方式,庄园的所有敞地每三年就被他们彻底检查一次。违背村规者一律被罚款。陪审团在法庭上制定村规,"共同体的每一个成员都必须遵守"。村规既管理整体事务,也处理个案。上一次开庭任命的陪审员提出诉讼书,本次开庭选出的新陪审员在开庭时必须在诉讼簿上逐个签名,不会写字的人也要画上自己的记号。③ 可以看出,在这里陪审员在司法和行政领域都是最高权威,而他们是村民的代表,而非领主的代理人。贝内特指出,13世纪英国的任何一部法庭案卷中,书吏都一再说,法庭的决定方式是由全体法庭出席人明确做出表态。贝内特引用了某法庭"经库里亚的审议"(Per considerationem curie)、"全体库里亚的裁决如下"的记录,并且发现,裁决以及最终的判决都是由全体公诉人做出的。"全体库里亚"(tota curia)是指所有在场的法庭出席人,不论是农奴还是自由农。"全体库里亚"在法庭记录中还有别的表述方式,如果它指的是包括庄园的每一个人在内,则记录表述为"整个村庄共同"等;而如果它指的出庭人只是庄园上的某一个村的居民,则其

---

① [美]哈罗德·J. 伯尔曼:《法律与革命——西方法律传统的形成》,贺卫方等译,第397—399页。
② Sir Paul Vinogradoff, *Villainage in England*, p. 355.
③ C. S. and C. S. Orwin, *The Open Fields*, pp. 127, 129 – 130.

表述仅限为"整个"某某"村"（tota villata）。① 戴尔也发现，13 世纪后期，以至后来许多世纪里，英国庄园法庭记录都有诸如"整个法庭"[the whole court (tota curia)]、"整个村庄"[the whole vill (tota villata)] 或者"全体领主的人"[the whole homage (totum homagium)] 的文字。②

一条非常重要的史料表明在某些地方，甚至每一个人的同意都是必要的。1410 年，英国林肯郡某庄园法庭卷宗记载，某人在打官司时，对方说他破坏了庄园某一惯例（也就是村规），而该惯例他是同意了的。此人回答说，他既不知道此惯例，更未同意它。对方就要求调查确定此人是否曾经同意此惯例，并因此召集了 12 名陪审员。这表明，法庭认为必须证明此人同意过该惯例。③

综上所述，如果一个庄园法庭的参加者是全体"公地共同体"成员，如果他们是法庭这个村民会议的主角（下文引用的村规表明，许多庄园法庭这两种情况兼而有之），那么，在管理公地共同体公共事务的时候，它所包含的民主因素就非常明显。

农奴制消亡后，庄园和庄园法庭还在很多地方习惯地保留着，但是庄园主与村民之间的关系，以及村民之间的关系发生了实质性的变化——都是自由农之间的关系了。因此，在"公地共同体"里，它的村民会议的性质就更加突出。

三　村民会议包含的共同体因素

罗赛讷认为村庄最高议事决策团体是村民会议。村民会议处理村庄财务和耕种放牧等共同事务，男性户主必须参加，不得由妻子

---

① [英] 亨利·斯坦利·贝内特：《英国庄园生活：1150—1400 年农民生活状况研究》，龙秀清、孙立田、赵文君译，侯建新校，第 181 页。

② Christopher Dyer, "The English Medieval Village Community and Its Decline," *The Journal of British Studies*, Vol. 33, No. 4 ("Vill, Guild, and Gentry: Forces of Community in Later Medieval England"), Oct. 1994, p. 411.

③ Warren O. Ault, "Some Early Village By-Laws," *The English Historical Review*, Vol. 45, No. 178, Apr. 1930, pp. 230 – 231.

或子女代替。村官是选举产生的,陪审员也是选举出来的。① 有些村民会议要求每个村民都参加,在大多数欧洲国家,此种会议有权通过本地的法令,选派官员和任命人们担任村庄的某些职务。此类会议召开的次数各地不同,在波希米亚和匈牙利,一年一次,在丹麦和北部法国,有时候每个星期都召开,其他地方不固定,一旦有必要,村官就召集。开会日期经常预先通知,而当鼓敲响或者教堂钟声响起时,会议就要开始了。在许多地方,村民露天开会,经常在一棵树下、教堂院子里或者本村大会堂前面的广场上。在丹麦村庄,每个参加者发一张票以坐在对号的某块石头上,座位安排成半圆形。每一有权投票者都要参加,无故缺席、迟到者要罚款。19 世纪的旅行者记录了会议的一些情况,另外,也有正式的记录。有的地方村民给那些能给他们提供很多酒的人投票。打架、吵闹是常事,有的地方明令禁止带武器参加,这说明在会议上发生械斗也是可能的。每一个共同体成员都要服从村民会议制定的成文和不成文法律。②

杰罗姆·布拉姆发现,在波希米亚、匈牙利、荷兰和瑞士,村民会议一年一次,事由包括选举新官员、做出有关农事的决定、管理公共地,等等。而在其他地方,则有多至一年三次到十次不等,甚至还有两周一次的,定期的与临时的都有,通常在农闲时的节假日或者星期日做完礼拜之后召开。在法国,通常由牧师在布道讲台上宣布开会的通知,也有在弥撒之后,敲鼓或者敲教堂的钟通知开会的。当村民们离开教堂,一位高嗓门官员再次提醒大家去开会。遇有特别的会议,共同体的一位雇员挨家挨户地通知。在有的地方,吹牛角通知开会,或者让人持一特别标志物经过每一户门前起到通知作用。18 世纪法国村民会议有在投票中输了的一方大打出手的记载。在中部德国和奥地利,禁止带武器入场。③

---

① Werner Rosener, *Peasants in the Middle Ages*, p. 165.
② Werner Rosener, *The Peasantry of Europe*, pp. 161, 164.
③ Jerome Blum, "The Internal Structure and Polity of the European Village Community from the Fifteenth to the Nineteenth Century," *The Journal of Modern History*, Vol. 43, No. 4, Dec. 1971, pp. 552 – 555.

庄园法庭、村规民约与中世纪欧洲"公地共同体" | 237

卡罗里内·卡斯提尼欧内发现，16世纪罗马北部附近内罗拉村（Nerola）村的村民大会名叫 consiglio，在1640年代和1650年代，所有户主都参加，一年约两次。有重要事情则更多，凡是重大的问题全体村民都可以参加。在会上，不同的观点之间进行辩论。辩论由村秘书，或者副村长（vice-governor），偶尔也由不知名的人记录。从现存记录看，每次会议几乎均以投票结束，都解决了问题（至少当天解决了问题）。有时候，为了让所有在场的人都满意，必须反复投票。投票结果必须高声宣布。重要的事情之一是选出村庄负责人，该村有三个行政官员，名叫长老（the priors），在村民会议上由抽签选出，两年一次。另一重要事情是修改村庄的最高法律——《法规》(statuto)。村民的表述是："如果我们想调整 statuto，我们就召开村民会议。"①

布赖恩·M. 道宁发现，中世纪欧洲多山地区，比如瑞士、斯堪的纳维亚半岛具有日耳曼部落统治特征的地方权力机构，其关键的制度是村民会议。这是极不正规的集会，集行政、立法、司法功能于一身，并且选举官员。会议的议程与团体内部的主流价值观由习惯法统治。这些习惯法尽管是不成文的，却强有力地防止了专断独裁。②

特别值得注意的是，村民会议本身的有关制度表现出共同体民主的特征。

比如，有对构成会议有效性的参加会议人数的规定。在法国东南部萨沃亚德（Savoyard）地区的一个村庄，所有家长中的75%到会才构成法定人数（quorum）。③ 1686年4月，前述意大利内罗拉村

---

① Caroline Castiglione, "Political Culture in Seventeenth-Century Italian Villages," *Journal of Interdisciplinary History*, Vol. 31, No. 4, Spring 2001, pp. 529, 546.
② Brian M. Downing, "Medieval Origins of Constitutional Government in the West," *Theory and Society*, Vol. 18, No. 2, Mar. 1989, p. 221. 另见 Christopher Dyer, "The English Medieval Village Community and Its Decline," *The Journal of British Studies*, Vol. 33, No. 4 ("Vill, Guild, and Gentry: Forces of Community in Later Medieval England"), Oct. 1994, p. 412。
③ Jerome Blum, "The Internal Structure and Polity of the European Village Community from the Fifteenth to the Nineteenth Century," *The Journal of Modern History*, Vol. 43, No. 4, Dec. 1971, p. 555.

召开村民大会，对于到会情况是这样记录的："一次满员的大会……人数足够。"①

又如，有一致同意原则和多数统治原则。在中部德国和奥地利，一般是简单多数通过决定（也有例外）。在瑞典和法国东南部萨沃亚德地区，很长时间内都要求全体一致投票同意才通过决定。②意大利内罗拉村村民大会的记录也提供了要求一致同意的事例。③英国莱克斯顿村1455年一村规记载，该村的牧人由多数票选举当选。④英国北安普顿郡有一个分属于6个领主的哈里斯通（Harlestone）村，1410年，村民会议就执行扩大第三圃的决定，选举出了一个9人常务委员会。并规定这9个人必须实行多数票制而做出决定。这说明村民会议是认可多数统治原则的。⑤公地问题专家也非常重视一条政府的法令所折射出的对公地共同体村民会议民主传统的尊重：1773年，英国乔治三世第13号法令允许公地由这样一套系统来进行管理。该系统中，决定由75%的土地占有人做出（当然他们还要得到他们的地主和什一税所有者的同意）。⑥这是在公地共同体中实行多数统治的最确凿的证据。

可以看出，以上这些村民会议具有明显的原始民主色彩：（村民）全体参加；集体讨论；投票表决；有会议的法定人数规定；有一致同意原则或者多数统治原则；程序不规范。

公地的最高管理权威是土地所有者大会。比如在一个叫堂·乃

---

① Caroline Castiglione, "Political Culturein Seventeenth-Century Italian Villages," *Journal of Interdisciplinary History*, Vol. 31, No. 4, Spring 2001, p. 546.

② Jerome Blum, "The Internal Structure and Polity of the European Village Community from the Fifteenth to the Nineteenth Century," *The Journal of Modern History*, Vol. 43, No. 4, Dec. 1971, p. 555.

③ Caroline Castiglione, "Political Culturein Seventeenth-Century Italian Villages," *Journal of Interdisciplinary History*, Vol. 31, No. 4, Spring 2001, p. 546.

④ W. O. Ault, "Manor Court and Parish Church in Fifteenth-Century England: A Study of Village By-laws," *Speculum*, Vol. 42, No. 1, Jan. 1967, pp. 55–56.

⑤ Warren O. Ault, "Village By-laws by Common Consent," *Speculum*, Vol. 29, No. 2, Apr. 1954, pp. 385, 386.

⑥ J. A. Yelling, *Common Field and Enclosure in England 1450–1850*, p. 47.

克（Town Neck）的地方，土地分为38块，但是它们连成一片，"处于整个土地所有者团体的权威之下，就像一个日耳曼村庄共同体的耕地一样"，"每一年春天，他们一起开会，决定什么时候竖立篱笆，怎样分配放牧指标"；"许多年，每年春天都有一个公共通告，通知所有堂·乃克地方土地所有者在该村某个商店开会，选出一位协调员和一位记事员管理来年放牧母牛的权利的出让事宜"；根据资料记载，从17世纪到1881年，土地的耕种管理均由投票决定。土地所有者大会的决策实行投票表决方式，比如，1658年5月22日投票决定："如果任何居民想得到土地耕种，他可以在堂·乃克地方，或者在公地得到一些……" 1680年10月14日"投票决定，土地所有者有权利凭每10英亩土地而放牧6头母牛、4头公牛、3匹马……并按照此比例增加或者减少。任何人都不得在收割他们的庄稼之后把禾秆割掉，否则将取消其在公地上的放牧权"[1]。

有学者认为，欧洲历史上，存在与村民会议相似的另外一种共同体管理机构——"马尔克"（mark）。大约是在1250年，东尼德兰的一些特许状中最早提到"马尔克"。这个词总是与使用未开垦地——比如林地、沼泽、放牧地等的权利连在一起。土地所有者将自己组织成一个团体，共同占有无主的未开垦的土地作为他们的财产。在尼德兰的两处地方，马尔克共同体对其成员有审判权（jurisdiction），关于马尔克土地的纠纷，马尔克权利的纠纷，由马尔克法官领导进行裁决，违背马尔克规则的要罚款。法官大多数是选举出来的（也有是世袭的或属于某一农庄）。在不由领主控制的马尔克，也即所谓自由马尔克，农民自己制定规则，收取罚金。[2]

史料表明，在成千上万个村庄，在同一个村庄的不同季节，在制定不同村规的时候，都有村规制定的不同方式。笔者见过一条在

---

[1] Gilbert Slater, *The English Peasantry and the Enclosure of Common Fields*, London: Archibald Constable & Co. Ltd., 1907, pp. 183 – 185.

[2] B. H. Slicher van Bath, "Manor, Mark and Village in the Eastern Netherlands," *Speculum*, Vol. 21, No. 1, Jan. 1946, pp. 121 – 124.

其前言中说是"由领主命令"的村规。① 戴尔发现,一些村规是"村庄的精英通过庄园法庭颁布"的。② 奥尔特见到一个关于领主否决村民村规的记录。村规规定:领主的任何牧羊人都不得在秋季结束后40天内在佃农的住宅周围田地上放牧领主的羊,此田地应留为领主的佃农之用。在该卷宗的边上记录着领主的否决。③

但是,非常确定的是,另外还有大量村民集体制定的村规。斯克拉顿(Thomas Edward Scrutton)发现,英国约克郡许多庄园的村规是由庄园法庭制定,再由领主确认。④ 文诺格拉多夫在11世纪英国《末日审判书》中发现"由镇人民会议(town-moots)制定"村规的记载。⑤ 佛兰西斯和约瑟夫·吉斯说,他们发现的村规都说,它们是由共同体(community),"全体领主的人"(homage——领主的所有非自由佃农)、佃农(tenants)、邻居(neighbors)⑥ 等制定的,几乎未提到过领主。⑦ 欧文夫妇收集的莱克斯顿的村规,都是由村民组成的陪审团制定的。⑧ 哈罗德·J. 伯尔曼指出:"庄园法院……发布管理庄园经济的规定和规则……这些规定由在庄园法院集体作为诉讼参加人的全体庄园成员定期发布。有特色的是,这些规定是以下列的词语通过的:'全体租户一致同意命令',或'自由的和受奴役的全体租户命令',或'领主和租户命令'。"⑨

---

① Warren O. Ault, *Open-Field Farming in Medieval England: A Study of Village By-Laws*, p. 10.
② Christopher Dyer, *Making a Living in the Middle Ages: The People of Britain 850 – 1520*, New Haven and London: Yale University Press, 2002, p. 184.
③ Warren O. Ault, "Some Early Village By-Laws," *The English Historical Review*, Vol. 45, No. 178, Apr. 1930, p. 230; Warren O. Ault, *Open-field Husbandry and the Village Community: A Study of Agrarian By-laws in Medieval England*, pp. 40 – 41, 43, 45.
④ Thomas Edward Scrutton, *Commons and Common Fields*, p. 23.
⑤ Paul Vinogradoff, *English Society in the Eleventh Century: Essays in English Medieval History*, Oxford: Clarendon Press, 1908; Republished, 1968, p. 401.
⑥ "neighbours"一词在中世纪庄园法庭文献中经常被提到,指与共同体公共事务或者利益"有关的人士"。参见 J. Z. Titow, "Medieval England and the Open-Field System," *Past and Present*, No. 32, Dec. 1965, p. 92。
⑦ Frances and Joseph Gies, *Life in a Medieval Village*, p. 173.
⑧ C. S. and C. S. Orwin, *The Open Fields*, p. 147.
⑨ [美]哈罗德·J. 伯尔曼:《法律与革命——西方法律传统的形成》,贺卫方等译,第399页。

奥尔特是国际上目前关于英国"公地共同体"村规问题的权威，他的调查表明，在所有村规前言中，提到经共同体集体的同意者最为广泛和普遍。[①]

应该说，这些村规的制定表明，它们是由集体而不是个人制定的；参与制定它们的，或者是共同体的全体成员，或者是共同体的多数成员，它们在许多情况下得到会议在场者的共同同意。这一切，印证了前文关于庄园法庭和村民会议所包含的共同体因素。

（原载《历史研究》2007年第4期）

[①] Warren O. Ault, "Some Early Village By-Laws," *The English Historical Review*, Vol. 45, No. 178, Apr. 1930, p. 229.

"为他人的利益而占有财产"
——中世纪英国的地产托管、封土保有与家产继承

陈志坚

在中世纪英国，土地是人们的安身立命之本，它不仅是大小地产主经济收入的主要来源，还是政治权力、司法权力、军事义务、封建头衔和名号存在的基础。因此，为了维护其阶层的整体利益并加强对土地的控制，以国王为首的统治者确立了封建土地保有制和普通法继承规则的地位。前者规定了土地分封的方式和土地封受双方的权利义务，后者则确定了以长子继承制为主要特征的土地传承规则。虽然二者在维护封建统治秩序方面都起到了不可低估的作用，但对地产主个体而言却有诸多不利影响。首先，封建土地保有制主要维护封君的权利。封臣所承担的义务明显多于其享有的权利，他们不仅要履行约定的军事、租税义务，还要向封君缴纳各种杂捐；其次，普通法规定地产须由长子继承，事实上剥夺了地产主通过遗嘱处置地产的自由。在中世纪晚期，伴随经济社会的发展，个体地产主自由遗赠、转让土地的愿望日益强烈，遂想方设法规避封建土地保有制和普通法继承规则，地产托管即为手段之一。

一　地产托管的起源

地产托管（uses），[①] 英语作 uses，源于古法语 oeps，oeps 又源

[①] 目前国内学界一般将 uses 译成"用益制""用益设计"，此种译法来自"uses 起源于罗马的用益权（usufructus）"的观点，笔者后文中的论述证明，uses 与罗马的用益权关系不大。因此，笔者认为，根据 uses 的含义，将其译成"地产托管（制）"更为合适。但这并不包括后来在两次托管（Use Upon A Use）基础上形成的"信托制"（Trust），本文论述的时限为中世纪，最晚到 1540 年《遗嘱法令》（The Statute of wills）的通过，不涉及"信托制"。

自拉丁语 ad opus，意思是"为他人的利益而占有财产"①。占有财产者称为受托人（feoffee），② 请托财产者称为托管人，或受益人（cestui que use③），受益人虽然不再占有财产，却享受财产收益。总之，地产托管的特点是"占有财产的不享受收益，享受收益的不占有财产"，具体做法是：地产主将家产（主要指地产）托付给他人管理；自己（即托管人）不再占有该家产，但仍可获得该家产的收益；受托人虽然占有该家产，但既不享受该家产收益，也不能擅自处置该家产及其收益，而必须按托管人的意志行事。"地产托管"的意义有三：其一，地产托管使地产占有权和受益权相分离，④ 地产主托管地产后，虽然不再占有该地产，但仍可继续享受其收益；其二，由于受托人必须按托管人的意志行事，这就使托管地产的地产主实际上拥有了用遗嘱处置地产的权力；其三，托管使地产占有权发生转移，封臣可借此规避封君的杂捐。由于封君的所有杂捐皆以封臣对地产的占有为基础，所以一旦地产托管成立，封臣便能以地产的占有权已移交受托人、本人不再占有该地产为由，免缴杂捐。地产托管的这三大"优点"使其在中世纪末期于地产主中广泛流行，至 1500 年，英国大半地产都被置于地产托管制之下。⑤

这种流行甚广的制度源于何处？关于这个问题，西方学者从法理和法律文本的传承角度曾提出多种观点，其中最有代表性的是

---

① Frederic William Maitland, "The Origin of Uses," in H. A. L. Fisher, ed., *The Collected Papers of Frederic William Maitland*, Vol. 2, Cambridge: Cambridge University Press, 1911, pp. 403 – 409; Frederic William Maitland, "Trust and Corporation," in H. A. L. Fisher, ed., *The Collected Papers of Frederic William Maitland*, Vol. 3, pp. 321 – 404.

② 或称 feoffee to uses，一般是封建主的朋友，或值得封建主信任的人或机构，例如，律师、教士。另外，封建主一般将地产授予多个受托人，而不是一个，参见 T. F. T. Plucknett, *A Concise History of the Common Law*, London: Butterworth & co. Ltd. Bell Yard, Temple Bar, 1940, pp. 518 – 519。

③ 这个词实际上是 cestui a que use le feoffment fuit fait 的缩写形式，其复数形式为 cestuis que usent。

④ J. M. W. Bean, *The Decline of English Feudalism*, 1215 – 1540, New York: Manchester University Press, 1968, p. 104.

⑤ J. H. Baker, *An Introduction to English Legal History*, London: Butterworth, 1979, p. 213.

"罗马法起源说"和"日耳曼习俗起源说"。

早期法学家多习惯性地到罗马法中寻找地产托管的起源。17世纪时，弗兰西斯·培根在罗马法中发现了用益权（usufructus）和遗产信托（fidei-commissa）两种类似托管的制度，并认为，它们就是中世纪英国地产托管制的源头。[①] 后来的法学家沿用了这种说法。[②] 用益权是指"一种在法律上享有他人财产收益的权利"，但该权利并不涉及所有权。遗产信托则是古罗马外邦人规避罗马继承法的一种手段。因外邦人没有立遗嘱的权利，他们在实践中往往把遗产委托给有遗嘱权的罗马公民，并要求他们按照其意志处置财产。

尽管用益权、遗产信托与地产托管极为相似，但据此认为它们就是英国地产托管制的起源未免草率。迄今为止，学者尚不能证明它们与地产托管制存在直接联系，而仅推测"是教会在二者之间牵线搭桥"。如布莱克斯通就认为，大概是为了规避"死手捐法令（Statute of Mortmain）"，熟谙罗马法的教士于爱德华三世（1327—1377年在位）统治末期把用益权和遗产信托引入英国。[③] 事实上，"死手捐法令"颁布之时，地产托管的现象已在英国存在了几个世纪。况且，用益权、遗产信托和地产托管之间有很大差异：尽管用益权和地产托管都要分离财产所有权和受益权，但前者一般是将受益权赠予他人，自己保留所有权，而后者正好相反；遗产信托主要针对动产，地产托管多涉及地产。看来，罗马法起源说仍有待商榷。

[①] Francis Bacon, *The Reading upon the Statute of Uses*, London, 1806, pp. 19 – 20.

[②] 法学家吉尔伯特、布莱克斯通、桑德斯、斯彭斯、迪格比都沿用了这种说法，只不过他们各有侧重。参见 Sir Geoffrey Gilbert, *The Law of Uses and Trusts*, Savoy: Printed by Henry Lintot, 1741, p. 3; William Blackstone, *Commentaries on the Laws of England*, Vol. 2, pp. 327 – 329; Francis Williams Sanders, *An Essay on the Nature and Laws of Uses and Trusts*, Dublin: Printed by J. Jones, 1792, pp. 1 – 8; George Spence, *The Equitable Jurisdiction of the Court of Chancery*, Philadelphia: Lea and Blanchard, 1846, Vol. 1, pp. 435 – 436; Sir Kenelm Edward Digby, *An Introduction to the History of the Law of Real Property*, Oxford at the Clarendon Press, 1897, pp. 316 – 318。

[③] William Blackstone, *Commentaries on the Laws of England*, Vol. 2, p. 328.

19 世纪末，美国法官霍姆斯在日耳曼习俗中发现了与地产托管颇为相似的"遗产委托（Salman）"习俗，并认为地产托管制起源于斯。[①] 该习俗允许人们把遗产委托受托人占有，并让受托人根据自己的意志处置委托地产。委托人一般先指定本人为受益人，以便终生享有委托地产收益，同时要求受托人在他死后按照其遗愿处置委托地产。总之，无论在形式还是在内容上，遗产委托习俗都与地产托管极为相似，但要证明二者之间的渊源关系，仍须找到它们之间存在直接或间接联系的证据。霍姆斯并没有忽略这个问题。他认为，遗产委托习俗可能通过两个途径传入英国：其一，由日耳曼人传入盎格鲁—撒克逊时期的诸王国；其二，遗产委托习俗中的受托人在欧洲大陆逐渐演变成遗嘱执行人（executor），并经由教会于诺曼征服之后传入英国。霍姆斯指出，英国法学家格兰维尔[②]的《英格兰法律及习惯》中已出现"遗嘱执行人"一词，它与欧洲大陆的遗嘱执行人并无二致。[③] 这一观点后来被霍兹沃斯、梅特兰等众多学者接受，并广为流传。[④]

但是，霍姆斯所述的第一条途径很难得到证实。迄今为止，学者仍未在盎格鲁—撒克逊时期的文献中发现相关记载，这一时期人们处置遗产时，并不作遗产委托，而是在遗嘱中直接言明继承人。[⑤] 虽然人们在遗嘱中指定"遗嘱监护人"，但此监护人的作用与遗产受托人完全不同。他们仅在继承人继承遗产受阻或遗嘱内容遭更改时

[①] Oliver Wendell Holmes, "Early English Equity," in *Collected Legal Papers by Oliver Wendell Holmes*, New York: Harcourt, Brace and Company, 1921, pp. 4 – 5.

[②] 格兰维尔（Ranulf de Granville, 1130 – 1190），英王亨利二世统治时期著名的法学家，其代表作是《英格兰法律及习惯》，该书用拉丁文写成，并于 1188 年前后发表，是英国早期法律和习惯的全面总结之作。

[③] Oliver Wendell Holmes, "Early English Equity," in Oliver Wendell Holmes, ed., *Collected Legal Papers*, p. 6.

[④] W. S. Holdsworth, *A History of English Law*, London: Methuen & co, Ltd., 1923, Vol. 4, pp. 410 – 412; Frederick Pollock and Frederic William Maitland, *The History of English law: Before the Time of Edward I*, Cambridge: Cambridge University Press, 1923, Vol. 2, p. 230.

[⑤] J. L. Barton, "The Medieval Use," *Law Quarterly Review*, Vol. 81, 1965, p. 562.

出面调停，而并不占有委托人遗产，也不负责遗产的管理和分配。①再看霍姆斯所说的第二条途径。后来的研究者发现，征服者威廉基本沿用了盎格鲁—撒克逊时期的财产继承习惯。遗嘱的形式及内容并未发生变化，更未受到欧洲大陆遗嘱执行人的影响。②的确，格兰维尔的《英格兰法律及习惯》第 7 卷第 6 章中出现过"遗嘱执行人（executores）"一词，但从格兰维尔对这个词的详解可知，此遗嘱执行人非彼遗嘱执行人。格兰维尔指出："遗嘱执行人是由遗嘱人指定，并负责执行其遗嘱的人。若遗嘱人生前未曾指定执行人，则遗嘱人近亲应担此责任。若继承人或他人妨碍遗嘱执行，则执行人有权介入，并可通过郡守向国王申诉。"③可见，格兰维尔所说的遗嘱执行人类似盎格鲁—撒克逊时期的"遗嘱监护人"，只负责监督遗嘱执行，并不承担代遗嘱人占有、管理、分配遗产的责任，与欧洲大陆的遗嘱执行人相去甚远，二者之间显然没有承接关系。因此，日耳曼习惯起源说也不能完全让人信服。

　　上述表明，尽管罗马法、日耳曼法和英国法有着千丝万缕的联系，尽管罗马法和日耳曼习俗中的某些制度与地产托管相似，尽管学者们苦心孤诣寻找其间关联的蛛丝马迹，但据此就得出它们是地产托管源头的结论仍显证据不足。首先，制度之间存在相似是普遍现象，世界上其他地区也不乏类似托管的制度。根据英国考古学家皮特里（Flinders W. M. Petrie）的发现，古埃及第四王朝第四王哈夫拉（Khafre）之子涅库拉（Nekure）早在公元前 2548 年就曾立下了

---

① Dorothy Whitelock, ed., *Anglo-Saxon Wills*, Cambridge: Cambridge University Press, 1930, pp. 74 – 75; Michael Micheal M. Sheehan, *The Will in Medieval England: From the Conversion of the Anglo-Saxons to the End of the Thirteenth Century*, Toronto: by Pontifical Institute of Medieval Studies, 1963, pp. 19 – 23.

② Matthew Hale, *The History of the Common Law of England*, Chicago and London: The University of Chicago Press, 1971, p. 142; J. L. Barton, "The Medieval Use," p. 562.

③ "Testamenti autem executores esse debent ii quos Testator ad hoc elegerit & quibus coram ipsam comiserit. Sivero testator nullos ad hoc nominauerit, possunt propinqui & consanguinei ipsius defuncti ad id faciendus se ingerere. Ita quod si quem vel heredem vel aluium rerum defuncti reperierit detentore, habebunt breue domini Regis vicecomiti directum in hoc verba." 详见 Ranulf de Granville, *Tractatus de Legibus et Consuetutinibus Angliae*, In ædibus Thomæ Wight, 1604, p. 52。

包含托管的托孤遗嘱。他在遗嘱中指定了负责监管遗产、执行遗嘱的监护人。[1] 今天的伊斯兰法律中也有类似的制度。[2] 中国汉代有协助他人完成牲畜交易的"驵侩",唐宋有"柜坊""寄附铺",明清至近代有"牙行""行店""行纪"等,[3] 这些机构或个人都受人之托,代人保管、经营、处置财物,相当于地产托管制中的受托人。可见,受人之托、代人理财的制度在历史上普遍存在,制度之间存在相似并不等于制度之间有渊源关系。

总之,罗马法和日耳曼习俗中没有与地产托管制完全对等的制度,要寻找它的起源,须另辟蹊径。类似地产托管的需求同时存在于不同的社会中,但各个社会的具体需求又是复杂多样的,这正是地产托管制与类似制度之间理念相同却存在差异的原因所在。

二 地产托管的社会需求

个体地产主对地产托管的需求在英国早已存在,这一需求造就了大量的地产托管案例。由于这些地产托管发生在普通法继承规则被规避之前,且与后来的地产托管制相比,仍不成熟,我们称之为早期托管。例如,梅特兰发现,在 9 世纪的盎格鲁—撒克逊地产文书中就已有三处开始使用 ad opus 一词:其一,某人将地产捐给教会,以便教会救济穷人;其二,国王将地产捐给教会,并让教会为了教士的利益而持有该地产;其三,一个叫韦哈德的人在遗嘱中将地产捐给大主教,委托后者为了维持修女院而持有该地产。[4] 这些做

---

[1] 关于涅库拉的遗嘱,参见 "Will of Prince Nekure, son of King Khafre," in James Henry Breasted ed. and trans., *Ancient Records of Egypt: Historical Documents from the Earliest Times to the Perisan Conquest*, Vol.1, Chicago, Illinois: The University of Chicago Press, 1927, pp.88 - 90。

[2] T. F. T. Plucknett, *A Concise History of the Common Law*, p.514。

[3] 秦锐:《溯本求源说信托》,《科技智囊》2007 年第 9 期,第 3 页。

[4] "Item in alio loco dedi eidem venerabili viro ad opus praefatae Christi ecclesiae et monachorum ibidem deo servientium terram...; Rex dedit ecclesiae Christi et Wulfredo episcopo ad opus monachorum... villam Godmeresham; ad opus... familiae (Christi)." 详见 F. Pollock, and F. W. Maitland, *The History of English Law: Before the Time of Edward I*, Vol.2, p.234。

法都包含了地产托管制的核心理念。拉姆齐修院的文献中也有类似记载：一个叫尤多的王室杂役曾作为受托人在 11 世纪末与拉姆齐修院签订契约，根据契约，他应为其妹妹米里拉的利益占有一块地产。米里拉和尤多双双去世后，该地产以及尤多占有的其他地产为修院永世占有。①

12 世纪也不乏类似的例子，数家修道院的文献中都有相关记载。例如，12 世纪中期，一个叫雷金纳德·波尔的人委托罗杰·莫布雷（Roger de Mowbray）以类似方式将一块地产的收益捐给惠特比修院。② 里夫修院（Rievalle）文献显示，一个叫亚当·博尔特比的人根据父亲的遗愿把一块地产委托给受托人罗伯特·斯塔蒂维尔，并让他为修院的利益占有该地产。③ 据伯顿修院的文献记载，一个叫戈弗雷的人，曾为其幼弟的利益而持有修院地产，直到他成长到能亲自为修院服役的年龄。④ 在一份 1127 年的授地文书中，一个叫理查

---

① "Hanc conventionem fecit Eudo, scilicet Dapifer Regis cum Ailsio Abbate Rameseiae et eiusdem loci conventu, in capitulo, de Berkeforde videlicet, ut Eudo habere deberet, ad opus sororis suae Murilellae, partem Sancti Benedicti, quae adiacebat ecclesiae Rameseiae, quamdiu Eudo et soror eius viverent, ad dimidium servitium unius militis, tali quidem pacto ut post Eudonis sororisque decessum, tam partem propriam Eudonis, quam in eadem villa habuit, quam partem ecclesiae Rameseiae, Deo et Sancto Benedicto, ad usum fratrum eternaliter, absque omni calumnia successorum Eudonis, possidendam, pro redemptione animarum et eorum parentum relinqueret." 详见 William Henry Hart and Ponsonby A. Lyons, eds., *Cartularium Monasterii de Rameseia*, Vol. 2, London: Longman & Co., Paternoster Row; Trubner & Co., Ludgate Hill, 1886, pp. 257 – 258。

② "Et ego reddidi eis, et saisivi per idem lignum per quod et recipe illud." 详见 George Young and J. Bird, *A History of Whiteby, and Streoneshalh Abbey: With a Statistical Survey of the Vicinity to the Distance of Twenty-five Miles*, Clark and Medd, 1817, Vol. 1, p. 298。梅特兰的著作中也引用了这个例子。除此例外，笔者还在惠特比修院的房地产契据册中发现了另外 8 个类似的例子，此处不再一一列举，详见 John Christopher Atkinson, ed., *Cartularium Abbathiae de Whiteby, Ordinis S. Benedicti: Fundatae Anno MLXXVIII*, Edinburgh: Andrews & Co., 1881, pp. 366, 368, 406, 538, 544, 548, 656。

③ "Ipse Adam ad opus suum proprium, et sicut continetur in carta patris sui cui dependet sigillum Roberti de Stutevilla, Domini ipsius Adae." 详见 John Christopher Atkinson, ed., *Cartularium Abbathiae de Rievalle, Ordinis Cisterciensis: Fundatae Anno MCXXII*, Edinburgh: Andrews & Co., 1889, pp. 65 – 66。

④ "Porro de hiis quae ad malam tenet Godfridus Viii. Bovatae pro viii. s. Praeter illam terram quae ad ecclesiam iacet quam tenet cum ecclesia ad opus fratris sui parvuli, cum ad id etatis venerit ut possit et debeat servire ip si ecclesiae." 详见 The Burton Cartulary: Folios 5 – 18 (out of sequence), Staffordshire Historical Collections, Vol. 5, part 1, 1884, pp. 18 – 34。可参见 http://www.british-history.ac.uk/report.aspx?compid=52359。

德的人为了回报妻子同意他处理其嫁妆的行为，把一块地产委托给妻子的兄长，并让他为妻子的利益占有该地产。①

13世纪早期，布雷克顿②也注意到此问题，并在著作中多次提到相关事例。例如，1224年，一个叫罗伯特的人朝圣之前把地产托管给兄长怀多，并让怀多为其子的利益占有该地产。③再如，1233年，某人为把地产传给七龄子彼得，先后将地产托管给两个受托人，并让他们为彼得的利益占有其地产。④再如，1238年，一位妇女心仪一块地产已久，她的儿子哈蒙·舍雷通过与地产主人的交涉获得了这块地产，并托管出去，让受托人为其母亲的利益占有该地产。⑤

13世纪中后期，托管已成普遍现象。例如，1243年，一个叫威廉·珀西的人将其一处地产托管出去，并要求受托人为其四个儿子的利益占有该处地产。1268年，一个叫休·内维尔的人朝圣之前把所有地产都托付给母亲和兄长。1289年，一位叫拉尔夫·格伦顿的人曾将一处年收入为30英镑的地产托付给主教罗伯特·伯纳尔，并要求主教为了其未婚妻的利益占有该地产。1292年，对韦尔斯主教罗伯特·伯纳尔的身后调查显示，一位叫奥托·格兰迪森的人曾在参加十字军之前把地产托付于他。另外，13世纪

---

① "Et inde saisivi Milonem fratrem eius loco ipsius ut ipse eam manuteneat et ab omni defendat iniuria." 详见 F. Pollock, and F. W. Maitland, *The History of English Law: Before the Time of Edward I*, Vol. 2, p. 235。

② 布雷克顿（Henry de Bracton, 1210 – 1268），英国亨利三世时期的法官、法学家。其代表作《论英国的法律和习惯》被认为是对普通法首次全面总结之作。

③ "Et Robertus post mortem patris sui tenuit eandem terram de eadem domo et habuit filios et iuit in terram sanctam, et commisit terram illam custodiendam Wydoni fratri suo ad opus puerorum suorum." 详见 F. W. Maitland, ed., *Bracton's Note Book*, Colorado: Fred B. Rothman & Co., Vol. 3, text, No. 999, pp. 42 – 43。

④ "Et postea tradidit terram illam cuidam Magistro Rodulfo sicut ad custodiendam ad opus ipsius Petri, et postea commissa fuit cuidam Davidi similiter ad custodiendum ad opus ipsius." 详见 F. W. Maitland, ed., *Bracton's Note Book*, Vol. 2, text, No. 754, pp. 575 – 576。

⑤ "Juratores dicunt quod mater ipsius Hamonis concupiuit quoddam mesuagium predicti Roberti ita quod predictus Hamon tantum fecit cum predicto Roberto quod idem Robertus concessit eidem Hamoni ad opus matris sue mesuagium illud tenendum ad uitam ipsius matris sue pro tribus acris et dim." 详见 F. W. Maitland, ed., *Bracton's Note Book*, Vol. 3, text, No. 1244, p. 260。

的大法官庭（chancery）的卷宗显示，臣民纳税进贡也是通过托管的方式进行。臣民一般将税赋和贡品托管给税官，税官则是为了国王的利益占有之。①

除具上述用途外，托管还往往被人们用来规避法律法规。由于封建地产之上承载着各种权利和义务，所以王室法令对土地的转让和授予作出了严格的限制。比如禁止地产主自行转让地产，禁止地产主授予地产给自己，而地产主往往会利用托管规避这些限制。为了达到自由转让地产的目的，地产主一般选择把地产托管给上级封君，让封君暂时代购买者持有地产，随后，封君将把土地转给购买者。② 封君在此交易中充当的角色类似于地产托管中的受托人。有时出于改变地产占有形式等需要，地产主会有如下需求：授予自己地产，或授予地产给自己和妻子同时占有。托管能帮助他们实现目标，他们只需把地产托管给受托人，让受托人再把地产授予自己，或自己和妻子同时占有即可。③

有时，为拯救灵魂，地产主还有捐地产给教会的需求。但由于教会是一个长期存在的组织，地产一旦被赠予教会，附着在地产之上的监护权、主婚权等封建杂捐都再无征收的机会，因此，国王往往对捐地给教会作出严格限制。例如，1217 年修订的《大宪章》第 39 条规定，封臣捐地给教会后，所余地产须足以为封君服役。④ 再如，1259 年颁布的《威斯敏斯特法令》第 14 章明确规定，未经捐地封臣之上级封君许可，教会不得进入受赠地产。⑤ 1279 年，爱德

---

① J. M. W. Bean, *The Decline of English Feudalism*, 1215–1540, pp. 105–110.
② F. Pollock, and F. W. Maitland, *The History of English Law: Before the Time of Edward I*, Vol. 2, pp. 230–231.
③ T. F. T. Plucknett, *A Concise History of the Common Law*, p. 516.
④ "Nullus liber homo de cetero det amplius alicui vel vendat de terra sua quam ut de residuo terrae suae possit sufficienter fieri domino feodi servitium ci debitum quod pertinet ad feodum illud." 详见 William Stubbs, ed., *Select Charters and Other Illustrations of English Constitutional History*, Oxford: Clarendon Press, 1905, p. 346。
⑤ Dorothy Whitelock, ed., *English Historical Documents*, Vol. 1, London: Routledge, 1996, p. 372.

华一世颁布了《死手捐法令》，禁止教会通过各种方式接受俗人捐地。[①] 这一时期法兰西斯修会为扩大其财富也有接受俗人捐赠的需求，但修会的最初创建者曾主张神职人员应恪守贫穷，禁止修士占有财产。但修会并不严格遵守这些规定，为了聚敛资财，他们常常让俗人把所捐地产托管给市镇公会，让市镇公会为了修会的利益持有地产。后来，教皇颁布法令（Exiit qui seminat）确认，以修士为受益人的捐赠财产修士可以放心享用。[②] 到13世纪末，修会已经通过这种方式接受了许多伦敦市民的捐赠。

从上文列举的事实可以看出，地产主之所以会频频使用托管，是因为他们具有这样或那样的实际需求，如远行前的地产托付、为妇孺弱小寻求监护、为亲属提供资助、向国王纳税、土地买卖、转变土地占有方式、捐地给教会、修院接受捐赠等。这些需求大致可分为两类，一是简单的地产托付，二是利用托管占有权和受益权相分离的特点规避法律法规。看来，地产托管并非来源于干涩的法律条文，而是英国人在特殊的社会背景下，为了满足自己的实际需求，运用其智慧创造的产物。而且，人们在托管的过程中逐渐发现了它可规避法律法规的功能，这为后来地产托管的发展演变奠定了基础。

三 地产托管制度化

13世纪初，普通法法律体系逐渐成形，其核心内容是以长子继

---

① "Nos super hoc pro utilitate regni congruum remedium provideri volentes, de consilio praelatorum, comitum et Aliorum fidelium regni nostri de consilio nostro existentium, providimus, statuimus et ordinavimus, quod nullus religiosus aut alius quicunque terras aut tenementa aliqua emere vel vendere, aut sub colore donationis aut termini vel alterius tituli cuiuscunque, ab aliquo recipere, aut alio quovis modo, arte vel ingenio, sibi appropriare praesumat, sub forisfactura eorundem, per quod ad manum mortuam terrae et tenementa huiusmodi deveniant quoquo modo." 详见 William Stubbs, ed., *Select Charters and Other Illustrations of English Constitutional History*, p. 459。

② "Nec per hoc quod proprietatem usus et rei cujusque dominium a se abdicasse videtur, simplici usui ominis rei renunciasse convincitur, qui, inquam, usus non juris sed facti tantum-modo nomen habens, quod facti est tantum in utendo praebet utentibus nihil juris." 详见 W. S. Holdsworth, *A History of English Law*, Vol. 4, p. 417, note 1。

承制为主要特征的地产继承规则。普通法继承规则首先剥夺了个体地产主利用遗嘱处置地产的权力，禁止他们擅自处置地产，[1] 然后又详细规定了地产的传承规则及各家庭成员的继承权利。例如，家族地产由长子继承，其他子嗣不得继承；如果家庭中没有子嗣，则家产由诸女儿平分（这时她们被称为"女嗣"）；私生子女没有继承权；妻子在婚姻延续期间便失去财产占有权以及以财产占有权为基础的继承权、遗嘱权、诉讼权等各项权利；寡妇可以在有生之年享用丈夫占有地产数量的三分之一。[2] 从上述规定可以看出，普通法继承规则有两大特征。一是限制个体地产主自行安排地产继承的自由并实施整齐划一的继承规则；同时倾向于维护男性、长子、丈夫的权利，确保家庭核心地产完整地控制在这些人手中。二是给予了女嗣、寡妇较充分的权利。前者是收紧之策，而后者则是放松之策，普通法继承规则中的这"一紧一松"着实让人费解，但它们确实又有各自存在的理由。

为什么要用固定的长子继承制限制地产主的自由呢？原因有二。其一，与军事义务有关。诺曼征服之初，英国国内局势仍不稳定，征服者需要强有力的军事力量，于是建立了用土地换军役的分封制。既然土地与军事义务挂钩，统治阶级在制定土地继承政策时所依据的标准就必然是：是否有利于军事义务的履行。首先，男性因为体格、力量等原因，显然在服军役方面优于女性，因此男性继承权才会优于女性。其次，衡量军事义务的单位被称为骑士领（knight's fee），它指能供养一名骑士的一定面积的土地，一个骑士领出一名骑士随国王作战。封臣获得的土地也以骑士领为单位，其大小从几个到几十个骑士领不等。如果实行分割继承之法，封臣持有的土地最终必然要被分割成很小的土地，而且极有可能出现分数，如 1/2、1/3、1/4 骑士领。这必然影响军事义务履行的效率。加之，中世

---

[1] Michael M. Sheenhan, "The Bequest of Land in England in the High Middle Ages: Testaments and the Law," in James K. Farge, ed., *Marriage, Family and Law in Medieval Europe: Collected Studies*, Cardiff: University of Wales Press, 1996, pp. 311–323.

[2] William Blackstone, *Commentaries on the Laws of England*, Vol. 2, pp. 207–236.

纪后期骑士装备价格飞涨，后来甚至发展到2—3个骑士领才能供养一名骑士。因此，如果土地被无限分割，骑士的供养也会出问题。综合上述两种原因，为确保军事义务的高效履行，统治者必然倾向于把封地留给一个人继承，以确保它不被分割。至于长子最终能获得继承权，大概是因为他最先成年，最先担当责任的缘故。其二，与封建权利有关。封建统治阶层享有的各种权利，如经济、司法、政治权利，头衔名号等都与土地相关联。如果不能维持一定数量的土地，这些权利就会被收回。当时，因地产流失而被收回爵位的事确有发生，例如，贝德福公爵乔治·内维尔就因占有的地产已不能与其爵位相称而被国王剥夺公爵称号。[1] 因此，为了能永久享用这些权利，地产主必须要确保承载这些权利的地产不被分割，并一代一代地完整流传下去。

为什么女嗣、寡妇能获得相对较多的权利呢？原因有三。其一，自然原因。在地产主没有子嗣时，女嗣的确是唯一能延续他们血脉的人。而在地产主去世时，如果继承人年幼，一部分地产交由寡妇管理对于地产主来说无疑是一举两得的事情，一方面寡妇得以供养，另一方面也能使得一部分地产保留在家庭内部，而不是全部落入不可信赖的监护人手中。而且后来的事实表明，在普通法形成后半个世纪的时间里，女嗣和寡妇确实能顺利继承、传承地产主的财产。[2] 其二，权宜之计。在地产主看来，女嗣和寡妇只是暂时的家产监护人，地产在她们手中只是过渡一下，最终还是要落到男性继承人手中。所以她们经常被史家称为"传承财产的导管"。女嗣的配偶如果愿意改姓入赘，则能成为继承人并获得地产。寡妇去世后，她手中掌握的地产也最终要还给继承人。其三，受古老习惯影响。在诺曼

---

[1] A. R. Myers, ed., *English Historical Documents*, 1327 – 1485, London: Eyer & Spottiswoode, 1998, pp. 477 – 478.

[2] S. F. C. Milsom, "Inheritance by Women in the Twelfth and Early Thirteenth Centuries," in S. F. C. Milsom, ed., *Studies in the History of the Common Law*, London and Ronceverte: The Hambledon Press, pp. 231 – 260; J. C. Holt, "Feudal Society and the Family in Early Medieval England, Ⅳ: The Heiress and the Alien," in J. C. Holt, ed., *Colonial England: 1066 – 1215*, London and Rio Grande: The Hambledon Press, 1997, pp. 245 – 269.

底和盎格鲁—撒克逊诸蛮族部落的财产继承习惯中,女嗣和寡妇都享有相当多的继承权利。例如,盎格鲁—撒克逊时期,女儿与子嗣一样享有平等的继承权。① 此时的各项法律中都有维护寡妇权益的规定,实践中寡妇则至少能获得丈夫占有地产的三分之一,甚或更多。② 再如,在诺曼底有共享(in parage)习俗,即诸女嗣共享父亲财产。③

从上述分析可知,普通法继承规则反映的是以国王为首的统治阶层的整体利益。为了维护其统治安全及各种既得利益,他们必须保证地产以固定的规则完整地在家庭中流传。同时,它是在特殊时期、特殊背景下形成的,因此不可避免地具有"粗糙""简单化"等特征。然而,地产主的个体需求往往比普通法继承规则要复杂得多。作为地产主阶层的一员,他们当然认同整个阶层的利益取向,通过保持家产完整性来维护手中的权力。作为一个家庭的父家长,他们又担负着平衡家庭成员继承份额的重任。作为一个普通的人,有向得不到继承利益的家庭成员提供资助的情结。

同时,个体地产主的需求也随着社会发展不断变化。普通法初成期,地产主有时把较多的家产交给女嗣和寡妇,目的是让她们婚后或死后把财产传给男性继承人,但结果常常事与愿违。比如,女嗣婚配后,丈夫一般不情愿丢弃自己的姓氏而改随妻姓,他们往往

---

① Matthew Hale, *The History of the Common Law of England*, p. 142.
② 国王艾塞尔布雷特(Aethelberht)时期的法律显示,寡妇可以获得丈夫财产的一半作为寡妇产。伊尼法典规定:"若妻子生有儿女,则在丈夫去世后,她每年能得到6先令作为生活之资。这个数额相当于夏天的一头奶牛和冬天的一头公牛价值的总和。"对遗孀的安排往往是丈夫遗嘱的重头戏,丈夫一般信任寡妇,并将全部土地授予她。例如,郡长阿尔夫(Alfheah)在他的遗嘱中这样写道:"如果我先于妻子阿尔夫斯韦思(Alfswith)而去,她除了能得到寡妇产(dower)之外,还能得到我的其他全部产。"盎格鲁—撒克逊时期,丈夫一般在新婚的翌日清晨授予妻子一部分财产作为其寡妇产,即"晨礼(morning gift)"。如果丈夫此时没有给予妻子财产,则在他去世后,寡妇根据法律一般可以获得丈夫财产的三分之一作为寡妇产。详见 Theodore John Rivers, "Widows' Rights in Anglo-Saxon Law," *The American Journal of Legal History*, Vol. 19, No. 3 (July 1975), p. 211; Dorothy Whitelock, ed., *English Historical Documents*, Vol. 1, p. 403; George L. Haskins, "The Development of Common Law Dower," *Harvard Law Review*, Vol. 62, No. 1 (November 1948), p. 43。
③ Frederick Pollock and Frederic William Maitland, *The History of English Law*, Vol. 2, p. 276.

把己姓或缀于妻子姓后,或加在妻子姓前,这些复姓让地产主家族的声誉大打折扣。① 更有许多地产主因找不到愿意改姓入赘的女婿而被迫按照普通法把家产分给女嗣,从而导致家产被带出族外,名号销声匿迹。② 寡妇掌有家产的危害甚于女嗣。14 世纪时,英国出现了很多长寿寡妇。有的守寡时间达三四十年,有的活过了继承人,甚至有的比其孙辈的寿命还长。这无疑增加了继承人等待继承的时间,有些继承人至死都未能继承寡妇占有的地产。对继承人更为不利的是,有的寡妇选择了改嫁,寡妇产被她们带出族外,并归于下一任丈夫名下。③ 基于上述原因,整齐划一的普通法继承规则必然会遭到个体地产主的规避,目的是取得自由安排地产继承的权力。

封建土地保有制和普通法继承规则几乎是同时兴起的。封建土地保有制用层层分封地产的形式构建了一个金字塔形的社会结构。封君封臣关系是这个社会最核心的部分,封君用土地换取封臣的各种形式的服务,封臣用自己的服务赢得土地作为生存之本,这是一

---

① G. D. Squibb, "The End of the Name and Arms Clause," *Law Quarterly Review*, Vol. 69, 1953, pp. 219 – 225.

② Eileen Spring, *Law, Land and Family: Aristocratic Inheritance in England 1300 – 1800*, Chapel Hill, NC: The University of North Carolina Press, 1993, p. 35.

③ 谈到寡妇长寿、改嫁问题,内维尔家族是一个典型。拉尔夫·内维尔的两个女儿玛格丽特和尤菲米娅尤为典型。前者在鲁斯家族守寡 20 年后改嫁。后者在克利福德家族守寡 48 年。此家族的后辈女性也不示弱。拉尔夫·内维尔的儿子小拉尔夫有两次婚姻经历,前妻生有马蒂尔达和玛格丽特两个女儿,马蒂尔达在毛利家族守寡 24 年。玛格丽特在斯克罗普家族守寡 43 年。小拉尔夫的第二任妻子博弗特生下凯瑟琳、安妮、埃莉诺和塞西莉四个女儿。凯瑟琳比第一任丈夫多活了 51 年,后四次改嫁。安妮在斯塔福德家族守寡 20 年。埃莉诺享用丈夫家产达 50 年之久。塞西莉比丈夫多活 35 年。小拉尔夫的儿子理查德有爱丽丝和凯瑟琳两个女儿。爱丽丝比丈夫多活 30 年,比儿子长寿。凯瑟琳比第一任丈夫多活 43 年,比第二任丈夫多活 20 年。玛格丽特·马歇尔也以长寿著称。她父亲托马斯是爱德华一世的第五子。玛格丽特生于 14 世纪 20 年代,后嫁给西格雷夫勋爵。1353 年,勋爵去世,玛格丽特改嫁给沃尔特。1372 年开始守寡,1399 年去世。伊丽莎白·德·伯格也以长寿著称。她是伯爵吉尔伯特·德·克莱尔的幼女,先后三次结婚,第三任丈夫死于 1321 年。1322 年起开始守寡,1360 年去世。圣波尔家族的玛丽也是长寿的寡妇。玛丽是亨利三世的外孙女,出生于 1304 年,后来嫁给了彭布罗克伯爵艾迈拉。1324 年艾迈拉去世,玛丽便开始了她 53 年的守寡生涯。详见 Michael A. Hicks, ed., *Who is Who in Late Medieval England, 1272 – 1485*, London: Shepheard Walwyn, Ltd., 1991, pp. 87 – 89, 210 – 212, 289 – 290, 303 – 305, 339 – 341, 343 – 344; K. B. McFarlane, *The Nobility of Later Medieval England*, Oxford: Clarendon Press, 1980, p. 66; Jennifer Ward, *English Noblewomen in Late Medieval England*, New York: Longman, 1992, p. 6。

种对双方都有益的关系，因此双方才会在如何维护、延续这种关系的问题上费尽心思。为了维护他们之间的关系，双方规定：封君有义务保护封臣，封臣要在特定的场合向封君缴纳协助金。为了保证这种关系不因封臣一方的死亡而中断，封君有了监护权和主婚权以及收缴继承金的权利。如果封臣去世时有未成年的后代，则封君对该后代和封地都有监护权，对他们的择偶有决定权。继承人继承封地时，封君还有征收继承金的权利。封君享有的收回权和没收权旨在确保这一关系能够善始善终，即如果封臣死后无嗣，或者封臣犯有叛逆罪，则封君有权收回（escheat）封地。若封臣叛国，或背叛君主，则国王有权没收（forfeiture）封地。[①] 这就是封建杂捐的由来。整体看来，这些杂捐的征缴在于给封土换义务的封君封臣关系加上一道保险，从而更好地维护封建社会的结构稳定。

但在实际操作中，因封君处于优势地位，这些杂捐往往被他们滥用。最初这些杂捐并无定数，封君有时会随意征收协助金和继承金，有时也会滥用主婚权和监护权；在监护封臣地产期间，大量宰杀牲畜，毁坏永久性建筑设施，大肆砍伐林木，过度使用地产，为封臣后代指婚时唯利是图，这都极大危害了封臣及其继承人的权利。作为最高封君的国王也不例外，与中间封君相比，国王对总封臣的搜刮更是变本加厉。[②] 总封臣往往会把国王的征敛转嫁给次级封臣，次级封臣继续转嫁给下级封臣，从而加剧了国王与所有封臣的矛盾。

[①] F. Pollock and F. W. Maitland, *The History of English Law: Before the Time of Edward I*, Vol. 1, pp. 307 – 356; A. W. B. Simpson, *A History of Land Law*, Oxford: Clarendon Press, 1986, pp. 16 – 20; J. H. Baker, *An Introduction to English Legal History*, pp. 204 – 207.

[②] 例如，国王的总封臣去世，国王有占有该封臣地产一年的权力。再如，国王的总封臣去世时如果留下未成年的继承人，则国王不仅对总封臣的自领地有监护权，还对总封臣领自其他中间封君的地产有监护权，这种监护权被称为特权监护（prerogative wardship）。尽管每个国王的政策有所不同，但基本上都把杂捐当作一项重要的收入。例如，亨利一世的加冕文书向封臣承诺，杂捐的征收应保持在一定限度内。这就暗示了之前的君主鲁弗斯在此方面肯定横征暴敛。亨利一世也没有坚守承诺，他在统治后期又恢复了前朝的政策。之后的亨利二世及其继承者无一例外将杂捐作为王室的一项重要收入。特别是无地王约翰，约翰王在位期间因财政窘困而肆意征收杂捐，要价之高以至于封臣无法一次付清，只好采取分期支付的方法。这样，即使封臣最终得以继承祖先地产，也被压榨得捉襟见肘，靠地产收入过活更成奢望。详见 J. M. W. Bean, *The Decline of English Feudalism, 1215 – 1540*, pp. 10 – 12。

国王对杂捐的征敛最终招致了以总封臣为首的众封臣的反对。《大宪章》的签署及后来有关财产继承法令的通过充分说明了他们在这些方面的对立立场。① 因此规避上级封君的杂捐也成了封臣的迫切要求之一。

上文有述，早期托管曾利用分离占有权和受益权的方式成功规避法律法规，个体地产主完全可以照搬其方法用以规避杂捐，但事情并非如此简单，原因在于早已形成的普通法与托管的理念相左。从法理上讲，普通法不能容许地产托管，因其实质是将地产的占有权和受益权相分离，让一个人占有地产，而让另一个人受益，这是普通法不能容忍的。普通法所认定的财产所有权是占有权、受益权、处置权等权利的集合，其中占有权是土地所有者享受收益权、处置权等权利的前提，还是土地所有者承担各项义务的基础。如果占有权与受益权相分离，则法律就无法确定权利的享受者和义务的承担者。② 13 世纪中期的文献显示，普通法庭曾处理过一些地产托管案件，并试图把地产托管纳入其管理范畴，但终因无法接受其"法律上的占有"和"实际的占有"可分离的理念而未能如愿。③

因此，在规避普通法继承规则、帮助个体地产主重获遗嘱处置地产权的同时，又要与普通法相互制衡、相互磨合并最终获得它的认可，就成了这一时期地产托管发展演变的主要走向。

帮助个体地产主重获遗嘱处置地产权并非易事，因为在现实生

---

① 例如《大宪章》第 2 款规定，国王不得以政治或经济借口随意增加继承金的数量，继承人继承伯爵和男爵头衔需要缴纳的继承金被固定为 100 英镑；第 4 款规定，封君在监护封臣地产期间不得破坏地产上的建筑，不得随意砍伐林木，不得过度使用地产；第 5 款规定，封君不得为封臣的继承人指定比继承人身份低的配偶；《大宪章》还将封君征收协助金的场合固定为三种，即封君被俘需要赎金时、封君长子被授予骑士头衔时、封君长女出嫁时。《大宪章》之后的一些法令也有类似的作用。例如，1275 年的《威斯敏斯特法令》规定：如果女嗣婚配被延迟的时间超过两年，则女嗣有权索回被监护的地产。同时，封君将失去其监护权和婚姻权。再如，1297 年，继承人继承伯爵和男爵头衔需要缴纳的继承金从 100 英镑减少到 100 马克。参见 Sidney Painter, *Studies in the History of the English Feudal Barony*, New York: Octagon Books, pp. 63 - 64; J. M. W. Bean, *The Decline of English Feudalism*, *1215 - 1540*, pp. 13 - 14。
② W. S. Holdsworth, *A History of English Law*, Vol. 4, p. 416.
③ J. M. W. Bean, *The Decline of English Feudalism*, *1215 - 1540*, pp. 157 - 162.

活中地产主的个体需求是多样的。首先，地产主一般希望拥有财产分配权，从而平衡家庭成员的继承份额。为顾全大局，他们可能会服从普通法的某些安排，但并不希望看到继承人富贵显赫而其他子女流离失所的严重失衡局面。其次，地产主还希望拥有财产分配方案更改权，从而利用这一权力达到约束子女的目的。因为一旦财产分配方式板上钉钉，子女所得即成理所当然，他们就脱离了地产主的管控。再次，地产主希望在明确继承人前提下，有生之年能继续享受财产收益，这就需要把财产权利的确认环节放在最后一刻，而要实现这一愿望，须确保地产主的遗言死后生效。

早期托管模式虽然在一定程度上能实现地产主的上述愿望，但仍不够灵活。早期托管无一例外都是通过两次赠予（feoffment and re-enfeoffment）[①]操作的：地产主先把地产赠予受托人，再由受托人将地产或地产的收益转赠给受益人，受益人既可是地产主本人，也可是他指定的人。对于那些参加十字军东征、朝圣，或买卖地产的地产主来说，这种方法尚有一定价值。但对于那些想用托管安排地产继承的地产主来说，两次赠予已不足用。原因有三。其一，地产主在使用两次赠予安排地产继承时，必须在第一次赠予时言明对第二次赠予的要求。而且地产主无法修改这个要求。因此，地产主一旦变卦就有可能失去托管地产。其二，如第二次赠予发生前出现意外，地产主安排地产继承的愿望就可能泡汤。假设地产主托管的目的是为余子提供地产资助，如果他在第一次赠予发生后第二次赠予发生前去世，则继承人（一般为长子）很有可能乘虚而入，取回托管地产。[②]其三，即使继承人没有进行破坏，两次赠予成功实施，这个结果也不能完全令地产主满意，因为在受托人将受托地产转赠给受益人之后，托管地产的地产主在有生之年就再无法享受该地产。

但事实上，大多数地产主希望能在有生之年继续享受托管地产。

[①] 或称 grant and regrant，详见 T. F. T. Plucknett, *A Concise History of the Common Law*, p. 516; S. F. C. Milsom, *Historical Foundations of the Common Law*, p. 205。

[②] S. F. C. Milsom, *Historical Foundations of the Common Law*, p. 206.

为实现此目的，地产主在两次赠予的基础上又产生了新的想法，即在把地产赠予受托人后，并不急于让受托人马上将地产的收益转赠给受益人，而是继续享用到去世。去世之前，地产主会给受托人留下指示，让他们在他死后把地产交给指定的受益人。在给受托人留指示时，有的地产主选择把指示写在处置动产的遗嘱中，有的则会把指示单独撰写在一个最后遗言（ultima voltuntas）中。但后来的实践证明，越来越多的地产主倾向于使用后者。而且大部分地产主和他们的律师一般刻意区分遗嘱和最后遗言。他们认为，传统的遗嘱用于安排动产继承，最后遗言则主要是处置地产。[1] 不管采用何种方式，地产主都间接地实现了"以自己的意志控制地产传承"的愿望。

通过这种方式，托管和遗嘱、最后遗言被偶然地结合在一起，这一结合帮助地产主克服了两次赠予的缺点。首先，地产主在有生之年可任意修改他们留给受托人的指示，并能继续享用托管地产的收益；其次，地产主间接地实现了用遗嘱处置地产的愿望。后者的意义尤为重大。自普通法继承规则诞生之日起，地产主便失去了用遗嘱处置地产的自由，即便是那些富足的地产主也无法用正当的方式为长子之外的余子女、私生子女提供地产资助，无法捐赠地产以拯救灵魂。[2] 托管与遗嘱、最后遗言结合之后，上述问题迎刃而解。至此，地产托管的基本功能已经齐备。

但功能的齐备并不意味着地产托管已经走向成熟，因它尚未得到法律的认可，整个地产托管只是以受托人的"诚实守信"为基础，一旦受托人拒绝执行地产主的最后遗言，并将受托地产据为己有，地产主和受益人都无计可施。地产主唯一可做的是尽可能地避免此类情况的发生，实践中有三种降低风险的方法。其一，慎重选择受托人。地产主心目中的首选是具有公平公正之心的教会人士，也有地产主选管家、扈从为受托人。另外，在履行职责过程中会受到教会法庭监督和约束的遗嘱执行人也常被选为受托人。其二，将地产

---

[1] J. M. W. Bean, *The Decline of English Feudalism*, *1215–1540*, p. 150.
[2] S. F. C. Milsom, *Historical Foundations of the Common Law*, p. 207.

托管给多个而不是一个受托人。受托人越多,他们串通起来实施欺诈的可能性就越小。其三,国王的总封臣一般会向国王申请托管许可。有了国王的许可,托管相对安全。但这些方法充其量只能降低欺诈的发生率,并不能绝对有效地杜绝欺诈。对于地产主来说,避免欺诈最有效的办法莫过于获得法律的保护。其实,在两次赠予阶段,托管也曾获得普通法庭的救助。普通法法庭表示,如果地产主托管地产时明确声明,托管是暂时的,受托人很快会把地产转给受益人,且不发生"地产占有权和受益权相分离"的情况,普通法法庭就会为地产主做主。一旦受托人毁约,则普通法法庭能确保托管人或其继承人直接进入并收回托管地产。① 但当托管突破了两次赠予的规定后,就失去了普通法的保护。地产主即使被受托人欺诈,普通法法官也不加干预。

向普通法挑战的地产主既被普通法遗弃,便只能通过其他途径获得保障。最先伸出援手的是教会法庭。根据教俗法庭的权限约定,地产主动产继承由教会法庭管理,而地产继承纠纷由普通法法庭调停。既然如此,教会法庭为何会介入主要涉及地产继承的托管事务呢?原因有二。其一,教会法庭认为,地产主在托管过程中,往往把指示留在遗嘱或最后遗言中,教会法庭不仅是遗嘱的合法管理者,还以确保实现逝者最后遗言为己任。教会以此为由理所当然地介入了托管纠纷,并声称要执行逝者所有遗愿,包括逝者在托管中对受托人的指示。其二,教会法庭对使用托管的地产主施以救助是以教会法原则为理论依据的。在教会看来,法律的基础不是武力和征服,而是一种天意的法则,它应是与一种道德观念、一种精神力量,即公理、正义和理性联系在一起的,是自然法则和神的意旨的体现。如果政治统治者制定的法律不能体现上述观念,则教会应该与它抗衡,努力纠正它,从而维护法律的权威和尊严。

从 14 世纪末到 15 世纪中期,受理地产托管案已经成了坎特伯

---

① W. S. Holdsworth, *A History of English Law*, Vol. 4, p. 416.

雷和罗彻斯特教区法庭的经常性事务。案件分为两类。其一，受托人不执行地产主指示。例如，地产主约翰·罗杰曾将一处 34 英亩的地产和一个农场托管给数位受托人，并要求受托人在他死后将上述财产转交给他的妻子马热丽。1375 年，上述受托人因违反托管人的指示而被传唤到坎特伯雷教区教会法庭。在法官的质问下，受托人承认他们把受托财产的一半给了一个叫休·普赖尔的人。最后，涉案受托人皆被开除教籍。① 再如，地产主罗伯特·沃德曾将所有地产和房屋托管给数位受托人，并要求他们在其子达到 21 岁时将上述财产转交给他，如此子在 21 岁前夭折，则受托人应将地产卖掉，卖地收入的一部分留给寡妇，其余捐给教会。② 1450 年，上述受托人因未遵行地产主的指示而被传唤至罗彻斯特教区法庭，并被要求对其违约负责。其二，托管人的指示与遗嘱矛盾。例如，1465 年，来自罗彻斯特教区法庭的一个案例表明，一位地产主的遗嘱与留给受托人的指示相互矛盾。③ 1398 年，坎特伯雷教区法庭审理的一宗案件显示，地产主托马斯·曼登伊勒的遗嘱与其留给受托人的指示完全不同。导致这种情况发生的原因可能有多种，但如果查明系受托人伪造指示而致，教会法庭则会维护地产主的利益。例如，1416 年，威廉·热尔蒙的受托人亨利·奥斯汀被认定伪造指示，教会法庭判他"归还托管人财产"④。再如，1438 年，在一宗类似的案例中，教

---

① R. H. Helmholz, "The Early Enforcement of Uses," *Columbia Law Review*, Vol. 79, No. 8 December 1979, p. 1505.

② "Barker feoffati existunt usque ad etatem filii sui xx annorum et quod tunc remaneat heredibus suis et si contingat heredes suos obire infra etatem predictam quod tunc terras et si tenementa venderent et dicta Johanna habeat inde x marcas et quod residuum disponatur per eosdem feoffatores et executores suos meliori modo quo viderint anime sue salutem proficere et deo complacere." 详见 R. H. Helmholz, "The Early Enforcement of Uses," p. 1505, note 14。

③ 受托人声称遗嘱执行人 "non potuit disponere de ii acris in testamento eo quod ipse et socius erant feoffati ad aliud usum"。详见 R. H. Helmholz, "The Early Enforcement of Uses," p. 1508, note 28。

④ "Et monitus est dictus Henricus ad restituendum tres virgatas bosci." 详见 R. H. Helmholz, "The Early Enforcement of Uses," p. 1509, note 34。

会法庭判受托人"执行托管人的原指示"①。

可见,教会法庭的确是托管者的"救命稻草",它在没有任何机构承认托管之时切实保护了那些遭遇欺诈的地产主的利益。但到15世纪中后期,相关的案子就很少在教会法庭上出现了,教会法庭审理最后一个托管案子的时间是1465年。② 原因是15世纪中后期大法官庭已经开始专门处理托管纠纷案。

大法官庭本是国王的秘书处,专门负责为国王起草特许状和令状,并掌管国玺。③ 关于地产托管的管理权如何落入大法官之手这个问题,一直存在两种说法。一种说法是,大法官庭偶然获得了地产托管管理权。在中世纪英国,国王一直被认为是司法的最高权威。因此遇到法律疑难问题时,一般会提交国王裁决。国王本人根本无暇过问,遂委托御前会议(council)处理。14世纪末,上诉到御前会议的案件大幅增加,而当时负责行政事务的御前会议已经不堪重负。御前会议不得不效仿国王的做法,在处理了个别重大案件后,将剩余案件分成两类,刑事案件移交给常驻星室(Camera stellata)④的法官处理,民事案件移交给大法官庭。因托管案件属于民事案件,遂归大法官庭管理。另一种观点认为,大法官庭特殊的断案程序和原则吸引了受害地产主。首先,大法官庭断案程序简单明了:受害人起诉不需要购买特定的令状,只需提交一份非正式的起诉状;案件审理不设陪审团,当事人的宣誓和供词即可作为断案证据;大法官庭开庭没有时间地点限制,随时随地可开庭。其次,大法官庭凭"良心"和"衡平"原则断案。大法官将事实调查清楚后,要求当

---

① "Et moniti ad perficiendum ultiman voluntatem huiusmodi in iudicio recesserunt." 详见 R. H. Helmholz, "The Early Enforcement of Uses," p. 1509, note 35。
② R. H. Helmholz, "The Early Enforcement of Uses," p. 1511.
③ J. H. Baker, *An Introduction to English Legal History*, pp. 84 - 85.
④ 星室位于威斯敏斯特宫内部,始建于1347年,因其穹顶嵌有满天繁星而得名,是常驻御前会议的普通法官处理上诉案件的地方,14世纪末成为专门处理刑事上诉案件的法庭,与后来的星室法庭有传承关系。参见 J. H. Baker, *An Introduction to English Legal History*, pp. 102 - 103。

事人双方根据良心行事。① 如果其他法庭存在"不公正"的现象，大法官有权颁发政令制止，正是这种超越司法的权力使得大法官庭有了"衡平法庭"的称谓。笔者认为，两种观点都有可取之处，即使大法官庭偶然获得托管管理权，那么后来大法官庭在此方面发挥的较大作用正是其综合断案能力的有力证明。

大法官庭对托管的"援助"经历了一个缓慢的过程。这一过程大致可分为三个阶段。

其一，御前会议单独执掌地产托管案管理权阶段。14世纪中后期，大量的地产托管案上诉至御前会议，御前会议审理此类案件的原则是"维护国王利益"。如托管有利于国王则支持，否则反对。例如，1350年，国王的税收官托马斯·费伯尔将其财产托管给受托人并留下遗言：将所有动产和继承人的主婚权变卖用以归还拖欠国王的债务，如若不够，可变卖部分地产，剩余地产转交给继承人和未亡人。御前会议对此托管持支持态度。再如，1369年，彭布罗克伯爵将所有地产都托管给几位受托人，并留下遗言：把位于威尔士的小块地产赠予国王，把英国的大块地产赠予威廉·比彻姆，御前会议对此托管持否定态度。②

其二，御前会议与大法官庭共同执掌地产托管案管理权的阶段。15世纪初，御前会议开始把部分地产托管案授权大法官庭审理，自此开始了两机构共同管理托管的阶段，这种情况一直延续到1430年。此时，大法官庭开始着手保护托管人的利益。1409年，寡妇琼·沃特福尔向大法官申诉了她被欺诈的遭遇。她曾将某处地产托管给以威廉·韦斯特纳姆为首的几位受托人，并留下如下指示："在我有生之年把地产收益授予我。我死后，把地产转给罗伯特·牛顿的继承人约翰。如果约翰已亡故，把地产转给其子威廉。"但受托人并未遵行。大法官了解情况后，判定寡妇重新获得对托管地产的占有权。值得注意的是，大法官并非判决受托人继续履行寡妇指示，

---

① J. H. Baker, *An Introduction to English Legal History*, pp. 88–90.
② J. L. Barton, "The Medieval Use," pp. 568–569.

而是直接判定寡妇重新占有地产。这说明，大法官虽然保护了托管人的权利，却明显忽视了寡妇安排的一系列受益人的利益。① 但约20年后，有案例证明大法官已经开始保护托管人指定的受益人的利益。这表明到1430年大法官庭已经完全掌握了地产托管的管理权。②

其三，大法官庭完善地产托管案管理权的阶段。上述案例中，寡妇之所以能胜诉，最重要的原因是提起诉讼的是托管人本人。一方面，寡妇本人出庭对玩弄伎俩的受托人有一定震慑作用；另一方面，寡妇亲历了整个过程，能为法官提供托管的全部细节。假设案发时寡妇已过世，受托人没有按她的指示把受托地产转给受益人，受益人往往无计可施。自1439年起，大法官庭已开始对去世托管人指定的受益人施助。例如，托管人约翰·伯格已去世，受托人本应按其1434年所留指示先将受托地产授予其配偶伊丽莎白，让她享用一生，然后再授予他指定的其他受益人。然而，受托人并没有履约。大法官庭取证后判定受托人继续执行托管人于1434年留下的指示。③

上述案例表明，大法官庭已开始为去世托管人指定的受益人提供救助，但仍有一些问题没有解决。比如，遇到受托人去世，受托人私自变卖受托地产等情况该如何处理？针对前者，大法官庭于1451年确立如下原则："如果一个受托人去世，其义务由其他受托人承担；如受托人全部去世，则受托人的义务由最后去世受托人的继承人承担。"④ 针对后者，大法官庭在1465年又有如下规定："如果受托人变卖了受托地产，则该受托人的义务由购买者继续承担，除非购买者是在不知情的情况下以该地产的真实价值购得此

---

① Margaret E. Avery, "The History of the Equitable Jurisdiction of Chancery Before 1460," *Bulletin of the Institute of Historical Research*, Vol. 42, November 1969, p. 136; J. L. Barton, "The Medieval Use," p. 570.

② Margaret E. Avery, "The History of the Equitable Jurisdiction of Chancery Before 1460," p. 136.

③ J. M. W. Bean, *The Decline of English Feudalism, 1215–1540*, pp. 170–171.

④ Margaret E. Avery, "The History of the Equitable Jurisdiction of Chancery Before 1460," p. 136.

地产。"①

随着地产托管受到法律保护，其使用量大增。据统计，1327—1376年，地产托管的使用量增长了7倍。1426—1443年，大法官庭处理的地产托管案也增长了近7倍。到16世纪初，大半英国地产都被置于地产托管之下了。②

在这种形势下，普通法法庭意识到硬性禁止已经行不通了，是该做出妥协的时候了。1540年，议会通过了《遗嘱法令》(The Statute of Wills)，允许地产主对其占有的三分之二的土地实施托管。虽然不是全部，但这样的妥协对于地产主来说已经足够了。至此，地产托管终于得到普通法的认可。

纵观地产托管的演变过程，可以发现地产托管实际上走的是"迂回发展"路线，它先是通过完备其功能吸引越来越多的使用者，然后利用一切支持者的力量扩大其影响，并最终得到普通法的认可。功能完备且得到法律认可的地产托管必将会对英国封建社会造成深刻的影响。

四 地产托管的社会影响

地产托管的社会影响表现在两个方面：第一，它对地产主的家产继承产生重要影响，获得遗嘱处置地产自由的地产主势必要重新调整家庭成员的继承份额；第二，它的流行还造成了封君的封建杂捐被大量规避的局面，并最终导致国王与臣下之间的激烈斗争。

（一）地产托管与家产继承

如上文所述，在普通法继承规则的制约下，地产主无权用遗嘱安排地产继承，更无权随意更改各家庭成员的继承份额。地产托管

---

① J. H. Baker, *An Introduction to English Legal History*, p. 212; J. L. Barton, "The Medieval Use," pp. 569–570; Margaret E. Avery, "The History of the Equitable Jurisdiction of Chancery Before 1460," pp. 136–137.

② J. M. W. Bean, *The Decline of English Feudalism, 1215–1540*, pp. 120, 171.

的到来改变了这种情况。通过把地产托管给受托人并留下指示，地产主冲破了普通法的限制，间接地获得了用遗嘱处置地产的自由。之后，地产主对各家庭成员的继承份额进行了大幅调整。

首先，地产主开始为长子继承制下的余子女和得不到继承的私生子女提供地产资助。通过地产托管，地产主可以非常方便地为余子提供地产资助：他们只需将地产授予几个受托人，并附以指示，让受托人在他们死后把地产转交给余子即可。至于为余子提供多少地产则完全由地产主自己把握。因此，在实践中，地产主的地产托管方案也是五花八门。有的在把家族世袭地产留给长子的基础上为余子提供部分地产。例如，1399年，牛津伯爵奥布里·维尔给几位受托人留下指示，让他们在他死后把一部分地产分给次子约翰。[1] 1491年，乔治·内维尔爵士通过地产托管给5个余子各留下一处地产。1531年，戴克勋爵二世托马斯通过托管为第三子托马斯提供了两处地产。[2] 有的则是在所有子嗣中平分家产，使余子所获与长子相当。例如，1365年约翰·拉茨迪肯把所有地产托管出去，并责令受托人将之平分给8个子嗣。[3] 1455年，洛弗尔伯爵七世利用地产托管分别为3个余子提供大量地产，使他们所获堪比长子。[4] 有的则故意为余子提供更大份额的地产，有的地产主甚至越过普通法继承人，把家产留给余子，或族外人。例如，1369年沃里克伯爵托马斯·比彻姆利用地产托管把位于伍斯特郡的10处地产分给第四子威廉，从

---

[1] G. A. Holmes, *The Estates of the Higher Nobility in Fourteenth-Century England*, Cambridge: Cambridge University Press, 1957, p. 54.

[2] J. P. Cooper, "Patterns of Inheritance and Settlement by Great Landowners Form the Fifteenth to the Eighteenth Centuries," in Jack Goody, Joan Thirsk, and E. P. Thompson, eds., *Family and Inheritance: Rural Society in Western Europe, 1200–1800*, 1979, p. 315.

[3] K. B. McFarlane, *The Nobility of Later Medieval England*, Oxford: Clarendon Press, 1980, p. 277.

[4] Joel T. Rosenthal, Nobles and the Noble Life, 1295–1500, London: George Allen & Unwin Ltd., 1976, pp. 137–138; K. B. McFarlane, The Nobility of Later Medieval England, pp. 71, 277; G. C. Homans, English Villagers of the Thirteenth Century, New York: Russell & Russell, 1960, p. 557.

而使得威廉的地产超过了继承人。① 1425 年去世的威斯特摩兰伯爵拉尔夫·内维尔生前使用地产托管剥夺了长子继承权,并将伯爵头衔和所有地产赠予二婚所生子拉尔夫。②

地产主也常常用地产托管为私生子女提供资助。例如,勋爵威廉·德维奇把位于约克郡的地产托管给达勒姆主教安东尼·贝克,让主教在其私生子威廉成年之时把地产转交给他。③ 索尔兹伯里伯爵二世威廉·蒙塔古用同样的手段为私生子留下价值 500 马克的抚养费和结婚费,这些钱财购买的地产足以让私生子进入乡绅阶层。④ 都铎中期包养情妇之风最盛,很多上层贵族包养情妇,且都用地产托管对情妇及其私生子女妥善安排。⑤ 托马斯·怀亚特爵士是少有的因包养情妇而被惩处的几个贵族之一,1541 年,他在被关进伦敦塔之前利用地产托管对其私生子作了妥善安排。⑥ 兰开夏公爵冈特的约翰与情妇凯瑟琳·斯温福德共育有数个子女。1392 年,约翰用 5000 马克买到了位于萨默塞特郡的两处地产,并托管出去,目的是为私生子约翰提供资助。⑦

其次,地产主还利用托管削弱寡妇、女嗣的份额。按普通法继承规则,地产主无子嗣时,由女嗣平分家产。寡妇能获得丈夫占有地产的 1/3 作为寡妇产。由于这种分配结果不仅极易导致家产被带出族外,还会让地产主的头衔与地产处于分离的境地。如果实行地

---

① Chris Given-Wilson, *The English Nobility in the Late Middle Ages*, London and New York: Routledge, 1996, p. 147.

② G. C. Homans, *English Villagers of the Thirteenth Century*, p. 556.

③ J. M. W. Bean, *The Decline of English Feudalism, 1215 – 1540*, pp. 118 – 119.

④ Joel T. Rosenthal, *Nobles and the Noble life, 1295 – 1500*, p. 91; Chris Given-Wilson, *The English Nobility in the Late Middle Ages*, p. 128.

⑤ Ralph A. Houlbrooke, *The English Family 1450 – 1700*, London and New York: Langman, 1995, p. 117.

⑥ Barbara J. Harris, *English Aristocratic Women, 1450 – 1550: Marriage and Family, Property and Careers*, New York: Oxford University Press, 2002, p. 84.

⑦ Shulamith Shahar, *The Fourth Estate: A History of Women in the Middle Ages*, trans., Chaya Galai, London and New York: Routledge, 1996, p. 115; Joel T. Rosenthal, *Nobles and the Noble life, 1295 – 1500*, p. 34; K. B. McFarlane, *The Nobility of Later Medieval England*, p. 84; Chris Given-Wilson, *The English Nobility in the Late Middle Ages*, pp. 39, 43, 50.

产托管，这两个问题便迎刃而解。如果地产主没有子嗣，只有女嗣，他们一般会提前把家族地产托管出去，然后留下指示，让受托人在他们死后把家族地产交给他们从旁系子嗣中选出的继承人。当然，为了维持女嗣的生活，地产主一般指示受托人为女嗣准备一份体面的嫁妆。例如，1361年，沃里克伯爵托马斯·比彻姆的长子兼继承人盖伊去世，根据普通法，他的两个女儿代表盖伊成为托马斯的继承人。但为了防止家产被女嗣带走，托马斯一边策划将两女嗣送进修道院，一边通过地产托管将绝大部分家产分给第四子威廉。萨福克伯爵迈克尔·德拉波尔（死于1415年）、坎伯兰伯爵三世乔治·克利福德、德贝郡乡绅约翰·菲茨赫伯特都曾有过类似的做法。他们为了排斥自己的女嗣而利用托管把家产和爵位分给了弟弟。[1]

　　托管还能帮助地产主轻松规避寡妇的继承权。因寡妇产是以丈夫占有的地产为基数计算的，只要丈夫把家族地产托管出去，则寡妇产便成了无源之水。当然为了维持寡妇的生活，丈夫一般会指示受托人从托管地产中拿出一小部分授予夫妇二人共同占有，这就是所谓的夫妻共同占有地产（jointure）。丈夫去世后，夫妻共同占有地产就成了寡妇的生活来源。通过这种方式，丈夫实际是用数量很小的夫妻共同占有地产取代了数量较大的寡妇产。[2] 因此，有了托管，寡妇的继承权已不能再对家产和头衔造成威胁，给不给寡妇安排地产、安排多少，完全在地产主的掌控之中。事实证明，多数地产主会利用托管削弱寡妇权益，并只给她们少量的共同占有地产。但如果寡妇主动放弃寡妇产，并承诺不再婚，地产主给予寡妇的权益会更多一些。[3]

---

　　[1] S. J. Payling, "Social Mobility, Demographic Change, and Landed Society in Late Medieval England," *Economic History Review*, Vol. 45, No. 1, 1992, pp. 58 – 59; Pearl Hogrefe, "Legal Rights of Tudor Women and the Circumvention by Men and Women," *Sixteenth Century Journal*, Vol. 3, No. 1, April 1972, p. 99; Michael A. Hicks, ed., *Who is Who in Late Medieval England, 1272 – 1485*, pp. 174 – 175.

　　[2] Given-Wilson, *The English Nobility in the Late Middle Ages*, pp. 200 – 201.

　　[3] Mavis E. Mate, *Daughters, Wives and Widows after the Black Death: Women in Sussex, 1350 – 1535*, Suffolk: The Boydell Press, 1998, pp. 97 – 98.

(二) 地产托管与封建杂捐

在封建社会中，封君与封臣在地产封授的基础上建立了封建关系，封君除享受封臣提供的军事、租税义务外，在特定情况下还可征收一些封建杂捐，如协助金、继承金、先占权、监护权、主婚权、收回权、没收权等。[①] 这些杂捐旨在维护封君封臣关系，却因二者之间的权力不对等而常常被封君滥用，这给封臣及其继承人的权利造成极大损害。地产托管的出现改变了这种情况，它帮助封臣从根本上断绝了上级封君杂捐的源头。封君的所有杂捐都以封臣对封地的实际占有（seisin）为基础：只有封臣去世时，封君才有权对封臣未成年的继承人实施监护权、主婚权，收取继承金；只有无嗣的封臣去世时，封君才有权实施收回权。但封臣在托管地产后，已将封地的占有权转移给受托人。此时，普通法认可的封地占有者已不再是封臣，而是受托人。因此，封君的所有杂捐都指向了受托人。受托人往往由几个地产主组成，是具有自我更新功能的团体。如某个受托人去世，此团体会随即吸纳新人，从而使这个团体永久存在。[②] 换言之，受托人是一个不会死亡的团体。这一点尤为重要，正因为受托人不会死亡，封君也就永无实施监护权、主婚权，收取继承金的机会。同样，正因为受托人不会无嗣而亡，封君也就无从实施收回权。另外，只要封臣把封地托管给不可能犯罪之人——例如法官——就规避了封君的没收权。

尽管地产托管对所有封君形成了规避关系，但它对那些既是封君又是封臣的中间封君触动不大。这是因为，中间封君虽然遭受着因下级封臣规避杂捐而形成的损失，但同时也可规避上级封君的杂

[①] F. Pollock and F. W. Maitland, *The History of English Law: Before the Time of Edward I*, Vol. 1, pp. 307 – 356.

[②] S. F. C. Milsom, *Historical Foundations of the Common Law*, p. 211; J. H. Baker, *An Introduction to English Legal History*, p. 214.

捐，两相抵消后，其损失基本可忽略。① 地产托管的最大受害者是国王，② 它的流行必然导致国王与臣下的斗争。根据国王对地产托管的态度，我们可将国王与臣下就此展开的冲突分为两个阶段。第一阶段从 14 世纪中期到 15 世纪末，第二阶段从 15 世纪末到 16 世纪中期。

第一阶段的 8 位国王中，只有理查二世（1377—1399 年在位）和爱德华四世（1461—1483 年在位）做出过努力。前者于 1398 年颁布法令规定，犯有叛国罪的总封臣实施的地产托管无效。③ 后者于 1483 年废止兰开夏公爵领地内封臣实施的地产托管，但由于遭到中小贵族的反对，此法令第二年即废止。可见，这一阶段，国王没有在全国范围内立法制止地产托管对封建杂捐的规避，更没有全面禁止地产托管。而是对一些边缘性问题进行调整，在某个具体问题上、在局部地区对地产托管进行适当的压制。总体看来，这一阶段国王施行的是一种怀柔政策。其中原因有三。其一，这一时期的国王对地产托管尚有一定的主动控制力。一方面，国王有向总封臣颁布托管使用许可的权力，获此许可的总封臣才能托管地产；另一方面，国王设立了杂捐调查官，专门对去世总封臣地产占有情况展开调查。④ 其二，国王自 14 世纪起更多地依赖议会赋予的税收权，而非封建杂捐，国王对杂捐不再关注。⑤ 其三，国王权弱需要贵族的支持。国王征税需要议会的批准，而议会则是贵族的天下。国王的军事行动也离不开贵族，每次出征前，国王都会主动将托管地产的许

---

① Peter Fleming, *Family and Household in Medieval England*, New York: Palgrade, 2001, p. 104.

② E. W. Ives, "The Genesis of the Statute of Uses," *English Historical Review*, Vol. 82, No. 325, October 1967, p. 674.

③ Peter Fleming, Family and Household in Medieval England, p. 40; E. W. Ives, "The Genesis of the Statute of Uses," p. 674.

④ Chris Given-Wilson, *The English Nobility in the Late Middle Ages*, p. 150; J. M. W. Bean, *The Decline of English Feudalism, 1215 – 1540*, pp. 197 – 198.

⑤ Peter Fleming, *Family and Household in Medieval England*, p. 103; K. B. McFarlane, *The Nobility of Later Medieval England*, p. 77; Chris Given-Wilson, *The English Nobility in the Late Middle Ages*, pp. 150, 153.

可颁发给追随自己作战的贵族。如果国王对地产托管的政策稍收紧，必然激起贵族的反抗，甚至会落得众叛亲离的下场。[1]

从 15 世纪末开始，国王与臣下之间的矛盾加剧。具体表现有二。其一，日趋成熟的地产托管成功打破国王的主动控制。依仗大法官庭的保护，很多总封臣即使未获得国王许可也敢于托管地产。资料显示，这一时期总封臣私自托管地产的数量持续攀升。[2] 与此同时，调查官纠正私自托管地产的力度明显减弱，这是因为，国王所指派的调查官大都是总封臣，他们与托管地产的总封臣们往往沆瀣一气，共同规避国王的杂捐。[3] 其二，英国封建王权开始增强，国王对财富极度渴求，专制王权初露端倪。例如，亨利七世（1485—1509 年在位）利用褫夺权（attainder）大肆掠夺臣下财富，[4] 因此背上"随意褫夺""非正义"等恶名。[5] 亨利八世（1509—1547 年在位）甚至没收修道院的地产以充实国库。总之，这一时期，国王已不能再容忍其杂捐被规避的事实。

这一切促使国王对地产托管的政策开始转向"强硬"。亨利七世于 1490 年颁布法令规定，如果封臣托管地产后无遗嘱去世，则封君有权实施监护权，征收继承金。[6] 之后，他又设立了杂捐检察官，专门负责调查规避杂捐案。[7] 亨利八世于 1536 年强迫议会通过了托管法令（the statute of uses），全面禁止托管。但国王的强制措施随即招致臣下的叛乱。1540 年，双方达成妥协，通过了《遗嘱法令》。该法令规定：封臣可托管军役保有地的 2/3，封君对所余 1/3 征收杂

---

[1] Peter Fleming, *Family and Household in Medieval England*, p. 103; Margaret E. Avery, "The History of the Equitable Jurisdiction of Chancery Before 1460," pp. 142 – 143.

[2] J. M. W. Bean, *The Decline of English Feudalism*, 1215 – 1540, pp. 210 – 216.

[3] Peter Fleming, *Family and Household in Medieval England*, p. 104.

[4] Stanford E. Lehmberg, "Parliamentary Attainder in the Reign of Henry Ⅷ", *The Historical Journal*, Vol. 18, No. 4, December 1975, p. 676.

[5] J. P. Cooper, "Henry Ⅶ's Last Years Reconsidered," *The Historical Journal*, Vol. 2, No. 2, 1959, p. 103; W. C. Richardson, "The Surveyor of the King's Prerogative," *The English Historical Review*, Vol. 56, No. 221, January 1941, p. 53.

[6] W. S. Holdsworth, *A History of English Law*, Vol. 4, pp. 448 – 449.

[7] W. C. Richardson, "The Surveyor of the King's Prerogative," pp. 52 – 75.

捐；对于其他形式的保有地，封臣可随意托管。[1] 至此，国王与臣下在双方都做出妥协的基础上终于达成一致意见，他们之间的这场拉锯战才算告一段落。

小　结

综上所述，地产托管是地产主在实践中自行设计的一种地产处置手段。罗马法和日耳曼习惯中类似的制度并非它的源头，个体地产主的现实需要才是它在中世纪英国社会中盛行的真正原因。它满足了个体地产主通过遗嘱遗赠地产的愿望，受到地产主的欢迎，但因其理念与主流的普通法相左而遭否定。在与普通法僵持的过程中，地产托管的功能因不断适应人们的需求而逐渐完备，同时还得到了教会法庭和大法官庭的大力支持，影响力不断增强，最终在普通法上承认了它的合法性。可见，地产托管的起源、演变过程实际是地产主为追求个体利益而与代表地产主阶层整体利益的普通法继承规则不断斗争的过程。法律本身是社会中的统治集团整体利益的反映，但它未必能最大限度地满足这一集团成员的个体需求。为了维护自身的权益，个体地产主向普通法继承规则发起了挑战，并最终迫使它做出妥协。这表明，地产托管为地产主带来的实际好处并不是其意义的全部，甚至不是重要的一端，其真正意义在于，个体地产主设计的地产托管对普通法继承规则实现了修正，英国封建法形成了通过不断修正而实现自我更新的方式。

（原载《历史研究》2009 年第 3 期）

---

[1] T. F. T. Plucknett, *A Concise History of the Common Law*, p. 525.

中世纪英格兰仆从的法律地位探析

王超华

20世纪后半叶以来,西方家庭史研究蓬勃发展。在社会转型时期,西欧的家庭究竟发生了怎样的变化?西欧的家庭有哪些独特现象,以及它们之中的哪些特别之处促进了自身的崛起?[①]研究者们试图从家庭结构、家庭关系等角度寻找答案,于是,"家庭对年轻人的安排"就成为普遍关注的重要课题之一。家庭史家注意到,在中世纪和近代早期的西北欧流行着这样一种习俗:孩子们从小被父母送到别人的家庭或农场中,在此后10年或更长的时间里为一个或数个雇主干活并学习谋生技艺,以便成年后自己独立生活,这些未成年人就被称为"仆从"(servants)。对于当时的大多数人来说,仆从期是人生的一个过渡阶段,因此,他们也被称为"生命周期仆从"(life-cycle servants)。作为前工业时代西欧家庭构建和社会转型过程中的特殊群体,仆从不仅是一种劳动形态,也反映了当时社会结构的一个层面。

长期以来,学界对欧洲的仆从问题已经进行了不少研究,[②]但到目前为止,还未见有人对仆从的法律地位做专门探讨。从理论上来

[①] 徐浩、侯建新:《当代西方史学流派》,中国人民大学出版社2009年版,第148—149页。

[②] 可参见俞金尧的相关研究《欧洲历史上家庭概念的演变及其特征》,载《世界历史》2004年第4期;《近代早期欧洲的"生活周期佣人"研究》,载陈恒、洪庆明主编《世界历史评论——政治认知与历史变迁》,上海人民出版社2014年版,第77—113页;《西欧的婚姻、家庭和人口史研究》,现代出版社2014年版,第344—386页。

讲，仆从被视为雇主家中的一员，其行为应由后者负责，仆从在法律上就处于对雇主的"依附地位"（position of dependence）；① 但这种依附与二者之间自由缔结劳动契约的平等关系明显是矛盾的。事实到底如何，还需要从当时的社会现实中寻找答案。

本文选择中世纪英格兰仆从作为研究对象。当时的法庭案卷（Court Rolls），如英格兰北部约克郡维克菲尔德地区的庄园法庭案卷（Court Rolls of the Manor of Wakefield），保存了数量可观的涉及仆从的诉讼。这些法律文献使我们有可能对中世纪仆从的法律地位进行一定程度的复原和考察，进而厘清前工业时代西方青年劳动力的历史身份，同时希望能为雇佣劳动与资本主义起源问题研究提供一些新线索。

一 中世纪英格兰仆从的基本情况

在中世纪英格兰，仆从是重要的社会群体之一。庄园管理者提供的证据表明，至少在13世纪的普通农民家庭中已经出现仆从的身影。我们注意到，当时很多为领主服劳役的农民有时会得到邻居的建议："可以带一个、两个人或三个人出现"，或"找一个人来做某种工作"②。确实已经有人这样做了，他们带着或派出自己的仆从到庄园自营地上干活，但由于后者年龄小、劳动效率过低而引起庄园管理者的不满。1299年，伍斯特主教的庄园上的一份规定显示，任何标准份地农（yardlander，一般持有30英亩土地）都要亲自与自己的"家庭"（*familia*，该词暗含仆从和亲属在内，有时甚至仅指户主的仆从③）一起参加"布恩收割工作"（boon reapings），但他的妻子

---

① L. R. Poos, *A Rural Society after the Black Death：Essex，1350 – 1525*, Cambridge：Cambridge University Press, 1991, p. 200.

② E. A. Kosminsky, *Studies in the Agrarian History of England in the Thirteenth Century*, translated by Ruth Kisch, edited by R. H. Hilton, Oxford：Basil Blackwell, 1956, p. 304.

③ David Herlihy, *Medieval Households*, Cambridge：Harvard University Press, 1985, p. 3. 最初，该词指的是依附于领主权的一群农民，参见 Georges Duby, *Rural Economy and Country Life in the Medieval West*, Columbia：University of South Carolina Press, 1962, p. 220。

和羊倌除外。① 这条规定表明，农民豢养仆从并让其代替自己服劳役的做法已是非常流行。

进入 14 世纪，尤其是黑死病流行之后，随着劳动力短缺和价格飙升，仆从劳动的重要性日益凸显，这个群体开始引起更为广泛的社会关注。那些四处流浪、桀骜不驯、流连于娱乐活动和游戏的年轻仆从已经成为议会立法和各级法庭审判的重要对象。② 从 1349 年开始，《劳工法令》(the Statutes of Labourers) 先后多次重申仆从应宣誓遵守法令和劳动契约，不得在契约结束之前随意离开雇主，不得拒绝"合理"的报酬，否则将受到惩罚，③ 而各级法庭上涉及仆从违反劳工法令的案例数量相当大。与之相比，1377 年、1379 年和 1381 年的三次人头税（the Poll Tax）的征收记录提供的证据则表明，仆从开始被王室政府视为重要的纳税群体。在 1379 年约克郡的东雷丁地区，许多地方，诸如波兰德（Burland）、卡维尔（Carvil）和斯凯尔顿（Skelton）等，虽然纳税人数相差很大，但仆从在其中的比例都能达到30%左右。④ 1381 年，年满 15 岁以上（前两次分别是年满 14 岁和 16 岁以上）的仆从（servientes）被列入纳税人名单。和前两次一样，大量的仆从被瞒报。格洛斯特郡（Gloucestershire）的有些村庄对仆从的瞒报率达到50%以上，有的村庄甚至是100%。⑤ 因此，实际上，该郡的许多农民家庭都会使用 1—2 名仆从，甚至还有两个特别的家庭分别使用了 5 名和 7 名仆从。在北德比郡的 8 个村庄里，接近一半（46%）的家庭使用至少一名仆从，还有 7% 的家

---

① R. H. Hilton, *A Medieval Society: The West Midlands at the End of the Thirteenth Century*, Cambridge: Cambridge University Press, 1983, p. 165.

② Mavis E. Mate, *Trade and Economic Developments 1450 – 1550: The Experience of Kent, Surrey and Sussex*, Woodbridge: Boydell Press, 2006, pp. 160 – 166.

③ John Raithby, ed., *Statutes of the Realm*, Vol. 1, London: Dawsons of Pall Mall, 1963, pp. 307, 311; Vol. 2, pp. 56 – 57, 225, 233 – 235, 244, 337.

④ Carolyn C. Fenwick, ed., *The Poll Taxes of 1377, 1379, and 1381*, Vol. 3, Oxford: Oxford University Press, 2005, p. 206.

⑤ R. H. Hilton, *The English Peasantry in the Later Middle Ages*, Oxford: Clarendon Press, 1975, pp. 27 – 28, 34.

庭使用至少3名仆从。① 尽管对于黑死病前后使用仆从的家庭的数量变化存在一些争议，② 但仆从在中世纪英格兰已经得到广泛使用，并引起重视已经是不争的事实。

中世纪的仆从生涯开始很早。1388年的《剑桥法令》规定，习惯于操作耕犁、赶车或其他农业工作的仆从在12岁之后仍然要从事同样的工作，而不能去从事任何手工业劳动。③ 对于女孩来说，12岁确实是适合开始仆从生涯的年龄，因为当时的观念认为，从这个时间开始，女孩不再是依赖于母亲的孩子。④ 大多数仆从的年龄在15—24岁，从年龄上可以推断，仆从绝大多数是未婚的年轻人。⑤ 年轻的仆从们需要吃住在雇主家中，因此，他们有时也被称为"居家仆从"（living-in servants）。而在中世纪的语境中，"仆从"一词指的就是那些受雇为一个家庭提供劳动，并居住在那个家庭的房子中的人。有人认为，正是这种"居家"的特征，而非劳动的性质，决定了仆从与临时雇工有着本质的不同。⑥ 仆从与雇主大多订立口头契

---

① Edward Miller, ed., *The Agrarian History of England and Wales*, Vol. 3, Cambridge: Cambridge University Press, 1991, p. 646.

② 齐维·拉兹（Zvi Razi）认为，黑死病之后劳动力短缺和价格上涨造成农民之间采取协议互助的方式完成农活，使用仆从的家庭数量减少。但理查德·史密斯（Richard M. Smith）强调，瘟疫之后工资虽高，但豢养仆从的生活成本很低，而且协议互助与使用仆从并不冲突，因此，拥有仆从的家庭的比例可能在增加，而不是相反。参见 Zvi Razi, "Family, Land and the Village Community in Later Medieval England," *Past and Present*, No. 93, 1981, pp. 31 – 32; Richard M. Smith, "Some Issues Concerning Families and their Properties in Rural England, *1250 – 1800*," in Richard M. Smith, ed., *Land, Kinship and Life-cycle*, Cambridge: Cambridge University Press, 1984, pp. 37 – 38。

③ John Raithby, ed., *Statutes of the Realm*, Vol. 2, p. 57.

④ P. J. P. Goldberg, *Women, Work, and Life Cycle in a Medieval Economy: Women in York and Yorkshire c. 1300 – 1520*, Oxford: Clarendon Press, 1992, p. 169.

⑤ 霍曼斯曾指出，农民一般要到持有土地后才会结婚，但这只有在父亲去世（或退休）之后才有可能，因而大多数人结婚的年龄都比较晚。据齐维·拉兹的研究，在黑死病之前，农民初婚的年龄一般在20岁左右（女性略早）；黑死病之后，婚龄提前。不过，这是中上等农民的情况。对于下层农民来说，他们初次结婚的年龄要晚得多。由于流动性增加和女性也大量外出务工，晚婚在工资劳动者中似乎更为流行。G. C. Homans, *English Villagers of the Thirteenth Century*, Cambridge: Harvard University Press, 1941, p. 144; Zvi Razi, *Life, Marriage and Death in a Medieval Death*, Cambridge: Cambridge University Press, 1980, pp. 60 – 63, 136 – 137.

⑥ Peter Fleming, *Family and Household in Medieval England*, Basingstoke: Palgrave, 2001, p. 72.

约，习惯上为一年，南部从米迦勒节（Michaelmas）开始，北部从圣马丁节（St. Martin's Day）或圣灵降临节（Pentecost）开始，[①] 但也有些仆从的契约期可能不足一年。1351 年的劳工法令规定，仆从可以按照其他"正常的期限"（usual terms）[②] 受雇。1377 年的沃里克郡（Warwickshire）的季度法庭称，爱丽丝，原亚当·沃克（Adam Walk）的仆从，"将不按一年、半年或三个月的期限受雇于任何人"，这表明，半年或季度契约在当时也是被认可和接受的。[③] 这样的契约模式决定了年轻的仆从是中世纪乡村社会流动的重要群体，他们从一个家庭到另一个家庭的周期性流动有着内在的逻辑。[④]

二　作为诉讼当事人的仆从

在中世纪的法庭案卷中，涉及仆从的案件很多。詹姆斯·拉弗蒂斯（J. A. Raftis）在东米德兰的庄园法庭上发现了大量仆从的身影，那些被称为某人的"男孩"（garcio）、"女佣"（ancilla）、"帮手"（manupastus）等的人，[⑤] 实际上都是"仆从"（serviens）。[⑥] 在有仆从参与的案件中，数量较大的主要有三类：人身伤害案、财产侵犯案和劳动契约纠纷。

---

① ［英］克里斯托弗·戴尔：《转型的时代》，莫玉梅译，社会科学文献出版社 2009 年版，第 21 页。当然，从每年主显节（Epiphany，1 月 6 日）、复活节、圣烛节（Candlemas，2 月 2 日）等日期订立契约的例子也是存在的。参见 Deborah Youngs, "Servants and Labourers on a Late Medieval Demesne: the case of Newton, Cheshire, 1498 – 1520," the Agricultural History Review, No. 2, 1999, p. 149。

② John Raithby, ed., Statutes of the Realm, Vol. 1, p. 311.

③ Elisabeth G. Kimball, Rolls of Warwickshire and Coventry Sessions of the Peace 1377 – 1397, London: Oxford University Press, 1939, p. 9.

④ P. J. P. Goldberg, "Migration, Youth and Gender in Later Medieval England," in P. J. P. Goldberg and Felicity Riddy, eds., Youth in the Middle Ages, York: York Medieval Press, 2004, pp. 88 – 95.

⑤ J. A. Raftis, "Social Structures in Five East Midland Villages: A Study of Possibilities in the Use of Court Roll Data," The Economic History Review, New Series, Vol. 18, No. 1, 1965, p. 98.

⑥ P. J. P. Goldberg, "What Was a Servant?" in A. Curry and E. Matthews, eds., Concepts and Patterns of Service in the Later Middle Ages, Woodbridge: Boydell Press, pp. 3 – 7.

(一) 人身伤害案

此类诉讼相当常见,这可能与仆从比较年轻、容易与同龄人引起冲突有关。仆从伤害别人和受到伤害的概率几乎是均等的。在约克郡维克菲尔德的庄园法庭案卷中,许多人身伤害案件的当事人被称为"某某人的仆从"。有时,仆从是起诉他人的受害者。1275 年,托马斯·德·哥白利(Thomas de Coppeley)的仆从托马斯起诉爱丽丝的儿子皮特,仆从托马斯称,两周前,许多人在维克菲尔德的市场上玩扔石头的游戏,出现冲突。随后,皮特带着刀子弄伤了托马斯。因此,"原告"就自己受到的伤害和侮辱要求 6 先令 8 便士的赔偿。最终,被告因其行为被处 12 便士罚金。① 1286 年,维克菲尔德的奥塞特庄园(Ossete)上,苏珊娜(Sossanna)的女仆(ancilla)阿格尼丝(Agnes)起诉亚当的妻子莫德(Maude)侵害。后者因此支付 6 便士与阿格尼丝和解。② 有时,仆从也会是伤害他人的被告。1286 年,沃尔特(Walter)的仆从罗伯特因伙同他人攻击理查德的儿子亨利而遭到对方起诉。在 1297 年 1 月 1 日的法庭上,约翰·派克(John Pecker)及其兄弟理查德·佩高(Richard Pegor)起诉被莱迪斯(Lettice)的仆从威廉伤害。后来,约翰·马林(John Malin)和托马斯·佩格(Thomas Peger)也加入原告的队伍,因此,此案就变成了一个关于仆从攻击他人的交叉案件(cross action)。③

在英格兰东南部埃塞克斯的科尔切斯特市(the Borough of Colchester),因攻击或伤害而发出"哭喊"(hue and cry)的治安案件许多都与仆从有关。④ 1312 年 5 月 20 日,陪审员们对 5 月 12 日的一

---

① William Paley Baildon, ed. , *Court Rolls of the Manor of Wakefield*: *1274 – 1297*, The Yorkshire Archaeological society, 1901, pp. 134, 138, 145.
② William Paley Baildon, ed. , *Court Rolls of the Manor of Wakefield*: *1274 – 1297*, pp. 228, 229.
③ William Paley Baildon, ed. , *Court Rolls of the Manor of Wakefield*: *1274 – 1297*, pp. 228, 262.
④ 米丽亚姆·穆勒认为,在中世纪的共同体中,暴力行为并不鲜见,发出"哭喊"不仅是一种社会控制方式,也是共同体应对某类"不可接受行为"(unacceptable behavior)的手段。参见 Miriam Müller, "Social Control and the Hue and Cry in Two Fourteenth-century Villages," *Journal of Medieval History*, Vol. 31, 2005, pp. 29 – 53。

件伤害案展开调查：该案称，领主约翰·德·贝尔豪斯（Dom. John de Belhous）的仆从沃尔特（Walter）来到位于科尔切斯特的市场上的罗杰·戴维斯（Roger Daveys）的房子前，追打罗杰，罗杰发出"哭喊"，约翰·劳顿（John Lotun）、理查德·德·柯普福德（Richard de Copford）和约翰·霍特福特（John Hotfot）三人闻讯赶来，并殴打沃尔特致其出血，沃尔特因此起诉攻击他的三人。① 类似的案件在该市并非只此一个。②

（二）财产侵犯案

此类案件又可以分为两类：第一，盗窃。仆从的盗窃行为被发现均会招致起诉或拘捕。1298年，维克菲尔德的沃德柯克庄园的理查德（Richard the Milner of Wodekyrk）与其仆从亚当·布罗托（Adam Brodto）从罗伯特·维格哈尔（Robert Wygehale）的口袋里偷了1蒲式耳的燕麦（groats）而被送上法庭。③ 1306年，约克郡的亨利·德·斯文灵顿（Henry de Swynlington）的仆从约翰偷走了"年轻人"约翰·德·费里（John de Ferie the younger）的一张牛皮，价值3先令4便士，还从沃德柯克集市（Wodekirk Fair）偷走了一张价值15便士的皮革，因此，该仆从被拘捕。④ 第二，由于故意或疏忽造成公共或私人的财产损失。在1278年英格兰中西部伍斯特郡的黑尔索文（Halesowen）的庄园上，托马斯的女仆阿格尼斯（Agnes ancilla）从修院长位于奥德伯里（Oldebury）房屋处牵走了主人的挽畜，对修院长造成了损失，因此，她被要求出席法庭以对此负责。⑤ 在维克菲

---

① Isaac Herbert Jaeyes, trans., *Court Rolls of the Borough of Colchester*, Vol. 1, *1310 – 1352*, published by Authority of the Town Council of the Borough of Colchester, 1921, pp. 79 – 80.

② Isaac Herbert Jaeyes, trans., *Court Rolls of the Borough of Colchester*, Vol. 1, *1310 – 1352*, pp. 11, 47, 79, 88, 108, 233.

③ William Paley Baildon, ed., *Court Rolls of the Manor of Wakefield: 1297 – 1309*, p. 44.

④ William Paley Baildon, ed., *Court Rolls of the Manor of Wakefield: 1274 – 1297*, pp. 127, 136, 140; William Paley Baildon, ed., *Court Rolls of the Manor of Wakefield: 1297 – 1309*, p. 57.

⑤ Rowland Alwyn Wilson, ed., *Court Rolls of the Manor of Hales*, Vol. 3, London: Michell Hughes and Clarke London, 1933, pp. 47, 50 – 51.

尔德，1275 年 1 月 9 日，陪审员宣称，一头小牛从去年圣彼得日（8 月 1 日）到圣诞节期间在沃尔顿（Walton）流浪。之后，理查德·皮卡德（Richard Pykard，被他人杀死）与其仆从（*famulus*①）阿尔考克（Alkoc）将其抓住，在没有管家或其他人允许的情况下，将牛带到了诺曼顿（Normanton），最后不知所终。因此，阿尔考克被拘捕，并一直被羁押。② 1298 年，罗杰·德·克利夫兰（Roger de Clyvelande）的仆从亚当因车上被发现有一匹马而遭到起诉。③ 在科尔切斯特市，1352 年 4 月 16 日被呈上法庭的三个关于破坏城墙的案例，其中三个被告的身份是仆从，他们涉嫌将城墙上的石头弄到雇主家中。④

（三）劳动契约纠纷

仆从与雇主的契约尽管是口头缔结的，但它是受法律保障的，不遵守契约的一方就会被对方告上法庭。我们看到的劳动纠纷案主要集中在黑死病暴发之后，因为此时劳动力不足，仆从的地位有所改善，在与雇主的博弈中有可能处于有利位置。在位于英格兰东南部埃塞克斯的王室哈夫林庄园（royal manor of Havering, Essex）上，仆从已经可以将拖欠工资的雇主告上法庭。⑤ 在受到虐待或其他不满意的情况下，仆从大多选择提前离开去寻找更好的待遇，不过，这又成为当时仆从遭到雇主起诉的主要原因。这样的案例在各郡的季度法庭上都可以找得到。在 1373 年的林肯郡，仆从菲丽西迪（Felicity）由于"没有合理原因和雇主同意"提前离开而被雇主威廉·

---

① 该词原指中世纪庄园自营地上的固定劳动力（或长工），也经常被作为某人"仆从"的意义在使用。
② William Paley Baildon, ed., *Court Rolls of the Manor of Wakefield: 1274 – 1297*, pp. 127, 136, 140.
③ William Paley Baildon, ed., *Court Rolls of the Manor of Wakefield: 1297 – 1309*, p. 30.
④ Isaac Herbert Jaeyes, trans., *Court Rolls of the Borough of Colchester*, Vol. 1, 1310 – 1352, pp. 233 – 234.
⑤ M. K. McIntosh, *Autonomy and Community: The Royal Manor of Havering, 1200 – 1500*, Cambridge: Cambridge University Press, 2002, p. 162.

戴维（William Davy）诉至法庭；① 14 世纪 50 年代末，贝德福德郡的托马斯·埃克比德（Thomas Ikebid）的仆从杰弗里·阿莱马尔（Geoffrey Alymar）和卢顿·史密斯（Luton Smith）的仆从约翰·穆尔沃德（John Muleward）竟然被法庭称为"游民"（vagantes）；② 在 1396 年的林肯郡，两个名字同为约翰的仆从分别因为"提前"和"没有原因"离开雇主而被法庭处以罚金；③ 等等。

上述一系列案卷显示，仆从已经作为独立的诉讼主体出席在法庭上。他们有时是案件的原告，但更多的时候，他们是作为被告出现的。尤其是在财产损害案中，不论其主观目的如何，仆从都需要出席法庭，因自己给他人造成的财产损失接受问讯和处罚。

三　法庭判决与责任承担

作为诉讼当事人，当以被告身份出现在法庭上的时候，意味着仆从已经为自己的行为承担了一半的责任，另一半责任来自法庭的判决，它们是否完全由仆从本人承担呢？在中世纪的法庭案卷中，我们发现了不少关于仆从被处罚的案例，不过，有些案例的细节并不完整。

首先，仆从因损害公共财产往往被法庭处以罚金。1298 年约克郡维克菲尔德的庄园上，约翰·库辛（John Cussing）的仆从损坏了通往洛夫图斯（Lofthus）的大门，被处罚 6 便士；约翰·德·费里（John de Fery）的女仆（maids）和玛格丽（Margery）的仆从威廉因为破坏了栅栏（pale），每人被处罚金 3 便士。④ 同样是在 1298 年，

---

① P. J. P. Goldberg, *Women in England*, *1275 – 1525*, Manchester: Manchester University Press, 1995, p. 91.

② Elisabeth G. Kimball, *Sessions of the Peace for Bedfordshire*, *1355 – 1359*, *1363 – 1364*, London: H. M. S. O., 1969, p. 36.

③ Elisabeth G. Kimball, *Some Sessions of the Peace in Lincolnshire*, *1381 – 1396*, Vol. 1, Hereford: The Hereford Times Limited, 1955, p. 11.

④ William Paley Baildon, ed., *Court Rolls of the Manor of Wakefield*: *1297 – 1309*, pp. 31, 222.

霍恩庄园（Holne）一名牛倌的仆从亨利（garcio vaccarii）因为破坏草木（vert）被处罚金4便士。维克菲尔德地区的不少仆从也曾因同样的行为分别被处以罚金。1309年，斯坦利庄园的罗伯特的仆从因为破坏"绿枝"（green twigs）竟然被罚款3先令。① 其他地方也有类似的证据。1377年，在兰开夏郡的彭尼尔顿（Pennilton），约翰·德·里塞顿（John de Rissheton）的仆从威廉因为从彭尼尔（Penhill）砍伐并运走树木被处罚金6便士，并在他人担保下赔偿损失。② 其次，偷盗他人财产的仆从同样会被法庭处以罚金。1313年，维克菲尔德的裁缝约翰（John the Taylur）起诉约翰·德·霍比利（John de Hobiry）的仆从阿兰，因为该仆从牵走了原告地里的一头牛，造成损失6先令8便士，阿兰因此被处罚金6便士。③ 前文中，亨利·德·斯文灵顿的仆从约翰因偷盗被拘捕，后果可想而知。

现存的法庭案卷尚不能证明，雇主要为仆从的行为负责，尤其是承受仆从所处罚金。也许共同犯罪案件更能说明问题。许多情况下，仆从是受雇主之命、得到后者雇主默许、或与雇主共同行动，对他人的人身或财产造成损害。在这种案件中，雇主是否承担全部责任呢？在1310年的科尔切斯特市，尼古拉斯·勒·格罗斯（Nicolas le Gros）命令仆从罗伯特从约翰·爱德华的草地上取走2捆干草，约翰发现后取回一半，另一半被尼古拉斯带回自己的房子中。尼古拉斯和罗伯特被要求必须出现在下一次百户区法庭上。④ 也就是说，尽管是受雇主之命，但仆从也必须出席法庭对自己的行为做出解释。在拉姆西修院（Abbey Ramsey）位于剑桥郡的瓦博伊斯庄园（Warboys cum Caldecote）上，1305年2月8日的法庭卷档中有这样一个

---

① William Paley Baildon, ed., *Court Rolls of the Manor of Wakefield*: *1297 – 1309*, pp. 28, 149, 200, 216.

② William Farrer, trans. *The Court Rolls of Honor of Clitherore in the County of Lancashire*, Vol. 1, Manchester: Emmott & CO. Limited, Burnley: Lupton Bros, 1897, p. 2.

③ William Paley Baildon, ed., *Court Rolls of the Manor of Wakefield*: *1313 – 1316 and 1286*, The Yorkshire Archaeological society, 1917, pp. 17, 24.

④ Isaac Herbert Jaeyes, Trans., *Court Rolls of the Borough of Colchester*, Vol. 1, *1310 -1352*, p. 3.

案例：陪审员认定，约翰·泰尔福德（John Terreford）的仆从（garcon）理查德·皮尔奇（Richard Pylche）在约翰当护林员期间，不分昼夜地从领主的树林中砍伐橡树苗，并将它们运到罗伯特的儿子托马斯的家中。后来，理查德在他人担保下被处罚金半马克（3先令4便士）。① 在本案中，仆从的行为尽管得到雇主默许，但最终仍然是仆从自己承担罚金。黑死病暴发之后贝德福德郡的季度法庭档案提供的证据则表明，在共同犯罪中，仆从需要与雇主分担法律责任。1355—1359年的季度法庭案卷记载，罗杰伙同其仆从罗伯特及其他一些人攻击约翰，并导致其受伤，罗杰与罗伯特因此分别被处罚2先令；1363—1364年，约翰及其仆从沃尔特也因为攻击他人并导致对方受伤而分别被处以罚金。② 实际上，在1277年的维克菲尔德，理查德·德·斯旺格（Richard de Thwonge）与其仆从（garcio）亨利因走失了两只牲口而被处罚6便士。③ 按照当时对走失牲畜的处罚标准（每人2—3便士），我们可以推测，仆从与雇主共同承担了罚金。既然是分担责任，那么仆从对于雇主处于依附地位如何谈起？

当然，还有更极端的例子。1351年7月，在林肯市的季度法庭上有这样一个刑事案件：沃尔特·怀特（Walterus Wright），船员威廉·卡特（Willemus Carter）的仆从，先是破门进入另一个船员的家中，然后又从他人的柜子中抢走16先令的现金和价值40先令的财物。该仆从在1353年4月被判处绞刑。城市长官们（bailiffs）负责对受害者的财产损失进行核查和善后工作。在本案中，仆从沃尔特对自己的行为负完全的责任，而当时的案卷从始至终都未提及雇主出席法庭为他的仆从的行为作证或解释。④

---

① E. B. DeWindt, *A Slice of Life: Selected Documents of Medieval English Peasant Experience*, Kalamazoo: Western Michigan University, 1996, pp. 53 – 54.

② Elisabeth G. Kimball, *Sessions of the peace for Bedfordshire, 1355 – 1359, 1363 – 1364*, pp. 57, 110.

③ William Paley Baildon, ed., *Court Rolls of the Manor of Wakefield*: 5, p. 175.

④ Elisabeth G. Kimball, *Records of Some Sessions of the Peace in the City of Lincoln, 1351 – 1354, and the Borough Stamford, 1351*, Lincoln: J. W. Ruddock & Sons Ltd., pp. 13, 20, 43 – 47.

四 仆从法律地位的再探讨

当前学界一般认为，仆从"居家"的特征决定了仆从的行为是由雇主负责的。正是由于这种对雇主的依附使仆从在社会上具有了一种"相对的隐蔽性"（Relative Invisibility）。L. R. 普斯（L. R. Poos）在埃塞克斯发现的一些案例似乎就证明了这一点。1357 年，该郡大沃尔夏姆（Great Waltham）的约翰·斯博内尔（John Sponere）被处以罚金，因为他的仆从到别人的果园中行窃；同年，另一地区的乔弗里·伯林（Geoffrey Poleyn）也对其女仆的类似行为负责。在普斯看来，这种对仆从的负责与户主对其家庭成员的行为负责的含义是相同的。在 1378 年的伯德布鲁克（Birdbrook），一个人因其妻子从领主土地上偷走几捆谷物而被法庭传唤，而理查德·普伦蒂斯（Richard Prentys）则因其"女儿和仆从"爱丽丝的相同行为被传唤。法庭将上述两个案件列在一起，便是最好的证明。[①] 不过，在笔者看来，上述案例并不清晰。前两个案例并没有告诉我们，雇主所遭受的损失是否最终要由仆从承担。在 1276 年黑尔索文的庄园上，威廉·耶德里奇（William Yedrich）的男仆从威廉·奇思赫斯特（William Chisehurst）与女仆从艾米斯·布德（Amice Bude）争吵，后者发出"哭喊"，雇主威廉保证为那个男仆从支付罚金，但他可以扣留这两个仆从的"工资"（*stipendia*[②]，wages）作为其所受损失的补偿。[③] 1383 年，在埃塞克斯的里特尔庄园，一名叫约翰·梅尔福德（John Melford）的裁缝提起诉讼宣称，他将自己的儿子送到约翰·赫特林德（John Hurtlynd）那里做仆从，报酬是 5

[①] L. R. Poos, *A Rural Society after the Black Death: Essex, 1350 – 1525*, pp. 200 – 201.

[②] Christopher Corèdon and Ann Williams, eds., *A Dictionary of Medieval Terms and Phrases*, Cambridge: D. S. Brewer, 2004, p. 266. *Stipendium*（复数为 *stipendia*），意为"工资"（wages）。

[③] Rowland Alwyn Wilson, ed., *Court Rolls of the Manor of Hales*, Vol. 3, p. 32.

先令，但现在还差 15 便士。而被告辩解道，一年间，这个男孩打碎了一个罐子，弄伤了两只羊，所欠的工钱已经用来弥补这些损失了。在这两个案件中，涉事雇主的行为清楚地告诉我们，仆从做出的行为是需要自己"买单"的。仆从损坏了雇主的东西都要以工资冲抵，那么，雇主怎么可能会为仆从损害他人财产的行为负赔偿责任呢？更何况，有的雇主还会拖欠仆从的工资。① 最后一个案例也不明确。首先，一个人的儿女被称为他的仆从在当时是相当常见的，人头税征收记录中经常出现 A 是 B 的"儿子和仆从"（*filius et serviens eius*）或"女儿和仆从"（*filia et serviens eius*）的说法。如果爱丽丝是理查德的女儿，后者被传唤也就并不意外。其次，我们也不知道该案件的最终结果如何，雇主虽然被传唤，是否真正承受了对于偷盗的惩罚却是未知数。因此，上述案例并不能使我们得出"仆从是雇主的法律依附者"的结论。

对于仆从来讲，他们大多已经到了需要负法律责任的年龄。② 因此，仆从不仅会作为被告出现在法庭上，也会承担法庭的判决。我们发现了大量关于仆从被处以罚金的案例，却鲜见雇主会自掏腰包为仆从的违法行为负责。其实，这并不难理解。从理论上来讲，雇主将仆从豢养在自己家中，本质上是一种节约生产成本的策略。他们与仆从订立年度劳动契约决定了契约关系才是二者关系的主导。那种表面上的、虚假的家庭亲属关系并不能让雇主为仆从的违"法"行为负法律责任，尤其是在涉及"真金白银"的时候，雇主更不可能为此花一分钱。

另外，父母将孩子送到别人家中，其目的之一是让孩子接受教育。这种教育除了包含谋生本领的传授之外，还意味着对青少年自立精神的培养。婴儿抚育期过后，就意味着教育期的到来，仆从期

---

① R. H. Hilton, *The English Peasantry in the Later Middle Ages*, p. 51.
② 在中世纪英格兰的乡村共同体中，12 岁被认为是可以承担法律责任的年龄。Edward Britton, *Community of the Vill: A Study in the History of the Family and Village Life in Fourteenth-Century England*, Toronto: The Macmillan Company of Canada Limited, 1977, pp. 135 – 136.

正好涵盖了这段时间。将教育孩子和使孩子接触社会的义务卸到别人肩上,"一方面是对孩子适应性的考验,同时也是剥夺情感的考验,这些考验能把孩子武装起来面对人生"①。孩子们很早就投身于积极的工作生涯,将使他们很快就适应了符合家庭企业的目的与要求的行为模式,让他们时时刻刻要注意到自己该独立了。② 因此,在父母的眼中,送孩子做仆从是一个让他们自我锻炼和适应社会的途径,而不是继续在对他人的依附中成长,其中就包括学会对自己的行为承担责任。

仆从是前工业时代一种特殊的劳动力类型。尽管雇主与仆从之间或许还有一丝脉脉的家庭温情,但他们之间的雇佣关系却真真实实地存在着。从法律层面上来讲,仆从是自由的,可以与雇主订立契约,他们与雇主之间是平等的缔约者关系。可以看出,仆从的到来使雇主的家庭中增添了一种契约因素。另外,尽管以食宿为主,但仆从工资中的现金部分(尤其是黑死病之后)并非数量极少的"零花钱"。对于未成年人(尤其是那些贫困家庭的子女)来讲,做仆从是他们在结婚之前从父母的家庭之外积累财产的有效途径。③ 因此,契约关系、货币工资因素决定了中世纪仆从已经成为"工资劳动者"(wage-earners)。④ 在这种身份中,年轻人学会"将劳动关系与家庭关系区分开,处于这两种关系不再重叠的位置上,在道德和情感的掩护下,他们更早地发现,他们对雇主的义务具有契约性质"⑤。在当时,许多人都经历过仆从期,这意味着,早在英国步入工业时代以前,契约意识已经深入人心。资本主义兴起的过程,在劳动关系领域,就是以契约关系

---

① [法]安德烈·比尔基埃等主编:《家庭史》第2卷,袁树仁等译,生活·读书·新知三联书店1998年版,第54页。
② [奥地利]迈克尔·米特罗尔等:《欧洲家庭史》,赵世玲等译,华夏出版社1987年版,第90页。
③ Jane Whittle, "Servants in Rural England c. 1450 – 1650: Hired Work as a Means of Accumulating Wealth and Skills before Marriage", in M. Agren and A. Erickson, eds., *The Marital Economy in Scandinavia and Britain 1400 – 1900*, Aldershot and Burlington: Ashgate, 2005, p. 103.
④ Steven A. Epstein, *Wage Labor and Guilds in Medieval Europe*, Chapel Hill: The University of North Carolina Press, 1991, p. 4.
⑤ [法]安德烈·比尔基埃等主编:《家庭史》第2卷,袁树仁等译,第58页。

取代人身依附关系的过程。有理由认为，仆从在职业生涯中形成的这种契约意识为英国资本主义的发源提供了有利条件。当然，这个问题还有待学界同人进一步的研究和探讨。

（原载于《世界历史》2016 年第 4 期）

英格兰宗教改革时期的新教改革者与传播媒介

张 炜

一 引论

英格兰宗教改革（本文的讨论范围主要集中在亨利八世和爱德华六世统治期间）是一场以宗教分歧为表现形式的政治经济权力变迁，对英格兰以国王为首的宗教—政治体系的确立以及资本主义经济的发展都具有深远影响。当改革激发出一场激烈的宗教神学辩论时，正是印刷品作为新兴的传播媒介[1]迅猛发展之际。在这场意识形态色彩浓厚的冲突中，新教徒较之天主教徒更加有效地借助了新兴媒介的强大传播力，推动着改革的进程。关于印刷术与英格兰宗教改革的关系问题，自19世纪中后期以来，西方学术界分别从宗教改革史与印刷出版史（包括书籍史）两个方向进行了深入细致的研究。[2] 近年来，中国

---

[1] 从广义上说，媒介是指一种能够使传播得以发生的中介（intermediate agency），但在实际应用中该词的词义被更多地从大众传播的技术角度进行了界定，用来表示实现大众传播的技术形式、方式和手段。参见 Tim O'sullivan ed. , *Key Concepts in Communication and Cultural Studies*, London: 2nd edition, London: Routledge, 1994, p.176. 本文所指的印刷媒介是指运用活字印刷术印制印刷品以实现大众传播的媒介形态。

[2] 以宗教改革史研究为基本出发点的代表性著作有 G. R. Elton, *Policy and Police: The Enforcement of the Reformation in the Age of Thomas Cromwell*, Cambridge: Cambridge University Press, 1972; David Loades, *Politics, Censorship and the English Reformation*, London: Bloomsbury Publishing, 1991; Jean-François Gilmont, ed. , *The Reformation and the Books*, Aldershot: Ashgate Publishing Limited, 1998; 以印刷出版史（包括书籍史）研究为基本出发点的代表性著作包括 Lucien Febvre, Henri-Jean Martin, *L'apparition du livre*, Paris: Les Éditions Albin Miche, 1958; Colin Clair, *A History of European Printing*, London: Academic Press, 1976; Elizabeth L. Eisenstein, *The Printing Revolution in Early Modern Europe*, Cambridge: Cambridge University Press, 1983; Lotte Hellinga and J. B. Trapp, eds. , *The Cambridge History of the Book in Britain*, Volume Ⅲ, *1400－1557*, Cambridge: Cambridge University Press, 1999.

学者也开始关注这一问题。① 虽然研究者大多接受"媒介的变革带来了重大的社会与文化影响"这一观点；然而，对于传媒如何发挥其社会作用、如何理解这些结果的本质和所及的范围、新兴媒介与旧有媒介的关系等问题，仍争论不休。爱森斯坦等学者认为，以前的历史著述低估了印刷术的重要作用，进而提出"印刷术的出现是一场未被承认的革命"，即所谓"印刷革命论"；而对应的观点则认为，媒介仅是传播的载体，应更关注使用媒体的人。② 笔者认为，两种看法都有一定道理，但前者具有较为浓郁的技术决定论色彩，而后者则过于轻视技术的作用，都有偏执一端的明显缺陷。彼得·伯克等人则主张，在适当的区分和限制下结合两方观点。③ 笔者赞成第三种方式，即避免非此即彼的简单表态，而是要从特定历史时期的社会与传媒技术特性互动的角度加以全面考量，即将两种因素予以有机结合，才能更好地显示印刷媒介的魅力与影响力。此外，本文拟借鉴伊尼斯"传播偏向"的理论，④ 围绕知识垄断与有组织力量之间的关系，尝试探寻宗教改革时期英格兰印刷媒介在时空偏向上的特性，以期更好地理解印刷媒介如何在这场宗教改革中发挥其作用。

---

① 孙宝国：《18 世纪以前的欧洲文字传媒研究》，黑龙江人民出版社 2006 年版；项翔：《近代西欧印刷媒介研究——从古腾堡到启蒙运动》，华东师范大学出版社 2001 年版；焦绪华：《英国早期报纸史研究》，博士学位论文，南京大学，2005 年；沈固朝：《欧洲书报检查制度的兴衰》，南京大学出版社 1999 年版；陈金锋：《都铎王朝图书审查制度探微》，《宁夏大学学报》(社会科学版) 2006 年第 6 期，第 10—14、21 页。

② [英] 阿萨·勃里格斯、[英] 彼得·伯克：《大众传播史——从古腾堡到网际网路的时代》，李明颖等译，台北：韦伯文化国际出版有限公司 2005 年版，第 80 页。

③ 但遗憾的是伯克等人并未对此展开详细论述。

④ "传播偏向论"是加拿大传播学派的奠基人哈罗德·伊尼斯 (Harold Innis, 1894—1952 年) 提出的一个著名学说。根据由技术变迁出现的各种媒介的不同特性，伊尼斯将媒介大致分为两大类：有利于空间延伸的媒介和有利于时间延续的媒介。比如，石刻文字和泥板文字耐久，其承载的文字具有长期性。但是，它们不容易运输、生产和使用。相反，莎草纸等纸张轻巧，容易运输，方便使用，能够远距离传播信息，但其所承载的信息不利于保存，比较短暂。由于不同的传播媒介具有或有利于时间观念，或有利于空间观念的偏向，因而往往在文明中产生一种偏向，亦即一种新媒介的长处，将导致一种新文明的产生。参见 [加] 哈罗德·伊尼斯《传播的偏向》，何道宽译，中国人民大学出版社 2003 年版，以及 [加] 哈罗德·伊尼斯《帝国与传播》，何道宽译，中国人民大学出版社 2003 年版。

二 改革派政府与作为政治宣传品的印刷媒介

中世纪英格兰的知识主要由教会垄断，羊皮纸做的手抄本是教会实行垄断的主要知识载体，这种媒介适应修道制度的兴起，并流传数百年。这种手抄本在生产传播方式上的特质主要表现为经久耐用，但制作效率低下，产品数量有限，不利于流通传播，倚重的是时间的延续性。① 印刷术虽然在 15 世纪中后期已被引入英格兰，但由于印刷出版业在起初的数十年发展中仍主要依靠贵族的赞助，主要涉足领域为骑士文学、教育和宗教普及读物，总体来看其生产与销售的社会化程度有限，并没有撼动天主教会的知识垄断地位。但是，当由亨利八世与凯瑟琳离婚案引起的一系列脱离罗马天主教统治、解散修道院以及确立国王为教会与世俗双重统治者的事件发生时，新教改革者意识到，要想顺利推进改革进程，就必须借助更加有效的传播手段以打破天主教的知识垄断体系。16 世纪 30 年代的宣传活动，是由上述特殊压力所导致的现象。② 印刷机为此提供了必要的技术条件，而沃尔塞通过授予王家印刷商以单独印制官方出版物的权利，确保了政府在印刷活动中的主导地位。但要发动一场有效的印刷品攻势，除了上述条件外，还需要一位深谙印刷媒介功能的行家——托马斯·克伦威尔满足了这一重要条件。尽管不能说克伦威尔发现了印刷媒介在政治上的潜力，但可以说他发起的运动确实开创了一片新天地。③ 为了阐明以新教改革者为首的政府在这场运动中的主导作用，笔者将考察的重点集中在两类印刷品上：一为受政

---

① ［加］哈罗德·伊尼斯：《传播的偏向》，何道宽译，第 39—40 页；［英］阿萨·勃里格斯、［英］彼得·伯克：《大众传播史——从古腾堡到国际网路的时代》，李明颖等译，第 11—12 页。需要说明的是，限于中世纪与近代早期英格兰人口中识字率水平的低下，口语依然是日常生活中的主要传播媒介，但教俗机构倚重手抄本展示其权威性则是主要和根本手段。

② G. R. Elton, *Policy and Police*：*The Enforcement of the Reformation in the Age of Thomas Cromwell*, pp. 171 – 216.

③ Pamela Neville-Sinfton, "Press, Politics and Religion," in Lotte Hellinga and J. B. Trapp, eds., *The Cambridge History of the Book in Britain*, Volume Ⅲ, 1400 – 1557, p. 576.

府雇用的作家的作品，二为由王家印刷商承印的作品。以上述标准来看，新教改革者对印刷机的运用首先是进行新教教义和思想的宣传，出版学术性和普及类论辩作品，为国王的宗教改革营造舆论氛围。

在克伦威尔正式发起这场运动之前，先由王家印刷商伯瑟莱特（Thomas Berthelet）印制了《意大利和法国最著名和卓越大学的决定，即一个男子迎娶其兄弟之妻是不合法的，教皇无权对此豁免》（*The Determination of the Most Famous and Excellent Universities of Italy and France, That it is Unlawful for a Man to Marry His Brother's Wife and the Pope Hath no Power to Dispense Therewith*，1531年）。这部154页的印刷书头一次阐释了王家对于娶兄弟之妻和教皇权限这两个重要问题的看法，其以《圣经》、教父作品、早期教会会议规定，以及中世纪权威著述中对国王有利的观点为主要内容，其前言是八所外国大学提出的赞同意见。但因该书学术气息浓厚，文字沉闷隐晦，而且并未直接提及国王、王后或争论中的那场特殊婚姻，因而从宣传效果上看并不理想。

此后，克伦威尔亲自督导了相关论辩书籍的印制工作。[①]《真理之镜》（*A Glasse of the Truthe*，1532年）便是在他主导下印制的第一部有据可查的此类书籍。该书并没有对教皇在教会中的首脑地位提出挑战，而是反复强调教皇无权免除《圣经》中的律法。此外，书中首次提到了解决这一难题的方法，即如果议会能够发挥"智慧与善意"，就会很快找到一条途径，从而为这件事提供指导，以达到令人满意的结果。为了强化宣传效果，该书在表达神学和宗教法学观点时，运用的是一位神学家与一位教会法律师之间对话的形式，这给人一种相互辩论的假象，而得出的又都是支持国王的观点，因而使读者获得强烈的代入感，其文字也更具可读性，令国王的立场得到了生动而清晰的表述。在该书出版三个月后，克伦威尔便出台了

[①] G. R. Elton, *Policy and Police: The Enforcement of the Reformation in the Age of Thomas Cromwell*, p. 177.

《上诉法》(Act of Appeals)。克兰麦（Thomas Cranmer）则紧接着在 1533 年 5 月宣布了解除婚姻的最终判决。因此，我们可以说，印刷书在实际政策实行之前很好地完成了两大使命：捍卫国王离婚要求的正当性，并为既定的新路线铺设道路。①

1533 年的形势发展使《真理之境》也有些过时了，国王与安·博林的结合表明英格兰与罗马教廷的关系已经趋于瓦解，当时政府迫切需要一种新的官方辩护。这年年底，伯瑟莱特印制了 9 篇以《由最令人尊敬的御前会议全体通过形成的条例》(Articles Devised by the Whole Consent of the King's Most Honourable Council) 为题的小册子。在表述有关离婚、再婚和王家至上的问题时，该书"不仅是在劝诫，而且也在向国王忠诚的臣民告知真理"。有学者认为，这个小册子可能与 1533 年 12 月 2 日召开的一次重要御前会议有关，在这次会议上，政府同意采用多项措施传播新知。这一源起决定了小册子的基调。② 条例本身都是简短的事实表述，从而表现出一种不容争辩的姿态。文中指出，没有人能免除上帝的律法，离婚因此是合法和必要的；法律的问题要在其提出之处就地解决；御前会议的地位高于所有主教；根据自然法，任何上诉要由罗马转向大会议；诸如国王提出的上诉，教皇无权继续过问，其革除亨利教籍的做法因此也是非法的；克兰麦的行为不仅正确，而且正如在王国境内证明的，是上帝所喜悦的；现今的教皇不值得尊敬。该条例对议会的作用特别重视，认为议会的赞成可增加政府行为的分量和权威性；对教皇则明显予以漠视。该小册子的态度与《真理之境》相比明显强硬许多，并突出强调了英国人自行管理国家事务的不容争辩的权力。

改革的下一个步骤是要将王权凌驾于教会之上。在论证此问题时，两位王家牧师福克斯（Edward Foxe）和桑普森（Richard Samp-

---

① G. R. Elton, *Policy and Police: The Enforcement of the Reformation in the Age of Thomas Cromwell*, p. 179.

② G. R. Elton, *Policy and Police: The Enforcement of the Reformation in the Age of Thomas Cromwell*, p. 180.

son）以拉丁语出版的著作冲锋在前，① 根据克伦威尔的一部备忘录衍生出的《一篇反对那些在角落里发牢骚的教皇制拥趸的短文》（*A Little Treatise Against the Muttering of some Papists in Corners*，1534 年），则用英语将该思想进一步普及。该文清楚地表明，政府对当时一些流言蜚语在国内四处传播的情况是有所掌握的。② 这些流言蜚语主要是质疑改革开启后，对原先执行了数世纪之久的服从罗马教会做法的改变，一些人向往美好的往昔时代，并将英格兰出现的雨季和腐烂的作物理解为上帝的不悦。针对这一情形，这篇文章鲜明地指出，即使是古老的事物，也必须为真理让路。亦即，罗马教会攫取的权力在任何情况下都从未居于国王权威之上。该短文由伯瑟莱特印制，凭借其生动有力的语言而具备了一份成功宣传品的基本条件。③ 同时，通过这部印刷品从最初的拉丁语著作到克伦威尔形成小册子的全部过程可看出，通过印刷机为改革进行辩护和说服的宣传运作流程已经变得很流畅。

1536 年，由于改革引发的利益分配不均等问题，英格兰国内陆续出现了民众反抗行为，由林肯郡率先起事。国王对此马上做出了应对，出版了《对林肯郡叛乱者及反叛诉求的回答》（*Answer to the Petitions of the Traitors and Rebels in Lincolnshire*，1536 年）。这篇"回答"严厉斥责了民众犯上作乱的冒犯行为，并全然拒绝听取他们的任何诉求，而且特别为两位改革派重臣托马斯·奥德利（Thomas Audley）和克伦威尔做了辩护。这在当时实际上发挥了一种政策声明的作用，并被广泛传播。随后，克伦威尔又让理查德·莫里森（Richard Morison）写出了《悲叹煽动叛乱所出现的毁灭性后果》（*A*

---

① 福克斯的《论述王家新教与教会之间差异的经典作品》（*De Vera Differentia regiae potestatis et ecclesiasticae…opus eximium*）是从《圣经》、教父作品和适宜的中世纪论辩家作品中撷取出的大量段落的汇总，以说明教会的权力属于国王。作为王家礼拜堂领长的桑普森出版的这份《集祷经》（*Oratio*）应该直接取自其在讲道坛上的布道内容。两部作品均由伯瑟莱特印制。

② G. R. Elton, *Policy and Police: The Enforcement of the Reformation in the Age of Thomas Cromwell*, p. 183.

③ G. R. Elton, *Policy and Police: The Enforcement of the Reformation in the Age of Thomas Cromwell*, p. 185.

Lamentation in which is Showed What Ruin and Destruction Cometh of Seditious Rebellion),由伯瑟莱特于同年出版。莫里森在书中反复写道:"顺从是一名真正基督徒的标志";"冲突,冲突,已经成为废墟,毒液……"当反叛蔓延至约克郡时,亨利马上又出版了《国王陛下对约克郡叛乱诉求的回答》(Answer made by the King's Highness to the Petition of the Rebels in Yorkshire),基调与其上一篇"回答"完全一致。莫里森也马上完成了《一种对叛乱的补救》(A Remedy for Sedition)一书。在该书中,莫里森着力突出了一个主题,即秩序和等级制的益处。较之其上一部书中冗长繁复的谩骂与诋毁,这部书的风格更加清晰明了,将守法、权威和赞同的理念合而为一,从而确立了都铎时期国家政治哲学的基础。[1] 应该说,国王及其政府正是有效借助了印刷机高效快捷的特性,才能够在较短时间内对反抗行为进行舆论反制,也才牢牢控制了镇压"叛乱"的话语权,加快了应对国内动荡局势的反应速度。

同时,叛乱的兴起也令改革派意识到增强社会凝聚力的必要性和紧迫性。从1536年起,克伦威尔委派伯瑟莱特连续印制了10篇《国王钦定的条例,使基督徒保持稳定并团结在我们中间》(Articles Devised by the Kynges Highnes Maiestie, to Stablysshe Christen Quietnes and Unitie Amonge us)。另外,托马斯·斯塔基(Thomas Starkey)的《一篇指导人民走向联合和顺从的训词》(An Exhortation to the People Instructing them to Unity and Obedience),由于其中提出了一条宗教和政治的中间路线而引起国王、一些牧师和克伦威尔的注意。作者在上述人士的批评意见和指导下进行了重写,使该书具备了宣传价值,并在1536年4月付梓印刷。[2]

1538—1539年,在国内叛乱渐次平息之际,英格兰的外部环境日益恶化。政府令印刷商在这一时期印制的诸多融合了爱国主义与

---

[1] G. R. Elton, *Policy and Police: The Enforcement of the Reformation in the Age of Thomas Cromwell*, p. 202.

[2] G. R. Elton, *Policy and Police: The Enforcement of the Reformation in the Age of Thomas Cromwell*, p. 193.

新教思想的作品，无疑有利于激发强烈的民族主义情绪，凸显了英格兰宗教改革中蕴含的民族国家形成的因素。例如，借助法国人扬言入侵的紧迫形势，英格兰国教会在棕枝全日的布道上向信徒宣讲战争，同年由伯瑟莱特将布道词印制出版。另外，理查德·莫里森针对波尔（Reynold Pole）主教受教皇派遣阴谋颠覆国王统治的行径，创作了两部内容充实的作品《痛陈叛国罪的重大恶行》（*An Invective against the Great and Detestable Vice of Treason*，1539年）和《激发全体英格兰人保卫祖国的训词》（*An Exhortation to Styrre all Englyshe Men to the Defence of Theyr Countreye*，1539年）。前一部书引述《圣经》、马其顿和雅典的法律、西塞罗书信中的事例，证明叛国者没有好下场，虽然英格兰遭到围攻，但无所畏惧。后一部书从臣民协助国王的职责、教皇及其同党的虚弱，以及被历史证明的英格兰在军事上的英勇三个方面展开论述，旨在让民众接受做好战争准备的思想。此外，莫里森的译著《战争的战略、战术与对策》（*The Strategemes, Sleyghtes, and Policies of Warre*）等鼓吹对法强硬的书籍也相继出版。① 这些书的印行无疑进一步加大了英格兰与法国及罗马教廷之间的分歧。

亨利八世于1547年1月去世后，整个形势受爱德华六世政府中的少数人控制，他们由萨莫塞特公爵领衔，旨在贯彻一种适中而又完全是新教的措施。② 伯瑟莱特此时可能出于年龄因素，已不再担任王家印刷商，并转而支持理查德·格拉夫顿（Richard Grafton）出任此职。虽然人事有所变动，但新晋统治者也充分意识到了印刷品在维护君主政体和推动改革中的独特性。正是借助印刷品，萨莫塞特和坎特伯雷大主教克兰麦最终将英格兰变为一个具有自身鲜明特点的新教国家。

与克伦威尔相类似，他们也关注到印刷品所具有的思想宣传功用。

---

① Pamela Neville-Sinfton, "Press, Politics and Religion," in Lotte Hellinga and J. B. Trapp, eds., *The Cambridge History of the Book in Britain*, Volume Ⅲ, *1400-1557*, p. 596.

② David Loades, "Books and the English Reformation Prior to 1558," in Jean-François Gilmont, ed., *The Reformation and the Books*, Aldershot: Ashgate Publishing Limited, 1998, p. 282.

为了强化爱德华和亨利统治的连续性以及和平过渡的特性,格拉夫顿在1548年出版了爱德华·哈雷(Edward Halle)的《兰开斯特与约克两家族的联合》(*Union of the Two Noble and Illustrate Families of Lancastre & York*)献给爱德华六世。这部编年史一直写到"高贵而英明的亨利八世统治"时期,书中强调了创立英格兰国教会是通往宗教正义大道的思想。凯瑟琳·帕尔(Catherine Parr)作为亨利八世的遗孀也在继续推动改革,在1547—1548年,她资助爱德华·维彻奇(Edward Whitchurch)印制了两部堪称典范的作品:《一个不信奉者的悲叹》(*Lamentacion of a Sinner*)和伊拉斯谟的两卷本《〈新约圣经〉释义》(*The Paraphrase of Erasmus upon the Newe Teatamente*),[1] 以提醒人们信奉新教的必要性,并提供了正确理解《圣经》的方式。

  改革派政府借助印刷机发起的攻势,有力冲击了天主教会原有的知识垄断,并加快了政府在影响舆论方面的反应速度。正如学者埃尔顿指出的,当新秩序受到攻击时,克伦威尔令其成员(利用纸张)摧毁对方,他非常集中、谨慎而含有目的地使用了印刷媒介以支持其政治行为。这是"欧洲范围内首次由政府发起的此类运动"[2]。改革者通过国家机器,使机械化知识屈从于权力的要求,[3] 并力图使政府建立在舆论的基础上,从而掌握改革的话语权。如果考虑到这一时期针对天主教印刷品的书报审查制度的不断完善,那么可以说,这一时期政府利用印刷品展开的宣传活动,其实质是借由打破旧垄断而建立一种新垄断。

三 新教改革者与英语《圣经》的传播

  相比很多新教印刷品来说,英语《圣经》无疑在宗教改革过程

---

[1] Pamela Neville-Sinfton, "Press, Politics and Religion," in Lotte Hellinga and J. B. Trapp, eds., *The Cambridge History of the Book in Britain*, Volume Ⅲ, 1400 – 1557, pp. 598 – 599.

[2] G. R. Elton, *Policy and Police: The Enforcement of the Reformation in the Age of Thomas Cromwell*, p. 206.

[3] [加]哈罗德·伊尼斯:《传播的偏向》,何道宽译,第169页。

中占据着最为重要的地位，已经成为人们谈论这场变革时无法回避的主要问题之一。威克里夫早在14世纪便提出，为了更好地理解上帝旨意，需要使用本国语《圣经》。① 然而，在天主教会的压力和羊皮纸书籍本身缓慢的制作流程等因素制约下，15世纪的英格兰始终没能出现改革派人士所期望的英语《圣经》的大范围传播。到了16世纪20年代，这种情况终于发生了较大变化。威廉·廷代尔（William Tindale）、迈尔斯·科弗代尔（Miles Coverdale）等人借助印刷机的功能，使英语《圣经》在亨利八世和克伦威尔确定权威版本和专利系统之前便已在英格兰四处流通了。②

廷代尔受当时已经出现的拉丁语和希腊语印刷版《圣经》的影响，逐渐萌生了要使《圣经》妇孺皆知的想法。他曾经写道："我已经由经验得知，要使凡夫俗子信服真理是如何的不可能，除非以他们的母语将《圣经》明明白白展现在其面前，让他们可以亲眼读到《圣经》的内容并理解其中的意义。"③ 廷代尔辗转来到位于德意志西北地区的印刷业中心科隆。1525年，他与信奉天主教的印刷商彼得·昆泰尔（Peter Quentell）合作，偷印了一部由其根据路德版本翻译的英语版《新约圣经》。④ 该书随后在英格兰传播，这是首部使用英语印制的路德派文献。⑤ 需要指出的是，一向从事正统天主教印刷品业务的彼得·昆泰尔却开始印制这些"异端"译本，这种转变的一种可能性是其信仰的突然改变，现已无从考证；而另一种可能性则更大，即印刷商出于商业赢利的考虑，对这些产品在英格兰的销售充满信心。

---

① A. Hudson, *Lollards and Their Books*, London: Hambledon, 1985, pp. 183 – 184.
② Pamela Neville-Sinfton, "Press, Politics and Religion," in Lotte Hellinga and J. B. Trapp, eds., *The Cambridge History of the Book in Britain*, Volume Ⅲ, 1400 – 1557, p. 591.
③ ［加］阿尔维托·曼古埃尔：《阅读史》，吴昌杰译，商务印书馆2004年版，第335页。
④ S. H. Steinberg, *Five Hundred Years of Printing*, Harmondsworth: Penguin Books, 1974, pp. 62 – 63.
⑤ David Daniell, "William Tyndale, The English Bible, and The English Language," in Orlaith O'Sullivan, ed., *The Bible as Book: The Reformation*, London: The British Library & Oak Knoll Press, 2000, p. 40.

廷代尔起先在科隆出版的这部《新约圣经》并不是一个完整的版本，其首部完整版《新约圣经》应该是与彼得·修埃佛（Peter Schoeffer）在路德派小城沃姆斯合作完成的，时间大概在1525年年底或1526年年初。① 廷代尔的这个译本在内容上极富启迪性，他凭借出众的语言能力，直接译自《圣经》的希腊语版本，从而暴露了拉丁语《圣经》中的很多不足，并影响了数十年后詹姆士一世的《钦定本圣经》，甚至在当今的英文译本中仍可找到其当年的影子。这个版本的《新约圣经》一共印了6000册。由于其形制小巧便于携带，可随着衣料货物一同被偷运进英格兰，读者只要花费少量现金便可获得一本，批发的话则更便宜。到1526年2月，有记录显示，一位名叫加内特的万圣节助理牧师已经开始在伦敦的蜜蜂小道上公开贩卖。②

在1526—1530年，廷代尔又在德国学会了希伯来语。③ 之后，他根据希伯来文《圣经》开始新一轮翻译工作。1530年，他在安特卫普翻译出版了《摩西五书》（Pentateuch），这是首部从希伯来语翻译的英语版本著作。其中，《创世纪》（The First Book of Moses Called Genesis）在1530年1月便开始在英格兰各地出现，在该书序言的开头还首次印上"W. T. 献给读者"的字样。此外，在《出埃及记》中附有11幅整页木刻画，它和《申命记》都是第一次进入英语印刷版《圣经》的正文。④ 此时，廷代尔在安特卫普的印刷商已由霍赫斯塔腾（Johannes Hoochstraten）变成了马丁·德·凯泽（Martin de

---

① David Daniell, "William Tyndale, The English Bible, and The English Language," in Orlaith O'Sullivan, ed., *The Bible as Book: The Reformation*, p. 43.

② G. Townsend, ed., *Acts and Monuments of John Foxe*, London: Seeleys, p. 421.

③ 曾经有一种说法认为廷代尔不懂希伯来语，其工作仅仅是将路德版《圣经》译成英语。但根据大量印刷本文字证据显示，尽管他对路德的希伯来文译本非常熟悉，而且也经常借助于其中的单词和语法，但事实上廷代尔本人的希伯来文水平非常出色。参见David Daniell, "William Tyndale, The English Bible, and The English Language," in Orlaith O'Sullivan, ed., *The Bible as Book: The Reformation*, p. 42。

④ David Daniell, "William Tyndale, The English Bible, and The English Language," in Orlaith O'Sullivan, ed., *The Bible as Book: The Reformation*, p. 42.

Keyser），后者是当时安特卫普最为重要的印刷商之一。① 到了1534年，廷代尔重新修订了《新约圣经》，并完成了《旧约》中的"历史书"部分。该修订版于当年11月由凯泽出版。

在廷代尔英文版《圣经》出现之前，应该说英格兰民众基本无法接触到本国语《圣经》，人们通过聆听布道、观看教堂里的彩绘玻璃画和挂毯，以及逐年上演的神迹剧才能对《圣经》故事略知一二。非英语印刷版《圣经》出现后，时任大法官的托马斯·莫尔为了防止其大范围传播，曾经提议将整部《圣经》发给一些精心挑选的民众阅读，因这些人常常已垂垂老矣不可能聚众传播。② 而廷代尔的英文版《圣经》则冲破了这种樊篱，使英格兰普通民众也能接触到《圣经》的内容，客观上为亨利八世后来推行宗教改革做了动员工作，打下了民众基础，这是廷代尔在宗教改革史上的最大功绩。

继廷代尔之后，另一位对16世纪前半期英文《圣经》的翻译出版作出过重要贡献的人物要属科弗代尔了。在亨利八世统治时期，他是英格兰首批公开声称信仰《福音书》的人。他在希伯来语方面造诣颇深，不仅致力于英语《圣经》的翻译工作，而且还撰写了与《圣经》有关的各种书籍，其学说在那个时代是非常新奇的，由此受到主教的憎恨并遭到迫害，被迫逃往低地国家。③ 科弗代尔怀着出版本国语《圣经》的强烈愿望，在16世纪30年代初期到达了安特卫普，并曾经同廷代尔一道工作。④

与廷代尔一样，科弗代尔当时的合作者也是马丁·德·凯泽。如前所述，这位印刷商通过印制诸种《圣经》版本而对宗教改革产生巨大影响。到了1535年，科弗代尔的英语《圣经》终于被送上了

---

① Guido Latré, "The 1535 Coverdale Bible and Its Antwerp Origins," in Orlaith O'Sullivan, ed., *The Bible as Book: The Reformation*, pp. 91-92.

② Thomas More, "A Dialogue Concerning Heresies," in Thomas M. C. Lawler, ed., *The Complete Works of St Thomas More*, Germain & Marc'hadour, & Richard C. Marius, Vol. 6, part I, New Haven & London: Yale University Press, 1981, p. 341.

③ Guido Latré, "The 1535 Coverdale Bible and Its Antwerp Origins," in Orlaith O'Sullivan, ed., *The Bible as Book: The Reformation*, p. 97.

④ J. F. Mozley, *Coverdale and His Bibles*, London: Lutterworth Press, 1953, pp. 5-6.

印刷机。这个版本是历史上首部完整的印刷版英语《圣经》，通常也被看作英语《圣经》的"头版"①。在该版《圣经》出现后不久，英格兰国内的政治和宗教政策又向着改革派进一步倾斜，国王及其权臣对此版《圣经》表现出较大兴趣。随着科弗代尔的译作在政治上受到肯定，印刷商的生产热情更加高涨，大大提升了这个版本的影响力。需要说明的是，虽然 1535 年版的《圣经》在英格兰历史上具有举足轻重的地位，但是始终无法确定其印制地点，一说是在科隆，也有人认为是在马尔堡，甚至还有人提出了在苏黎世印行的观点。但是，书中的木刻画为这个谜团找到了答案。在这一版本的《出埃及记》中，配有一幅方舟图案，方舟周围是以色列人的帐篷，而四边都用荷兰语标明了东西南北四个方位。此外，图案中帐篷的名称也与 16 世纪前半叶安特卫普的拼写法一致。② 种种迹象表明，安特卫普最有可能是这部《圣经》的印刷地。

1538 年 9 月，克伦威尔向神职人员发布了一道指令，命令"最大篇幅的《圣经》"要"放置在各个教堂修道院的显眼之处，并细心保管，以使本教区信众可以便捷地看到并读到它"。全国各地随即遵照指令，在所有教堂的诵经台上都放置了这一作品。③ 这里所说的"最大篇幅的《圣经》"即"大圣经"（Great Bible），是科弗代尔在克伦威尔直接赞助下出版的最新修订版。标题页中印有表现亨利八世的著名木刻画，图案中克兰麦与克伦威尔则在民众高喊"万岁"和"天佑君王"的口号中四处散发《圣经》。这一版本由佛朗索瓦·勒瑙（François Regnault）首先在巴黎开始印制。④ 随后，克伦威尔又指派专人督导印刷商维彻奇、格拉夫顿及其印刷工人的工作。该书是当时克伦威尔最为宏大的出版计划。政府的举措进一步掀起

---

① Guido Latré, "The 1535 Coverdale Bible and Its Antwerp Origins," in Orlaith O'Sullivan, ed., *The Bible as Book: The Reformation*, p. 89.
② Guido Latré, "The 1535 Coverdale Bible and Its Antwerp Origins," in Orlaith O'Sullivan, ed., *The Bible as Book: The Reformation*, p. 95.
③ J. F. Mozley, *Coverdale and His Bibles*, p. 114.
④ Pamela Neville-Sinfton, "Press, Politics and Religion," in Lotte Hellinga and J. B. Trapp, eds., *The Cambridge History of the Book in Britain*, Volume III, 1400 – 1557, p. 592.

了出版英语《圣经》的热潮，据统计，在1535—1541年，至少出现了14种英语《圣经》版本，另外还附带有《新约圣经》《圣歌》的译本以及《箴言录》的两种版本。① 在1540—1547年，海外出版了逾40种英文书籍，其中将近1/4是《圣经》或其中的一部分内容。② 此时，关于本国语《圣经》存在的合理性早已不再是人们争论的焦点，"大圣经"已经成为人们信仰生活中重要的一环，在后来的政权更迭中也保持屹立不倒。

当时，很多人已经意识到自己阅读《圣经》具有重要的意义，而且这种阅读应以母语进行，不使用拉丁语，不假手教会。③ 虽然玛丽在位时期曾残酷压制所有新教作品的印刷和阅读，但当时的英格兰读者想出了许多聪明的办法来逃避检查。例如，本杰明·富兰克林的新教徒祖先就藏有一本属于禁书的英文版《圣经》。这本书被"用带子绑在一只折凳的凳面底下"。当家中开始祷告时，就将折凳翻搁在自己的膝上，向全家人诵读经文，并在带子下面翻动书页。这时，家里的一个孩子守在门口，只要看到教会法庭的官吏走来，便回来报告。于是，折凳被翻转过去放正，《圣经》也就像之前那样藏在凳面底下了。④ 与之前被动听讲的方式不同，这一积极方式在很大程度上摆脱了天主教会对宗教观念的控制权，提供了个人独自理解《圣经》教义的机会。在《圣经》英译的过程中，译者和印刷商大量借用外来词汇，大大丰富了英语作为民族语言的表现力，而且在客观上"强化了民族与民族之间的'语言壁垒'……并着手消除了任何特定的语言群体内部说话方式的微小差异"⑤。从这一时期英语版《圣经》的翻译出版历程还可以看出，社会对英语《圣经》的

---

① David Loades, "Books and the English Reformation Prior to 1558," in Jean-François Gilmont, ed., *The Reformation and the Books*, p. 281.

② David Loades, "Books and the English Reformation Prior to 1558," in Jean-François Gilmont, ed., *The Reformation and the Books*, p. 272.

③ [新西兰] 史蒂文·罗杰·费希尔：《阅读的历史》，李瑞林、贺莺、杨晓华译，党金学校，商务印书馆2009年版，第205页。

④ [加] 阿尔维托·曼古埃尔：《阅读史》，吴昌杰译，第161页。

⑤ S. H. Steinberg, *Five Hundred Years of Printing*, p. 88.

需求是促使有着不同宗教信仰的印刷商争相印制的主要因素，再次说明一种新媒介的推广离不开社会文化环境的影响和制约。而从小规模地下出版到受到教俗政权公开支持的过程也表明，媒介与社会的关系会随着社会矛盾的转化而处于不断变化之中。

四 改革派教俗机构与发挥实际功用的印刷媒介

为了更加有效地将改革措施落到实处，各种禁令、税收表格和探访记录（visitation）也被送上印刷机。在克伦威尔要求下，各种王家禁令的印制活动在各个教区逐渐常态化。1535 年，林肯主教约翰·朗兰（John Longland）下发了由印刷商约翰·白代尔印制的一份表格，命令教区牧师宣誓承认国王是英格兰教会的首脑。索尔兹伯里的主教尼古拉斯·沙克斯顿让白代尔在 1538 年印制了一系列指令，"以便在索尔兹伯里附近出售"。1538 年 8 月 5 日，里奇菲尔德和考文垂的主教罗兰·李曾写信给克伦威尔说："我（们）已经在视察中为本教区提出了若干指令，一如其他高级教士做的那样，将其交给了印刷商伯瑟莱特先生，如得您首肯即将其付诸印刷。"①

对于印刷品发挥实际的收税功用，实则是为隐藏在宗教改革背后的利益调整提供了便利条件。从 1534 年之后，当主教座成为收取首年俸的主要机构后，朗兰、伯纳和其他很多主教纷纷开始利用印刷表格收取各种税费。现存最早的一份英格兰的印刷收据印制于 1538 年，旨在配合罗瑟索普教区牧师（Vicar of Rothersthorpe）的工作。② 这是一种留有空白或"窗口"的印刷纸张，采用了一种手抄本表格形式，这种形式从 1319 年以来一直在英格兰教会管理中沿用，在王家管理机构中也有零星使用。克伦威尔主政时期进一步促成使用这种表格，对于税收工作来说有明显效果。例如，朗兰运用

---

① David Loades, "Books and the English Reformation Prior to 1558," in Jean-François Gilmont, ed., *The Reformation and the Books*, p. 287.

② David Loades, "Books and the English Reformation Prior to 1558," in Jean-François Gilmont, ed., *The Reformation and the Books*, p. 289.

印刷机这一简便设备解决了税务管理的关键问题,因为它为收缴人提供了造价相对低廉的付款收据,而拿到印刷表格的纳税人则可以表明他们是顺从的臣民。另外,之前的一些纳税人为了逃税而频频使用伪造收据,但政府在使用印刷收据后便有效禁止了这一行为,因为逃税者用于购买印刷机的花费远远高于其所逃税额。[1] 从现有资料来看,因为每个教区的税收表格所用的字模不尽相同,而且在版面设计等方面也有差异,[2] 或许当时很多教区都已拥有了各自的印刷设备,从而带动了印刷品的进一步普及,而这种普及配合了王权接收教会财产的改革进程,进而为奠定民族国家的经济基础贡献了力量。

更值得注意的是,这一时期的印刷品在规定宗教礼拜仪式方面发挥着无法替代的作用。1547 年 4 月,萨莫塞特公爵授予格拉夫顿特权,不仅可以印制"所有法令、法案、文告、禁令以及国王颁布的其他书册",而且还能印行"国教会授权的有关宗教仪式或需要使用的各种布道词或讲道词",主要是公共祈祷书和布道书。1547 年 7 月 31 日,官方发布了一份文告,规定在举行宗教仪式期间,要宣读《讲道选粹》,每一座教堂都需在《圣经》旁边放置一本《〈新约圣经〉释义》,并使用亨利八世在 1545 年授权的初级读本。随后又发布文告重复强调宣讲《讲道选粹》,禁止使用其他任何布道书(1548 年 9 月 23 日)。[3] 此外,萨莫塞特和克兰麦还用《圣餐仪式的规定》(The Order of the Communion) 重新界定了英格兰的礼拜仪式,由格拉夫顿在 1548 年 3 月 8 日印刷。

当然,在此方面最核心的文本无疑要数 1549 年出版的《公祷书》(Book of Common Prayer),由维彻奇和格拉夫顿印行(前者印制

---

[1] Arthur J. Slavin, "The Gutenberg Galaxy and the Tudor Revolution," in Gerald P. Tyson and Sylvia S. Wagonheim, eds., *Printing and Culture in the Renaissance*, London and Toronto: Associated University Presses, 1986, p. 101.

[2] Arthur J. Slavin, "The Gutenberg Galaxy and the Tudor Revolution," in Gerald P. Tyson and Sylvia S. Wagonheim, eds., *Printing and Culture in the Renaissance*, p. 102.

[3] Pamela Neville-Sinfton, "Press, Politics and Religion," in Lotte Hellinga and J. B. Trapp, eds., *The Cambridge History of the Book in Britain*, Volume Ⅲ, *1400 – 1557*, p. 599.

的时间为1549年3月7日，后者是在1549年3月8日），后来还出现了1549年5月24日的伍斯特版本以及1551年的都柏林版本。[①] 实际上，早在中世纪晚期，礼拜仪式就已经需要大量书籍作为辅助工具。仅就弥撒来说，原先一个人必须有一本弥撒书、一本每日祈祷书、一部游行圣歌、一部轮唱集、一本日刊及一部仪式书。显然，这些书籍在同一仪式活动中有着不同的功用。当这些书被送进同一家印刷所印制时，印刷商很快就发现，各地的弥撒用书很不统一，这给印制工作造成很大的不便。结果，当克兰麦在1549年制作《公祷书》时，其最正当的理由便是制作经济，利于礼拜仪式的统一。这部《公祷书》吸纳了绝大多数公共礼拜仪式用书的内容，结为单本发行。克兰麦在《公祷书》的序言中"命令"道："教区牧师在举行公共仪式时，不得使用其他书籍，只能使用这部书与《圣经》。"[②] 他以强硬方式将该书发放给教士和世俗人士，在很大程度上消弭了不同人群对礼拜仪式的理解差异。

克兰麦不仅要求在全国范围内奉行一种礼拜仪式，而且还下令在仪式过程中只采用英语。在由《公祷书》主导的仪式中，参加圣会的人们被鼓励用英语朗读《圣诗集》，并参加共同祈祷。[③] 与此要求相匹配，印刷商在此期间印制了大量英语宗教印刷品。与印行英语《圣经》的效果类似，由于机械复制具有制作快速、内容统一以及传播范围广泛的特点，中世纪英语方言的多样性有所减弱，印刷内容的同一性、稳定性大为增强，并且由于英语表达方式的逐渐丰富，使广大民众能够切身感受到本国语言的庄严严谨，进一步巩固了英语作为权力语言的地位，并直接促成了拉丁语的式微。因此，我们看到国家权力在此过程中得到强化，民众对民族国家的认同感

---

① Pamela Neville-Sinfton, "Press, Politics and Religion," in Lotte Hellinga and J. B. Trapp, eds., *The Cambridge History of the Book in Britain*, Volume Ⅲ, 1400 – 1557, p. 601.

② *The First and Second Prayer Books of Edward Ⅵ*, London: J. M. Dent, 1977, pp. ⅰ – ⅳ.

③ John N. Wall, Jr., "The Reformation in England and the Typographical Revolution: 'By this Printing... the Doctrine of the Gospel Soundeth to All Nations'," in Gerald P. Tyson and Sylvia S. Wagonheim, eds., *Printing and Culture in the Renaissance*, p. 212.

也有了进一步提高。反观手抄本则限于其较低的可复制性和可传播水平,在提供这种政治和文化的"归属感"方面作用有限。

正是通过这些印刷品,再伴之以官方授意出版的其他各类初级读本,从而为人们制定了一种信仰生活的新规范。英格兰宗教改革者将民众从利用偶像和图画学习教义的方式,转换成通过阅读、聆听和朗读学习的方式。事实上,克兰麦并没有用一种新学说代替旧学说,而是用新书籍取代了旧书籍,这也可以更为全面地理解这场改革想要达到的目标。因此,就某种意义来说,《公祷书》是一把理解英格兰宗教改革独特性的不能缺失的钥匙。[①] 尽管克兰麦也采用了欧洲大陆的一些神学理论,但他很清楚,共同礼拜的经历才是英格兰国教的核心,也是宗教改革时期英格兰基督徒界定自身身份的源泉。他认为,一个基督教国家只有在礼拜仪式上达成统一才能转变为一个真正的共同体。印刷术为实现这一目的提供了巨大的可能性,并满足了民族国家形成时期对本疆域内实施有效统治的空间要求,而克兰麦没有让这个机会在自己眼前溜走。正因如此,有学者甚至认为,英格兰宗教改革更像是礼拜仪式和行为举止而非神学和思想上的运动。[②]

结 语

由于印刷媒介与手抄本相比,具有生产效率高、成本低廉、易于传播的特性,满足了这一时期英格兰宗教改革者向更多民众进行思想宣传和实际施政的需要。而改革者对印刷媒介的运用,发挥了印刷媒介在时效性上的优势,有力冲击了教会长期的知识垄断,并

[①] John N. Wall, Jr., "The Reformation in England and the Typographical Revolution: 'By this Printing... the Doctrine of the Gospel Soundeth to All Nations'," in Gerald P. Tyson and Sylvia S. Wagonheim, eds., *Printing and Culture in the Renaissance*, p. 214.

[②] John N. Wall, Jr., "The Reformation in England and the Typographical Revolution: 'By this Printing… the Doctrine of the Gospel soundeth to All Nations'," in Gerald P. Tyson and Sylvia S. Wagonheim, eds., *Printing and Culture in the Renaissance*, p. 208.

且有利于民族主义思潮的兴起和国家对空间的垄断。这应该被看作这一时期英格兰新教传播的时空特征，凸显了"快"（快速）和"狭"（相对于罗马教廷原先在空间上的影响范围）的因素。从英格兰宗教改革时期新教改革者对印刷媒介的积极运用来看，我们可以得出这样的认识，即为了打破原有的知识垄断格局，谋求社会变革者与新兴媒介之间存在某种天然的关联性。

反观手抄本的相对没落，不但在于它较低的可复制性，而且其可传播水平也受到它与教俗权力以及赞助人之间关系的制约。手抄文化倾向于从一个拥有特权的生产中心向外传播，随着与这个特权中心距离的逐渐增加，它的权威和影响力便逐渐减弱。这种情况不但影响了手抄本的地位，也影响了各种权力机构展现其权威的形式，所以，教会与手抄本相结合的结构是难以抵挡改革者与新兴媒介结合后的冲击力。

伊丽莎白·爱森斯坦在其著作中曾指出，印刷术的出现有力地促进了全欧洲的宗教改革。[①] 这一观点对传播媒介的作用着墨颇多，但忽视了传播过程中各个参与者传达的信息以及相应的机制。笔者更愿意强调的是，印刷媒介是在与有组织力量的"联合"中发挥效力的；而且在实际传播过程中，也要受到各个国家和地区自身社会文化特点的影响与制约。譬如，印刷术在很多欧洲国家内部发挥了空间整合的作用，但从整个欧洲范围来看，却更多地起了分裂的作用。又如，印刷术在阿拉伯地区、俄罗斯等地的传播受阻，与其宗教习俗及民众思想文化水平等因素相关。因此，在评判媒介的社会影响力时，需要从媒介与社会互动的视角出发，除了要关注媒介技术变革的影响外，更要对媒介传播过程中的个体以及与之相关的机制问题给予足够的重视。

（原载《世界历史》2014 年第 5 期）

---

① ［美］E. 爱森斯坦：《作为变迁动因的印刷业：近代早期欧洲的传播与文化转变》，何道宽译，北京大学出版社 2010 年版，第 303—450 页。

中世纪晚期英格兰圣职候选人的"头衔"探析
——以赫里福德主教区为例

孙 剑

中世纪英格兰的天主教会并不是一个孤立存在于世俗社会之外的宗教机构,而是整个社会结构的重要组成部分,它与当时英格兰世俗社会的各个方面都有紧密联系。作为教会中的神职人员,教士(主要是俗界教士,即 secular clergy)不仅来源于世俗社会中的不同阶层,还肩负着为广大世俗教众提供属灵服务(cure of souls)的职责。因此,与教会一样,教士同样与当时的世俗社会密不可分。在中世纪的英格兰,作为"祈祷的人"和接受过教育的阶层,教士拥有较高的社会地位和稳定体面的收入。拥有良好家庭和社会背景或者接受过大学教育的教士还有机会跻身教会高级神职人员的行列,为教会高层与世俗王权服务。因此,成为教士并获得教职,对于世俗人众具有很强的吸引力。

中世纪英格兰的教会组织结构以及有关教士的规定是在 12 世纪最终形成并完善的。根据教会法(canon law),教士须以圣职候选人(ordinand)的身份在圣职授予仪式(ordination)中获得正级神品(major order),才具备取得正式教职的资格。[①] 在圣职授予仪式之

[①] 本文所使用的有关中世纪教会机构和教职的中文翻译,主要参考刘城《英国中世纪教会研究》,首都师范大学出版社 1996 年版;[英]罗伯特·斯旺森《欧洲的宗教与虔诚 (1215—1515 年)》,龙秀清、张日元译,上海三联书店 2012 年版。

圣职候选人一般在 12 岁的时候接受削发仪式(first tonsure),拥有了区别于俗人的教士身份。此后,教士可以在圣职授予仪式中获得初级神品(minor order),依次是:看门人(Janitor)、读经者(Lector)、驱魔人(Exorcist)和襄礼员(Acolyte)。这样,教士才能有资格获得正级神品,从低到高为:副助祭(Subdeacon)、助祭(Deacon)和司祭(Priest),只有拥有司祭神品的教士才有资格从事属灵服务。参见 Peter Heath, *The English Parish Clergy on the Eve of the Reformation*, Routledge, 1969, pp. 20 - 21。

前，主教区主教或者其代理人会针对圣职候选人的资质进行严格检查。在诸多资质中，圣职候选人的"头衔"（title）最为教会重视。①

"头衔"是一份经济来源的证明，表明圣职候选人在获得正级神品的过程中以及在找到可以取得圣俸或者薪俸的神职工作之前有经济能力维持自身的基本生活。如果圣职候选人在参加授职仪式时无法提供一份"头衔"，即缺乏一定的经济来源，教会法规定授职主教必须承担在经济上资助圣职候选人的义务。② 由此可见，"头衔"旨在不增加主教和主教区经济负担的前提下，确保教士不会因陷入贫困而损害教会和神职人员的神圣性。③ "头衔"的具体信息会在圣职候选人参加圣职授予仪式时由专门的抄写员记录在神职人员授职名单（ordination list）中，最后汇总到主教文件汇编（episcopal register）中。教会法并没有明确规定圣职候选人如何取得经济资助，因此出现在主教文件汇编中的"头衔"的具体形式呈现出千差万别的特点。根据所代表的经济来源，圣职候选人的"头衔"可分为四类：修道院"头衔"（Monastic Title）、世袭"头衔"（Patrimonial Title）、私人"头衔"（Private Title）和圣俸"头衔"（Benefice Title）。"头衔"所包含的丰富信息为进行有关中世纪英格兰教会、教士群体以及教俗关系的研究提供了直接的证据。通过对不同种类"头衔"所提供信息的梳理、归纳和分析，诸如"头衔"提供者、资助方式等，不仅可以了解有关中世纪英格兰教会的发展情况，还能窥见教士群体在正式进入教职界之前在当时世俗社会中的家庭背景与社会关系。这些都为阐明中世纪英格兰天主教会和教士群体与世俗社会之间不

---

① 此规定只针对俗界教士，修士（monk）、律士（canon）和托钵僧（friar）等僧侣阶层可以直接从他们所隶属的修会和修道院获得经济资助而无须持有"头衔"。Peter Heath, *The English Parish Clergy on the Eve of the Reformation*, p. 21.

② H. S. Bennett, "Medieval Ordination Lists in the English Episcopal Registers," J. C. Davis, ed., *Studies Presented to Sir Hilary Jeninson*, Oxford University Press, 1957, p. 26; David Robinson, "Titles for Orders in England, 1268 – 1348," *Journal of Ecclesiastical History*, Vol. 65, 2014, pp. 522 – 523.

③ Tim Cooper, *The Last Generation of English Catholic Clergy*, Boydell Press, 1999, p. 19; Peter Heath, *The English Parish Clergy on the Eve of the Reformation*, p. 17.

可分割的紧密关系提供了最为有力的支持。

本文借助解读现存的1400—1532年赫里福德主教区主教文件汇编中的神职人员授职名单，对不同的"头衔"进行归类、统计和分析。选取这份原始材料的主要原因有二。第一，这一时间段的赫里福德主教区神职人员授职名单保存相对集中完整，[①] 其中出现的"头衔"种类非常齐全，这为本文的研究提供了一个连续的、完整的、长时段的范例。第二，赫里福德主教区位于英格兰中西部，其西部边界涵盖了一部分威尔士的"边界地区"（Marches of Wales），[②] 成为威尔士四个主教区的教士进入英格兰寻求圣职的必经之路。因此，赫里福德主教区的"头衔"情况兼具全国和地方特色，从而使本文的研究不会成为一个孤立的个案研究。此外，本文所选取的时间起止范围大致是英格兰的中世纪晚期到宗教改革前夕。在这段时期内，"头衔"的发展已经成熟。通过分析这个时期内的"头衔"内容和特征所反映出的教俗关系，也可以为探究英格兰宗教改革的原因提供新的思路和方向。

一 圣职候选人"头衔"的研究状况

迄今为止，中世纪教会史学者对于"头衔"的研究主要集中在修道院"头衔"，尤其是探讨其所代表的经济来源的真实性。汉密尔顿·汤普森认为，修道院确实使用一定的资金作为对圣职候选人的经济支持，资金来源是教众委托给修道院用于修建追思礼拜堂的捐献。[③] 彼得·希斯表示无法确定修道院"头衔"出现的原因和真实

[①] 保存1493—1503年神职人员授职名单的赫里福德主教文件汇编在英格兰内战中遗失，这是该时段中唯一一处比较大的文献缺失。David M. Smith, *Guide to Bishops' Registers of England and Wales*, Offices of the Royal Historical Society, 1981, pp. 98 – 101.

[②] 威尔士的"边界地区"并不在英格兰国王的直接统治之下，具有特殊的政治地位。关于威尔士边界地区的介绍，详见 R. R. Davies, *Lordship and Society in the March of Wales, 1281 – 1400*, Oxford University Press, 1978, pp. 15 – 33。

[③] Hamilton Thompson, *The English Clergy and their Organization in the Later Middle Ages*, Clarendon Press, 1947, p. 143.

性，只能假设这种"头衔"是一种借贷关系。① 罗伯特·斯旺森在对中世纪晚期英格兰主教文件汇编中修道院"头衔"的特点、盛行的原因和发展概况进行梳理和分析后，认为修道院"头衔"只是"法定的虚构物"（legal fiction），掩盖了圣职候选人的真实经济来源和社会地位。② 斯旺森的论述对于修道院"头衔"的研究起到了承上启下的作用。之后的其他学者只是在他的论点基础上进行一些新的补充，并没有大的修正。例如，蒂姆·库珀注意到提供修道院"头衔"的修会所在地区与圣职候选人籍贯之间的联系。③

修道院"头衔"是由不同修会和修道院为圣职候选人提供的经济资助，包括修道院（monastery）、小修道院（priory）、大修道院（abbey）、女修道院（nunnery）、慈养院（hospital）等。这类"头衔"从14世纪初期开始在英格兰盛行。④ 在此之前，"头衔"的形式是由家庭或者私人资助者提供的。⑤ 从14世纪末到宗教改革前夕，修道院"头衔"已经成为最主要的"头衔"形式。⑥ 在1400—1532年赫里福德主教区神职人员授职名单中，五分之四的"头衔"都可以归入此类，其统治地位非常明显。此外，这些提供"头衔"的修会和修道院的分布范围非常广，不仅有位于赫里福德主教区内的，还包括英格兰其他主教区甚至威尔士、苏格兰和爱尔兰等地区的修道机构。

不可否认，在数量众多的修道院"头衔"中会有一些代表修道院提供的真实经济资助。在圣职候选人取得正级神品并最终获得圣俸之前，作为提供"头衔"的修道院会一直为其提供经济支持。或者修道院与圣职候选人签订薪俸合同（很可能是短期合同）。根据合

---

① Peter Heath, *The English Parish Clergy on the Eve of the Reformation*, pp. 17, 21.
② Robert Swanson, "Titles to Orders in Medieval English Episcopal Registers," H. Mayr-Harting and R. I. Moore, eds., *Studies in Medieval History Presented to R. H. C. Davis*, Hambledon Press, 1985, p. 245.
③ Tim Cooper, *The Last Generation of English Catholic Clergy*, p. 21.
④ David Robinson, "Titles for Orders in England, 1268–1348," pp. 527–533.
⑤ David Robinson, "Titles for Orders in England, 1268–1348," p. 525.
⑥ Robert Swanson, "Titles to Orders in Medieval English Episcopal Registers," p. 233.

同规定，圣职候选人在获得正级神品之后，被雇用到修道院所处的堂区教堂工作，成为助理牧师并靠领取薪俸来维持生活。[1] 但是，在通常情况下，修道院"头衔"在神职人员授职名单中只记载提供相应"头衔"的修道院的名字和所处地，这就导致几乎无法仅凭书面记录来判断修道院"头衔"的真实性。另外，从实际角度考虑，修道院并不可能在经济上支持所有从他们那里获得"头衔"的圣职候选人。修道院"头衔"在中世纪晚期大行其道的原因，应该是和当时教会所面临的实际情况有关。1348年黑死病大规模暴发之后，从14世纪晚期至15世纪中期前后，在英格兰又发生了几次规模不等的瘟疫。大批教士在这些瘟疫中死亡，造成了教会日常工作的停滞，更导致在很多堂区没有教士为教众提供属灵服务。为了应对这种情况，教会需要招募大量教士进行补充。随着圣职候选人的数量不断增加，主教区中负责检查这些候选人所持"头衔"真实有效性的机构的工作压力也与日俱增。因此，把这项工作委托给修道院，让其作为一种"票据结算所"（Clearing House），会给教区机构减轻很多负担。[2] 这样，圣职候选人先向修道院提交其财力或者经济来源的证明。修道院在检查并核实之后，就会给候选人出具用于参加授职仪式的"头衔"。而此时在"头衔"证明文件上标明的就是颁发该"头衔"的修道院的名称。由此可见，修道院并没有为圣职候选人提供真实的"头衔"，而是仅仅确认了候选人的经济来源。参加授职仪式并获得正级神品的教士与出具"头衔"的修道院之间并不存在真实的经济关联。[3] 在赫里福德主教区授职名单中，大量修道院"头衔"是由经济实力并不强大的小型修道院颁发的。例如，多尔修道

---

[1] Tim Cooper, *The Last Generation of English Catholic Clergy*, p. 19; Margaret Bowker, *The Secular Clergy in the Diocese of Lincoln 1495 – 1520*, Cambridge University Press, 1968, p. 61; J. C. H. Aveling, "The English Clergy, Catholic and Protestant in the 16th and 17th Centuries," W. Haase, ed., *Rome and the Anglicans*, De Gruyter, 1982, p. 64.

[2] Tim Cooper, *The Last Generation of English Catholic Clergy*, p. 20; Robert Swanson, "Titles to Orders in Medieval English Episcopal Registers," pp. 242 – 243.

[3] Claire Cross, "Ordinations in the Diocese of York 1500 – 1630", Claire Cross ed., *Patronage and Recruitment in the Tudor and Early Stuart Church*, Borthwick Institute Publications, 1996, p. 7.

院和西妥会的茨维尔修道院分别为 110 名和 84 名圣职候选人颁发过"头衔"。根据 1535 年教产大清查（*Valor Ecclesiasticus*）档案，它们各自的净收入分别只有 101 镑和 24 镑。① 相比之下，净收入为 308 镑的大莫尔文修道院却只提供了 41 个"头衔"②。这种现象同样也出现在其他主教区。③ 这无疑证明修道院只是在履行核查圣职候选人经济来源并颁发"头衔"的职责，而非真正为候选人提供经济资助。此外，1532 年坎特伯雷教职会议颁布教令，修道院为圣职候选人出具"头衔"的费用不得超过 4 便士。④ 这从侧面反映出在中世纪晚期圣职候选人向修道院购买"头衔"已经是非常普遍化的事情。在这种运作机制下，修道院"头衔"就是一种"法定的虚构物"，掩盖了圣职候选人的真实经济来源。因此，尽管修道院"头衔"的数量很大，却并不能为本文的研究提供最为直接的证据。

此外，一些中世纪教会史学者关注了其他种类"头衔"向修道院"头衔"的过渡过程。例如，大卫·鲁滨逊在其《1268—1348 年英格兰的神品"头衔"》一文中对中世纪前期英格兰各主教区中"头衔"的分布情况以及其他种类"头衔"向修道院"头衔"转变的过程进行了系统的梳理和分析。⑤ 威廉·J. 多哈在其著作《黑死病和教士的领导地位》一书中提到了黑死病之前的赫里福德主教区的"头衔"情况，但只是通过简单的数据来分析其他"头衔"向修

---

① David Knowles, *Medieval Religious Houses: England and Wales*, Longman, 1971, pp. 54, 112.

② David Knowles, *Medieval Religious Houses: England and Wales*, p. 54.

③ Tim Cooper, *The Last Generation of English Catholic Clergy*, p. 24; Claire Cross, "Ordinations in the Diocese of York 1500 – 1630," p. 7; Hamilton Thompson, *The English Clergy and their Organization in the Later Middle Ages*, p. 143; David Robinson, "Titles for Orders in England, 1268 – 1348," pp. 525, 539; Peter Heath, *The English Parish Clergy on the Eve of the Reformation*, p. 17; Robert Swanson, "Titles to Orders in Medieval English Episcopal Registers," p. 242.

④ Robert Swanson, "Titles to Orders in Medieval English Episcopal Registers," p. 244; Virginia Davis, "Preparation for Service in the Late Medieval English Church," A. Curry and E. Matthew, eds., *Concepts and Patterns of Service in the Later Middle Ages*, Boydell Press, 2000, pp. 40 – 41.

⑤ David Robinson, "Titles for Orders in England, 1268 – 1348".

道院"头衔"转变的趋向。①

以上学者对于中世纪英格兰圣职候选人的"头衔"情况进行了一些研究,但是并没有充分分析除修道院"头衔"之外的其他三类"头衔",通过解读这些具体"头衔"的内容来考察中世纪英格兰教会和教士群体与世俗社会之间的联系。这些"头衔"数量相对较少,但是所记载的内容却非常丰富。通过它们可以追踪到圣职候选人的真实经济来源,为深入了解圣职候选人与"头衔"提供者之间的具体社会关系和当时的教俗关系等提供了直接而真实的证据,因此这三种"头衔"就是本文所关注的重点。

二 世袭"头衔"与私人"头衔"

世袭"头衔"是圣职候选人从自己家庭或家族内部获得的经济资助。这种"头衔"在英格兰大致出现于12世纪晚期,一般被记录为"继承自他自己(的家庭),财产或者祖产"(*de sua vel paterna hereditate*)。② 林肯主教区的"头衔"记录显示世袭"头衔"所代表的金额一般为5英镑。③ 但是,这个数额并不是定式。持有世袭"头衔"的圣职候选人经常会被要求起誓,保证在获得所有正级神品时都使用该"头衔"。因此,从本质上看,只有家境优越的圣职候选人才有机会获得这种"头衔"。从14世纪中期开始,世袭"头衔"在英格兰各个主教区(包括赫里福德主教区)的神职人员授职名单中的数量大幅下降,这种趋势一直持续到宗教改革前夕。④ 造成这种情

---

① William J. Dohar, *The Black Death and Pastoral Leadership*, University of Pennsylvania Press, 1995.
② David Robinson, "Titles for Orders in England, 1268 – 1348," p. 523.
③ Margaret Bowker, *The Secular Clergy in the Diocese of Lincoln 1495 – 1520*, p. 61.
④ William J. Dohar, *The Black Death and Pastoral Leadership*, pp. 112 – 115; Margaret Bowker, *The Secular Clergy in the Diocese of Lincoln 1495 – 1520*, p. 61; Claire Cross, "Ordinations in the Diocese of York 1500 – 1630," p. 7; Tim Cooper, *The Last Generation of English Catholic Clergy*, p. 21; Robert Swanson, "Titles to Orders in Medieval English Episcopal Registers," pp. 234, 242; R. K. Rose, "Priests and Patrons in the Fourteenth-Century Diocese of Carlisle," *Studies in Church History*, Vol. 16, 1979, pp. 211 – 212.

况的原因主要有两点：第一，在黑死病之后，财产的贬值以及关于"财产在家庭内部保有和流传"的传统纽带的转变，迫使圣职候选人减少了对家庭资助的依赖；[1] 第二，修道院"头衔"逐渐成为定式并被广泛使用。

1400—1532 年的赫里福德主教区神职人员授职名单中一共出现了 32 例世袭"头衔"，其中有 15 例记录了具体的信息。比如，约翰·史密斯在 1418 年 3 月获得副助祭神品的时候，所持有的"头衔"是"继承自他父亲的财产（ad ti. Patrimonii patris sui）"[2]。约翰（艾农之子）提交的"头衔"是"继承自理查·康沃尔的财产，用于获得所有正级神品"，最终在 1421 年 5 月凭借该"头衔"成为司祭。[3] 同样在这个月成为司祭的约翰·迈恩德所持有的世袭"头衔"更为具体，为"价值 4 马克的世袭财产"[4]。这些世袭"头衔"说明，在中世纪晚期的赫里福德主教区，教士职业对于那些家境优越的年轻人来说仍然具有吸引力。他们通过自己家庭或者家族的支持进入教会成为教士，将来除了会为自己的家庭服务之外，还会利用教会中的关系为自己的家庭谋利。

相比世袭"头衔"可以利用圣职候选人的经济来源明确指向其家庭或家族内部，私人"头衔"的内容所代表的圣职候选人的经济社会关系则更为纷繁复杂。顾名思义，私人"头衔"是由个人或私人团体为圣职候选人提供的经济支持。这类"头衔"的提供者包括俗界人士（如普通教众，地方贵族、庄园领主等），教会和修道机构的高层，以及私人世俗团体。[5] 在 1400—1532 年，一共有 274 名持有私人"头衔"的圣职候选人在赫里福德主教区参加授职仪式，其

---

[1] H. S. Bennett, "Medieval Ordination Lists in the English Episcopal Registers," pp. 26 – 27; William J. Dohar, *The Black Death and Pastoral Leadership*, p. 115.

[2] Arthur T. Bannister, ed., *Registrum Edmundi Lacy, A. D. MCCCCXVII – MCCCCXX*, Canterbury and York Society, 1918, p. 101.

[3] Arthur T. Bannister, ed., *Registrum Thome Spofford, A. D. MCCCCXXII – MCCCCXLVIII*, Canterbury and York Society, 1919, p. 21.

[4] Arthur T. Bannister, ed., *Registrum Thome Spofford, A. D. MCCCCXXII – MCCCCXLVIII*, p. 21.

[5] David Robinson, "Titles for Orders in England, 1268 – 1348," pp. 524 – 525.

中绝大部分出现在 15 世纪上半叶。从 15 世纪下半叶直至宗教改革前夕，私人"头衔"出现的频率呈现快速下降的趋势。导致这种现象的原因与前述世袭"头衔"的情况类似。

私人"头衔"的记录形式大致有两种：第一是"头衔"提供者的名字，有时会包括该提供者的身份或者职位等其他信息；第二是具体的资助金额或者作为资金来源的庄园地产。通过考察私人"头衔"所承载的信息，可以挖掘出更多有价值的信息。埃德蒙·西蒙兹在 1441 年 6 月获得副助祭神品时所提交的"头衔"是"主教的恩惠"（the bishop's grace）。[①] 在所考察的时段内，他是唯一一名由主教本人资助的圣职候选人。根据他成为司祭时所持有的由主教座堂提供的"头衔"，可以推断他应该已经成为服务主教的教士团中的一员了。[②] 类似的情况也在其他主教区出现过。[③] 其他高级教士同样会为圣职候选人提供经济支持。例如，萨洛普辖区的执事长约翰·霍尔为瓦尔特·希伦提供了一份"头衔"，供其在 1402 年 9 月获得了助祭神品。[④] 赫里福德辖区的执事长约翰·巴罗资助罗杰·韦布在 1424 年 9 月成为司祭。[⑤] 教会的高层人士之所以提供私人"头衔"，一方面是可以资助圣职候选人获得正级神品，从而成为服务于他们的私人助理，来完成一定的教会工作；另一方面可能是利用圣职候选人在俗界的关系建立和培养与世俗社会的关系，以获得一定的利益。

在提供私人"头衔"的俗界人士中，不少人具有一定的社会身份或者社会职务，诸如骑士（knight）、绅士（esquire）、骑士扈从（armiger）或者市长等。这个群体具备一定的经济实力来雇用教士作为私人牧师为其进行祈祷，以获得灵魂的救赎。例如，赫

[①] Arthur T. Bannister, ed., *Registrum Thome Spofford*, A. D. MCCCCXXII – MCCCCXLVIII, p. 337.
[②] Arthur T. Bannister, ed., *Registrum Thome Spofford*, A. D. MCCCCXXII – MCCCCXLVIII, p. 340.
[③] David Robinson, "Titles for Orders in England, 1268 – 1348," p. 525.
[④] William W. Capes ed., *Registrum Johannis Trefnant A. D. MCCCLXXXIX – MCCCCIV*, Canterbury and York Society, 1916, p. 229.
[⑤] Arthur T. Bannister, ed., *Registrum Thome Spofford*, A. D. MCCCCXXII – MCCCCXLVIII, p. 296.

里福德的某任市长约翰·迈耶为托马斯·基尼提供了一份"头衔",供其在 1407—1409 年相继获得三个正级神品。① 乔治·萨维奇在 1517 年 12 月获得副助祭神品时所持有的"头衔"是由骑士约翰·萨维奇从位于柴德尔的庄园的年收入中拿出的 8 镑。② 理查德·克罗夫特爵士的遗孀埃莉亚诺拉夫人拿出 6 马克的地租作为"头衔"资助圣职候选人菲利普·尼古拉斯在 1513—1514 年获得了全部三个正级神品。③ 对于那些拥有多处庄园地产的领主来说,他们会在经济上支持当地的圣职候选人获得正级神品。授职之后,这些新的教士就可以为领主或者庄园内的世俗社区提供属灵服务。领主约翰·哈利爵士在 1450—1480 年至少为 7 名圣职候选人提供了私人"头衔"。其中 4 名候选人的"头衔"都是出自位于布朗普顿和伯顿的私人领地的收入。例如,约翰·伯顿就是在哈利爵士的提供的"头衔"下获得了副助祭和助祭神品。很明显,这名圣职候选人就是来自当地。④ 此外,哈利爵士用他位于南安普敦利斯地区的私人领地的收入支持了另外 3 名圣职候选人获得正级神品。

此外,有两个私人"头衔"的提供者需要特别说明。他们是当时属于赫里福德主教区的两个私人组织,分别为拉德洛的帕默斯行会(the guild of Palmers in Ludlow)和丁莫尔圣殿骑士团支部(Dynmore preceptory)。帕默斯行会是拉德洛城镇的独立的俗界行会组织,在中世纪晚期其经济、社会和宗教方面的影响力覆盖了英格兰西部和威尔士的边界地区。⑤ 这个行会财力颇丰,因此可以提供"头衔"

---

① Joseph H. Parry, ed., *Registrum Roberti Mascall*, A. D. MCCCCIV – MCCCCXVI, Canterbury and York Society, 1917, pp. 135, 138, 144.

② Arthur T. Bannister, ed., *Registrum Caroli Bothe*, A. D. MDXVI – MDXXXV, Canterbury and York Society, 1921, p. 325.

③ Arthur T. Bannister, ed., *Registrum Ricardi Mayew*, A. D. MDIV – MDXVI, Canterbury and York Society, 1919, pp. 263 – 265.

④ Arthur T. Bannister, ed., *Registrum Thome Myllyng*, A. D. MCCCCLXXIV – MCCCCXCII, Canterbury and York Society, 1920, pp. 156 – 157.

⑤ A. T. Gaydon, ed., *A History of the County of Shropshire*, Vol. 2, Oxford University Press, 1973, pp. 134 – 140.

来资助一定数量的圣职候选人去获得正级神品。候选人完成授职之后，就会被行会雇用并安排在某些教堂、追思礼拜堂（chantry）和私人礼拜堂（chapel）中为其成员提供属灵服务。[1] 丁莫尔圣殿骑士团支部成立于12世纪末，其所有权属于耶路撒冷圣约翰慈济院的骑士团，同样需要教士在其私人礼拜堂来为成员进行属灵活动。因此，他们也愿意出资作为"头衔"，去资助一些圣职候选人获得正级神品。这两个组织在整个15世纪先后为86名圣职候选人提供了"头衔"，其中绝大多数都是赫里福德主教区本地的圣职候选人。这些情况说明在帕默斯行会和丁莫尔圣殿骑士团支部影响力所及的地方，教会和教士是被广泛需要的，也证明教士职业吸引年轻人投身其中。

三 圣俸"头衔"

持有圣俸"头衔"，意味着圣职候选人已经拥有了一份可以终身从教会获得的收入。在理论上，只有获得司祭神品的教士才有资格去争取一份圣俸。但是，对于那些还没能成为司祭的圣职候选人来说，他们可以通过申请教皇或者大主教颁发的特许状（dispensation）来规避这个规定，不过前提是他们必须尽快获得司祭神品（一般情况下期限是一年）。[2] 在中世纪晚期英格兰的各个主教区，圣职候选人凭借圣俸"头衔"来获得正级神品的现象并不鲜见。但是到15世纪末的时候，大概只有5%的圣职候选人才能有这种机会。[3] 在本文所考察的赫里福德主教区神职人员授职名单中，一共有212名圣职候选人是通过圣俸"头衔"来获得正级神

---

[1] David Robinson, "Titles for Orders in England, 1268–1348," p. 546; William J. Dohar, *The Black Death and Pastoral Leadership*, p. 111.

[2] Peter Heath, *The English Parish Clergy on the Eve of the Reformation*, p. 40; Michael Burger, *Bishops, Clerks, and Diocesan Governance in Thirteenth-Century England*, Cambridge University Press, 2012, p. 24.

[3] Virginia Davis, "Preparation for Service in the Late Medieval English Church," p. 41.

品的。这个数量还略少于私人"头衔",因此在"头衔"总数中占据的比例也很小。

鉴于圣俸是从教会内的职位上获得的终身收入,不难想象,那些尚未正式步入教士职业生涯就能以圣俸作为"头衔"的圣职候选人肯定具有某些特殊的背景或者渠道,才能获得圣职推荐权所有人的垂青。① 首先,居于社会上层家族中的一些成员往往会选择进入教会,通过取得一定的神职来获取经济利益,同时还能获得跻身教会上层和接触世俗王国高层的机会。教会也愿意提供这样的机会以求与世俗贵族阶层建立起密切的联系,以此来维护和扩大教会自身的利益。因此,家庭背景和社会关系良好的圣职候选人一般可以从教会获得圣俸作为"头衔"来参加圣职授予仪式。英格兰的不少主教甚至是在获得正级神品之前就已经获得了圣俸。② 当然,作为教会贵族的主教也会利用圣俸去资助自己家庭的成员或者其他圣职候选人(其中以获得大学学位的毕业生居多)成为教士,使其进入主教的教士团队。这样一来可以建立或巩固自己的利益关系网,同时也可以延揽一些有才能的教士为其服务。③ 从下面出现在赫里福德主教区的例子可以看出,主教与世俗贵族之间的利益关系是彼此密不可分的。约翰·布思在 1527 年 6 月和 9 月分别获得助祭和司祭神品时,他所持有的"头衔"是"赫里福德执事长和英克贝罗的俸禄"④。这意味着约翰·布思在成为助祭之前不仅是主教区内赫里福德辖区的执事长,还拥有一份主教座堂中的俸禄。⑤ 他来自当时著名的布思家族,而且与时任赫里福德主教区主教的查尔斯·布思有血

---

① 关于圣职推荐权的介绍,参见刘城《圣职推荐权与教士的职业生涯》,《世界历史》2004 年第 4 期。

② Joel T. Rosenthal, "The Fifteenth-Century Episcopate: Careers and Bequests," *Studies in Church History*, Vol. 10, 1973, pp. 117 – 128.

③ Peter Heath, *The English Parish Clergy on the Eve of the Reformation*, pp. 31 – 32.

④ Arthur T. Bannister ed., *Registrum Caroli Bothe, A. D. MDXVI – MDXXXV*, p. 324.

⑤ John Le Neve, *Fasti Ecclesiae Anglicanae 1300 – 1541*, Vol. 2, The Athlone Press, 1962, pp. 6 and 31.

缘关系。① 因此，也就不难理解约翰·布思早早就能获得两份重要的圣俸并可以用它们获得正级神品的"头衔"的原因了。

在不同的圣俸"头衔"中，有两种可以清楚地指明圣职候选人要么具有良好的家庭背景，要么是被主教选中成为其亲信的教士，分别是堂区主持人（rector）和主教座堂中的俸禄（prebend）。在中世纪晚期的英格兰，很多堂区主持人会寻求特许状，允许他们一段时期甚至长期不驻在其负责的堂区教堂。② 主教座堂中的俸禄则干脆是一种只领取收入而一般不必承担具体职责的"闲职（sinecure）"③。前者的圣俸推荐权一般掌握在教俗贵族手中，后者则完全由主教支配。因此，从这两种圣俸的本质和特征来看，当它们被用作"头衔"时，可以很容易推测出持有人拥有一定的家族背景或社会关系。在1400—1532年的赫里福德主教区，一共73名持有堂区主持人"头衔"以及11名持有主教座堂的俸禄"头衔"的圣职候选人获得正级神品。例如，约翰·特莱弗南特在1401年12月获得助祭神品时持有的圣俸"头衔"为罗斯堂区主持人。④ 理查德·拉德黑尔在1434年12月还仅仅是襄礼员的时候就已经拥有了新拉德诺堂区主持人的圣俸并以此作为"头衔"了。⑤ 他后来先后成为赫里福德主教座堂的司库（treasurer）和赫里福德辖区的执事长。⑥ 在用作"头衔"的堂区主持人圣俸中，有一些堂区并不在赫

---

① 查尔斯·布思是罗伯特·布思的非婚生子（illegitimate son），而罗伯特·布思是约翰·布思的祖父，他的父亲罗杰·布思是约翰·布思的合法婚生之子。参见 Robert Swanson, *Church and Society in Late Medieval England*, Blackwell, 1989, pp. 79 – 80。

② Hamilton Thompson, *The English Clergy and their Organization in the Later Middle Ages*, p. 103.

③ Hamilton Thompson, *The English Clergy and their Organization in the Later Middle Ages*, pp. 76 – 78.

④ William W. Capes, ed., *Registrum Johannis Trefnant A. D. MCCCLXXXIX – MCCCCIV*, p. 444.

⑤ Arthur T. Bannister, ed., *Registrum Thome Spofford, A. D. MCCCCXXII – MCCCCXLVIII*, p. 317.

⑥ A. B. Emden, *A Biographical Register of the University of Oxford to A. D. 1500*, Vol. 3, Clarendon Press, 1959, p. 1603; John Le Neve, *Fasti Ecclesiae Anglicanae 1300 – 1541*, p. 11.

里福德主教区。例如，托马斯·维尔迈尔在 1408 年 9 月获得副助祭神品时所持有的"头衔"是西费尔顿堂区主持人，而该堂区位于考文垂和利其菲尔德主教区。① 这说明这些圣职候选人的关系网并不局限于赫里福德主教区一地。在那些通过主教座堂俸禄"头衔"获得正级神品的圣职候选人中，有两个例子最为典型。埃德蒙·奥德利在 1466 年 4 月和 1471 年 9 月分别获得副助祭和助祭神品时所持有的"头衔"是主教座堂中俸禄。② 在之后的教士生涯中，他成功地成为罗切斯特主教区主教。另一名圣职候选人威廉·德拉贝尔在 1515 年 3 月至 4 月间相继获得副助祭、助祭和司祭三个神品，他所持有的"头衔"也是主教座堂中的俸禄。③ 根据档案记载，他不仅拥有硕士学位，还是主教身边的教士（clerk）。④

正在牛津或者剑桥大学学习的学生可以从自己所属的学院那里获得圣俸，⑤ 他们可以将这份圣俸作为"头衔"，用来参加圣职授予仪式并获得正级神品。在赫里福德主教区，有 19 名圣职候选人持有的是牛津大学不同学院所提供的"头衔"。受过大学教育的教士在获得学位之后，有的会继续留在大学中进行服务，也有的因为具备诸如法律等的专业知识而被主教任命处理其世俗事务。⑥ 例如，理查·纽布里奇在 1436 年 4 月获得司祭神品的时候持有的就是他所在的牛津大学默顿学院所提供的圣俸"头衔"⑦。他在成为司祭后就曾在牛津大学服务过一段时间，还曾作为学院监管人的候选人之一被默顿

---

① Joseph H. Parry, ed., *Registrum Roberti Mascall*, A. D. MCCCCIV – MCCCCXVI, p. 139.

② Arthur T. Bannister, ed., *Registrum Johannis Stanbury*, A. D. MCCCCLIII – MCCCCLXXIV, Canterbury and York Society, 1919, pp. 157 and 167.

③ Arthur T. Bannister, ed., *Registrum Ricardi Mayew*, A. D. MDIV – MDXVI, pp. 269 – 270.

④ Arthur T. Bannister, ed., *Registrum Ricardi Mayew*, A. D. MDIV – MDXVI, pp. 276 and 280.

⑤ Roy M. Haines, "The Education of the English Clergy during the Later Middle Ages," *Canadian Journal of History*, Vol. 4, 1969, p. 18.

⑥ Robin R. Storey, "Recruitment of English Clergy in the Period of the Conciliar Movement," *Annuarium Historiae Conciliorum*, Vol. 7, 1975, p. 298.

⑦ Arthur T. Bannister, ed., *Registrum Thome Spofford*, A. D. MCCCCXXII – MCCCCXLVIII, p. 323.

学院向坎特伯雷主教区主教举荐过。①

　　教会或者具有圣职推荐权的推荐人为圣职候选人提供某份圣俸，用来作为对其为教会或者推荐人服务的奖励或报酬，这份圣俸就可以被圣职候选人用作"头衔"来获得正级神品。对于前者，往往是圣职候选人已经在教会中从事服务性的工作。由于该圣职候选人还不具备从事属灵服务或者辅助属灵服务的资格，因此教会授予其一份圣俸，资助其获得正级神品，最终成为司祭。例如，有4名圣职候选人持有堂区主持人代理（vicar）的"头衔"在赫里福德主教区参加授职仪式获得司祭神品。② 因为作为在堂区主持人不居于堂区时负责主持属灵活动的教士，堂区主持人代理必须获得司祭神品才能具备为教众服务的资格。也有一些为教会服务性的圣俸是带有见习性质，收入不会很高。在赫里福德主教区神职人员授职名单中，最具代表性的就是教堂的圣器管理人（sacristanship）圣俸和主教座堂中律士助理（vicar choral）圣俸。一共有11名在赫里福德主教区参加授职仪式的候选人使用的是某教堂的圣器管理人（sacristanship）圣俸作为"头衔"。通过一个例子可以窥见这种圣俸"头衔"的本质。彼得·亨特在1412年5月获得副助祭神品时持有的是一份"位于卢埃林·康沃尔的地产地租中的100先令"的私人"头衔"。同年12月，他在成为助祭时所持有的"头衔"变更为"梅奥·布雷斯教堂的圣器管理人"。而在1413年9月被授予司祭神品时，他的"头衔"来源于"主教座堂修士团"③。由此可见，圣器管理人是一种类似于学徒的见习岗位，它代表的圣俸收入可以支持圣职候选人获得正级神品。主教座堂中律士助理是主教座堂中的低级教士，其职责是辅助主教座堂修士团中每位律士个人的日常性属灵活动，以便他们能拥有更多时间

---

① A. B. Emden, *A Biographical Register of the University of Oxford to A. D. 1500*, Vol. 2, Clarendon Press, 1958, p. 1353.

② Joseph H. Parry, ed., *Registrum Roberti Mascall, A. D. MCCCCIV – MCCCCXVI*, p. 141; Arthur T. Bannister, ed., *Registrum Thome Myllyng, A. D. MCCCCLXXIV – MCCCCXCII*, p. 155; Arthur T. Bannister, ed., *Registrum Ricardi Mayew, A. D. MDIV – MDXVI*, p. 265.

③ Joseph H. Parry, ed., *Registrum Roberti Mascall, A. D. MCCCCIV – MCCCCXVI*, pp. 153 – 154, 157.

进行管理和修道活动。[①] 圣职候选人通过这份圣俸取得的收入可以支持其获得正级神品。在赫里福德主教区授职名单中一共出现了 59 例这样的"头衔",说明主教座堂对低级教士的需求是持续稳定的。另外,由于 15 世纪英格兰暴发过数次席卷全国的瘟疫,因此主教座堂急需增加低级教士来进行日常的属灵活动。例如,托马斯·斯迈思在 1463 年 12 月的授职仪式上同时获得了襄礼员和副助祭两个神品。他持有的一份特许状显示,之所以允许他在同一天获得两个神品,是因为主教座堂中连一名副助祭都没有。[②] 不过,这两种圣俸的任期一般比较短,因此圣职候选人借助这两种圣俸的"头衔"获得一定的正级神品或者最终成为司祭后,就会设法去寻求另外的圣俸。

圣职推荐权的世俗拥有者也可以为圣职候选人提供圣俸"头衔",一般是用来换取圣职候选人的属灵服务,最典型的是永久追思礼拜堂(perpetual chantry)圣俸。某些教众为了生前或者身后的属灵需求会出资捐建永久追思礼拜堂,聘请一位拥有属灵服务资格的司祭来主持追思礼拜堂并为捐建者做弥撒服务。如果出资人选定的教士还没有获得司祭神品,那么他可以凭借永久追思礼拜堂的圣俸收入来作为"头衔"去参加授职仪式。在 15 世纪的前 20 年里,先后有 6 名圣职候选人凭借温福德追思礼拜堂的圣俸"头衔"来获得正级神品,[③] 这表明圣职候选人并不会长期在该圣俸服务。

结　语

赫里福德主教区神职人员授职名单中圣职候选人所持有的

[①] Kathleen Edwards, *The English Secular Cathedrals in the Middle Ages*, Manchester University Press, 1967, pp. 252 – 258.

[②] Arthur T. Bannister, ed., *Registrum Johannis Stanbury, A. D. MCCCCLIII – MCCCCLXXIV*, p. 153.

[③] Joseph H. Parry, ed., *Registrum Roberti Mascall, A. D. MCCCCIV – MCCCCXVI*, pp. 138 – 139, 141 – 142, 144 – 145, 148 – 152, 154, 164.

"头衔"种类齐全,内容丰富多样。"头衔"的多样性,为进一步了解其所代表的真实经济来源提供了可能性,还有助于揭示教会中教士阶层与世俗社会的经济社会关系。另外,不同类型的"头衔"所占的比重也处在变化当中,反映了中世纪晚期英格兰教会的内部运作机制以及为应对当时经济社会的变化而对其自身所采取的改进和发展。通过赫里福德主教区的个案研究,不仅展示出当地教士的职业生涯情况以及当地的教俗关系,而且丰富和发展了对于中世纪晚期英格兰教士阶层、教会与世俗社会的关系的研究。修道院"头衔"在教会的认可下出现并盛行,相当于变相降低了教士阶层的准入门槛。这样加快了圣职候选人获得神品的速度,从而招募了大量教士,维持了教会各级组织的正常运转。但是,大批圣职候选人获得正级神品后跻身教士行列,必然加剧教士间对于教职的竞争。鉴于圣俸的数量非常有限,绝大部分教士只能通过临时的教职或者充当私人牧师来挣取薪俸以维持生活,逐渐沦为教士阶层中的"无产阶级"。相比之下,拥有良好家庭背景或者社会关系的圣职候选人甚至在参加授职仪式之前就可以获得圣俸,在成为司祭之后,他们还有机会拥有多份圣俸并跻身教会高层。经济上的差距促使那些收入微薄的教士把精力更多地投入增加经济收入,而忽视了履行作为神职人员的职责,激起了世俗教众和教会高级教士的不满,从而为15世纪末罗拉德派的再度兴起以及16世纪初宗教改革思想在英格兰教士中的传播埋下了伏笔。随着宗教改革的到来,修道院"头衔"的使命也走向终结。亨利八世在1535年下令解散修道院以后,修道院地产被王室和俗人接管。修道院财产的接收者们成为新的私人"头衔"提供者,但是他们在为圣职候选人提供"头衔"时所采取的谨慎态度,直接导致圣职候选人的人数开始急剧下降。[①] 这种变化反证了修道院

[①] Robert Swanson, "Titles to Orders in Medieval English Episcopal Registers," p. 244; Margaret Bowker, "The Henrician Reformation and the Parish Clergy," *Bulletin of the Institute of Historical Research*, Vol. 1, 1977, pp. 79–80.

"头衔"只是一种"法定的虚构物"的本质。

数量相对不多的其他三种"头衔"揭示了圣职候选人的真实经济来源,为研究中世纪晚期到宗教改革前夕英格兰教会和世俗社会之间的紧密联系提供了重要的线索和依据。无论是家庭还是私人所提供的"头衔",都说明中世纪晚期的英格兰世俗民众对于宗教信仰的需求依然存在,天主教会在世俗社会仍有生存的基础,同时也反映出教士职业对于世俗社会的吸引力。一部分圣职候选人在成为司祭之后,仍然会在其所在的堂区工作,服务当地教众。也有一些圣职候选人会被资助者雇用成为私人牧师。这看似与修道院"头衔"反映出的情况相矛盾,但是,这正说明中世纪晚期英格兰教会和世俗社会的发展情况以及相互关系的复杂性。此外,从有些"头衔"显示的资助金额来看,一部分圣职候选人获得的资助能够维持体面的生活。[①] 但是,另一些数额较小的资助则暗示着有的教士在找到神职之前的生活会非常拮据。由此可以推断,修道院"头衔"中必然也会有类似的情况。从修道院"头衔"购买活动的常态化可以推测,修道院在颁发给圣职候选人"头衔"之前并不会严格检查他们的真实经济来源。因此,一些所持资助并不充裕的圣职候选人依然可以得到"头衔"并获得正级神品。那么,经济上的困顿必然使得这些教士极大地关注如何从教职和其他渠道取得更多的收入,而不是重视应该履行的为世俗大众提供属灵服务的职责。相比之下,对于那些持有圣俸"头衔"的圣职候选人来说,他们已经在教会中谋得了一席之地,具备了一个良好的职业开端。教会通过授予圣俸,使一批有才能的世俗青年成为教士并为其所用,还拉拢了世俗社会上层,与其形成利益互补的关系。这些群体对于圣俸的垄断,会导致其他教士的不满和对改革的呼声。总之,"头衔"所折射出的教士职业生涯早期的经

[①] 根据1378年的教会规定,履行属灵服务的司祭的最高年收入是8马克。B. H. Putnam, "Maximum Wage-Laws for Priests after the Black Death," *The American Historical Review*, Vol. 21, 1915, pp. 21 – 22.

济社会因素，既说明宗教改革之前的天主教会在英格兰世俗社会中仍然具有稳定的生存空间，也揭示了教会内部的不稳定因素以及世俗社会中对于教会的态度转变。而这些可能就是在之后的宗教改革中，亨利八世之所以采取一种并不触及天主教会根本的模式，而这种模式也是英格兰教会和世俗社会所广泛接受的原因。

（原载《世界历史》2016 年第 2 期）

十四至十六世纪荷兰农村
手工业兴起的原因

宁 凡

在中世纪欧洲，意大利北部、瑞士、德意志南部、法国北部和尼德兰南部这一带是经济最为发达的地区。在这一大片地区中，尼德兰的经济情况较为特殊。尼德兰最为发达的是其南部，即主要以弗兰德尔和布拉班特为中心的地区。当时，弗兰德尔的最大城市——布鲁日和布拉班特的最大城市——安特卫普是中世纪欧洲的经济中心，其影响一直持续到近代。与南部形成鲜明对比的是中部和北部，越往北人口越稀少，经济较为落后。以中部偏西的荷兰省为例，除了一些河流附近，大部分地方在10世纪之前很少有人居住。城市发展水平较低，更不能和弗兰德尔相比；国际贸易很有限，出口型的工业还没有建立起来，更无法和弗兰德尔的高度发达的纺织业相比。在14世纪之前，这里几乎没有较大的城市，最大的城市也只有几千人，根本无法和根特、布鲁日和安特卫普等城市相比。[①]但是，到了15世纪末，荷兰省的经济有了很大发展。第一，城市发展步伐加快，城市人口的比例显著上升，从1300年前后的15%升至1500年前后的45%；第二，城市工业，尤其是酿酒业、造船业和纺织业取得了较大发展；第三，农村的手工业种类大幅增加，水平也在提高。在14世纪的下半叶，除去传统的如纺织业等工业门类，其

---

① Van Houtte, J. A., *An Economic History of the Low Countries, 800 – 1800*, London, 1967, p. 30.

他行业,如造船、榨油、造纸、陶瓷、制砖、制石灰、制奶酪等行业开始出现,泥炭开采、渔业和运输业等在农村逐渐兴盛。[①] 荷兰省的出口也大为繁荣。农村的工业产品,如砖和瓦等在 14 世纪晚期出口英格兰,以后出口丹麦和波罗的海地区。啤酒和纺织品也在 14 世纪开始大规模出口。16 世纪初,大约一半的酒类用于出口,尤其出口到弗兰德尔和布拉班特。纺织品出口到其他各省和波罗的海国家。第三点值得注意,14 世纪下半叶,荷兰农村的手工业规模和水平有了较为显著的提高。这一时期是西欧农村工业出现转折的时期。与传统的工业相比,农村工业在规模和技术等方面都有较大的变化。

中世纪西欧手工业的主要代表是纺织业,分布范围很广。在 1300 年前后,西欧纺织业达到中世纪的第一个高峰。其中,毛纺织业是交易量最大的纺织品,其次是亚麻布。这些纺织业中心集中在意大利北部、法国北部、尼德兰南部的弗兰德尔、英格兰东南部,以及西班牙一些地方。但是,总体上,纺织业还集中在城市,乡村较少。14 世纪末至 15 世纪初,西欧的农村纺织业开始进入大发展时期,如英格兰的马姆斯伯里(Malmesbury)和韦斯特伯里(Westbury)之间,以及迈尔(Myer)地区是农村纺织业较为集中的地方。弗兰德尔的根特、布鲁日、伊普尔三座城市周围的农村也在积极发展纺织业。15 世纪前,尼德兰的重要纺织业中心集中在南部,即上述弗兰德尔的几个城市及其周围地区。15 世纪,尼德兰的纺织中心开始北移,布拉班特省的北部和荷兰省开始崭露头角。除了城市经济的繁荣,荷兰农村经济的发展也是荷兰能够在世界近代早期的经济史上独领风骚的重要原因。故此,笔者对荷兰农村手工业兴起的原因做粗浅探讨。

一

19 世纪末以来,西欧一些历史学家开始关注中世纪晚期尼德兰

---

① De Vries, J., *The Dutch Rural Economy in the Golden Age, 1500 – 1700*, London, 1978, p. 349.

农村手工业兴起的原因。到 20 世纪，比利时历史学家亨利·皮朗的相关研究最为著名。亨利·皮朗从农村手工业兴起与城市的相对衰落同时发生这一背景出发，推断出中世纪的城市和乡村各有自己的呢绒生产模式。他把乡村与城市对立起来，认为城市的生产模式代表了中世纪经济，注定要衰落，而农村的生产模式则代表更先进的模式，未来将进入现代经济。[①] 亨利·皮朗提出这个观点后，法国学者埃米尔·库尔纳尔提出了反驳。他反对把中世纪弗兰德尔的呢绒业分为城市和农村两个阶段的观点。他说，12—13 世纪城市经济的高峰期，存在许多农村纺织业中心。他证明，14 世纪末出现的纺织业中心不是农村，而是城市。之后，许多学者从不同角度反对亨利·皮朗的观点。[②] 20 世纪 70 年代以来，一批西方学者，如门德尔斯克里特等人将 18 世纪以前的工业称为"原工业"（Pro-industry），将 18 世纪之前的工业时代称为"原工业化时代"。这些人在研究原工业时就较为重视农村手工业。[③]

在研究中世纪荷兰农村手工业的欧洲学者中，有两派学者值得注意。第一派是以詹森和布罗克曼为代表的学者。詹森研究荷兰农村在这一时期的经济和人口增长问题，引起了西方学界的关注。他研究的焦点在 14 世纪下半叶，认为黑死病并没有给荷兰省的人口造成大的影响，只对工资影响较大。1348 年后，欧洲各地劳动力匮乏造成工资大幅上涨。而荷兰的工资却没有大幅上涨，这为手工业提供了一个重要的缓冲期。[④] 同时，农业劳动力的剩余为手工业发展创造了条件。他的理论被布罗克曼加以细化。布罗克曼发现了黑死病给荷兰省的一些影响，但却不足以对工资形成较大影响。而且，农

---

① Pirenne Henri, *Early Democracies in the Low Countries*: *Urban Society and Political Conflict in the Middle Ages and the Renaissance*, New York, 1963.

② 王加丰、张卫良:《西欧原工业化的兴起》，中国社会科学出版社 2003 年版，第 97 页。

③ Mendels Franklin, "Proto-industrialization: The First Phase of the Industrialization Process," *Journal of Economic History*, Vol. 32, 1972; Kriedte Peter, et al., *Industrialization before Industrialization*, *Rural Industry in the Genesis of Capitalism*, Cambridge University Press, 1981.

④ Jansen, H. P. H., "Holland's Advance," *Acta Historiae Neerlandicae*, No. 10, 1978, p. 20.

场的分割和农业生产中的一些不利因素，使劳动力有了新的流向，再加上鼓励生育的人口政策，造成劳动力剩余，也导致了工资维持在相对较低水平。总之，两位学者都将人口和工资作为衡量经济发展的主要指标。① 总结起来就是，人口和工资的合力推动了手工业的发展。第二派学者以荷兰学者德·波约尔为代表。德·波约尔较为注重农业的发展和其对农村的影响，并研究了 1345—1415 年泥炭地的下沉对农业产量的影响。德·波约尔利用政府征收十一税的记录说明，荷兰省内包括粮食在内的种植业，在 14 世纪下半叶出现过一段危机，尤其在泥炭地区更严重。他将这时的产量的下降归因于城市的扩张，外来移民涌向城市，以及城市工业的发展使耕地面积缩小。② 在 1415 年后，泥炭地的下沉促使许多农民改变种植结构，开始种植夏季作物并饲养牲畜。土壤条件发生变化，原先能种植谷物的土地不能再继续种植，这会影响到农民的生计。农村各阶层，如自由农、佃户和领主都会投身工业领域，为农村工业提供了劳动力和资金。另有一些学者，如范·查登认为，农村耕地质量的下降是农村其他产业发展的主要原因。③ 简而言之，第二派学者关注自然条件和城市扩张的影响。以下分别对这两派学者的研究方法和观点进行分析。

从人口统计记录来看，尽管经历黑死病，荷兰省的人口却没有像欧洲其他地区那样大幅下降，只是在 14 世纪下半叶有少许的下降，从 15 世纪就开始增长。1347 年，人口出现小幅下降但紧跟着恢复增长。在 14 世纪的上半叶，荷兰省的人口密度已经很大，接近 55 人/平方千

---

① Blockmans, W. P., "The Social and Economic Effects of Plague in the Low Countries, 1349 – 1500," *Revue Belge de Philologie et d'Histoire*, No. 58, 1980, p. 833.

② Van Bavel, Bas J. P. and Jan Luiten van Zanden, "The Jump-Start of the Holland Economy during the Late Medieval Crisis, c. 1350-c. 1500," *Explorations in Economic History*, No. 25, 1988, p. 266.

③ Van Zanden, J. L., "A Third Road to Capitalism? Proto-industrialization and the Moderate Nature of the Late Medieval Crisis in Flanders and Holland, 1350 – 1550," In Hoppenbrouwers, P. C. M., and Jan Luiten Van Zanden, *Peasants into Farmers? The Transformation of Rural Economy and Society in the Low Countries (Middle Ages-19th century) in the Light of the Brenner Debate*, Turnhout: Brepols Publishers, 2001, p. 85.

米，在耕地上的人口密度甚至达到 75 人/平方千米。① 14 世纪下半叶，城市人口的增加可以从荷兰省内的大城市——莱顿的人口数据得到证明。莱顿是荷兰省内四个工业最发达城市之一，以纺织业为主，城市人口从 1365 年的 3000 人上升至 1400 年的 6000 人，到 1480 年前后已达 1.5 万人，这之后出现了少许的下降。14 世纪下半叶，莱顿进入大发展的时期，人口在 1480 年达到顶峰。15 世纪 80 年代至 16 世纪 70 年代，人口有所下降：1574 年的人口降至 1.25 万人。② 城市人口的增长主要来自周围农村。1365—1415 年，在城市新增人口中，来自周围农村的人口占 70% 左右。③

11—13 世纪是西欧的垦荒运动时期。尼德兰中北部的许多农民被乌特勒支主教和荷兰伯爵提供的优厚条件所吸引，投身垦荒运动。劳工相对于土地来说较为短缺，这就使货币工资上涨。在 14 世纪上半叶，垦荒运动逐渐结束，但工资却一直维持在较高水平。荷兰省大部分农村地区的工资相对较高，只有荷兰省北部的一些地方较低。14 世纪 40 年代，整个荷兰省和欧洲其他地区相比其工资处在较高水平。在 1348 年后的 40 年里，欧洲其他地区的工资出现大幅上涨。以白银作为通货，整个英格兰平均约上涨了 40%，弗兰德尔的根特和意大利的佛罗伦萨上涨了 100%。莱顿上涨的幅度较小，且在 1348 年后其工资上涨的幅度趋缓。荷兰农村的工资和牛津相比仍处在较高水平。14 世纪下半叶，荷兰和弗兰德尔的工资均处于较高水平。中部的另一大城市——乌特勒支的工资比莱顿的较低，与伦敦的相同，比牛津和佛罗伦萨的略高。整个 15 世纪，工资的变化表现出了一定的惯性。莱顿、乌特勒支、勒文霍斯特和根特出现了明显的下降。由于货币工资维持不变，以及荷兰和弗兰德尔的格罗特的贬值，15 世纪末，荷兰省和弗

---

① Van Bavel, Bas J. P., "People and Land, Rural Population Developments and Property Structures in the Low Countries, c. 1300-c. 1600", in *Continuity and Change*, Vol. 17, No. 1, 2002, p. 37.

② Blockmans, W. P., "The social and economic effects of plague in the Low Countries, 1349 – 1500", *Revue Belge de Philologie et d'Histoire*, No. 58, 1980, p. 836.

③ Unger, R. W., *A History of Brewing in Holland 900 – 1900 Economy, technology and the state*, Leiden, 2001, p. 50.

兰德尔的工资和英格兰、佛罗伦萨处于相同水平。① 以对小麦的购买力换算，工资的变化展示出了相同的趋势：14 世纪下半叶，尤其在 1370—1400 年，工资大幅上涨，同样的情况也出现在弗兰德尔。从 14 世纪的 40—60 年代起，荷兰省的工资比南部地区要高，但之后差距逐渐缩小。这种趋势一直延续到 15 世纪末。②

总之，工资在 14 世纪下半叶开始展现出一定的惯性，荷兰省的高工资水平一直持续到 14 世纪末。15 世纪末，谷物价格较高，使实际工资上涨的趋势放缓，到了 1480 年后，荷兰省的工资就相对较低。从长期看，黑死病给荷兰省造成的影响不如英格兰那么明显，两地工资的比较证明了这一点。但这不表示荷兰省的工资低于其他地区。相反，荷兰省的货币工资和其他地区基本相同。

从工资的变化来研究荷兰省在黑死病后的经济表现，说服力并不是很强，因为工资只是生产发展的一个指数，背后的诸多因素不能忽略，且这些因素交织在一起，十分复杂。人口和工资是研究荷兰工业的一个角度，但缺乏对雇工结构的分析将会造成对工资的研究范围过窄，不具代表性。雇工的成分较为复杂，如新增的人口有的从事手工业，有的从事农业，或者既是农业雇工，又是手工业雇工，这种现象并不少见。工资在生产和消费环节中的作用，如对生产成本、劳动力结构和消费结构的影响不能忽视，少了这些系统分析，将不足以对其在黑死病后工业的发展进行较全面的解释。

第二派学者关注自然条件和种植结构对农村手工业的影响。1350 年后，农村出现了一些问题，尤其在泥炭地区。海平面出现一定程度的上升使农田的灌溉难度加大，泥炭地的下沉使土壤不再适合种植冬季谷物，荷兰省的农业遭到很大打击。尽管如此，荷兰省

---

① Allen, R. C., "The Great Divergence in European Wages and Prices," *Explorations in Economic History*, No. 38, 2001, p. 413.

② Van Bavel, Bas J. P., "The Transition in the Low Countries, Wage Labor as an Indicator of the rise of Capitalism in the Countryside, 14th – 17th Centuries," in Coss, P., Dyer, C., Wickham, C., *Rodney Hilton's Middle Ages*, Wormerveer, 1990, p. 409.

的人口没有其他地区减少的幅度大，使荷兰省农业在黑死病后的情况与西欧其他地区有所不同。

以黑死病后的荷兰省赫金兰德地区和乌特勒支北部地区为例，这一地区的农业经历了几个不同的发展阶段。尽管14世纪70年代的农业产量大幅下降，但从14世纪的40—70年代这一长时段看，农业基本维持在同一水平。[①] 14世纪70年代之后，农业出现恢复表明了人口的下降没有导致农产品产量的下降。15世纪初的农产品产量的下降和人口的下降不存在联系，因为1400年后人口基本维持不变。人口变化不能完全体现出农产品产量的变化。

对15世纪以来的农业危机的解释不能仅局限在自然条件上。例如，荷兰省的一个叫马尔斯兰的村子，14世纪70年代，粮食产量开始下降，但90年代开始恢复。15世纪20年代之后，效果明显，1448年后，粮食产量大幅增加，并出现了比14世纪还要高的顶点。[②] 出现这种局面的原因是一部分地区在15世纪40年代出现了新的蓄水和灌溉技术。但整个15世纪，这些技术只是在一些地区得到利用。1407—1411年，新的风力灌溉技术开始出现，但新技术的普及从15世纪30年代才开始。1440年，第一套推广新灌溉技术和相关投资的规定出现。大体内容是，土地所有者必须投资修建水车和相关设施，这些花费由该地区的农民在10年内偿清，并要支付一定的利息。而且农民要负责维护这些设施，作为回报，他们的土地租金在开始的10年内不会上涨。15世纪的大部分时期，工资处于高水平而粮食价格则处于低水平，致使修建新灌溉设施的成本增加。新的水利设施在各地修建的时间不同。15世纪40年代，马斯兰已经普及了新水利设施，而耶斯蒙德地区，在此

---

① Hoppenbrouwers, P. C. M., "Agricultural Production and Technology in the Netherlands 1000 – 1500," in Astill and Langdon eds., *Medieval Farming and Technology: The Impact of Agricultural Change in Northwest Europe*, Leiden: Brill Academic Publishers, 1997, p. 99.

② Van Bath, B. H. S., *Agrarian History of Western Europe 500 – 1850*, London, 1963, p. 156.

之前一直未使用新技术。1470年之后，荷兰省的中心地带才开始普及新的灌溉技术。① 1500年，荷兰省的蓄水系统还处于初级阶段。总共只有不到200个风车在工作，每个只能灌溉1200公顷，总共能灌溉2万—4万公顷。② 此后，新技术迅速普及。1514年，只需要约15%的劳动力就能满足粮食生产需求，与1350年从事农业生产的劳动力的比例达到50%—60%才能满足粮食生产需求相比，农业劳动力的生产率提高了30%。③ 在1550年后，新水利技术得到全面推广。由此可知，在农业出现危机时，劳动生产率仍能提高。这也意味着，农村各阶层因农业生产无法满足基本生活需求，而投身其他产业的解释无法成立，反而是劳动力有剩余，才导致剩余劳动力流向非农产业。

对第二派学者的研究方法可以做如下评析。首先，包括土壤质量不再适合种植冬小麦等在内的自然原因不足以解释工业如何发达。采用一些手段，如发明新的灌溉设备等能够降低自然灾害带来的损失。农民在应对自然界的不利条件时，采取的措施无法有力证明其对农村工业的影响。其次，这些学者没有分析劳动生产率的作用。劳动生产率的提高使一部分人可以脱离农、畜牧业生产，转入工业领域，成为工业雇工。这是在黑死病后经济处于恢复阶段的大环境下，发展工业所需的基础条件。实际上也是对农业畜牧业和工业的关系的探讨，农业畜牧业应作为工业的生产资料的提供者。应针对荷兰工农业的特点研究工业和农业畜牧业的相互影响，不应仅局限在农业种植结构和自然环境的变化上。

---

① Bicker Caarten, A., *Medieval Watering in Holland's Polder Land 1407/08 – 1500*, Wormerveer, 1990, p. 257.

② Clark, G., "The Cost of Capital and Medieval Agricultural Technique," *Explorations in Economic History*, No. 25, 1988, p. 265.

③ Van Bavel, Bas J. P., "A Valuation of Arable Productivity in the Central Part of the Dutch River Area, c. 1360-c. 1570," in Van Bavel, Bas J. P. and Erik Thoen, *Land Productivity and Agro-Systems in the North Sea Area: Elements for Comparison*, Turnhout, 1994, p. 406.

二

　　从整个西欧来看，14世纪以后，农村手工业进入了快速发展的历史阶段。有两种较为普遍的因素促进了农村手工业的发展，这两种因素为荷兰农村手工业发展不可或缺。

　　第一，生产力的发展。农业社会，生产力发展缓慢，但不等于不发展。重犁、马轭、马的铁掌、水磨和风磨的广泛使用和改进，是14世纪以后农业发展的基础，其中，重犁的使用大大提高了生产率。13世纪以后，马的使用已较为普遍，不少地区出现了马牛混合编组的犁队，如四牛四马混编，或六牛四马混编。在纺织业中，水力作坊广泛用于漂洗和其他最后加工的工序，后来它们还应用于新发明的意大利的"拈丝机"中。1350年，一种金属拉丝机在纽伦堡发展起来。[①] 其他手工业部门的新发明和新技术也接连出现。影响较大的有印刷术、鼓风大熔炉、冶炼用的水力锤，从铜矿石中分离白银的熔炉，探测地层的钻杆，马力和水力带动的矿井排水机械，在玻璃制造、烧砖及酿造等工业中使用煤，由水力带动的滚柱拉丝法，等等。新技术又促使了许多新工业，如肥皂、玻璃、明矾、军火等工业的出现。14—15世纪，各种手工业技术向农村全面渗透，使得农村手工业的发展有了良好的基础。

　　第二，西欧农村的经济社会变化。农奴制的瓦解、农业的商业化发展和货币地租的逐渐流行造成了农村社会的分化，许多农民开始从事城乡手工业。在尼德兰大部分地区，特别是在弗兰德尔、布拉班特、西兰、荷兰和弗里斯兰，农业的商业化程度迅速提高。农业的商业化发展使农民的生产和生活受到了商品经济的影响。约翰·克拉潘说："由于保有地一再被分割，驱使他们之中的许多人成为工资劳动者，他们或者到城市中，或者在村庄或市镇中从事某种工业生产。我们可以发现，在1350年以前，有一批数目相当惊人的

[①] 王加丰、张卫良：《西欧原工业化的兴起》，第55页。

产业工人散布在各个村庄中。其中除了我们所料想到的木匠、铁匠、马具匠、屋顶匠、车夫外，还有漂炼工、染工、制皂者、硝皮匠、制针匠、黄铜匠，以及许多其他工人。"① 这些有专长的匠人是农村手工业发展的基础，而农村中大量廉价劳动力的存在，是吸引纺织工业从城市向农村转移的一个重要因素。米勒也认为："农村的真正重要性在于廉价的劳动力，因为梳、理、纺和织的工序在生产毛织品中占了整修前劳动力全部价格的70%—90%。"②

除了以上两种因素，荷兰手工业拥有某些独特的优势。第一，黑死病之前，荷兰手工业的基础较好，工业在黑死病蔓延之时并未受到较大损失。1350年，在手工业上投入的劳动力总数大约占全部农村劳动力的1/4左右，1450年达到2/5，1550年稍有降低，达1/3。③ 工业几乎涵盖了各个领域，并有大量产品出口。第二，荷兰省的地理位置较为适合发展手工业。一是泥炭地有廉价能源；二是河道纵横，出海口较多，运输成本较低，荷兰生产啤酒、腌鱼和硬奶酪，这些产品较为适合长途运输。第三，需求的上涨也是促进工业快速发展的重要因素。如烧砖和粉笔等行业的繁荣就是因为建筑业的发展；草皮的出口是由于生活取暖和工业需求；食品类商品，奶酪、黄油和鱼类等的需求也在上涨；服装的需求导致了纺织业的繁荣；等等，④ 这些都是推动荷兰手工业发展的有利因素。

上述各类手工业有几个特点。其一，大部分手工业是资本密集型而非劳动密集型。⑤ 14世纪，这些产业需要提供大量资金。比如，

---

① [英]约翰·克拉潘：《简明不列颠经济史》，范定九等译，上海译文出版社1980年版，第161页。

② Miller Edward, Hatcher John, *Medieval England: Rural Society and Economic Change 1086 - 1348*, London, 1980, p. 107.

③ Van Bavel, Bas. J. P., "Early Proto-industrialization in the Low Countries? The Importance and Nature of Market-oriented Non-agricultural Activities on the Countryside in Flanders and Holland," *Revue Belge de Philologie et d'Histoire*, No. 2, 2003, p. 56.

④ Noordegraaf, L., "Dutch industry in the Golden Age," in Davids, K. and Noordegraaf, L., *The Dutch Economy in the Golden Age*, Amsterdam, 1993, p. 135.

⑤ Blockmans, W. P., "The Economic Expansion of Holland and Zeeland in the Fourteenth-sixteenth Centuries," in Aerts, E., *Studia Historica Oeconomica*, Leuven, 1993, p. 41.

烧砖需要大量的资金和能源，漂白业工人的工资占到总成本的 1/4 以上，渔业需要船只、锚、绳索、网、桶、盐和鱼食等。同时，原材料和半成品的大量进口使劳动密集型产业没有大量出现，进一步提高了资本密集型产业的比例。如纱线的进口使纺织业不需要较多劳动力，有充足的资本就可生产纺织品。15 世纪以后，染色、漂白、渔业、烧砖和石灰等资本密集型行业快速发展。这种趋势一直延续到荷兰共和国成立后。[1] 其二，一些较为普及的手工业，如酿酒、纺织和造船等行业的快速发展不但吸引了大量资金，也带动了其他行业的发展。[2] 同时，这些行业也迅速延伸至农村。有没有这些行业已不再是城市经济和农村经济的主要差异，主要差异是资本和规模。如酿酒和造船就是城市和农村都在发展，只是资本和规模不同。其三，手工业结构有一定优势。烧砖、石灰、运输、渔业和泥炭等行业发展较为迅速。这些行业吸引了大量投资，原材料和生产工具逐渐被商人占有。在资金迅速积累的同时，雇工阶层也在形成。16 世纪，工业的发展导致了农产品价格的上涨，城市里的商人到农村购买土地来投资农业，导致大量农民失去土地，渐渐成为手工业雇工。

以上只是从经济方面分析荷兰手工业兴起的原因。需要注意的是，14 世纪末至 16 世纪中期，尼德兰政治经济进入一个较为统一的历史阶段。这一阶段，政治和经济两方面的因素推动荷兰工商业进入了新的发展阶段。

自 12 世纪以来，整个尼德兰是神圣罗马帝国的领地，但各地直到 14 世纪中叶前基本上处于封建割据状态。例如，1200 年，尼德兰的主要统治者有：布拉班特公爵、林堡公爵、格尔德斯伯爵、卢森堡伯爵、那慕尔侯爵、弗兰德尔伯爵、荷兰—西兰伯爵、洛恩伯爵、埃诺伯爵，以及列日主教、乌特勒支主教、康布雷主教和图尔奈主教。14 世纪晚期，勃艮第家族逐渐利用各类条约和政治婚姻将尼德

---

[1] David, P., *Technical Choice, Innovation and Economic Growth*, Cambridge: Cambridge University Press, 1975, p. 206.

[2] Unger, R. W., *A History of Brewing in Holland 900 – 1900: Economy, Technology and the State*, p. 153.

兰各省统一到勃艮第王朝的统治下。但勃艮第家族的统治只延续到15世纪末。从15世纪末到16世纪中叶，尼德兰被哈布斯堡王朝统治。1555年，神圣罗马帝国皇帝查理五世将皇位传给其子菲利普二世，此后，尼德兰属于西班牙哈布斯堡家族的领地。1568年，尼德兰爆发反对西班牙统治的独立战争。尼德兰北部和南部形成南北两个政治区域，北部是荷兰共和国，南部仍被西班牙统治。虽然勃艮第王朝只存在了一个世纪，但其对当时尼德兰的政治和经济走向统一做出了贡献。这个世纪里，尼德兰的政治和经济发展进入了中世纪来的第一个黄金期。

1386年，"勇敢者"菲利普着手加强勃艮第和弗兰德尔的财政管理，并在随后的扩张过程中不断推行财政管理。1433年，荷兰、泽兰和埃诺被置于勃艮第家族的统治下。1434年，尼德兰的第一种货币"菲尔兰德"（the vierlander）发行。这种货币一开始在这三地流通，随着勃艮第家族领地的扩大，这种货币也开始在弗兰德尔、布拉班特、林堡流通，逐渐成为这7个地区的通行货币。[①] 货币统一成为尼德兰经济统一的基础。

1446年，"好人"菲利普把弗兰德尔、布拉班特、荷兰、瓦隆弗兰德尔、阿图瓦、埃诺、泽兰、那慕尔、梅赫伦，以及波旁公国的议会代表召集到布鲁日召开联合磋商会议。此后，这种会议经常召开，被称为三级会议。三级会议在1477—1576年几乎年年召开。三级会议促进了勃艮第王朝的政治统一。"好人"菲利普去世后，其子"大胆"查理继承了对勃艮第、弗兰德尔、阿图瓦、那慕尔、布拉班特、林堡、荷兰、泽兰、埃诺和卢森堡的统治权。"大胆"查理还将家族成员任命为乌特勒支、列日和康布雷三地的主教，以这种方式对三地实施统治。1473年12月，他颁布了《提永维勒法令》（the Edict of Thionville），创立了4个机构。这4个机构分别是：高等

[①] ［英］安博远：《低地国家史》，王洪波译，中国大百科全书出版社2013年版，第111页。

法庭、审计院、财政院和税务院。① 此举不但利于筹集军费，还有利于稳定其辖区内的经济。

在勃艮第家族统治时期，荷兰商人着手开拓波罗的海市场。当时的荷兰商人经过松德海峡进入波罗的海销售盐、鲱鱼、布匹，并带回谷物、木材和焦油等商品。1433年，勃艮第公爵"好人"菲利普从其伯母巴伐利亚大公夫人雅各芭手中夺取了荷兰。这时正是勃艮第王朝的黄金期，荷兰省的综合实力由此得到加强。此后，汉萨同盟的衰落与荷兰的上升形成鲜明的对照。荷兰商人逐渐开拓了波罗的海地区的商品市场。阿姆斯特丹、莱顿、哈勒姆和鹿特丹生产的呢绒开始进入原来由汉萨同盟占统治地位的波罗的海市场。

15世纪前10年，荷兰商人进入波罗的海从事贸易引起了汉萨商人的不满，双方发生了一些冲突。1441年，《哥本哈根和约》的签订标志着汉萨同盟和荷兰争端的结束，也使荷兰商人能继续扩展与波罗的海国家的贸易。克里帕芬和但泽允许荷兰商人拓展和波罗的海东部的贸易。② 同时，勃艮第公爵也尽力同荷兰的主要商业伙伴签订条约，以此保障和波罗的海国家有贸易往来的商人的利益。签约的国家有丹麦、挪威、瑞典，城市有施威尔施维格、霍尔斯坦、万森和其他汉萨同盟城市。15世纪末，荷兰人开辟了从北海绕过斯卡晏角，穿过松德海峡进入波罗的海的航线，这条航线的重要性不久便超过了从汉堡通往吕贝克的陆路运输线。15世纪90年代，丹麦在松德海峡征收通行税的记录表明，通过松德海峡的大部分船只是荷兰的。在随后的一个半世纪中，这个比例不断提高。③ 荷兰的纺织品由荷兰商人运到斯堪的纳维亚和波罗的海东部地区，然后换回谷物、鱼、木材等。总之，波罗的海市场的开拓不但为荷兰纺织业，还为造船业等与海外贸易相关行业的发展提供了广阔的国际市场。

尼德兰政治经济的第二个黄金期是哈布斯堡王朝统治时期，即

---

① ［英］安博远：《低地国家史》，王洪波译，第112页。
② ［英］波斯坦等主编：《剑桥欧洲经济史》第2卷，钟和等译，经济科学出版社2003年版，第374页。
③ 陈勇：《商品经济与荷兰的近代化》，武汉大学出版社1990年版，第81页。

从 16 世纪初到 16 世纪中叶。1515 年，查理五世购买了弗里斯兰的宗主权，从此开始了他统一尼德兰的步伐。到 1528 年，除了列日主教区，其他尼德兰地区都归查理五世统治。全尼德兰被划为 17 个地区。1530 年，查理五世统一了尼德兰的政治制度，建立了有效的中央政府；在梅赫伦建立了最高议会，这是哈布斯堡家族在尼德兰的最高权力机构；在布鲁塞尔建立了联合议会，下辖三个委员会：国务委员会、财政委员会和枢密院，这是尼德兰本地的执政机构，该机构从此没有较大变化，一直存在至 1788 年。这三个委员会中，最重要的是国务委员会，由 12 名来自各地的大诸侯组成，其中大部分为南部大商人。枢密院的组成人员中没有大商人，而是专业的行政人员和法学家。尼德兰各省的最高长官是省长，省长从当地大贵族中选出。但各省通常共处于一个省长的统治下。泽兰、乌特勒支、和荷兰有同一个省长；弗兰德尔、瓦隆弗兰德尔和阿图瓦共有一个省长；弗里斯兰、格罗宁根、德伦特和上艾瑟尔共有一个省长。由于省长对治下各省的情况并不都熟悉，故联合议会和最高议会以司法管辖权来管理各省事务。各省的最高权力机构是省议会，省内各城市有自己的市议会。此外，在荷兰省，还有一种名为"巴尔尤夫斯"（baljuws）或"德罗斯坦"（drosten）的机构。此机构一般由 16 人组成，由布鲁塞尔的联合议会任命，具体负责当地的司法、民事和税收等事务。其角色是作为省议会和小城镇、农村和低洼地之间的纽带。[1] 1548 年，查理五世将整个尼德兰变成独立的帝国辖区。他颁布了《国事诏书》，以法律的形式确立了单一继承人制度。1550 年，全尼德兰地区开始实施统一的异端法。[2] 这些举措加强了尼德兰各地的经济联系和国家认同。

尼德兰独立战争爆发后，不断有尼德兰南部的难民和工商业者逃到政治环境相对稳定的北部避难，对尼德兰北部的经济发展起到

---

[1] Israel, Jonathan I., *The Dutch Republic: Its Rise, Greatness and Fall, 1477 – 1806*, Oxford University Press, 1995, p. 38.

[2] ［英］安博远：《低地国家史》，王洪波译，第 127 页。

了一定的积极作用。自 16 世纪 80 年代，从尼德兰南部逃到北部的难民和工商业者不断增加，人数在 1585—1587 年达到顶峰。至 16 世纪 80 年代结束，有 10 万—15 万人逃到尼德兰北部。当然，这些人不是全部留在尼德兰定居，有的逃到德国，有的逃到英国，但其大部分留在了荷兰省和泽兰省并定居下来。例如，1570 年至 16 世纪末，米德堡的人口增加了 2 倍，达到约 3 万人，增加的人口主要来自南方。莱顿的人口在 16 世纪 80 年代以前的一个世纪内几乎没有增加，但此时有了较大增幅，人口从 1581 年的 1.3 万人增加到 1600 年的 2.6 万人。阿姆斯特丹的外来人口最多，大约有 3 万人，到 1600 年，外来人口占其总人口的 1/3。哈勒姆的人口从 1570 年的 1.4 万人增加到 17 世纪初的 3 万人以上。其他小城市也有相当比例的外来人口。例如，在 1600 年，代尔夫特的外来人口占总人口的 17%。西兰省的法拉盛在 1577 年有 4425 人，到 16 世纪 80 年代末就增加了 1/3。在 16 世纪 90 年代，从南方来的人口占荷兰共和国总人口的 10%，其在荷兰省和西兰省的比例远高于此。[1]

此时的荷兰共和国在接纳如此多外来人口方面有一定的优势。其一，宗教改革导致荷兰省和西兰省有很多修道院被没收。多个城市的议会颁布了法令，将这些建筑以较为优惠的条件提供给外来人口，作为其手工作坊和住所。其二，往来在内陆地区的河流上的运输船队和木材仓库为大量房屋，尤其是纺织作坊和纺织工匠住所的建造提供了基础条件。[2] 因此，外来手工业者来到荷兰共和国后的工作和生活水准并未下降，这成为荷兰手工业发达的又一个有利因素。

以上重点讨论的是荷兰和整个尼德兰地区的情况，如果将视野放大至整个欧洲，我们将发现有利于荷兰手工业发展的其他因素。16 世纪以来，欧洲经济格局的变化为荷兰经济快速发展创造了有利的国际环境。

---

[1] Israel, Jonathan I., *The Dutch Republic: Its Rise, Greatness and Fall, 1477–1806*, p. 106.
[2] Israel, Jonathan I., *The Dutch Republic: Its Rise, Greatness and Fall, 1477–1806*, p. 210.

首先，大西洋沿岸地区的经济实力迅速增强。16世纪，随着殖民运动的开始，葡萄牙、西班牙、英国、荷兰和法国与亚洲、非洲和美洲都建立了直接的商业往来。地中海沿岸的威尼斯、热那亚等商业城市衰落了，"地中海原来作为东西方贸易中转站的权利被剥夺，热那亚人成了西班牙的银行家，威尼斯则发展成为一个旅游城市，而大西洋沿岸的港口却充满了来来往往装着财富的船只"[1]。相反，影响世界的大西洋贸易开始兴起，处于大西洋沿岸的城市地位日渐重要，早期的大西洋沿岸的港口城市，如里斯本、塞维利亚等。不久，安特卫普、阿姆斯特丹、伦敦等北海沿岸城市迅速崛起，逐渐成为欧洲的国际贸易和金融中心。

16世纪中叶，安特卫普成为全欧洲的商业和金融中心，"安特卫普的贸易额已占全尼德兰对外贸易额的70%—80%"[2]。16世纪末，阿姆斯特丹成为西欧的一个重要的国际贸易中心，其地位逐渐超过安特卫普。从17世纪开始，安特卫普的海上贸易的优势地位被阿姆斯特丹取代。阿姆斯特丹已成为整个欧洲最大的谷物市场。这一时期，荷兰东印度公司开拓了亚洲市场，特别是印度，且从印度进口了大批东方棉布和亚麻布，这些产品经过加工之后，再从阿姆斯特丹出口到欧洲各地。荷兰政府甚至允许包括金银在内的一些通货自由输出。[3] 尼德兰经济中心自16世纪开始北移，由此可以得到证实。

其次，北海与波罗的海之间的经济联系日益加强，这种趋势一直延续到18世纪末。这种经济联系的加强不只体现在德意志汉萨同盟的开拓和发展带来的东西欧商品贸易的繁荣，更重要的体现在16世纪以来，两地市场上主要商品价格几乎相同，变化趋于一致。这反映出北海市场和波罗的海市场逐渐走向统一。16世纪后，两

---

[1] [英]里奇等主编：《剑桥欧洲经济史》第4卷，张锦冬译，经济科学出版社2003年版，第165页。
[2] Eden, *The New Cambridge Modern History*, Cambridge University Press, 1958, p.59.
[3] Charles Wilson, *The Dutch Republic and the Civilization of 17th Century*, World University Library, 1968, p.24.

地市场的统一对荷兰手工业产品的出口,尤其是荷兰纺织品对波罗的海地区的出口有利,这一点成为对荷兰手工业发展有利的国际因素。

　　1500 年以来,北海和波罗的海沿岸的主要城市,如阿姆斯特丹、布鲁塞尔、科隆和但泽 4 个城市间的黑麦贸易出现较为明显的一致性。17 世纪,有更多城市出现了这种现象,如哥本哈根、伦敦、斯德哥尔摩。17 世纪末,汉堡和不来梅也出现了这种现象。除了黑麦,小麦贸易也有类似的情况。美国经济学家维尔以每 25 年为一个阶段对 1500—1800 年的上述几个城市的黑麦和小麦的价格变动情况做了详细考察。其结论是,黑麦和小麦的价格变动呈现出了较为一致的特点。1500—1650 年,价格变动的一致性较为稳定,但 17 世纪末出现了价格变动不太一致的情况,之后至 18 世纪初则又出现变动一致的现象,1750 年前后又不太稳定,但之后到 18 世纪结束一直较为稳定。[①] 有人会认为,这些数据不一定能真实反映价格变动的情况,因为这些价格数据是将原产地的价格加上交易成本后得出的,而交易成本是否变化至今仍存在争议。而且,若一个地方发生战争,这一地区的商品价格会升高,交易成本也会变化,这不能说明这种商品的原产地价格是否发生变化。因而不同地区间的价格联动就会受到影响。这种分析有道理。实际上,原产地的商品价格不在其研究范围之内,他主要对几个重要的商业中心的价格进行比较,考察北海和波罗的海的商业中心城市的谷物价格走势,这能在一定程度上反映出不同地区价格趋于一致的趋势。另外,美国经济学家大卫·S. 杰克斯还以伦敦和阿姆斯特丹的谷物价格为参照物,研究了北海和波罗的海谷物市场的联动情况。其结论是,北海和波罗的海两地谷物市场的变动体现出较为明显的一致性。[②]

[①] Weir, D., "Markets and Mortality in France, 1600 – 1789," in Walter and Schofield, eds., *Famine, Disease and the Social Order in Early Modern Society*, Cambridge: Cambridge University Press, 1989, p. 437.

[②] David S. Jacks, "Market Integration in the North and Baltic Seas, 1500 – 1800," *Journal of Economic History*, Vol. 31, No. 1, 1998, p. 40.

三

综上所述，可以对中世纪末荷兰农村工业兴起的原因归纳如下。

第一，14世纪以来，两个基本因素促进了西欧农村手工业的发展：一是西欧农业和手工业生产力有了较大发展，各种新技术进入农村手工业；二是西欧农村的经济社会出现变化，即农奴制的瓦解、农业的商业化发展和货币地租的逐渐流行，结果是农村社会开始分化，许多农民开始从事城乡手工业。

第二，从黑死病暴发至14世纪结束，整个西欧的劳动力缺乏和工资的上涨导致了生产成本的大幅增加。荷兰省的手工业基础较好，较其他地区还具备一些优势：手工业部门中的大部分是资本密集型产业，工资的上涨幅度低于其他地区。在手工业生产需要大量劳动力来恢复的情况下，荷兰的资本密集型工业就表现出了较强优势。15世纪，在经济处于恢复的阶段，人口快速增加、需求上涨有利于荷兰手工业的繁荣。新水利设施和灌溉技术的运用使农业劳动生产率有所提高，促进从事手工业的人口增多，再加上工资处于较低水平，这使荷兰的资本密集型手工业的优势进一步显现出来。

第三，14世纪末至16世纪中期，尼德兰政治经济进入一个较为统一的历史阶段。这一阶段中，勃艮第王朝和哈布斯堡王朝的统治者制定的政策或制度推动了荷兰经济发展。

第四，欧洲经济格局的变化为荷兰经济发展创造了有利的国际环境。16世纪之前，尼德兰的经济中心是弗兰德尔和布拉班特。进入16世纪，借助于殖民运动的开始和大西洋贸易的繁荣，荷兰开始在国际贸易、金融和手工业方面超过中南部。北海和波罗的海两地市场联系的加强为荷兰手工业产品的出口创造了有利条件。

总之，西欧生产力的发展和经济社会的变化是基础，而荷兰手工业具有独特优势，再加上统治者的政策，以及外部环境即欧洲经济格局的变化，诸多因素共同推动了荷兰农村手工业的兴起。

（原载《北方论丛》2017年第4期）

高句丽好太王碑拓本的分期与编年方法

徐建新

高句丽好太王碑发现于1880年，是研究我国东北地区古代史和东北亚古代史的重要史料。2004年7月，在第28届世界遗产委员会上，此碑被指定为世界文化遗产。好太王又称"广开土王""永乐太王"，是古代高句丽王国第十九代王，公元391年即位，卒于412年。他去世后的正式谥号是"国冈上广开土境平安好太王"。好太王碑就是好太王之子长寿王为纪念和宣扬其父的功绩于公元414年在好太王陵附近建立的，碑址位于吉林省通化市集安城东4公里处的太王乡太王村。

好太王碑是由一整块天然的角砾凝灰岩石柱稍加修琢而成，略成方柱形。碑高6.39米，四面环刻碑文，碑文总数为1775字，内容是由3大段落构成。第一段的内容记述了高句丽的王权神话，简述了高句丽始祖邹牟王至第十九代王好太王的王统，概括了好太王的生平。第二段内容分8个纪年记述了好太王一生建立的功绩，其中包括征稗丽，伐百济，救援新罗，击溃倭寇，征伐东扶余等事件，以及在这些军事行动中好太王夺占的城池、村落和生口。在这一段落中，"倭""倭寇""倭人"的名称多次出现，这些与倭（即日本）有关的记事今天成为日本古代史研究者关注的焦点。第三段内容是根据好太王生前的"教言"，对好太王陵守墓烟户的来源、家数作了详细的记载。同时还记述了好太王为上祖先王墓上立碑，"铭记烟户"，并制定了守墓烟户"不得更相转卖"的制度。

自碑石在1880年被发现之后至今，学术界对碑文进行了大量的研究。这些研究，大致可以分为两个方面：其一是从金石学角度进行的史料研究，包括碑石调查、拓本研究和释文研究；其二是从历史学角度进行的碑文内容，即碑文所反映的历史事实的研究。

流传至今的好太王碑拓本种类多样，各种拓本的面貌和碑字形态也不尽相同。这种状况也是造成争论的原因之一。一般来讲，过去的释文研究主要依据的有3种拓本。其一是一种用墨直接勾填的本子（清末有的金石家把这种本子称作墨水廓填本；也有学者把这种本子称作双钩填墨本）。其二是原石拓本。其三是石灰补字拓本。所谓原石拓本是指在石灰补字拓本出现之前，即原碑字没有被修补的时期制作的拓本。而石灰补字拓本则是指碑石被人用石灰修补碑字后制作的拓本，这种本子也被称作"石灰拓本"或"灰后本"。在这3种类型的墨本中，墨水廓填本现存数量最少，原石拓本次之，石灰补字拓本数量最多。

1. 日本酒匂景信本　　2. 中国国家图书馆藏本　　3. 日本内藤湖南本

图一

从资料价值来看，原石拓本最为重要。出于对碑文真实性的追求，研究者自然十分关注原石拓本。由于东亚各国学者的不懈搜寻，迄今为止被发现的原石拓本的总数已上升到13种。流传至今的好太王碑拓本今天主要收藏在东亚各国，根据笔者在过去近20年中对中国、日本、韩国等地所藏此碑拓本的调查，其各种类型拓本的总数不少于100种。除原碑以外，上述这些拓本构成今天好太王碑文研究的最主要的研究资料。传世的各种好太王碑拓本是在不同历史时期制作的，由于拓本上大多缺少题跋或有关拓本制作年代的记载，许多拓本的收藏者无法判断自己的拓本是属于哪一时期的拓本。这直接影响了人们对拓本的性质和拓本价值的判断，同时也影响着此碑释文的研究。在好太王碑拓本的编年研究中，石灰补字拓本的编年是最为困难的。本文将以数十种传世的好太王碑拓本为资料，对拓本的编年方法和分期问题做一番探讨，并力图采用一种新的拓本编年方法。

一　拓本编年的诸家观点和问题

在以往的好太王碑研究中，拓本的编年问题受到研究者的重视，并取得了不少的成果和进展。好太王碑发现之后，碑石曾经在某个时期被石灰修补，后来由于石灰的剥落原碑文字又逐渐地显现出来，而各个时期拓本的不同面貌则是碑石这一变化过程的具体反映。对这样一个基本事实，在研究者之间没有异议。但是在不少具体问题上，比如石灰补字的开始期在什么年代，碑石经历了几次石灰补字，这些石灰补字给好太王碑带来了怎样的变化，石灰补字的原因是什么，等等，由于研究者对史料和拓本的认识和理解不同，还未形成一致的见解。

对好太王碑不同时期的拓本进行编年始于日本水谷悌二郎的研究，后来一些研究者又提出了各自的编年方案。研究史上主要的编年方案有：水谷悌二郎的编年（1959年）、李进熙的编年（1972年）、王健群的编年（1984年、1985年）、武田幸男的编年（1988年、2004年）、白崎昭一郎的编年（1993年）、朴真奭的编年（2001年）、耿铁华的编年（2004年）。下面对这些编年方案做一简单评介。

（一）水谷悌二郎的编年

1959 年日本民间学者水谷悌二郎发表了他对好太王碑的研究成果，即《好太王碑考》。① 在该文中水谷虽然没有明确地提出一个拓本的编年方案，但是，透过他在书中对各种拓本（包括拓本图版）的论述，可知他将自己研究过的好太王碑拓本分为 3 个时期。

第一期（1884— ）：双钩廓填本（墨水廓填本）制作期。属于这一期的拓本有酒匂本、潘祖荫本，吴大澂本（指 1886 年陈士芸所赠本）等。

第二期（1887— ）：原石拓本制作时期。包括杨颐本、吴大澂本、水谷本（原本现存）等。

第三期（1889— ）：石灰拓本（即石灰补字拓本，下同）制作期。包括李云从本、吴椒甫本（现存石印本）、罗振玉本（现存写真版）。

水谷编年的意义在于，他明确指出了酒匂本等双钩廓填本不是拓本，同时最早向学界提供了一种石灰补字以前的原石拓本，即水谷本。水谷编年中后来引起讨论的问题是，他将 1889 年的李云从制作的拓本归入了石灰拓本。水谷的这一判断后来也影响了李进熙对水谷本的编年研究。在今天的研究中，研究者普遍认为李云从本属于原石拓本制作时期的拓本。

（二）李进熙的编年

1972 年以后，旅日韩国学者李进熙先生在他的多部著作中多次谈到拓本的编年问题。② 归纳起来看，他将好太王碑拓本的变迁分为 5 个时期，同时他还把拓本变化的原因确定为日本参谋本部对碑石进行了所谓的"石灰涂抹作战"。这一观点后来在学术界影响很大。

---

① 水谷悌二郎:《好太王碑考》,《書品》第 100 号, 1959 年。
② 李進熙:《広開土王陵碑の研究》, 東京: 吉川弘文館, 1972 年; 李進熙:《好太王碑の謎》, 東京: 講談社, 1973; 李進熙:《好太王碑と任那日本府》, 東京: 学生社, 1977 年。

在李进熙的多种研究成果中，其编年的具体内容有所调整，但时间差距不大。他的拓本编年方案如下。

第一期（1882—　）：双钩加墨本制作期（第一次石灰加工），包括陈士芸本（即吴大澂本）、酒匂本、潘祖荫本等。

第二期（1887—　）：真正拓本制作期（石灰未全面涂抹），包括杨颐本、小松宫本（现仅存三宅米吉根据此本所作的释文）、李云从本等。

第三期（1899—　）：石灰拓本制作期（进行了第二次加工，碑面被全面涂抹，即所谓的石灰涂抹作战实施），包括内藤湖南本、杨守敬本（缩小写真版照片现存）等。

第四期（前期稍后不久—　）：进行了第三次石灰加工，包括吴椒甫本（现存石印本）、沙畹本（现存缩小写真版）。

第五期（在上一期稍后不久—　）：石灰开始剥落期，包括水谷本、金子鸥亭本（现存）。

李进熙的拓本编年可以说是他的好太王碑研究结论的基础。他在研究中，继今西龙、黑板胜美和水谷悌二郎之后，再次强烈提出了碑文的真实性问题。使仍在不加分析和批判地继承"二战"前的研究成果的日本学界受到很大冲击。

李进熙编年研究的成就在于，他通过对早期拓本和照片的比较，发现了好太王碑被人用石灰多次修补的事实，这比水谷悌二郎的研究前进了一步。不过，他将这种石灰补字的事实，解释为是参谋本部间谍酒匂景信的篡改行为，还缺乏令人信服的依据。他认为好太王碑文被篡改过3次，第一次是在1883年前后（笔者通过对新发现的1881年旧藏本的调查，判定这次篡改实际上并不存在）。[①] 第二次是在1900年前后。第三次是在第二次篡改发生后不久。他认为，这两次篡改也是参谋本部派人所为。他指出，在碑石上的石灰开始剥落之后，原来的碑字又重新显现出来。

---

① 徐建新：《高句丽好太王碑早期墨本的新发现——对1884年潘祖荫藏本的初步调查》，《中国史研究》2005年第1期。

李进熙先生的拓本编年研究的另一项成果是，他通过对拓本和早期照片的对比研究指出内藤湖南本是碑石被全面涂抹后最早拓出的石灰拓本。他对内藤湖南本、杨守敬本、吴椒甫本、沙畹本的相对年代（即拓出时间的先后顺序）的判断是可以信赖的。

李进熙先生的拓本编年的不足之处在于，他虽然发现了碑文在历史上被多次修补的现象（这一点十分重要），但是他对这种现象做了夸大的解释，把石灰补字的原因归结为"二战"前的参谋本部的有计划的篡改行为。在得出这一结论时，他没有提出令人信服的证据。他所利用的证据正如他自己所说，只是一种"状况证据"（指向某种可能性的间接证据）。对这些所谓的状况证据，李先生在其多种研究论文中做过详细的陈述。归纳起来看，他用以说明其"篡改说"的状况证据主要包括以下几个方面的内容。（1）有关"二战"前陆军参谋本部的间谍酒匀景信的经历和活动情况。（2）从碑石发现到甲午战争前后，日本军人在中国国内往来活动的情况。（3）战前日本军方制定的对中国和朝鲜半岛的历史文化遗产进行掠夺的政策。应当说，通过中冢明、[1] 佐伯有清、[2] 李进熙、永井哲雄[3]等人对上述问题的研究，大大加深了人们对战前日本军国主义侵略政策的认识，使好太王碑研究成为战后日本古代史学界为数不多的以实证研究的成果批判皇国史观的实例。从这个意义上讲，李进熙等学者在上述3项研究中的成果应当给予充分的肯定和评价。但是，笔者同时也认为，李进熙先生提出的上述状况证据只是指出了一种可能性，而不是能够证明碑文被有意篡改的事实证据。李进熙先生的学说对学界的影响很大，后来导致了各种各样的"篡改说"的出现。从学术的角度来看，迄今为止，还没有一条直接证据来证明篡改碑文这一事实。

---

[1] 中塚明：《近代日本史学史における朝鮮問題—とくに〈広開土王陵碑〉をめぐって》，《思想》561号，1971年。

[2] 佐伯有清：《広開土王碑と参謀本部》，東京：吉川弘文館，1976年。

[3] 永井哲雄：《高句麗広開土王碑文の招来者をめぐる一、二の史料追加について》，《日本歴史》総第296号，1973年。

另外，李进熙先生否认原石拓本的存在，他认为水谷拓本不是原石拓本，而是30年代以后石灰剥落时期的拓本。实际上，随着原石拓本被相继发现，今天的研究已能够证明水谷拓本不是石灰剥落时期的拓本，而是石灰补字现象出现之前制作的拓本，即原石拓本。

再有，李进熙的编年研究中过分看重了三宅米吉对小松宫拓本的释文。三宅米吉所作的释文是比较严谨的，但该释文毕竟不同于拓本实物和照片，其中必定包含了三宅本人的主观判断，这种包含了主观判断的释文是否百分之百地反映了小松宫拓本的面貌，是一个有待证实的问题。因此，三宅的释文只能作为编年的参考，而不能作为拓本编年的客观依据。

（三）王健群的编年

1984年，我国学者王健群先生在《好太王碑研究》一书中提出了自己的拓本编年。① 他将拓本的变迁分为5期。

第1期：光绪初年至光绪十三年（1887年）双钩加墨本流行时期。

第2期：光绪十三年前后至光绪十五年（1889年），双钩本和正式拓本并行时期。

第3期：光绪十五年前后至光绪二十八年（1902年）前后，正式拓本流行时期（其中包括误拓的）。

第4期：光绪二十八年至1937年前后，涂石灰后的拓本流行时期。

第5期：1963年开始，石灰脱落后拓制时期。

上述王健群先生提出的编年方案主要依据的是清末的金石学文献，而不是拓本本身，因此他的编年更多的是反映了拓本流传的状况，而不是拓本制作年代的分期。1985年，王健群先生又对上述编年做了修订，提出了更为细致具体的编年方案。他的第二个编年方案如下。

---

① 王健群：《好太王碑研究》，吉林人民出版社1984年版，第31页。

第 1 期（约 1875—1882 年）：双钩加墨本制作时期。属于这时期的有李大龙（即李云从）双钩本、潘祖荫所藏早期墨本。

第 2 期（约 1882—1900 年）：双钩本和正式拓本的并行期。双钩本大约在 1889 年消失了。属于这时期的有李眉生双钩本、酒匂景信双钩本、亓丹山拓本、谈广庆拓本、李云从（大龙）拓本、台湾中研院拓本、水谷悌二郎拓本、小松宫拓本。

第 3 期（约 1900—1902 年）：在碑字之间涂抹石灰的时期。属于这一时期的拓本有九州大学本、东京大学东洋文化研究所本、京都大学人文科学研究所本、上田正昭本。

第 4 期（约 1902—1937 年）：用石灰修补碑字然后制作拓本的时期。属于这一时期的拓本有杨守敬本、朝鲜总督府本、沙畹本、内藤湖南本。

第 5 期（1963 年以后）：石灰剥落以后的捶拓时期。属于这一时期的拓本有张明善本、周云台本、林世香本、周荣顺本。

在中国学者中，王健群是最先详细论证好太王碑拓本编年的人，他的编年划分比前人更为具体。王健群为拓本编年做出的贡献是指出了石灰补字年代的下限，即 1937 年。这是好太王碑当地的拓碑者初均德停止拓碑离开集安的前一年。这一编年是他和方起东先生在集安等地共同调查拓碑人初天富、初均德父子的拓碑活动时得到的。不过王先生的上述编年中亦有许多失察之处。例如，他所说的第一期的两种本子（李大龙双钩本、潘祖荫 1882 年以前所藏早期墨本）实际上并不存在，他对上述两本的判断实际上是对清末金石文献的误解。另外，他所说的第 3 期拓本实际上是在更晚的时期制作的。王先生在研究中曾多次提到日本九州大学藏本的编年问题，他认为九州大学本的碑字状态最接近原碑文，是在石灰补字初期制作的拓本。[①] 然而，他的这一判断是不准确的。通过各时期拓本的比较可以证明，九州大学本不

[①] 王健群：《九州大学藏好太王碑拓本の拓製年代について》，《シンポジウム好太王碑》，東京：東方書店 1985 年版，第 210—212 頁；王健群、賈士金、方起東：《好太王碑と高句麗遺跡》，東京：読売新聞社 1988 年版，第 65—98 頁。

是石灰补字初期的拓本,而是 1920 年代中后期的拓本。

(四) 武田幸男的编年

在过去的研究中,日本东京大学的武田幸男先生曾两次对好太王碑各个时期的拓本进行了详细的编年。在 1988 年出版的《广开土王碑原石拓本集成》一书中,他将拓本的变迁分为 3 个时期。①

第 1 期 (1881—):这一时期是以原石拓本为参照样本,制作墨水廓填本(摹拓本)的时期。这时期制作的本子有酒匂本、日本的大东急纪念文库本、李鸿裔本、潘祖荫本等。

第 2 期 (1887—):有意识地制作原石拓本的时期。这时期制作的拓本有台湾傅斯年乙本、韩国《书通》杂志刊布本(以下简称《书通》本)、日本水谷悌二郎拓本、台湾傅斯年甲本、日本金子鸥亭本、韩国任昌淳本。武田先生还认为日本小松宫旧藏本(1894—1895 年获得)和日本堀正雄旧藏本也是这一时期的原石拓本,只是目前这两种拓本已不知去向。

第 3 期 (1890 年代初期—):专门制作石灰拓本的时期。属于这一时期的拓本有内藤湖南本、沙畹本、中野政一本、九州大学图书馆本、足立幸一本等。

武田先生认为上述 3 个时期的拓本又可以分为 3 种不同的类型,即 A 型的墨水廓填本、B 型的原石拓本和 C 型的石灰拓本。在武田的编年中十分引人注目的是,他开创性地使用了一种被称作"着墨特征比较法"的拓本分类和编年方法。关于这种拓本分类和编年的方法,在下一小节中还将详细谈到。武田先生借助这种分类编年方法进一步将 B 型的原石拓本分为 3 种类型,即 B1 型(傅斯年乙本)、B2 型(《书通》本)、B3 型(水谷本、傅斯年甲本、金子鸥亭本、任昌淳本)。他将石灰拓本分为 3 种类型,即 C1 型、C2 型(九州大学图书馆本)和 C3 型(足立幸一本),并将 C1 型拓本进一步分为 3

---

① 武田幸男:《広開土王碑研究の現段階》,《広開土王碑原石拓本集成》,東京:東京大学出版会,1988 年,第 228—263 頁。

个小类型，即 C1-1 型（内藤湖南本）、C1-2 型（沙畹本）和 C1-3 型（中野政一本）。这样，武田先生实际上是把石灰拓本分成了 5 种不同的类型。

不久前，武田幸男先生根据近年来发现的新拓本，对他的上述编年做出了修正。① 他对各期拓本的新的分类和编年如下：

A 型拓本：

A1 型，制作年代在 1880 年— ，不完整拓本，如关月山手拓本。这种拓本的实物是否传世尚不清楚。

A2 型，制作年代在 A1 型之后— ，现存的第一组完整的原石拓本，包括台湾"中研院"历史语言研究所傅斯年图书馆乙种本、北京王少箴旧藏本，北京图书馆（今中国国家图书馆）藏本。

A3 型，制作年代在 A2 型之后— ，现存第二组完整的原石拓本，包括韩国《书通》杂志创刊号附录本、北京大学图书馆藏 A 本。

A4 型，制作年代在 1889 年，现存第三组完整的原石拓本，包括日本的水谷悌二郎本、日本金子鸥亭旧藏本、韩国任昌淳旧藏本、台湾"中研院"历史语言研究所傅斯年图书馆甲种本、北京大学图书馆藏 B 本、北京大学图书馆藏 C 本、北京大学图书馆藏 D 本。

B 型拓本：墨水廓填本，制作年代在 1881—1890 年，拓本实物有日本酒匂景信本。

C 型拓本：石灰补字拓本

C1-1 型，所属拓本有吴椒甫本、杨守敬本，制作年代在 1895 年前后。

C1-2 型，制作年代在 1903 年前后。所属拓本有天理大学乙本（1905 年制作）、沙畹本（约 1903—1904 年制作）、三井家藏本（1912 年刊布）、天理大学甲本（今西龙 1913 年本）、首尔大学奎章阁藏本（朝鲜总督府本，1913 年）。

C1-3 型，制作年代在 1912 年前后。所属拓本有中野政一本

---

① 武田幸男：《〈広開土王碑〉墨本の基礎的研究》，《東方学》第 107 輯，2004 年。

(1912年获得)。

C2型：C2-2型，制作年代在C1-3型之后。

C2-3型，所属拓本有九州大学图书馆本（1927年前后）、东京目黑区本（1926—1931年获得）。这种拓本的制作年代大约在1925年前后。

C3型，所属拓本有日本大阪府立博物馆本（1937年获得）、日本足立幸一本（1931—1937年获得），这种类型的拓本大约制作于1935—1938年。

C4型：C4-1型，所属拓本有张明善拓本，制作年代为1963年。

C4-2型，所属拓本有周云台本，制作年代为1980年。

D型墨本：双钩本，如杨守敬双钩本（1909年）。

E型墨本：临写本，如东京国立博物馆藏本（岸田吟香旧藏，1886年）、台湾"中央"图书馆藏本（即台湾"国家"图书馆乙本）。

F型墨本：摹刻本，如日本高丽神社藏本（1930年代后期）。

比较武田先生对好太王碑拓本的两次编年，可以看出他最近提出的编年方案，与第一次编年相比，有两点明显的不同。一是将前一次编年的A、B两型拓本的编年位置对调，即A型原石拓本在碑石发现后不久便开始出现，B型的墨水廓填本是以原石拓本为参考范本制作的。二是后一次编年的类型划分更为细致，例如，他将A型原石拓本进一步分为4种类型，将C型的拓本细分为八种类型。这些变化体现了编年者观点的调整和研究的进展。从大的方面来看，武田先生将好太王碑的各时期墨本分为A、B、C三种主要类型，对此笔者并无异议。但是，对其编年中的某些拓本的性质和位置排列，笔者认为有进一步探讨的余地。例如，在第一次编年中，武田将日本大东急纪念文库本视为与酒匂本同期的墨水廓填本（摹拓本），而笔者认为大东急纪念文库本的制作年代应当更晚，该本所参考的拓本和释文应当是吴椒甫本以后的拓本和释文。又如，武田先生将吴椒甫本和杨守敬本同视为C1-1型拓本，而笔者认为这两种拓本不应属于同一类型。再有，在第一次编年中，武田将内藤湖南本归入

C1-1型拓本，但在第二次编年中，却只字未提内藤湖南本，不知作者这样做是出于怎样的考虑。最后，武田先生将台湾收藏的一种墨本，即高明士先生所公布的台湾"国家"图书馆乙本视为临写本，而在笔者看来，该本的性质为一种摹刻本。

（五）白崎昭一郎的编年

日本白崎昭一郎先生的编年发表于1993年。[①] 他将拓本的变化分为3期。

一期：石灰加工以前（1899年前）

（酒匂本）、水谷拓本、台湾"中研院"拓本、金子鸥亭本

二期：石灰加工盛行期（1900—1920年）

上田正昭本、杨守敬本、内藤湖南本、沙畹本、今西龙本、首尔大学本、天理大学本、朝鲜总督府本

三期：石灰剥落期（1921年—）

读卖电视放送所本、东洋文化研究所本、九州大学本、京都大学人文科学研究所本、日本书学院本。

白崎昭一郎的编年具有简单明了的特点。这个编年方案的存在的问题主要有两点。第一，白崎先生认为上田正昭本为最早的石灰拓本，排在内藤湖南本和杨守敬本之前。他还认为内藤湖南本和杨守敬本相差很远，而上田正昭本与1902年以前的杨守敬本更为接近。笔者认为这些观点是不正确的。本文后述的碑字比较可以证明，内藤湖南本和杨守敬本的碑字特征最为接近，而上田正昭本要晚于上述两本，其特征与沙畹本、台湾傅斯年丙本和朝鲜总督府本相近，属于同类型的石灰补字拓本。第二，白崎先生将第三期称为"石灰剥落期"，这与李进熙先生的提法有类似之处。笔者认为将读卖电视放送所本以后的拓本用"石灰剥落期拓本"来概括，似不准确。所谓石灰剥落期应当是指用石灰修补碑面的行为已经停止，碑面的石灰开始自然脱落的时期。通过对1920年代拓本（如九州大学本、东

[①] 白崎昭一郎：《広開土王碑文の研究》，東京：吉川弘文館，1993年，第51頁。

京目黑区拓本等）的观察可以知道。在这一时期，拓工基本上停止了对碑字的修补，但对碑字周围的碑面的修补和对第二面的巨大泐痕的修补仍在进行，这种状况在1918年的黑板胜美照片上可以清楚地看到。因此，将这时期称作石灰剥落期是不准确的。王健群把拓工初均德停止拓碑的年代（即1937年）视为石灰剥落时期的开始，这比白崎先生的提法更为合理。

（六）朴真奭的编年

2001年，我国学者朴真奭先生发表了《好太王碑拓本研究》。他指出北京图书馆藏本（即今中国国家图书馆藏本）很可能制作于1880至1882年之间，北京大学A本的采拓年代为1884年—1885年至1889年以前的某一时期，同时还提出了一个石灰拓本的编年。[①] 他将石灰拓本的变迁分为3个时期。

第1时期（1890年—1910年）：初期石灰拓本时期。所属拓本有吴椒甫本、内藤湖南本、杨守敬本、沙畹本、东京大学文学部考古陈列室藏本等。

第2时期（1910年—1930年代中期）：石灰剥落进行时期。朴先生进一步将这一时期的拓本分为两个时期，即1910年代为第1期，1920年代后半期至1930年代中期为第2期。属于前者的拓本有日本天理大学图书馆本（即指天理大学乙本）、《朝鲜古迹图谱》所载拓本、朝鲜总督府本、韩国中央图书馆藏本、首尔大学图书馆奎章阁本等；属于后者的拓本有东京大学东洋文化研究所本、九州大学本、集安博物馆藏吕耀东本、内藤确介本（即东京目黑区教育委员会藏本）等。

第3时期（1960年代以后至今）：摆脱石灰影响时期。这时期制作的拓本有张明善本、周云台本。

在朴真奭先生的石灰拓本编年中值得注意的是，他将第2期的石灰拓本进一步分为前后两期。他的这一划分大抵相当于武田幸男

[①] 朴真奭：《好太王碑拓本研究》，黑龙江朝鲜民族出版社2001年版，第381—388页。

的石灰拓本编年中的 C1－2 型至 C3 型的拓本。应当说上述划分是正确的。不过，朴先生在解释上述两期拓本的划分理由时，只是说这两期拓本在石灰剥落程度上有所不同。而如后所述，通过碑字特征的比较，笔者认为在上述两期拓本之间发生过一次石灰修补。正是由于这次修补，才使上述两期拓本产生差异。朴先生通过对吴椒甫本上的小宋《志》内容的研究，判断吴椒甫本的拓出年代应在 1890 年代初期。笔者的结论也与之相近。但是朴先生将内藤湖南本、杨守敬本的年代排在吴椒甫本之后的观点，笔者认为不妥。在前文中，笔者通过对天津文运堂本的考察，认为吴椒甫本的编年顺序应在文运堂本、内藤湖南本和杨守敬本之后。

（七）耿铁华的编年

中国学者耿铁华先生在他的专著《好太王碑一千五百八十年祭》[①] 中对现存的 31 种拓本作了细致的介绍并进行了编年。在耿先生的编年表中，一些拓本的编年与以往其他学者的编年不尽相同。比如，他将台湾"中图" B 本（即今台湾"国图"乙本）视为 1880 年拓本，将水谷拓本、北大 B 本、北大 C 本视为 1887 年以后的原石拓本，也就是谈广庆制作的拓本，将王少箴本、北京图书馆本（即今中国国图本）、台湾傅斯年乙本、水谷旧藏剪裱本（即水谷精拓本）视为 1894 年拓本，将内藤湖南本视为 1907 年拓本，将天理大学本（天理大学乙本，即辻元谦之助旧藏本）和上田正昭本视为 1920 年拓本。笔者认为，耿先生对上述诸拓本的编年都有进一步考证的必要。

上述诸家学者在提出各自的编年方案时，还对各自的方案进行了详细的论证，其中不乏真知灼见。在过去的拓本编年，特别是石灰拓本的编年中，多数学者的研究主要侧重两个方面，一是利用金石学的记录进行编年，二是通过比较碑字进行编年。今天看来，这

---

① 耿铁华：《好太王碑一千五百八十年祭》，中国社会科学出版社 2003 年版，第 98—99 页。

两方面的研究都取得了很大的进展，但也存在要克服的问题。

首先，以往好太王碑研究者频繁利用的金石学方面的记载中，既有正确的记载，也有误记。所以，不能不加辨析地把金石文献的记载作为编年分析的标准。例如罗振玉、张延厚、刘承干、蔡佑年、姚华的记录中都有正确的内容，也有误记。因此对各种金石学的文献，不可无视，也不能全信，应寻找更多的相关文献和事实，对已有的文献记录做出具体的分析和验证。

其次，不少研究者（如李进熙、白崎昭一郎、王健群、朴真奭等）利用碑字的比较进行编年。采用碑字比较时，不能只看到个别碑字的相似或相异，还应当注意石灰拓本在石灰补字的各个时期的整体上的变化。碑字比较只有在把握这种整体变化的框架内进行，才能得出符合实际的判断。

最后，比起仅依靠金石学方面的记录进行拓本编年的方法来，碑字比较的方法应当说是一个进步。但这种比较的方法和标准存在问题，即在设定碑字比较的标准时，这种标准中往往也包含了研究者的主观判断。例如碑文第1面3行41字是"黄"字，还是"履"字；第2面10行28字是"新"字，还是"满"字，这样的比较和判断是一个释文问题，不能完全用来做编年的标准。这也是学者们利用同样的碑字比较方法，但得出的结论却不尽相同的主要原因。因此，以往的碑字比较方法必须改进，必须寻找出更为客观的比较方法和比较标准。

二 各时期拓本的编年方法——关于武田幸男的"着墨类型比较法"

（一）拓本的绝对年代和相对年代

目前学术界所知道的好太王碑拓本的拓出年代分为绝对年代和相对年代两种。所谓拓本的绝对年代，是指根据与拓本有关的记录可以明确知道拓本的具体制作时间；所谓拓本的相对年代，是指由于缺乏记录无法知道拓本制作的具体时间，只能推测其大致的年代。

另外还有一种情况，即根据收藏、著录和出版拓本的年代，可判断出拓本制作时间的下限，在这种情况下，我们不知拓本是何时制作的，只知道拓本的制作不晚于何时。这种拓本制作年代下限，说到底也是一种相对年代。好太王碑拓本的年代可以说包含了上述3种情况。

在已知的好太王碑拓本中，只有极少数拓本可以判断出其绝对年代，例如张明善拓本、周云台拓本属于有绝对年代的拓本，根据明确的记录可知上述两种拓本分别制作于1963年和1981年。北京大学A本和韩国任昌淳本也是有绝对年代的拓本，根据金石学文献和拓本上的跋文的记录，可知这两种拓本都是1889年北京拓工李云从制作的拓本。王少箴旧藏本和杨守敬本是只知制作年代下限的拓本，前者根据拓本上的姚华的跋文可知制作年代不晚于1917年，而后者根据杨守敬的记录可知不晚于1902年。但是这两个年次都不是拓本的具体制作年代。

在现存的好太王碑拓本中，多数拓本上没有留下任何记录，所以即便是推测其相对年代也是很困难的。研究者试图通过建立某种标准来判断拓本的编年，比如利用各种拓本上碑字的变化，特别是碑字的泐损状况来判断拓本的先后顺序，这本是金石学上最广泛采用的一种方法。但是以往人们把这种方法应用到好太王碑拓本的编年时，由于操作方法不当，并没有达到理想的效果。具体说，传统的金石学的拓本编年方法是把字体鲜明、完整的拓本视为初拓本，而将字体模糊、有泐损的拓本视为晚出的拓本。旧时一些不良拓工就利用人们的这种习惯性认识，在制作了字迹完整的初拓本后，故意将金石实物上的某字剜去，以此来证明自己的拓本是初拓本。于是，金石收藏家又将拓本上某字是否被剜去作为拓本编年的证据。但是，将上述习惯性认识简单地用于好太王碑拓本的编年，是不能得出正确结论的。好太王碑发现后，曾多次被人用石灰修补，每次修补后，碑字都会变得鲜明起来。因此整体完整清晰的拓本未必是初拓本。

（二）水谷悌二郎和李进熙的拓本编年研究

最先想到利用碑字的变化对拓本进行分类的是日本的水谷悌二郎。① 水谷的拓本研究中主要利用了8种拓本，即（1）吴椒甫本（上海有正书局刊本）；（2）罗振玉本；（3）三井家听冰阁藏本；（4）朝鲜总督府本；（5）黑板胜美著《国史之研究》所载本；（6）水谷旧藏精拓本；（7）杨守敬本；（8）水谷藏原石拓整本。同时水谷先生还将酒匂本（水谷先生在书中将该本称作"双钩廓填本"）与上述拓本做了比较。他在观察上述拓本的碑字时，注意到诸本上的碑字不尽相同。具体说，他详细考察了9个碑字的变化，即第1面第2行14字"临"字、第1面第3行5字"然"字、第1面第8行31字"猎"字、第1面第2行33字"我"字、第1面第9行13字"□"（海）、第2面第10行28字"满"字、第3面第2行28字"境"字、第2面第4行13字"□"（"出"字）、第2面第6行10字"□"（"新"字）。通过对上述9个碑字的比较，水谷认为，拓本（1）、（2）、（3），即吴椒甫本、罗振玉本、三井家听冰阁藏本，字形接近，属于同一种类型的拓本，这种类型的拓本是在石灰补字全面完成之后制作的拓本。水谷还认为他本人收藏的上述第（8）种拓本（即水谷拓本）与上述（1）、（2）、（3）本的差异最大，是最接近原碑面貌的拓本。至于（4）朝鲜总督府本、（5）黑板胜美著《国史之研究》所载本和（6）水谷旧藏精拓本，水谷认为这些拓本是石灰补字实施过程中制作的拓本。第（7）种的杨守敬本，水谷认为是参照酒匂本的碑字，在旧拓本上填墨而成的。

概观水谷先生的研究，他利用碑字的比较，发现并论证了他本人收藏的拓本（即上述第8种拓本）是最接近原碑文的原石拓本，这是水谷在拓本编年研究中取得的最大的成就。但是必须指出

---

① 水谷悌二郎：《好太王碑考》"第一章、好太王碑墨本考"，《書品》第100号，1959年。

是，水谷理解的原石拓本的制作年代与今天的研究者的认识完全不同。简单说，水谷认为水谷拓本的制作年代是在石灰补字现象出现之后，即碑字上的石灰完全剥落之后制作的，而今天的研究者一般认为，包括水谷拓本在内的原石拓本是在石灰补字之前制作的。另外，水谷还利用拓本观察、分析了石灰补字的现象，指认出了3种石灰补字完成时期的拓本，即吴椒甫本、罗振玉本、三井家听冰阁藏本，这也是水谷研究的一项重要收获。但是，水谷的研究并非无可挑剔。从拓本编年的角度来看，由于水谷在研究中未能制定一种明确的比较标准，也由于当时能够用于比较研究的原石拓本只有水谷拓本一种（而且水谷拓本上没有留下有关拓本制作年代的记录），所以在水谷的全部研究中，他始终未能将1890年代以前制作的原石拓本与1920年代以后（即碑字上的石灰逐渐剥落后）的拓本区分开来。在分析第（4）至第（8）种拓本并对这些拓本进行编年时，水谷先生陷入了极大的困惑和混乱之中。他观察到了朝鲜总督府本、黑板胜美著《国史之研究》所载本和水谷旧藏精拓本的部分碑字与原石拓本的相似性，但又无法解释产生这种相似性的原因。在《好太王碑考》的附篇"好太王碑字的变相"中，① 水谷试图用焚碑现象来解释石灰全面修补时期的拓本与石灰剥落时期拓本之间的差异。他把张延厚《跋语》中"寅卯间，碑下截火尾于火"这句话，理解为民国三年至四年（1914—1915年，相当于日本大正中期）发生的事件。② 他将"朝鲜总督府本"称作火前本，将1928年前后制作的郑孝胥本称为火后本。③ 这些观点再次反映了水谷先生在拓本编年研究上的误判。

---

① 水谷悌二郎《好太王碑考》的前3章成稿于1949年，附篇"好太王碑字の变相"写于1952年。参见末松保和《解说》（水谷悌二郎：《好太王碑考》，東京：開明書院，1977年）。

② 水谷悌二郎：《好太王碑考》，《書品》第100号，1959年，第167—168页。

③ 1948年水谷氏在东京本乡的书店中调查了一部郑孝胥旧藏的好太王碑拓本。据书店方面称，该本是20年前（相当于1926年前后），郑孝胥托北京拓工制作的拓本。参见水谷悌二郎《好太王碑考》，《書品》第100号，1959年，167—168页。今天看来郑孝胥本的面貌应当与1927年前制作的九州大学图书馆本相近。

李进熙先生的研究积极地引进了水谷悌二郎的研究成果。但是，李先生没有对水谷的编年进行充分的批判，这是李进熙的编年出现失误的一个重要原因。受水谷编年的影响，李进熙先生将水谷拓本视为1930年代的拓本。在李进熙的编年研究中，他只是简单地将水谷拓本与1935年的池内宏拍摄的第一面碑文的局部照片做了简单的比较，就得出了上述结论。实际上，如果将水谷拓本与1930年代中期前后制作的书学院本相比较，不难发现这两种拓本有很大的不同。比如，水谷拓本第二面上的右下方至左上方的巨大泐痕横跨8行，拓本上的泐痕处未着墨拓出，为空白。而书学院本第二面的泐痕处已被石灰修补填平，在被填平的泐痕上还可清楚地看见 2-4-13 字"出"和 2-6-10 字"新"这两个在石灰上的造字。日本书学院本发表于1987年，① 但李进熙先生没有根据这一实物资料对其编年做出调整，是令人遗憾的。

李进熙先生在编年研究中，对不同时期的好太王碑碑字进行了比较。他曾利用17种数据〔其中包括拓本9种、摹拓本（即酒匂本）1种、双钩本1种（即杨守敬双钩本）、照片和前人的释文6种〕精心制作了一张碑字比较表，表中对碑文的35个碑字进行了比较。这样大量的碑字比较，在前人的研究中是很少见的，这一比较成果在李进熙的编年研究中发挥了主要的作用。② 李先生在比较碑字时首先是将拓本上的碑字进行释文，然后再进行比较。这样看来，在释文阶段难免带入了释文者个人的主观判断因素，因此很难说这样的比较是纯粹客观的。例如，2-10-28 字，李先生推测为"满"字，但是，其他研究者也可根据同一拓本，得出"新"字的释文。又如，在李先生的碑字比较表（见图二，上）中对内藤拓本至内藤写真（照片）的第1面2行33字"我"字的笔画描述就是不准确的。实际上，在上述拓本和照片中，除杨守敬本和杨守敬双钩本外，

---

① 书学院本的影印图版载于日本书学院编《书道研究》创刊号1987年6月。
② 参见李進熙《広開土王陵碑の研究》，第162页。

"我"字都写作"𢦏",而非李先生所说的"𢦏"(见图二)。另外,在李先生进行编年的过程中,每个碑字的字形在不同时期的不同形态被忽视和舍弃了。其实,这些各不相同的碑字字形,正是对好太王碑拓本进行编年的重要依据。

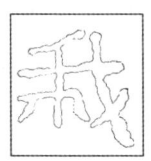

内藤写真	シャバンヌ拓本	吳椒甫拓本	楊守敬雙鉤本	楊守敬拓本	內藤拓本
𢦏	𢦏	𢦏	𢦏	𢦏	𢦏

1.内藤湖南本　2.杨守敬本　3.杨守敬双钩本　4.吴椒甫本　5.沙畹本　6.内藤湖南照片

图二　李进熙的比较表中"我"字的释文(上)与
拓本和照片实物(下)的比较

(三) 武田幸男的"着墨类型比较法"

研究者为好太王碑拓本的编年付出了大量的努力,也取得了不少的进展,可是拓本编年研究的成果仍不尽如人意。其主要原因是人们还没有为拓本的编年研究确定一个客观的标准。在寻找拓本编年的客观标准方面,日本学者武田幸男先生的研究取得了比较重要的进展。他的拓本编年研究没有强调碑字的比较,而是把各幅拓本上的泐痕的着墨状态,作为编年的客观标准。他把这种编年方法称作"着墨类型比较法"①。武田注意到很多拓本在有泐痕的地方都未着墨，在拓本上表现为空白。他将这些部位确定为比较的标准，来观察不同时期拓本的变化情况，从而达到为拓本编年的目的。

武田使用的比较标准共有 6 项，其具体内容是：
1. 第一面左中部向右上部的泐痕的跨行数量；
2. 第二面右中部向左上部的泐痕的跨行数量；
3. 第二面顶部中央跨两行的空白部分；
4. 第三面右上部的呈直角三角形形状的空白；
5. 第三面右侧中部的跨 3 行（包括第一行）的空白；
6. 第三面右下部的大面积泐损处的空白。

武田先生指出，上述"着墨类型比较法"对于墨水廓填本（摹拓本）和全面着墨的原石拓本来讲，是有限的，但对于分析石灰拓本的编年是十分有效的。这种编年方法的原理是，拓本上的空白部分的形态变化，特别是石灰拓本上的空白部分的变化，可以反映出拓工在不同时期制作拓本的习惯，同时也反映出拓工在不同时期对碑石的修补情况。根据这些不同形态的空白部分，并参照已知拓本的绝对年代和相对年代，可以发现空白部分变化是有规律的，这种变化与拓本的制作年代有某种对应关系。因此，根据空白部分的变化可以对众多的拓本进行分类和编年。

武田的"着墨类型比较法"是以拓本上的泐痕为比较标准，这种编年方法同以前的编年方法相比，把观察者的主观判断限定到了最小限度。当然，这种编年方法并非尽善尽美，还有进一步修正的余地。关于"着墨类型比较法"，笔者想指出的有以下几点。第一，武田的"着墨类型比较法"是一种宏观的比较方法，对区分墨本的类型是有效的。但如果两种拓本属于同一类型，且制作时间相距较近，那么用上述编年方法很难判断拓本的先后顺序。例如，内藤湖

---

① 武田幸男：《〈広開土王碑〉墨本の基礎的研究》，《東方学》第 107 辑，2004 年，第 10—11 頁。

南本和杨守敬本属于同一类型的早期石灰拓本，用"着墨类型比较法"就无法判断这两种拓本的年代上的先后顺序。① 第二，武田提供的编年标准略显复杂，并且其六项标准中，第4—6项标准，即第三面碑文的空白部分的变化不易掌握。特别是在朝鲜总督府本（1913年前）以后制作的拓本中，有的拓本在第三面的空白部分不着墨，而有的拓本则着墨拓出，往往缺乏相对统一的变化规律。笔者认为，这种现象可能与民国年间有不同的拓工介入拓碑有关。自1890年代以后，长期在碑前制作拓本的是初天富、初均德父子。但是，据记载，民国年间，也有外地拓工前往集安制作拓本，其中仅北京拓工就有两次。② 外地拓工的拓本制作方法可能与初氏父子的拓法不同，从而导致第三面的着墨特征的变化缺乏一致性和规律性。相对而言，第1—3项比较标准更有典型性和规律性。因此，笔者认为，在拓本编年中可放弃上述武田的第4—6项标准，保留第1—3项标准。

下面根据武田提示的第1项编年标准以及部分拓本的绝对年代和相对年代，对各时期的拓本着墨特征做一简略的描述。

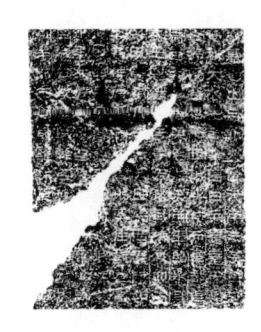

1. 酒匀本—1883年以前　2. 王氏藏本—约1889年前　3. 北大A本—1889年

---

① 关于这一点白崎昭一郎也曾指出过。参见白崎昭一郎《広開土王碑文の研究》，第39頁。

② 张彦生在《善本碑帖录》中提到，民国年间有北京琉璃厂拓工穆氏（穆楷臣）前往制作拓碑。参见张彦生《善本碑帖录》，考古学专刊乙种第19号，中华书局1984年版，第54—55页。另外，前述郑孝胥跋文中也提到曾派北京拓工制作过拓本。参见水谷悌二郎《好太王碑考》，《書品》第100号，1959年，第167页。

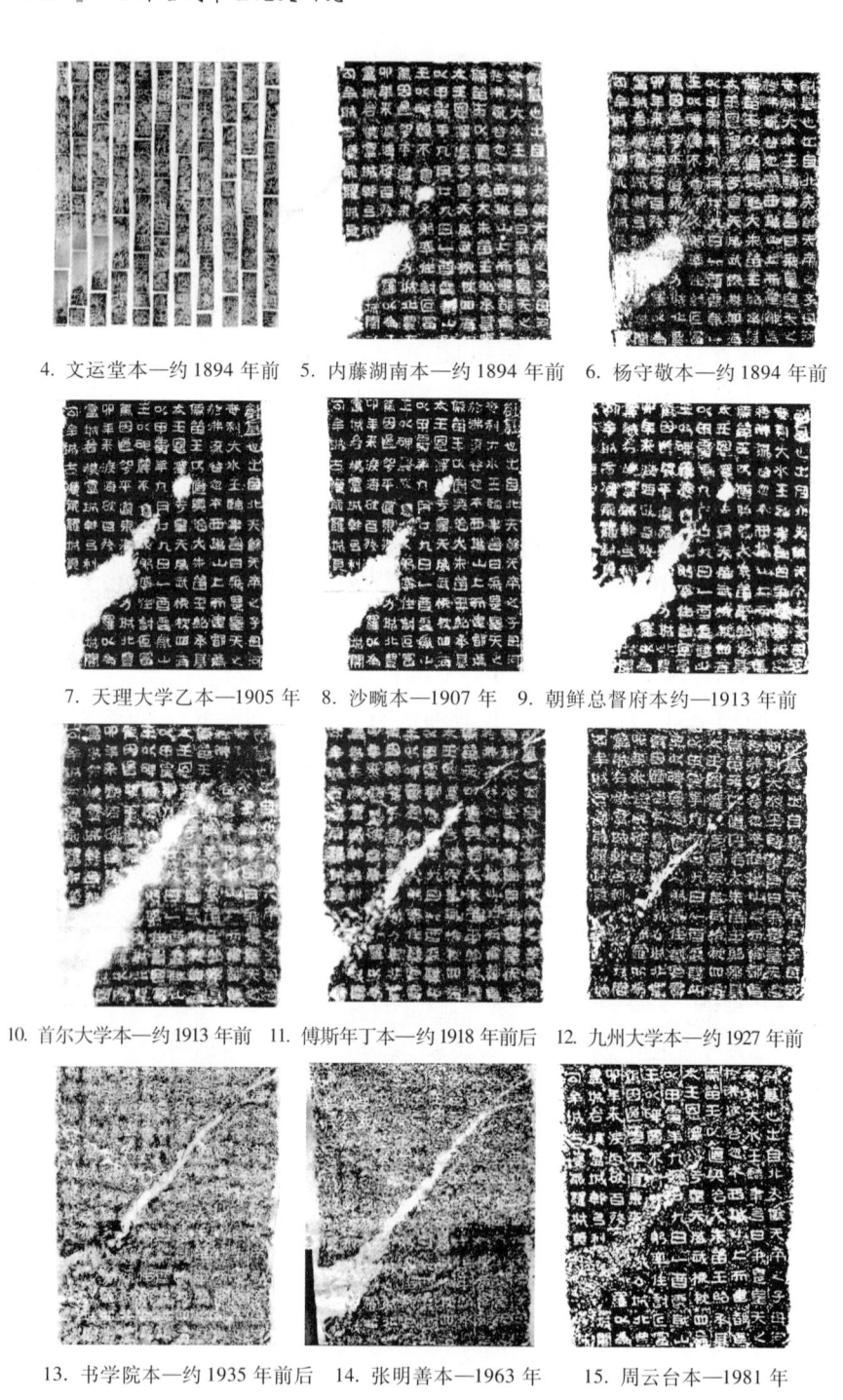

4. 文运堂本—约1894年前　5. 内藤湖南本—约1894年前　6. 杨守敬本—约1894年前

7. 天理大学乙本—1905年　8. 沙畹本—1907年　9. 朝鲜总督府本约—1913年前

10. 首尔大学本—约1913年前　11. 傅斯年丁本—约1918年前后　12. 九州大学本—约1927年前

13. 书学院本—约1935年前后　14. 张明善本—1963年　15. 周云台本—1981年

图三　第一面泐痕处着墨状态的比较

根据上面对第一面泐痕处着墨状态的比较可以看出，王氏藏本和北大 A 本的空白部分的跨行数基本相同，在北大 A 本制作时期（1889 年），石灰补字尚未开始。碑石第 1 面的粗大泐痕横跨碑面，反映了当时碑石的真实状态。在文运堂本制作的 1890 年初期，由于开始进行石灰补字，第 1 面的泐痕也被修补，拓本上的空白处变短，其长度仅跨 4 行。这是初期石灰补字拓本的主要特征之一。1905 年的天理大学乙本泐痕上的填补物剥落，拓本上的空白变长，断续地横跨 7 行。在 1910 年代，第一面的空白进一步扩大。1930 年代中后期以后，随着原碑表面的石灰的自然剥落，拓本上的空白部分逐渐恢复到原石拓本时期的状态。1970 年代，当地文物工作者为保护碑石，防止其断裂，对碑石进行了化学封护，泐痕被填平，拓本上不能着墨的空白部分消失，1981 年的周云台本正反映了这种状况。

三 将碑字字形进行比较的方法

通过对拓本的泐痕部分的着墨类型的比较，可以对不明年代的拓本进行归类，并对其拓出年代做出大致的判断。但是用这种编年方法对拓本进行更为细致的划分时，仍有一定的局限性。另外，"着墨类型比较法"并没有正面回答李进熙先生在"石灰涂抹作战"的假说中提出的所谓有人故意篡改碑文的问题。笔者在观察好太王碑的各时期拓本时发现，被石灰修补的碑字的字形变化也存在着某种规律性，可以利用这种字形的变化作为拓本编年的客观标准。相对于武田幸男先生提倡的"着墨类型比较法"，笔者姑且将下面介绍的编年方法称作"碑字字形比较法"。

（一）用碑字的字形进行比较的原理

"碑字字形比较法"和以往的碑字比较方法的不同之处在于，它不仅重视不同时期碑字的基本笔画是否完整，更主要的是重视不同时期碑字字形的变化。"碑字字形比较法"在拓本编年中的有效性是基于以下原理：通过仔细地对比各时期的拓本可以发现，在好太王碑上，被石灰修补过的碑字，在不同时期其笔画的具体形状即字形不尽相同。造成同一碑字在不同时期字形不同的主要原因，是拓工对碑字进行了多次的修补。拓工在用石灰修补碑字时一般只注意让碑字的基本笔画保持一致，为了做到这一点，初天富、初均德父子还特意制作了一份碑文的抄本，以便在修补碑字时进行对照。这就是王健群先生后来在初氏族人的手中收集到的碑文手抄本。[①] 但是，拓工在修补碑字时，并不在意修补过的碑字的字形是否与上一次修补相同。实际上，在当时的技术条件下，即使想要让每次修补后的字形都与前一次的修补完全一致，也是无法办到的。这如同一个人把同一个字写两遍，而两个字的字形不可能完全一样，是一个道理。这样看来，石灰修补后的碑字一旦发生石灰剥落，其字形是不可能复制的，因而石灰补字留下的字形特征是一次性的。每一次的石灰补字都不可能与前一次修补的字形完全相同。由于石灰补字具有上述特性，可以将其用作拓本编年的客观依据。

与"着墨类型比较法"相比，采用"碑字字形比较法"有以下几点优势。第一，通过碑字字形的比较，可以更具体地了解到石灰补字的过程。第二，用石灰修补的碑字开始时在拓本上清晰拓出，可是，随着时间的推移和不断的捶拓，被修补的石灰逐渐从碑石上脱落。所以，在碑字字形相同的拓本中，还可以根据石灰脱落、笔画模糊的状况，对同一类型的拓本做出更精细的编年。第三，目前传世的好太王碑拓本，有不少拓本不是整幅本，而是被装裱成册的剪裱本。在这些剪裱本上，"着墨类型比较法"用以作为比较标准的拓本上原有的空白部分，往往被弃之不裱。只有专门的研究者才有能力将剪裱本原有的空白部分复原出来。而一般的拓本收藏者则无力进行这样的复原。因此，一般的好太王碑收藏者很难依据"着墨类型比较法"对年代不明的剪裱本进行编年。与之不同，"碑字字形比较法"不需要观察拓本上的空白部分，收藏者只要通过碑字字形的比较，即可得出编年的结论。

---

① 王健群：《好太王碑研究》，图二·七—图二·十"初均德留下的碑文抄本"。

(二)"碑字字形比较法"的应用

在运用"碑字字形比较法"之前,有必要事先说明以下两点。首先,"碑字字形比较法"不是一种完全独立的编年方法,在利用这种方法编年时,需要参考武田幸男的"着墨类型比较法"和有关拓本的绝对年代及相对年代的研究成果。其次,碑字字形的比较应在把握各时期拓本的基本特征的前提下进行。例如,好太王碑原石拓本与1930年代以后的石灰逐渐剥落后的拓本有不少碑字的字形特征是相近的,但是这两种拓本的性质和基本特征是不同的。因此如果仅根据个别碑字的比较,就得出两种拓本在年代上相近的结论,是不正确的。

采用"碑字字形比较法"进行编年的具体操作方法是,先确定一些有准确的制作年代或制作年代下限的拓本,将其作为编年的标志性拓本,然后再根据年代不明拓本的碑字的拓出状态与上述拓本进行比较,这样就可以将不同时期的拓本区分开来。对于同一时期的拓本,还可以根据碑字的残损状况进一步排列出同一时期拓本的先后顺序。根据以往学界的考证研究,在传世的百余种好太王碑拓本和照片资料中,可以判断出准确的制作年代或制作年代下限的拓本和照片资料大致有以下21种:

(1) 北京王少箴旧藏本,下限为1917年
(2) 北京大学图书馆藏A本,1889年
(3) 台湾"中研院"傅斯年图书馆甲本,1889年
(4) 杨守敬本,下限为1902年
(5) 吴椒甫本,下限为1894年
(6) 日本天理大学乙本(辻元谦之助本),下限为1905年
(7) 法国沙畹本,下限为1907年11月
(8) 罗振玉本,下限为1909年
(9) 日本三井家藏本,下限为1912年
(10) 日本天理大学甲本(今西龙旧藏本),下限为1913年
(11) 日本今西龙照片,1913年

（12）朝鲜总督府旧藏本（现藏首尔大学奎章阁），1913 年

（13）日本关野贞本，下限为 1913 年

（14）日本黑板胜美照片，1918 年

（15）日本九州大学图书馆藏本，下限为 1927 年

（16）日本东京目黑区本，下限为 1927—1931 年

（17）中国集安吕耀东本，下限为 1928 年

（18）韩国国立中央博物馆本，下限为 1933 年

（19）日本足立幸一本，下限为 1935—1938 年

（20）张明善本，1963 年

（21）周云台本，1981 年

根据上述碑字字形比较方法的原理，笔者利用各时期的好太王碑拓本将碑文中的数十个被石灰修补过的碑字进行了比较。在比较中参考的拓本有 50 余种，其中不仅包括石灰拓本，也包括了原石拓本。另外，在比较中还利用了数种属于不同时期的碑石照片资料。由于版面的限制，现仅将其中 3 个碑字的比较罗列如下，并加以说明。另外，要先说明的是，笔者对用于碑字比较的所有拓本采用下述简称。

（1）北京王少箴旧藏本，简称王氏藏本，原石拓本

（2）中国国家图书馆藏本，简称中国国图藏本，原石拓本

（3）北京大学图书馆藏 A 本，简称北大 A 本，原石拓本

（4）北京大学图书馆藏 B 本，简称北大 B 本，原石拓本

（5）北京大学图书馆藏 C 本，简称北大 C 本，原石拓本

（6）北京大学图书馆藏 D 本，简称北大 D 本，原石拓本

（7）北京大学图书馆藏 E 本，简称北大 E 本，原石拓本

（8）北京大学图书馆藏 F 本，简称北大 F 本，石灰补字拓本

（9）北京大学图书馆藏 G 本，简称北大 G 本，石灰补字拓本

（10）台湾"中研院"傅斯年图书馆藏甲本，简称傅斯年甲本，原石拓本

（11）台湾"中研院"傅斯年图书馆藏乙本，简称傅斯年乙本，原石拓本

（12）台湾"中研院"傅斯年图书馆藏丙本，简称傅斯年丙本，石灰补字拓本

（13）台湾"中研院"傅斯年图书馆藏丁本，简称傅斯年丁本，石灰补字拓本

（14）天津古籍书店文运堂旧藏本（现为韩国独立纪念馆收藏），简称文运堂本，石灰补字拓本

（15）杨守敬旧藏本，简称杨守敬本，石灰补字拓本

（16）苏州古吴轩出版社刊本，简称古吴轩本，石灰补字拓本

（17）四川美术出版社刊本，简称四川美术本，石灰补字拓本

（18）上海有正书局刊《旧拓好太王碑》石印本，简称吴椒甫本，石灰补字拓本

（19）北京拓工张明善制作的拓本，简称张明善本，石灰补字拓本

（20）吉林集安市博物馆周云台制作的拓本，简称周云台本，石灰补字拓本

（21）1881年前制作、1884—1885年曾为清工部尚书潘祖荫收藏的墨本，简称1881年本，摹拓本或称墨水廓填本

（22）日本酒匂景信本，简称酒匂本，摹拓本或称墨水廓填本

（23）日本水谷悌二郎旧拓本，简称水谷拓本，原石拓本

（24）日本金子鸥亭藏本，简称金子鸥亭本，原石拓本

（25）日本内藤湖南旧藏本，简称内藤湖南本，石灰补字拓本

（26）日本内藤湖南旧藏好太王碑照片，简称内藤照片

（27）日本天理大学图书馆藏本乙种，简称天理大学乙本，石灰补字拓本

（28）日本东京大学文学部考古陈列室旧藏本，简称东大考古室本，石灰补字拓本

（29）日本《书品》杂志100号所载整幅石灰拓本的影印，简称书品100号本，石灰补字拓本

（30）日本久米邦武《大日本时代史》所引拓本，简称久米邦武引用本，石灰补字拓本

（31）日本三井家听冰阁藏本，简称三井家藏本，石灰补字拓本
（32）日本上田正昭藏本，简称上田正昭本，石灰补字拓本
（33）日本今西龙1913年所摄好太王碑照片，简称今西龙照片
（34）日本关野贞旧藏本，简称关野贞本，石灰补字拓本
（35）日本川口平三郎藏本（局部），简称川口本，石灰补字拓本
（36）日本东京大学东洋文化研究所藏本，简称东洋文化所本，石灰补字拓本
（37）日本京都大学人文科学研究所藏本，简称京大人文研本，石灰补字拓本
（38）日本读卖电视放送所藏本，简称读卖放送所本，石灰补字拓本
（39）日本九州大学图书馆藏本，简称九州大学本，石灰补字拓本
（40）日本东京目黑区守屋教育会馆乡土资料室藏本，简称目黑区本，石灰补字拓本
（41）日本明治大学图书馆藏本，简称明治大学本，石灰补字拓本
（42）日本书学院藏本，简称书学院本，石灰补字拓本
（43）韩国任昌淳藏本，简称任昌淳本，原石拓本
（44）韩国《书通》杂志创刊号刊载的拓本图版，简称书通本，原石拓本
（45）韩国东亚大学校博物馆藏本，简称东亚大学校本，石灰补字拓本
（46）韩国延世大学校图书馆藏本，简称延世大学校本，石灰补字拓本
（47）韩国国立中央图书馆藏本，简称韩国中图本，石灰补字拓本
（48）日本殖民时期的朝鲜总督府旧藏本（现藏首尔大学奎章阁），简称朝鲜总督府本，石灰补字拓本
（49）韩国首尔大学博物馆藏本，简称汉城大博物馆本，石灰补字拓本
（50）韩国首尔大学图书馆藏本，简称首尔大学本，石灰补字拓本
（51）韩国月田张遇圣藏本，简称韩国张遇圣本，石灰补字拓本

高句丽好太王碑拓本的分期与编年方法　373

（52）韩国国立中央博物馆藏本，简称韩国中博本，石灰补字拓本

（三）好太王碑各时期拓本的碑字字形比较

1. 1面3行5字"然"（字形的变迁：然———————
———————）

酒匂本	王氏藏本	中国国图藏本	北大E本	北大A本	北大B本	北大C本
文运堂本	内藤湖南本	杨守敬本	古吴轩本	吴椒甫本	内藤照片	
东大考古室本	天理大学乙本	沙畹本	傅斯年丙本	朝鲜总督府本	关野贞本	
汉城大博物馆本	今西龙照片	明治大学本	北大F本	北大G本	韩国中博本	
读卖放送所本	东洋文化所本	韩国张遇圣本	京大人文研本	九州大学本	目黑区本	
	书学院本		周云台本			

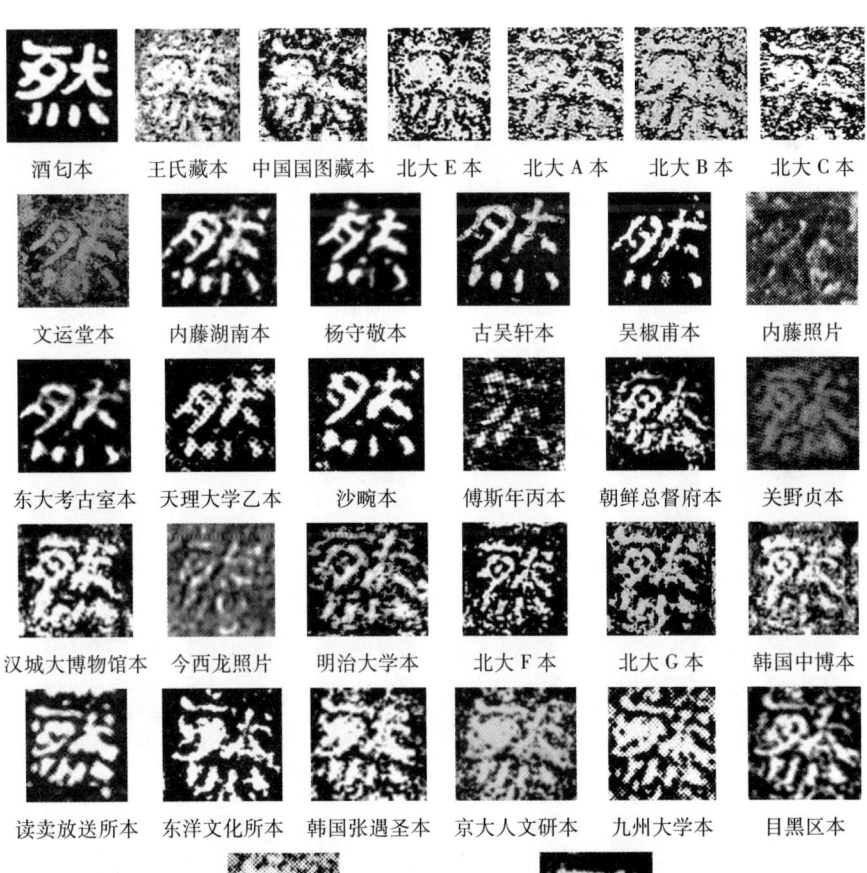

图四　"然"字形的变迁

碑文第 1 面 3 行 5 字 "然" 的比较说明：水谷悌二郎在比较碑字时已注意到此字的字形变化。"然" 字的变迁可分为 3 组。第一组从酒匂本至北大 C 本。原碑上 "然" 字左上方多出一画，类似一个横画，酒匂本如实地描出了此画。文运堂本制作时期，此字被全面修补，左上方的横画被填补消失。文运堂本是笔者于 20 世纪 90 年代初期，在天津新文化街古籍书店文运堂访查到的珍贵拓本，后来这部拓本被转卖到韩国，现藏于韩国的独立纪念馆。笔者曾对文运堂本进行过认真的研究和比对，认定该拓本为目前所知最早的石灰补字拓本，其制作年代当在 1890—1894 年。[①] 1905 年前的内藤湖南照片上记录了文运堂本上发生的这一变化。但是，在 1913 年的今西龙照片上，左上方的横画再次出现。这反映了石灰剥落的情况。因此，所有此 "然" 字左上方没有横画的石灰拓本一般都可归入 1890 年代前期—1913 年的拓本。

2. 第 1 面 5 行 18 字 "武"（字形的变迁：

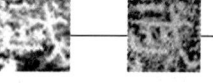

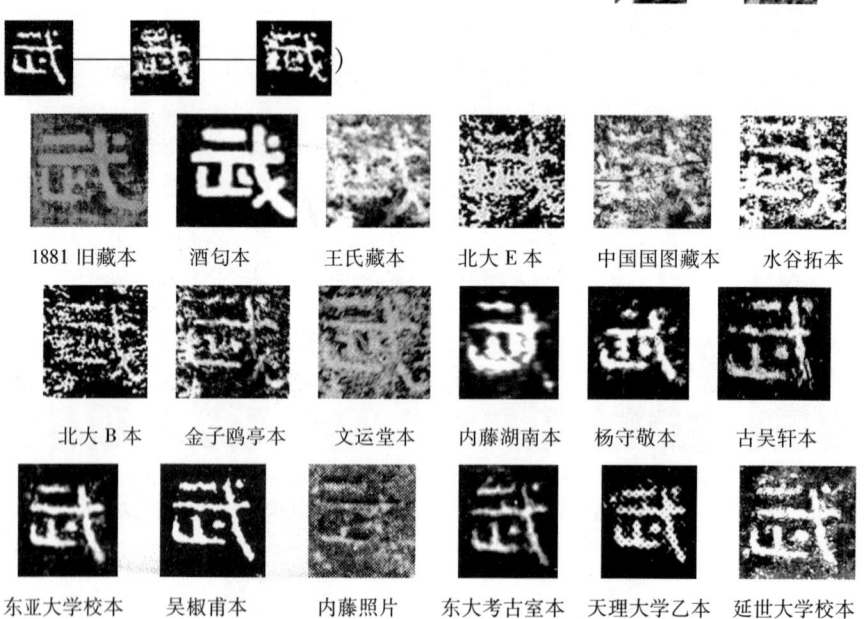

1881 旧藏本　酒匂本　王氏藏本　北大 E 本　中国国图藏本　水谷拓本

北大 B 本　金子鸥亭本　文运堂本　内藤湖南本　杨守敬本　古吴轩本

东亚大学校本　吴椒甫本　内藤照片　东大考古室本　天理大学乙本　延世大学校本

---

① 徐建新：《好太王碑拓本の研究》，東京，東京堂出版社，2006 年，第 140—201 頁。

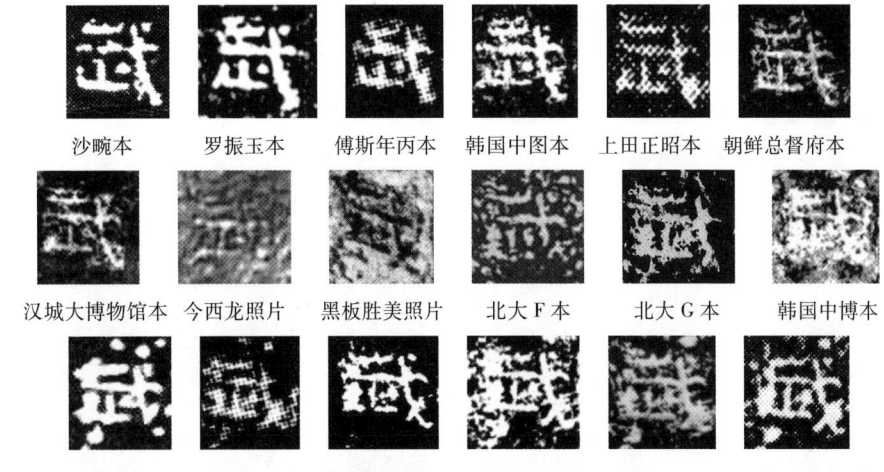

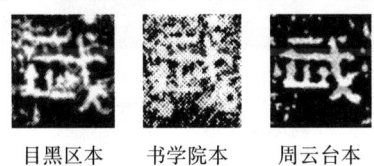

高句丽好太王碑拓本的分期与编年方法 | 375

沙畹本	罗振玉本	傅斯年丙本	韩国中图本	上田正昭本	朝鲜总督府本
汉城大博物馆本	今西龙照片	黑板胜美照片	北大F本	北大G本	韩国中博本
读卖放送所本	傅斯年丁本	东洋文化所本	韩国张遇圣本	京大人文研本	九州大学本
目黑区本	书学院本	周云台本

图五 "武"字形的变迁

第1面5行18字"武"的比较说明：利用"武"字编年的要点是，观察此字右下方的一处斜画的变化。原石拓本的"武"字为"武"。1881年藏本上先是将此字的右侧描为"戈"字，后来又用墨将"戈"字的最后一笔斜画填掉了。酒匀本也描出了这一斜画。从文运堂本开始，"武"字上的斜画被填平，这是"武"字的第一次变化。内藤湖南本和杨守敬本的字形与文运堂本相同。此字的第二次变化出现在古吴轩本以后，这时"武"字左下方的"止"字第二画的点画更为突出了。从沙畹本到汉城大博物馆本，"武"字上的石灰开始出现剥落。在1918年的黑板胜美照片上，此字右下方的斜画再次清晰地出现。因此，这一特征也成为判断1918年以后的石灰拓本的一个重要标准。

3. 第2面7行37字"慈"（後）（字形的变迁：

376　世界古代中世纪史研究

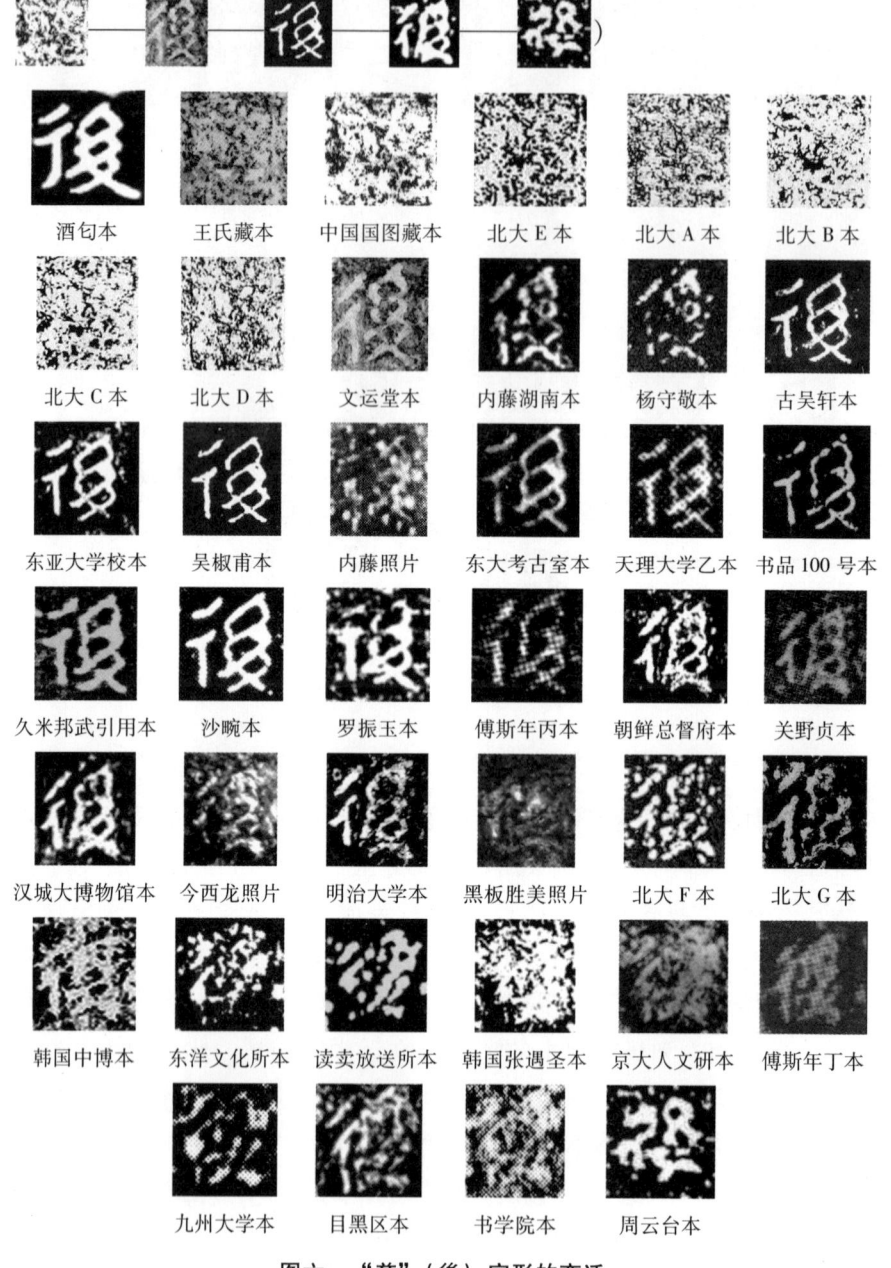

酒匂本	王氏藏本	中国国图藏本	北大E本	北大A本	北大B本	
北大C本	北大D本	文运堂本	内藤湖南本	杨守敬本	古吴轩本	
东亚大学校本	吴椒甫本	内藤照片	东大考古室本	天理大学乙本	书品100号本	
久米邦武引用本	沙畹本	罗振玉本	傅斯年丙本	朝鲜总督府本	关野贞本	
汉城大博物馆本	今西龙照片	明治大学本	黑板胜美照片	北大F本	北大G本	
韩国中博本	东洋文化所本	读卖放送所本	韩国张遇圣本	京大人文研本	傅斯年丁本	
九州大学本	目黑区本	书学院本	周云台本			

图六　"慈"（後）字形的变迁

第2面7行37字"慈"（後）的比较说明：此字根据原石拓本上残存笔画，和碑文上下文的关系应为"慈"字，但在碑石发现初期，酒匂本的制作者们将此字释为"後"，这是错误的。后来的释文一直受到这一释文的影响。石灰拓本上最早将此字修补为"後"字的是文运堂本。后来"後"字的字形经过了3种变化。根据这3种变化可将上述比较表中文运堂本以后的拓本编为三组。从文运堂本至杨守敬本为一组，这时的"後"字字形比较瘦长。古吴轩本至罗振玉本为第二组，古吴轩本制作时期，"後"字经历了第二次修补造字。这时的"後"字变为正方形，笔画的形状也与上一次修补不同。内藤湖南照片反映了这时期石灰补字的情况。傅斯年丙本以下的拓本可编为第三组。傅斯年丙本制作前后，"後"再次被修补，左侧偏旁的字形与前次修补不同，右侧的笔画开始破损。大约1918年以后，此字上的石灰逐渐脱落，字形和笔划也变得模糊起来。在1981年的周云台本上，此字已变成一个无法释读的字了。

通过上述比较能够清楚地看出，同样的碑字在不同时期，其字形特征是不同的。就是说，某种字形特征的变化是与某个特定的拓本制作时期相联系的。这样一来，我们就可以利用这种碑字的特征，并参考已知绝对年代和相对年代的拓本，对没有年代记载的拓本进行编年排队。比如，吴椒甫本制作于1894年，那么同吴椒甫本具有相同碑字字形的拓本，其年代也应当在1894年前后。又如，在过去的研究中，杨守敬本的制作年代根据杨守敬获得此本的时间（1902年）往往被排在吴椒甫本之后。但是，根据"碑字字形比较法"比较的结果，其编年应在内藤湖南本之后、吴椒甫本之前。也就是说，其制作年代不是在1900年前后，而是在1894年以前。再如，上田正昭本在白崎昭一郎的编年中被排在内藤本和吴椒甫本之前，但通过上述碑字的比较，可知上田正昭本只能是沙畹本（1907年）以后制作的拓本。

四 石灰补字的原因和各种类型拓本的编年

通过对碑字字形的比较，还可以推测石灰修补的次数。我国学者王健群在《好太王碑研究》(1984年) 一书中根据集安当地老居民的口述,证明了好太王碑在1938年以前多次被拓碑人初天富、初均德父子用石灰、黄泥修补的事实。而笔者通过对传世拓本的调查,也得到了同样的结论。1994年6月7日,笔者和几位日本历史学家一起调查了日本的皇家图书馆——宫内厅书陵部所藏的好太王碑拓本,书陵部所藏两种好太王碑拓本(书陵部藏书编号为"515-113"和"502-407")皆为石灰补字拓本。调查时发现拓本背面附着了不少类似石灰的白色颗粒。参加调查的书陵部的研究人员随即将这些白色颗粒放到显微镜下进行观察。结果证明这些颗粒的质地为石灰,同时还发现有的颗粒是叠压而成的,即在两层石灰之间可见黑色的着墨层。这种现象表明碑石表面的同一位置上曾经被修补两次以上,据此,从拓本实物的角度也证明了碑石被人用石灰多次修补的事实。

通过对不同时期的碑字字形的比较,笔者认为在1920年以前,好太王碑大致经历了4次较明显的石灰修补,一般来说,用石灰修补碑面和碑字的目的主要是要让碑字更清晰,碑面更平整,更有利于捶拓。但每次修补的具体原因和方法又不完全相同。

第一次修补发生在原石拓本和文运堂本之间。其时间是1889年李云从拓碑之后至1894年吴椒甫本出现之前的某个时间,笔者推测是在1890年代最初的两三年中。这一次的修补范围较大,根据笔者对文运堂本石灰补字情况的考察,可知修补的范围遍及整个碑面,在碑文第一面和第二面上,被修补的碑字占总字数的70%。被修补的碑字大多是已泐损的碑字,或由于某种原因无法清晰拓出的碑字。由此可以推测石灰补字的原因,是为了让碑字变得更加清晰。

第二次修补发生在文运堂本和内藤湖南本之间。内藤湖南本基本上继承了文运堂本的碑字字形,同时也对个别碑字作了进一步的修补,例如第2面8行36字"兵"字(实为"軍"字),文运堂本还未修补为"兵"字,内藤湖南本上已明确补为"兵"字(见图七)。

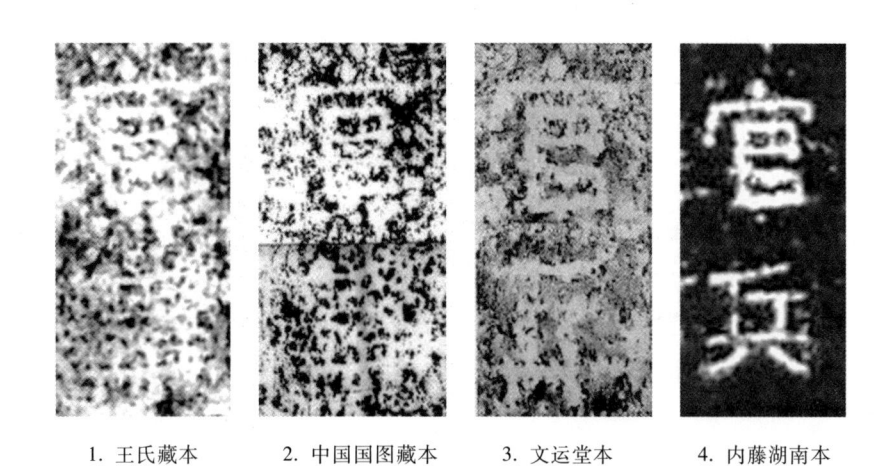

| 1. 王氏藏本 | 2. 中国国图藏本 | 3. 文运堂本 | 4. 内藤湖南本 |

图七

内藤本与文运堂本相比，一个最大的不同就是内藤本是以浓墨重拓的拓本，碑字周围墨色很重，几乎没有石花，与文运堂本大异。上述情况表明，内藤本制作之前，碑面再次被仔细修补填平，比文运堂本制作时更加平整。问题是为什么拓碑者要从制作文运堂本那样的淡墨本转向制作内藤湖南本那样的浓墨重拓本呢。笔者认为，内藤本采用浓墨重拓是为了掩盖拓碑者在好太王碑上涂抹造字的痕迹。通过观察文运堂本可知，被石灰修补的碑字特别是在石灰上的造字，在淡墨拓本上留下了明显的痕迹。这种明显的造字痕迹容易引起金石家对碑文真实性的怀疑。于是，拓碑者便更加细致地修补了碑面，然后用浓墨重拓的方法制作出内藤本那样的拓本，这种浓墨拓本很好地掩盖了修补造字的痕迹（见图八）。需要说明的是，根据目前已掌握的历史记录，这里所说的掩盖补字痕迹与李进熙所主张的"参谋本部石灰涂抹作战说"全无关系。笔者认为，它只不过是当地拓工想出的一种以假乱真的手段罢了。这种非专业的修补手段改变了部分碑字的原貌，在很大程度上误导了日后的释文和碑文研究。

图八

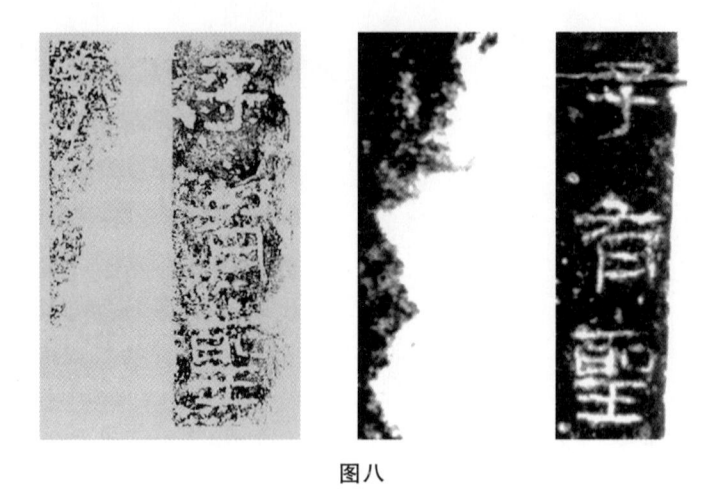

文运堂本（左）的"子"字有明显的石灰补字的痕迹，内藤湖南本（右）上由于浓墨重拓，已无法看出补字的痕迹。

　　以上所说的第一次修补和第二次修补可能是发生在很短的时间内。由于处在石灰补字的初期，所以拓碑者会经常不断地对修补的碑文作小的调整。例如内藤本和杨守敬本上取消了文运堂本第二面10行28字"西"字的释文，内藤本把原来第二面8行36字的"軍"字彻底改为"兵"字，杨守敬本把内藤本第二面4行7字"而"字改为"百"字，等等。

　　第三次修补发生在杨守敬本和古吴轩本及吴椒甫本之间。前文比较的3个被修补的碑字中，第2、3个碑字在杨守敬本之后字形都发生了变化，说明在杨守敬本和古吴轩本、吴椒甫本之间有过一次石灰修补过程。另外，通过这次修补，一些在杨守敬本上开始模糊的碑字，又变得清晰起来。如第1面2行33字"我"字、第1面1行34字"有"字、第1面2行2字"車"（应为"幸"）字、第1面2行36字"浮"字、第1面3行10—12字"沸流谷"三字、第2面9行36字"满"（似为"寇"）字等。这种状况表明此次修补还是为了使碑字更为清晰。另外，这次修补中还重新确定和增加了一些碑字。例如，将杨守敬本上的第1面9行8字"来"字改为"耒"字，将第2面4行7字确定为"百"字（应为"而"字）。新增加的字有，第1面10行27字"城"字、第2面10行28字"满"字（应为"新"字）。

从内藤湖南本（1890年后不久）到古吴轩本和吴椒甫本（1894年前后），其间间隔的时间并不太长，为什么又要进行碑字的修补呢？从内藤湖南本来看，碑字是十分清楚的，但到了杨守敬本制作时期，碑字又变得模糊了。这一现象表明，第一次和第二次修补并不牢固，这也许与修补时所用的方法和材料有关。由此可以推测，杨守敬本制作时期，碑面的石灰已开始部分剥落，为了把碑字修补得更清楚一些，于是进行了第三次修补。这次修补标志着大范围的石灰补字的正式完成。第三次修补后拓制了很多拓本，这时期的拓本（包括古吴轩本、吴椒甫本、天理大学乙本、东大考古室本等）是所有好太王碑拓本中字体最清晰的拓本。到1907年的沙畹本之后，碑字又进入了新一轮的剥落过程。

第四次修补发生在朝鲜总督府本至黑板胜美拍摄照片的1918年之间。武田幸男先生不久前指出，朝鲜总督府本是1913年10月今西龙和关野贞到碑前调查时获得的拓本，而不是以往人们所认为的1918年的拓本。[①] 将朝鲜总督府本与1918年黑板胜美调查时拍摄的照片进行比较，也可以得出同样的判断。在黑板胜美照片上，碑字的面貌，如第一面5行18字"武"字的形态与朝鲜总督府本是截然不同的。从1907年的沙畹本到1913年的朝鲜总督府本的6年间，属于第三次修补期的后期。这时期的拓本，反映了碑字上的石灰逐渐剥落的过程。傅斯年丙本、上田正昭本和中野政一本都处在这一时期。在1913—1918年的某个时期，碑石再次被修补，这是捶拓史上的第四次修补。不过，这次修补的目的似乎不是要修补碑字，而是以修补碑字周围的碑面为主。1918年拍摄的黑板胜美照片反映了这次修补的情形。在黑板胜美照片中，碑文第1面5行18字"武"字上的石灰剥落，再次变成了"武"字。如前所述，这个多出一画

---

① 武田幸男：《天理図書館藏〈高句麗広開土王陵碑〉拓本について》，《朝鮮学報》第174辑，2000年，第45—47页。

的"䤈"字只出现在早期摹拓本和原石拓本上,在1913年以前的石灰拓本中没有出现过。与这个"䤈"字相吻合的拓本是1910年代中期以后的读卖放送所本、傅斯年丁本等拓本。这些拓本与1913年以前拓本的另一个明显的区别是,第二面右中部至左上部的泐痕被填平,拓本上的空白消失。

第四次修补的原因目前还不完全清楚。耿铁华先生认为在碑字的四周涂上白色石灰,并不是为了有利于捶拓,而是为了让黑板胜美把照片拍得更为清楚。[①] 这种解释似乎有些牵强。1920年代的拓本实物,笔者曾见过数种,包括北大F本、目黑区本(1927—1931年)、集安市博物馆的吕耀东本(1928年前)等,其中目黑区本、集安吕耀东本为整幅本,未装裱。这些拓本墨色浓重,纸面的破损较少。这种状况似乎暗示,第四次修补即在碑字周围大量抹灰,是为了避免纸面的破损。

碑石经过第四次修补后,似乎再也没有受到大规模的修补。当然,对个别碑字的修补仍在进行(例如对第1面3行41字"黄"字的修补)。到1930年代以后,碑石上的石灰开始更大范围的剥落,日本书学院本、足立幸一本应当属于这时期的拓本。从书学院本来看,拓本上的石花很多,拓本上表示界格的纵线较多地拓出。与此同时,许多被石灰修补的碑字也显露出本来的面貌。这些都证明,碑石上的石灰大部分已经剥落。

1949年新中国成立以后,中国政府和好太王碑当地的文物工作者十分注意此碑的保护工作。1963年以后,为了防止碑石的进一步自然风化和破损,还对好太王碑的表面,特别是碑石的巨大泐痕处进行了化学封护。在此后的拓本上已看不到碑石第一面、第二面上的巨大泐痕。这是1963年以后的拓本与以前拓本的最大区别。新中国成立后好太王碑的保护者们虽然再没有对碑字进行修补,但是原来修补的石灰在今天的碑石上仍有残留。因此,1949年后制作的张明善本(1963年)、周云台本(1981年)等拓本从性质上讲仍应当

---

① 耿铁华:《好太王碑一千五百八十年祭》,第145—147页。

归入石灰补字拓本。

根据前述对各时期拓本特别是对石灰补字拓本的分析，并参考研究史上的诸家编年，现将笔者对各时期拓本编年和分期的结论概述如下。

一是只拓出部分碑字的原石拓本和摹拓本（或称墨水廓填本）并行期（1880—）。

这时期的拓本或摹拓本主要包括：关月山手拓的局部拓本；李超琼通过李鸿裔赠潘祖荫本（1881年前制作，潘祖荫在1883年4月—1884年6月获得此本）；酒匀本（1883年获得，其制作年代大概与潘祖荫本同期）。

传承中的摹拓本：李超琼赠李鸿裔本（1881年前制作，李鸿裔约在1883年获得此本）；张金波本；陈士芸赠吴大澂本（1886年前制作）。

二是完整的原石拓本制作时期（1887—1889年）。

这时期的拓本可分为两种类型。

第Ⅰ类型原石拓本（1887—1889年）

目前已知的拓本有：傅斯年乙本；北大E本；王氏藏本；北图藏本。这些拓本可能与1887年谈广庆制作本和1888年杨颐、王颂蔚带回北京的拓本有关。

第Ⅱ类型原石拓本（1889年李云从制作的拓本）

目前已知的拓本有：北大A本（有1889年李云从采拓记录的拓本）；北大B本；北大C本；北大D本；金子鸥亭本；任昌淳本（有1889年采拓记录的拓本）；傅斯年甲本；书通本；水谷拓本。

另外，还有几种传承中的原石拓本：日本小松宫藏本；堀正雄本。

在李云从离开集安之后至开始用石灰补字之间，集安的当地拓工是否也制作过原石拓本现在还不清楚。

另外，不排除在这一时期仍有人在制作或复制摹拓本（即墨水廓填本）的可能。

三是石灰拓本制作时期。

第一次修补时期（1890—1894 年）

目前已知的拓本有：文运堂本；中国故宫博物院藏淡墨本。

第二次修补时期在第一次修补期稍后不久。

目前已知的拓本有：内藤湖南本；杨守敬本。

第三次修补时期（约 1894 年—?）

现在已知的拓本和刊本有：苏州古吴轩本；吴椒甫本；东大文学部考古室本；天理大学乙本（1905 年）；沙畹本（1907 年前）；罗振玉本（1909 年前）；傅斯年丙本；上田正昭本；中野政一本（1912 年）；天理大学甲本（今西龙 1913 年前）；朝鲜总督府本（1913 年前）；首尔大学本（1913 年前）；明治大学本（约在 1913—1918 年之间）。

第四次修补期（约在 1913 年至 1918 年之间开始——?）

目前已知的拓本有：傅斯年丁本；北大 F 本；北大 G 本；韩国中博本；读卖放送所本；东大东洋文化研究所本；京大人文研究所本；韩国张遇圣本；九州大学本（1927 年）；东京目黑区本（1926—1931 年）；集安吕耀东本。

石灰全面剥落期（1930 年中期前后—?）

目前已知的拓本有：日本书学院本、足立幸一本。

四是碑石受保护期：（1963 年至今）

这时期的拓本有：张明善本（1963 年）；周云台本（1981 年）；周荣顺本（1990 年）。

（原载《古代文明》2009 年第 1 期）

幽州刺史墓墓主身份再考证

孙 泓

幽州刺史墓，亦名德兴里墓，系朝鲜考古工作者于1976年发现的著名古墓。幽州刺史墓是一座壁画文字墓。墓室四壁与天井，全部绘有壁画，并有汉字墓志题名和壁画题记600余字，因而引起了各国学者的关注。同时，因墓志中写有墓主姓氏的部分漫漶不清，故其身份成为一谜。关于幽州刺史镇有两种不同意见，一种认为是高句丽人，主此说者有朝鲜的金勇男、朴容绪、朴晋煜、孙永钟等；[①] 一种认为是亡命高句丽的中国人，主此说者有韩国的金元龙，日本学者佐伯有清、武田幸男，中国学者刘永智、康捷、安志敏、孙进己等。[②] 本文拟在先行研究基础上，进一步论证幽州刺史镇的身

[①] 金勇男：《关于新发掘的德兴里高句丽壁画墓》，《历史科学》1979年第3期；朴容绪：《关于德兴里壁画墓的考察》，《统一评论》1979年第12期；朴晋煜：《关于德兴里壁画墓的主人公与幽州所属问题》，《历史科学》1992年第2号；朴晋煜：《关于3至7世纪的高句丽壁画墓》，《亚细亚史学会年报》15号；孙永钟：《高句丽壁画坟의墨书铭和被葬者》，韩高句丽研究会《高句丽古坟壁画》，1997年，转引自《东北亚历史与考古信息》1999年第2期。

[②] 金元龍：《高句麗壁画古墳的新资料》，《歷史學報》81期，1979年；刘永智：《朝鲜学者对朝鲜平安南道发掘的幽州刺史墓的看法》，《国外社会科学情报》1980年第8期；刘永智：《幽州刺史墓考略》，《历史研究》1983年第2期；佐伯有清：《高句麗廣開土王時代の墨书铭》，《東アジアの古代文化》51期，1987年；武田幸男：《德興里壁畫古墳被葬者の出身と經歷》，《朝鮮學報》130期、1989年；康捷：《朝鲜德兴里壁画墓及其有关问题》，《博物馆研究》1986年第1期；安志敏：《朝鲜德兴里壁画墓及其有关问题》，《东亚考古论集》，香港中文大学中国考古艺术研究中心出版社1998年版；安志敏：《朝鲜德兴里壁画墓的墓主人考略》，《东北亚历史与考古信息》2002年第2期；孙进己：《东北古史资料丛编》第2卷，辽沈书社1989年版。

份、官职来历及其最后亡命之所。

一 幽州刺史墓概况

　　墓葬位于朝鲜平安南道大安市德兴里，墓为南北向的石室封土墓，分前后两室，前室之前有甬道，前后室之间以过道相连，墓室顶部用石条叠涩成穹窿状。棺台建于后室。前后室和甬道均有彩色壁画，并有汉文的墨书铭记和榜题。据报告书，① 能够判读的文字为560字，无法判读的45字，合计605字。壁画表现墓主人会见宾客和出行等庄严的场面：北壁为墓主人肖像；西壁为十三郡太守来朝图，其榜题分别标出"燕郡""范阳""渔阳""上谷""广宁""代郡""北平""辽西""昌黎""辽东""玄菟""乐浪"和"带方"诸郡名，并有文字说明，许多文字已经脱落，上部由前向后依次为：

　　　　奋威将军燕郡太守来朝时
　　　　　范阳内史来论州时
　　　　　渔阳太守来论州时
　　　　　上谷太守来朝贺时
　　　　　广宁太守来朝贺时
　　　　　代郡内史来朝贺时

下部依次为：

　　　　　北平太守来论州时
　　　　　辽西太……
　　　　　昌黎太守来论州时

---

① 朝鲜民主主义人民共和國社會科學院、朝鮮畫報社：《德興里高句麗壁畫古墳》，東京：講談社，1986年；徐永大：《德兴里古坟墨书铭》，《译注韩国古代金石文》，首尔：韩国古代社会研究所1992年，第79—88页。

辽东太守来朝贺时
玄菟太守……
乐浪太守……
……

下部最后一个太守的说明已经全部脱落，根据前后文可知其为带方太守。在其前面还有"此十三郡幽州部七十五州治广蓟今治燕国去洛阳二千三百里都尉一部并十三郡"的字样。东壁为墓主人出行图，其上有墨书题记："此人为中里都督智典知七宝自然音乐自然饮食有□□燔□□□□"；墓顶则绘有日月星辰等天象图。

墨书题记位于前室北壁、甬道口上方：

□□郡信都县都乡中甘里
释加文佛弟子□□氏镇仕
位建威将军□小大兄左将军
龙骧将军辽东太守使持
节东夷校尉幽州刺史镇
年七十七薨焉永乐十八年
太岁在戊申十二月辛酉朔廿五日
乙酉成迁移玉柩周公相地
孔子择日武王选时岁使一
良葬送之富及七世子孙
番昌仕宦日迁位至侯王
造藏万功日煞牛羊酒宍米粲
不可尽扫旦食盐豉食一椋记
示后世富寿无疆

墨书题记共计 14 行 154 字。墓主人名镇而写有姓氏的两字格漫漶不清。

二　镇的出身及历任官职

关于镇的出身，墨书题记记载："□□郡信都县都乡中甘里释加文佛弟子□□氏镇仕"。武田幸男对此作了详细的考证，认为"镇出于中国的冀州（河北省）—安平郡—信都县—都乡—中甘里"而非朝鲜半岛内高句丽的信都县。① 从墓葬的形制、墓室结构、壁画内容、文字记载，可以看出墓葬是属于晋时期的形制，而从题记的官职、地名看，也属于晋的制式，所以笔者赞同武田幸男的观点。

据《晋书·地理志》载信都县属晋冀州安平郡，但建武初（304），慕容廆曾经设郡以统流人，冀州人为冀阳郡，豫州人为成周郡，青州人为营丘郡，并州人为唐国郡。321年开始，慕容廆受晋朝廷命为都督幽、平二州，东夷诸军事，车骑将军，平州牧，封辽东公，就已经逐渐管辖到了冀州。前燕建立后，冀州先后属前燕、前秦和后燕，随所属国家的变换，冀州的治所经常变动。前燕鲜卑族慕容儁将冀州治所迁于蓟，前秦时将冀州州治迁于邺，后又将冀州治所迁至信都，至后燕慕容垂沿袭下来。所以，镇有可能是汉流人，也有可能是慕容鲜卑人，还需进一步考证。

同时，幽州刺史镇墓中的墨书题记中记载了大量官职的名称，如建威将军、□小大兄、左将军、龙骧将军、太守、内史、使持节、东夷校尉、幽州刺史、中里都督、奋威将军等。与史料对比，可知其中既有晋的官职，又有高句丽的官职，详见表1。

表1　　　　　　　幽州刺史镇墓墨书题记官职一览

官　职	官职来源
建威将军	《宋书·百官志》："建威将军，光武建武中，以耿弇为建威大将军。"
□小大兄	《三国史记·职官志》："高句丽官有太大兄、次大兄、次小兄"，无小大兄一职

---

① 武田幸男：《德興里壁畫古墳被葬者の出身と經歷》，《朝鮮學報》130期、1989年。

续表

官　职	官职来源
左将军	《宋书·百官志》："左将军……以下周末官，秦汉因之，光武建武七年省，魏以来复置。"
龙骧将军	《晋书·职官志》："骠骑、车骑、卫将军……四镇、龙骧……等大将军。"
太守	《晋书·职官志》："郡皆置太守。"
使持节	《南齐书·百官志》："魏晋世，州牧隆重，刺史任重者为使持节。"
东夷校尉	《晋书·地理志》："魏置东夷校尉，居襄平。"
幽州刺史	《晋书》："州置刺史。"《宋书》："刺史，每州各一人。"
中里都督	中里为高句丽官职，见《三国史记·职官志》，都督为晋官职
奋威将军	《宋书·百官志》："奋威将军，前汉世，任千秋为之。"
内史	《晋书·本纪》："晋初封司马绥为范阳王""封司马演为代王"，故称内史

从表1可以看出，镇担任的官职，除小大兄为高句丽的官职外，其他均为晋的官职。武田幸男、刘永智、孙永钟、李仁哲[①]等都对此逐一作了详细的考证。武田幸男认为镇的官职是按叙任顺序记载的，分为虚实两部分：建威将军、辽东太守、使持节、东夷校尉、幽州刺史是实职，是亡命前晋所封；左将军、龙骧将军是亡命后的自称虚号。"□小大兄"应为"国小大兄"，为高句丽所封。而刘永智则提出"□小大兄"应为"同小大兄"，认为建威将军与小大兄处于相同地位，镇为晋遗民或乐浪遗民。目前学术界对此的观点还不统一。从幽州刺史镇墓墨书题记第3行第6字的残存笔画来分析，此字不应是"同"字，但如果释读为"國"字，则下面缺一横画，与国字的笔画不符。故姑且存疑待考。

---

① 武田幸男：《德興里壁畫古墳被葬者の出身と經歷》，《朝鮮學報》130期、1989年；刘永智：《幽州刺史墓考略》，《历史研究》1983年第2期；孙永锺：《高句丽壁画古坟的墨书铭和被葬者》，高句丽研究会《高句丽古坟壁画》，1997年，转引自《东北亚历史与考古信息》1999年第2期；李仁哲：《通过德兴里壁画墓的壁画古墓题目认识高句丽历史》，《历史科学》1998年第158号。

三　对幽州刺史镇身份的考证

在幽州刺史墓墨书题记中，镇的姓名为"□□氏镇"，可知镇的姓氏可能为两字的复姓，刘永智提出可能与《晋书·慕容德载记》中的慕容镇同，但其并没有展开论述，仅指出他们所任官职不同，认为需要进一步研究。① 安志敏则提出有两个慕容镇，幽州刺史镇是后燕的慕容镇，认为南燕还有一个受封为桂林王的慕容镇。② 孙进己等在《东北古史资料丛编》中，直接将"□□氏镇"标记为慕容镇，但并没有说明缘由。③ 武田幸男认为镇的亡命时间为前秦或前燕，但也没有展开讨论。④

从幽州刺史镇"位建威将军□小大兄左将军龙骧将军辽东太守使持节东夷校尉幽州刺史镇"可知，镇曾任幽州刺史，但遍查史料，⑤也不见相关记载，见于记载的只有桂林王慕容镇，见表2。

表2　　史书所载慕容镇活动一览（黑体为本文作者所加）

时间	事迹	资料来源
392年慕容垂	六月辛亥，**垂潜遣其桂林王慕容镇**、骠骑慕容国于黎阳津夜济，壁于河南	《晋书·载记第二十三》；《通典》卷159《兵六》；《太平御览·兵部十七》
	垂移营就西津，去黎阳西四十里，为牛皮船佯渡，钊亟引兵趣西津，**垂潜遣慕容镇自黎阳津夜济，营于河南**	《读史方舆纪要》卷16

---

① 武田幸男：《徳興里壁畫古墳被葬者の出身と經歷》，《朝鮮學報》130期、1989年。
② 安志敏：《朝鲜德兴里壁画墓及其有关问题》，《东亚考古论集》，香港中文大学中国考古艺术研究中心出版社1998年版；安志敏：《朝鲜德兴里壁画墓的墓主人考略》，《东北亚历史与考古信息》2002年第2期。
③ 孙进己等：《东北古史资料丛编》第2卷，辽沈书社1989年版，第472—473页。
④ 刘永智：《幽州刺史墓考略》，《历史研究》1983年第2期。
⑤ 《晋书》《资治通鉴》《通典》《太平御览》《读史方舆纪要》《通鉴纪事本末》《魏书》《武编》《百战奇略》《武经总要后集》等。

续表

时　间	事　迹	资料来源
396 年慕容垂	十一月丙戌……生擒其陈留王绍、鲁阳王倭奴、**桂林王道成**、济阴公尹国、北地王世子钟葵、安定王世子羊儿以下文武将吏数千人，器甲辎重、军资杂财十馀万计	《魏书·帝纪第二》
	十一月丙戌……生禽鲁阳王倭奴、**桂林王道成**、济阴公尹国等文武将吏数千人，兵甲粮货以巨万计。道成，垂之弟子也	《资治通鉴》卷 108；《通鉴纪事本末》卷 16
399 年慕容德	二月……氐人李辩叛慕容德，求援于邺行台尚书和跋。跋轻骑往应之，克滑台，收德宫人府藏。**又破德桂林王镇及郎吏将士千馀人**	《魏书·帝纪第二》
405 年慕容超	十月己未，超即皇帝位，大赦，改元太上。……**加慕容镇开府仪同三司**……	《资治通鉴》卷 114；《通鉴纪事本末》卷 18
406 年慕容超	义熙二年，九月，**超遣慕容镇攻青州**……**慕容镇克青州**，钟杀其妻子。地道以出，与高都公始皆奔秦。秦以钟为始平太守，凝为侍中	《资治通鉴》卷 114；《通鉴纪事本末》卷 18
407 年慕容超	义熙三年……**太尉、桂林王镇**曰："若如圣旨，必须平原用马，便宜出岘逆战，战而不胜，犹可退守，不宜纵敌，自贻寇逼。臣以为天时不如地利，拒之大岘，策之上也。"超不从	《魏书·列传第八十三》；《晋书·载记第二十八》；《太平御览·兵部六十二》
	……**其将慕容镇**曰："若如圣旨，必须平原用马为便，宜出岘逆战，战而不胜，犹可退守。不宜纵敌入岘，自贻窘逼。昔成安君不守井陉之险，终屈于韩信；诸葛瞻不据束马之险，卒擒于邓艾。以为天时不如地利，但守大岘，策之上也。"	《通典》卷 159《兵十二》；《武编》后卷 6；《百战奇略》地战；《武经总要后集》卷 13
	其夏……超又奔还广固，徙郭内人入保小城，使其尚书郎张纲乞师于姚兴。**赦慕容镇，进录尚书、都督中外诸军事**。……	《晋书》卷 128《载记第二十八》

续表

时　间	事　迹	资料来源
409年慕容超	义熙五年二月，**桂林王镇**谏曰："此数人者，勤民顿兵，为国结怨，何功而封？"超怒，不答。尚书都令史王俨诣事五楼，比岁屡迁，官至左丞	《资治通鉴》卷115《晋纪三十七》
	二月，超论宿豫之功，封斛谷提等并为郡、县公。**慕容镇**谏曰："臣闻县赏待勋，非功不侯，今公孙归结祸延民，残贼百姓，陛下封之，得无不可乎！……"	《晋书》卷128《载记第二十八》
	义熙五年夏四月，刘裕伐南燕，慕容超召群臣议，……**慕容镇**曰：今出岘逆战，战而不胜，犹可退守，不宜纵敌入岘，自弃险固	《读史方舆纪要》卷30
	义熙五年六月，超遣尚书郎张纲乞师于秦，赦**桂林王镇**，以为录尚书、都督中外诸军事，引见，谢之，且问计焉	《资治通鉴》卷115《晋纪三十七》

从表2可以看出，史书中所记载的慕容镇在慕容垂、慕容德为王时所担任的官职是桂林王，慕容超为王时加开府仪同三司、太尉、桂林王、进录尚书、都督中外诸军事。而德兴里幽州刺史镇的官职是"位建威将军囗小大兄、左将军、龙骧将军、辽东太守、使持节、东夷校尉、幽州刺史"，他们的官职完全不同。

而且史书上所记载的桂林王慕容镇，历仕慕容垂、慕容德、慕容超朝，据《魏书》卷九十五《列传第八十三》记载："垂潜遣其桂林王慕容镇、骠骑慕容国于黎阳津夜济，壁于河南。"这是慕容镇最早见于史料记载。慕容垂在位时间为384—396年，此事发生在392年。在义熙五年（409），刘裕攻广固时，慕容超任命桂林王慕容镇为录尚书、都督中外军事。义熙六年（410），南燕灭亡时，慕容镇不知所踪。而幽州刺史镇葬于永乐十八年（义熙四年，即408）。

根据目前已知的4—5世纪的文献资料，桂林王道成慕容镇不是幽州刺史墓的墓主。

幽州刺史"年七十七薨焉永乐十八年"，查永乐十八年为408年，为高句丽年号，推知其生于332年，那么只要找出332—408年历任的幽州刺史的名单，就应该能够找出镇任幽州刺史的线索。笔者对史料进行了仔细梳理，将325—416年担任幽州牧、幽州刺史的官吏名单，列如表3。

表3　　　　　　　　　　幽州刺史任职时间

任职时间	姓　名	官　职	朝　代
325 年	段末波	幽州刺史	后赵时期
325 年	段末牙	幽州刺史	后赵时期
331 年	段辽	幽州刺史	后赵时期
335—340 年	石光坐	幽州刺史	后赵时期
338 年	慕容皝	幽州牧	东晋成帝时期
338—348 年	不详	不详	前燕慕容皝时期
349 年	慕容儁	幽州牧	东晋穆帝时期
350 年	王午	幽州刺史	后赵时期
351—352 年	刘准	幽州刺史	后赵时期
356 年	张哲	幽州刺史	苻秦时期
357 年	乙逸	幽州刺史	前燕慕容儁时期
357—360 年	慕容德	幽州刺史	前燕慕容儁时期
360—370 年	不详	不详	前燕慕容暐时期
370 年	郭庆	幽州刺史	苻秦时期
376—380 年 3 月	苻洛	幽州刺史	苻秦时期
379—380 年 5 月	平颜	幽州刺史	苻秦时期
380 年 8 月	梁谠	幽州刺史	苻秦时期
382 年	王永	幽州刺史	苻秦时期
385 年	苻谟	幽州牧	后秦时期
385 年	慕容农	幽州牧	后燕慕容宝时期
385 年	平规	幽州将	后燕慕容宝时期
386 年	卫辰	幽州牧	后燕后秦时期
389 年	慕容隆	幽州牧	后燕慕容宝时期

续表

任职时间	姓　名	官　职	朝　代
395—396 年	慕容会	幽州刺史、幽州牧	后燕慕容垂时期
397 年	慕容熙	幽州刺史	后燕慕容宝时期
398 年	慕容豪	幽州刺史	后燕慕容盛时期
399 年	留志	幽州刺史	后燕慕容盛时期
399 年	卢溥	幽州刺史	后燕慕容盛时期
402 年	慕容拔	幽州刺史	后燕慕容熙时期
407 年	慕容懿	幽州刺史	后燕慕容熙时期
408 年	冯万泥	幽州牧	北燕高云时期
409 年	右地	幽州刺史	北燕高云时期
416 年	库傉官昌	幽州刺史	北燕冯跋时期
430—436 年	不在本文考察范围	—	北燕冯弘时期
398—405 年	幽州属后燕	—	南燕慕容德时期
405—410 年	幽州先后属后燕及北燕	—	南燕慕容超时期

据表 3 可知，前燕慕容皝（337—348）时、慕容暐（360—370）时期幽州刺史未见记载，不知为何人。从幽州刺史墓的墓主镇卒于 408 年，享年 77 岁来推算，他生于 332 年。慕容皝时期他还太小（6—17 岁），不可能担任幽州刺史，398—410 年（慕容德、慕容超时期），幽州刺史分别为后燕的慕容豪（398）、留志（399）、卢溥（399）、慕容拔（402）、慕容懿（407）担任，他也不可能担任幽州刺史，所以唯有可能的是慕容暐时期（360—370 年），他的年纪在 29—39 岁，正值壮年。在 360 年前燕灭亡前后出走至朝鲜半岛大同江流域。由于前燕灭亡，所以不见于记载。所以安志敏所提出的镇为后燕的幽州刺史存在值得商榷之处。[①] 安志敏认为镇亡命高句丽与慕容会、冯跋叛乱有关，由于他们的叛乱使镇在国内无法立足，不得不亡命高句丽。前文也提出了史书中同名人物的存在，如《资治

[①] 安志敏：《朝鲜德兴里壁画墓的墓主人考略》，《东北亚历史与考古信息》2002 年第 2 期。

通鉴》记载后燕有两个慕舆嵩，西燕有两个逸豆归，所以也可以有两个慕容镇。笔者赞同有两个镇，但是否都姓慕容名，存疑。因为从幽州刺史镇墓墨书题记第 2 行第 8 字的图版残存的笔画来看，姓氏的第二个字右边是一竖，与慕容的"容"字笔画不符。

四　幽州刺史镇生存期间幽州的管辖范围

在德兴里幽州刺史墓壁画中绘有十三太守，旁有墨书题记，在其前面还有"此十三郡幽州部七十五州治广蓟今治燕国去洛阳二千三百里都尉一部并十三郡"的字样，这里对幽州限定了两个条件，一是此时幽州有 13 郡 75 州，二是幽州治广蓟今治燕国去洛阳 2300 里（约 956 公里）。

《晋书·地理志》记载了幽州所辖郡县及幽州与平州的关系，根据记载可以看出幽州的所辖郡县是不断变化的，幽平二州也时分时合。所以墨书题记所记载的幽州统治地域，实际上是由幽州加平州或营州所组成。武田幸男将幽州刺史墓墨书题记与中国历代郡县构成和县数做了统计与比较，提出幽州只能在公元 238 年以前、公元 244—274 年、公元 370—380 年三个时间段中下辖 13 郡。又提出幽州治广蓟去洛阳 2300 里，其存在时期只能为公元 25—238 年及 244 年以前到 270 年。对比两者提出了只有 244 年以前到 270 年时的幽州才符合墨书题记的记载。但据德兴里幽州刺史墓墨书题记，镇"年七十七薨□（焉）永乐十八年"，知其生于 332 年，在时间上不符合。

笔者根据他的研究思路，对比史料，认为前燕在 349 年曾攻克蓟城而都于蓟，357 年称帝后迁都于邺，因此，在前燕 350—357 年时，幽州治所也是在广阳郡之蓟县，距离洛阳 2300 里。

而且在 358—380 年，平州是并入幽州的。据《资治通鉴》第一百卷《晋纪二十二》记载："升平二年（358）十二月，出垂为平州刺史，镇辽东。"此后平州不见于记载，直至 380 年才再次见于记载。据《资治通鉴》第一百〇四卷《晋纪二十六》："太元五年（380）八月，分幽州置平州，以石越为平州刺史，镇龙城，中书令梁说为幽州刺史，镇蓟城。"

在壁画题记中有"州治广蓟，今治燕国"，可知幽州治所原在广阳郡之蓟县，镇担任幽州刺史时，治所已经迁至燕国，正与慕容儁攻破蓟县并定都于此相合。基于以上考虑，笔者认为武田幸男所说的370—380年幽州下辖十三郡，似乎可以提前到从358年北燕慕容垂任平州刺史时算起。这样就可以将这一时期幽州下辖13郡的时间重新划定为359—380年。

幽州刺史镇的任职时间如前文推测是慕容暐时期（360—370）、幽州13郡75县的存在时间为359—380年、幽州治广蓟去洛阳2300里的存在时期为350—358年，三者之间时间的交叉点在358—360年。说明在358—360年，镇担任幽州刺史，幽州下辖13郡75县，治所在广阳郡蓟县，距离洛阳2300里，正符合武田幸男所提出的三个条件。所以幽州刺史应该是前燕所封，也是镇所担任的最早的官职。并据此推测他亡命的时间在360年前后。

那么又是什么促使他逃离前燕呢？分析这年前燕发生的事件，可略知一二。据《资治通鉴·晋纪二十三·晋穆帝》记载：升平四年（360），慕容儁去世，太子慕容暐即皇帝位，慕容恪、领军将军慕舆根等人，接受遗诏辅佐朝政。慕舆根自恃是先朝的有功旧臣，心里不服慕容恪，欲作乱，慕容恪诛杀了慕舆根及其妻、子、同党，宫廷内外都感到震动恐惧。镇怕受慕舆根牵连，所以逃离了前燕。结合前文所见的墓志图版中笔画与慕容的"容"字不符，这样就又出现一种可能性，就是镇复姓慕舆，慕舆在前燕也是一个重要的姓氏，慕舆家族的许多人都曾官居要职，如折冲将军慕舆根、荡寇将军慕舆、燕将军慕舆长卿、中军将军慕舆虔等。但因同样不见记载，只能作为一种推测。

五　幽州刺史镇生存期间幽州的归属问题

因为题记中有高句丽官职及年号，据此有学者提出了镇亡命高句丽的观点，也有学者提出了高句丽曾经统治过幽州的问题。

关于高句丽是否统治幽州的问题，孙永钟等认为高句丽在370—376年统治过幽州，是因为这一时期没有前秦统治幽州的记载，所以认为幽州是归高句丽统治。武田幸男、刘永智、安志敏、朴真奭[①]对此都做了详细的讨论，认为从史料和墨书题记的记载看，镇生活的时代，高句丽没有统治幽州的可能，笔者赞同他们的观点。

关于幽州的归属，晋书有明确记载：从惠帝（290—306）以后，归后赵石勒所有，到穆帝永和五年（349）为前燕所占；370年，前燕为苻坚所灭，幽州归前秦所有；384年，慕容垂打败前秦，据有幽州。397年，慕容宝迁于和龙，幽州归北魏所有。《晋书》中并不见高句丽和东晋占据过幽州的记载。当时后燕、北燕都占有今辽西地区，高句丽根本不可能越后燕、北燕而占幽州。

在这期间高句丽也没有进入幽州的条件，因为此时高句丽与百济的矛盾已经十分尖锐化，相互不断攻伐。371年，百济进攻平壤，高句丽故国原王被百济打死，两国矛盾更加尖锐。375年，高句丽攻打百济水谷城，376年入侵百济北方边境，根本无暇顾及幽州。同时，370年，秦王猛伐燕，燕太傅慕容评投奔高句丽，高句丽将他绑缚送给秦王。372年，秦主苻坚遣使及浮屠顺道送佛像经文至高句丽，高句丽王派遣使者回谢，并进贡方物。375年，高句丽建造佛寺。高句丽与前秦保持着和平友好的关系。377年百济攻打平壤。386年高句丽南伐百济。389、390年，百济多次入侵高句丽，直至395年高句丽大败百济，他们之间的战争才暂告一段落。

与此同时，高句丽与燕围绕辽东也展开了争夺，对此武田幸男有明确的论述。笔者对高句丽占有辽东的时间与其有不同的看法。武田幸男认为高句丽占辽东是在385—395年实现的，但据《资治通鉴·晋纪》记载，318年高句丽曾数次遣兵寇辽东，但均未取得胜利。直到385年才占领辽东，但短短几个月后即被燕收复。《三国史记》卷十八《高句丽本纪第六》记载："十四年（405），燕王熙来

---

① 朴真奭：《关于德兴里墓志铭主人公镇的生平》，《朝鲜·韩国历史研究》第10辑，延边大学出版社2009年版，第1—22页。

攻辽东……不克而还。"说明高句丽在405年时已经占领了辽东。《梁书·诸夷列传·高句丽条》也记载:"垂死,子宝立,以句骊王安为平州牧,封辽东、带方二国王……后略有辽东郡。"垂死宝立是在396年,慕容宝在位3年,可知在396—405年,高句丽应该已经占据了辽东。另据《东史会纲》记载:"广开土王十一年(402)高句丽取辽东城。丽王遣兵攻宿军。燕平州刺史慕容归弃城走,丽兵遂取辽东城。"高句丽占领辽东的时间应该是402年,而不是385—395年,占玄菟城的时间应该在此之前,具体年代不见记载。那么在370—376年高句丽就不可能统治过幽州。

六 幽州刺史镇的最后去向

既然高句丽不曾统治过幽州,幽州刺史也就不是高句丽所封。但幽州刺史墓行高句丽年号,墨书题记中有高句丽官职,所以就有学者提出镇是亡命高句丽的中国人。既然幽州刺史为前燕所封,前文也推测他是在前燕360年前后,带领部分人来到大同江流域的,但是否是投奔了高句丽,还需进一步考察。

首先要了解关于这一时期高句丽是否占领了大同江流域,据史料记载高句丽很早就企图向朝鲜半岛扩张势力。37年,一度攻占汉的乐浪郡。但44年,汉光武帝遣兵渡海,伐乐浪,取其地为郡县,萨水(今清川江上游)以南属汉,收复了乐浪郡。313年,高句丽趁晋室衰败,再次向南扩张,不断侵掠乐浪郡(此乐浪郡已被侨置于今辽西)。又长期和百济争战,夺取带方郡地。大同江流域之乐浪郡及其南之带方郡,这时已经都为高句丽所有。

据《三国史记·高句丽纪六》记载:"小兽林王六年(377)冬十月,百济将兵来侵平壤城。""广开土王四年(395)王与百济战于浿水。"似乎高句丽与百济当时是以浿水(今大同江)为界。高句丽仅占有乐浪郡地,而带方郡地则为百济所有,但《好大王碑》载:"以六年丙申(406)王躬率水军,讨伐残国(百济),军至□□□,攻壹八城……逼其国城。"大同江以南地,当时似处于拉锯状态，高句丽与百济均未能长期占有。所以佟寿得以占据了这一地区，建立了移民政权。

佟寿是前燕时的辽东司马，是辽东平郭人，由于战乱与政事于336年亡命高句丽。"寿、充奔高丽。"这里奔高丽，可以有两种解释，一为投奔高句丽政权，一为进入高句丽境内。从佟寿的生平看，应该是进入高句丽境内，进而来到大同江下游一带。

据佟寿墓的墓志铭：

永和十三年十月戊子朔廿六日□□
使持节都督诸军事平东将军护东夷校尉乐浪□
昌黎玄菟带方太守都
□□幽州辽东平郭
□□乡敬上黑冬寿守□
年六十九薨官①

东晋封其为"使持节都督诸军事平东将军护东夷校尉乐浪相昌黎、玄菟、带方太守都乡侯"。这些官职是晋以前封高句丽王的，这时却封给了佟寿，这与高句丽和晋的关系密切相关。

高句丽自建国以后，就与中国中央王朝保持密切的往来，随着中国中央王朝政权的更替、分裂割据，高句丽也不断变换交往对象，甚至同时与数个政权保持联系。当其中某一政权取得正统资格时，高句丽便立即向其称臣朝贡，这一时期高句丽先后向东晋、赵、燕、秦朝贡。330年，高句丽遣使赴后赵朝贡，进献楛矢。336年，高句丽遣使到晋，贡方物。338年，赵王虎准备讨伐慕容氏，用3万艘船，运谷30万石到高句丽，派遣典农中郎将王典率万余人在海滨屯田。可见当时高句丽同时向赵和晋朝贡，接受赵在其地贮存军粮，以备攻慕容氏。这也为慕容氏日后攻打高句丽埋下了隐患。

及至337年，鲜卑慕容部逐渐强盛，慕容皝称王，建立前燕，

---

① 都宥浩：《在朝鲜安岳發現的一些高句麗古墳》，《文化遺產》创刊号，1949年12月。

高句丽与鲜卑慕容部也就展开了连年的征战。由于高句丽在与北燕的连年战争中，处于劣势，高句丽奉行燕的年号，接受燕册封的征东大将军、营州刺史、封乐浪郡公，王如故。高句丽王正式接受燕的官爵。因为高句丽改称臣于燕，所以晋以之封佟寿。后半段的官职，因为昌黎当时是为燕所占，玄菟、乐浪、带方郡为高句丽所占，都不在佟寿的辖土之内，而东晋以之虚封佟寿，是表明东晋不承认燕和高句丽对这一地区的占有，而希望佟寿去占有这些地方。

当时高句丽还没有迁都平壤，而晋的乐浪郡势力已经退出平壤地区，佟寿就得以占据了朝鲜半岛北部的广大地区，以当地躲避中国混乱的移民为基础，建立了移民政权，并臣服于东晋。由于此时高句丽臣服于前燕，因此，东晋政权不仅承认朝鲜半岛北部地区归佟寿所有，还把中国的辽东、辽西等地（当时分别归高句丽和慕容燕所占）也封给佟寿，"使持节都督诸军事平东将军护东夷校尉"，这些官职是以前晋封给高句丽王的，因为此时高句丽臣服于燕，便封给了佟寿。佟寿死于永和十三年（357），永和为东晋穆帝年号，凡十二年（345—356），佟寿墓志中出现永和十三的年号，应与其地处偏远，不知东晋改朝换代有关，永和十二年为356年，故永和十三年应为357年。

360年前后幽州刺史镇亡命到这一地区接替佟寿成为实际统治者。这一时期高句丽开始向大同江流域扩张，但统治势力还没有达到这一地区，镇和佟寿一样，他的官职也主要是晋册封的。他的官职中有辽东太守使持节东夷校尉，同封佟寿是一个道理。所以镇并没有投奔高句丽，而是投奔了东晋，接替了佟寿，成为大同江流域的一个移民政权。[①]

这也能够从当时高句丽与东晋的关系中找到线索。370—396年高句丽一直是接受前秦和后燕的册封，370年，前秦灭燕，由于前秦的压制，高句丽未能向西、向南扩张势力。高句丽为了自己的扩张

---

① 德兴里幽州刺史墓与安岳3号佟寿墓分别位于大同江下游南北两岸，两者之间的距离仅80余公里。

政策，对前秦采取了怀柔政策，与前秦建立了联系。380年秦幽州刺史行唐公洛谋反，分遣使者到鲜卑、乌桓、高句丽、百济、新罗、休忍诸国征兵。诸国皆曰："吾为天子守藩，不能助行唐公为逆。"这表明当时高句丽自认为是前秦的藩国。385年，后燕与高句丽争夺辽东，高句丽取胜，取得了南进的资本。396年，慕容垂子宝继位，以句丽王安为平州牧，封辽东、带方二国王。高句丽开始设置长史、司马、参军的官职，后占有辽东郡。是时高句丽为后燕属国。400—408年高句丽割据辽东，与后燕连年征战。直到413年才复遣长史高翼入晋奉表，献赭白马。安帝封王为高句丽王、乐安郡公。所以东晋才将原来封给高句丽王的官职封给幽州刺史镇。

这里还有一个年号问题，据墨书题记："年七十七薨□（焉）永乐十八年"，已知永乐为高句丽广开土王的年号，镇应该和佟寿一样视晋为正统，行东晋的年号，为什么他却采用了高句丽广开土王的年号？这应该和当时的政局密不可分。永乐十八年（408），距高句丽427年迁都平壤不到20年时间，此时高句丽已经完全控制了大同江流域，盛极一时，镇已经无法确保与东晋的密切联系和经常往来。而距420年东晋灭亡也只有十余年时间，东晋在统治集团内部分裂和民众起义反抗的情况下，也无暇顾及镇的移民政权了。镇的移民政权与东晋政治的关联性逐渐减弱，与高句丽的政治关联性逐渐增强，所以，才会在墓志铭和壁画榜题中出现魏晋传统与高句丽体制并存的矛盾现象。

结 论

根据目前已知的4—5世纪的文献资料及幽州刺史墓的墨书题记，对幽州刺史镇的身份、官职及其生存时代历任幽州刺史进行了考察，得出以下结论。

第一，认为史料中所记载的南燕桂林王道成慕容镇不是幽州刺史墓的墓主。

第二，确认幽州刺史墓墓主镇为前燕慕容暐时期（360—370）

的幽州刺史。

第三，推定了幽州刺史墓墓主镇亡命高句丽的时间是在前燕末（360年前后）。

第四，认为高句丽占领辽东的时间应该是402年，不是385—395年，370—376年高句丽不可能统治过幽州，佐证了幽州刺史为前燕官职。

第五，幽州刺史镇在前燕灭亡后并没有亡命高句丽，而是借道高句丽投奔了佟寿，接替佟寿成为东晋在大同江流域的统治势力。

通过上述结论，勾画出了幽州刺史墓主镇的生平：332年出生于中国的冀州（河北省）安平郡信都县都乡中甘里，360年前后担任燕的幽州刺史、左将军、龙骧将军，并于此时出走大同江流域，投东晋佟寿，受东晋册封辽东太守使持节东夷校尉，最终官职为建威将军。

（原载《社会科学战线》2015年第1期）

吐鲁番对传统中医药学的贡献

宋 岘

本文所言的是今吐鲁番市所辖地面的古代吐鲁番。在中国，吐鲁番位于中原内地与西域边疆之间；从国际角度上讲，吐鲁番位于中外文化交流的通道——丝绸之路上。由此，吐鲁番成为各种文化交流的枢纽，在这里的医药交流也独具特色。

一 唐代高昌曾是抗击国际流行病——"天行发斑疮"的前哨阵地

唐玄宗天宝十一载（752）成书的方剂书——《外台秘要》①卷三言：

> 文仲陶氏云："天行发斑疮，须臾遍身，皆戴白浆。此恶毒气方。云永徽四年，此疮从西域东流入海内。但煮葵菜叶、蒜韭，啖之则止。鲜羊血入口亦止。初患急食之。少饭下菜亦得。"出二十五卷中。

此"恶毒气方"所言的西域，当指如今中国的新疆及其以西的中亚、西亚地区。当时的吐鲁番（西州）、喀什（疏勒），皆在唐代中国的版图之内，故皆属海内。因此，此"天行发斑疮"应是发生

---

① 王焘：《外台秘要》卷3，人民卫生出版社2002年版，第119页。

在中国安西都护府辖区以外的西域——波斯、阿拉伯一带。

众所周知，巨大的自然灾害，如地震、海啸、洪灾、雪灾、蝗灾；或巨大的人祸，如战乱、种族仇杀，等等，均会严重破坏原本的生态环境。人们因逃难而流离失所，甚至长途迁徙。这一切变故，均会产生和传播时疫，比如天花，就在唐代以前的世界上多次流行。那么，"永徽四年"前后的波斯、阿拉伯地面上也发生了此类变故。

由于626年波斯君主撕毁了穆罕默德的国书，羞辱了阿拉伯人，因此，新生的阿拉伯伊斯兰政权决计消灭波斯国。634年阿拉伯人攻入波斯。637年6月阿拉伯人进攻波斯国的首都——泰西封。卫戍部队跟着波斯末代君主——伊嗣俟（叶兹德吉尔德，Yezdjerd，见《册府元龟》）弃城而逃。唐高宗永徽元年前后（649—650）阿拉伯人攻占了波斯腹地柏塞波利斯（今舍拉子一带）。永徽二年（651）伊嗣俟携带皇冠、财宝和少数侍从，逃到木鹿（今土库曼斯坦的马里）。一个磨坊主见财起意，将伊嗣俟杀害在磨坊里。与他走散的皇子——卑路斯（Peyrooz，"得胜者"之意）、孙子——泥涅师师（Narses）等波斯皇室遗族，则继续东逃。据《旧唐书·西域传》可知晓，皇子卑路斯先投奔吐火罗叶护。龙朔元年（661），唐高宗置疾陵城（今伊朗境内的扎黑丹），为波斯都督府，授卑路斯为都督。咸亨（670—674）中，卑路斯自来入朝，高宗甚加恩赐，拜右武卫将军。……景龙（707—710）初，泥涅师师来朝，授左威卫将军。卑路斯、泥涅师师父子均客死中国。波斯萨珊王朝的末代君主及其子孙均客死他乡的情景十分悲凉，造成如此情形的原因还在于阿拉伯人对波斯国的战争，并不满足于攻城略地，而是要对伊嗣俟当年羞辱阿拉伯政权一事进行彻底的报复。因此651年伊嗣俟死后，阿拉伯人又向木鹿以东地区进行征战。《新唐书·西域传》卷二百三十八言："米，或曰弥末，曰弥株贺。北百里距康。其君治钵息德城。永徽（650—655）时，为大食所破。"此米国（Maimargh）所治钵息德，即今乌兹别克斯坦境内的朱马巴扎尔（Guma-a-Bazar）。其中的康，即隋唐时期的昭武九姓胡国之一的康国，即以撒马尔罕为都城的粟特人的城邦国家，其地今属乌兹别克斯坦。《唐会要》卷九十九"康国"条："永徽中，其国频遣使告为大食所攻，兼征赋税。"由此可知，永徽四年（653）及其之前这几年的波斯、中亚，正进行着一场残酷的战争。《外台秘要》所言的"从西域东流入海内"的"天行发斑疮"正是这场令波斯人亡国灭种的战争引起的，也正是由那些躲避这场战争而逃入中国的中亚波斯人将此病传入中国内地的。

言及此，我们再看看当年的吐鲁番——唐代的高昌、西州是否有与此相关的事情发生？

据新疆社会科学院考古研究所编《新疆考古三十年》介绍，1959年10—11月新疆博物馆文物工作组在吐鲁番的阿斯塔那（Astānā，波斯语词，意为：皇陵、圣墓）对六座古墓葬进行了发掘，其中编号为TAM302的墓内，有永徽四年墓志。此墓有尸首三具，1男2女。男在外，头向东；1女在内，头向西，另1女在西壁下，头向南。在服饰上，男女都于头顶束髻。1女尸裹麻布，外以素绢连头包裹。上身穿直领对襟齐膝外套，下系裙，均用茄紫色绢缝制，胸上露出的部分缝"对马织锦"一方。在阿斯塔那的这六座古墓中，唯在此302号墓内才有"对马纹锦"（二件）。一为1女尸覆面及胸饰。橙黄地显蓝、浅绿、粉红色花纹。在长径9cm、短径8.5cm的近圆形边圈内昂颈相对的带翼双马，一只前蹄腾空，栩栩如生。编者言：这类花纹"显然不是汉族风格，大约是波斯文化影响的产物"。在这六座古墓的诸多陪葬物中，也唯独在这座302号墓中发掘有波斯银币两枚，即那两具女尸嘴里各含的一枚。[①]

在此TAM302号墓内，有用汉文题写的墓志铭。朱书八行：

> 唯永徽四年，岁次癸丑十一月；己酉朔十三月辛酉，新除都官主簿赵松柏，行都官参军事，属大唐启运，泽被西州，蒙授武骑卫，方将竭诚奉国，荫蔽家门，何图一旦奄然殡逝，遂使亲族悲号，乡间嗷泣。春秋五十九……呜呼哀哉！

[①] 新疆社会科学院考古研究所编：《新疆考古三十年》，新疆人民出版社1983年版，第7478页。

此墓志铭讲，其中的男尸乃墓主人，59岁，新近才被朝廷委任为都官主簿、行都官参军事、武骑卫，正当他在吐鲁番地面的西州履新，却不幸突遭变故，而"奄然殒逝"于一旦。据墓志铭可知，他与同穴的那两位女子，暴卒于永徽四年。前文所言，《外台秘要》记录的天行发斑疮从西域流行入海内的时间，也恰恰是永徽四年。再有，同穴的那两位女子颇多波斯文化特征。这一切表明，这位时值壮年的赵松柏是死于这次国际流行病——天行发斑疮的可能性极大。当然，此事于今，已过去了1300多年了。若确审此事，则须对那1男2女三具古尸做一番科学检测才行。阿斯塔那TAM302号墓很可能是当年吐鲁番地区流行过天行发斑疮的一个例证。而当年，西州地区亦确实为传统中医药从根本上防治这种国际流行病提供过宝贵的病情信息。

二 唐代西州的医方

王焘《外台秘要》记录了一些汉唐年间非中原内地的少数民族的方剂。比如，"古今录验匈奴露宿丸"[①]、"崔氏疗三五十年眼赤并胎赤方。西域法。太常丞吕才道效"[②]。

王焘《外台秘要》又言：

古今录验"西州续命汤"。疗中风入藏。及四肢拘急不随。缓急风方：

麻黄三两去节　石膏二两　芎䓖一两　生姜三两　黄芩一两　甘草一两　炙　芍药一两　桂心一两

郁李仁三两去皮　防风一两　杏人（仁）四十枚　当归一两

右十二味切，以水九升煮麻黄，去上末，内诸药煮取三升，分四

[①] 王焘：《外台秘要》，第333页。
[②] 王焘：《外台秘要》，第567页。

服，初服取汗，米粉于衣里粉之，忌海藻菘菜生葱，出第四卷中。①

其中的"西州"即唐太宗贞观十三年平高昌而设的西州都督府。此"西州续命汤"乃是唐代吐鲁番对中医的贡献。

王焘《外台秘要》曰：

必效疗阴生疮脓出作白方：
高昌白矾一两
上一味捣。细研之。炼猪脂一合。于滋（磁）器中和搅作膏。取槐白皮切。作汤洗疮上拭令干，即取膏敷上。及以楸叶贴上。不过三两度。永瘥。②

这个仅有一味药——高昌白矾的方剂，当与吐鲁番的高昌有关系。

《本草纲目》卷二十五"酒"一节言："米酒［气味］苦、甘、辛，大热，有毒。（士良曰）凡服丹砂、北庭石亭脂、钟乳诸石、生姜，并不可长用酒下，能引石药气入四肢，滞血化为痈疽。"这表明，北庭所产的石亭脂已被列为石药。古人已掌握了服丹砂、石亭脂、钟乳石时忌讳伴着生姜服用，更忌讳以米酒为药引子的经验。

赵学敏《本草纲目拾遗》卷二上部"开元钱"一节言《槐西杂志》："交河黄俊生言，折伤接骨者以'开通元宝'钱烧而醋淬，研为末，以酒服下，则铜末自接而为圈，周束折处，曾以折足鸡试之，果接续如故。及烹此鸡验其骨，铜束宛然。此钱，唐初所铸。欧阳询所书其旁微有一偃月形，乃进样时，文德皇后误掐一痕，因而未改也。其字当回环读之。俗以为开元钱，则误矣。"显然，此接骨方法，得之于唐代的吐鲁番。

---

① 王焘：《外台秘要》，第527页。
② 王焘：《外台秘要》，第716页。

三 土产于吐鲁番的古代中药

本节讲述的是一些原产于吐鲁番的,或原产于与高昌、吐鲁番相关联的地面上的古代中药。

前述的高昌白矾,应是吐鲁番地面上的土产。或者,它是吐鲁番人民就地取材,加工制造出的矿物药,抑或是通过吐鲁番而采购到的非吐鲁番本地产的矿物药。

《外台秘要》卷三十一曰:"西州蒲暴。"意思是西州(吐鲁番)地面出产药物——"蒲暴"[①]。此"蒲暴"为何物?是否指葡萄?待查。

李时珍《本草纲目》卷十一石部的"光明盐"一节言:"《梁四公子记》云:高昌国烧羊山出盐;大者如斗状,白如玉。月望收者,其纹理粗,明澈如水。非月望收者,其纹理密。"高昌的"烧羊山"今在吐鲁番何处?待察。

《本草纲目》卷十一石部的"戎盐"一节言:"《梁杰公传》言:交河之间,掘碛下数尺有紫盐,如红如紫,色鲜而甘。其下丈许,有璧珀。"文中的"交河"即吐鲁番地面上的交河。

《本草纲目》卷十一石部的"硇砂(北庭砂)"一节言〔集解〕(时珍曰)张匡邺《行程记》云:"高昌北庭山中,常有烟气涌起而无云雾,至夕光焰若炬火,照见禽鼠皆赤色,谓之火焰山,采硇砂者,乘木屐取之,若皮底即焦矣。北庭即今西域火州也。"

该节又言〔发明〕张臬《玉洞要诀》云:"北庭砂秉阴石之气,含阳毒之精,能化五金八石,去秽益阳,其功甚著,力并硫磺。"

该节附有一疗"噎嗝反胃"的方子:"邓才兴用北庭砂二钱,水和荞麦面包之,煅焦,待冷,取中间湿者焙干一钱,入槟榔二钱,丁香二个,研匀,每服七厘,烧酒送下,日服,愈即止。后吃白粥半月,仍服助胃丸药。"

《本草纲目》卷十一石部"石硫黄(黄硇砂)"一节言张华《博

---

① 王焘:《外台秘要》,第837页。

物志》云:"西域硫磺出且弥山,去高昌八百里有山,高数十丈,昼则孔中状如烟,夜则如灯光。"

《本草纲目》卷二十六菜部"胡萝卜"一节言金幼孜《北征录》云:"交河北有沙萝卜,根长二尺许,大者径寸,下支生小者如箸,其色黄白,气味辛而微苦,亦似萝卜气,此皆胡萝卜之类也。"

《本草纲目》卷三十三记"给勃罗",并言唐代本草学家陈藏器(8世纪人)记之为刺蜜,又名草蜜。陈藏器《本草拾遗》言:"交河中有草,头上有毛,毛中生蜜,胡人名为给勃罗。"此给勃罗即甘露蜜。其学名:Alhagi desortorum。此本草亦出现于《回回药方》,被呼作"他阑古宾"。

《本草纲目》卷三十三"葡萄"一节言:"西边有琐琐葡萄,大如五味子而无核。"此琐琐葡萄,即吐鲁番产的可制为葡萄干而品名为"无核白"的小粒葡萄。李时珍言,葡萄主治"筋骨湿痹",有"益气、倍力、强志、令人肥健、耐饥、忍风寒。久食、轻身、不老、延年、可作酒"等功能。然而李时珍未明确指出此葡萄及葡萄酒的产地。

《饮膳正要》卷三言:"葡萄酒益气、调中、耐饥、强志。酒有数等,有西番者,有哈剌火者,有平阳太原者,其味都不及哈剌火者田地酒最佳。"《饮膳正要》乃元代人忽思慧于1330年的作品,其所记的哈剌火者正是元代对高昌的称谓。忽思慧于元代延祐至天历(1314—1329)年间担任饮膳太医。《本草纲目》卷二十五"葡萄酒"一节言:葡萄烧酒,乃"唐时破高昌始得其法"。可见,吐鲁番的葡萄酒早已被列入中国医药。

《本草纲目》卷三十四"阿魏"言:"按《(大明)一统志》所载,有此二种,云出火州及沙鹿海牙国者,草高尺许,根株独立,枝叶如盖,臭气逼人,生取其汁熬作膏,名阿魏。"

《本草纲目》卷三十六"木棉"言:"李延寿《南史》所谓高昌国有草实,如茧中丝,为细纻,名曰白叠,取以为帛,甚软白。"

《本草纲目》卷三十七"瑿"言:"[集解](恭曰)今西州南三百里碛中得者,大则方尺,黑润而轻,烧之腥臭,高昌人名为木瑿,谓玄王,为石瑿。共州土石间得者,烧作松气,功同琥珀。……（慎微曰）《梁公子传》杰公云：'交河之间平碛中掘深一丈下有瑿珀，黑逾纯漆，或大如车轮，末服攻妇人小肠症瘕诸疾'。"

《本草纲目》卷五十"羊"之［附录］"大尾羊"有言："（时珍曰）羊尾皆短，而哈密及大食诸番有大尾羊，细毛、薄皮，尾上旁广，重一二十斤，行则以车载之。《唐书》谓之灵羊，云可疗毒。"

《本草纲目》卷五十一"跳鼠"言："鼷鼠（李时珍曰）今契丹及交河北境有跳兔，头目毛色皆似兔，而爪足似鼠，前足仅寸许，后足近尺，尾亦长，其端有毛，一跳数尺，止即蹶仆。此即鼷鼠也。"

《本草纲目拾遗》卷五草部下"一枝蒿"言："绍郡府佐李秉文久客西陲，言巴里坤出一种药，名'一枝蒿'，生深山中，无枝，叶一枝，茁土气，味如蒿。四月间，牧马卒驱马入山，收草携归，煎膏以售远客。有贩至兰州货卖者。活血、解毒、去一切积滞沉疴、阴寒等疾。驱风理祛。"

《本草纲目拾遗》卷七花部言：雪荷花（雪莲花）"亦产巴里坤等处"。

《本草纲目拾遗》卷十虫部言："雪虾蟆《忆旧游诗话》：巴里坤雪山中有之。医家取作性命之药，军中人争买之，一枚价至数十金且不易得也。朱退谷曾于吴门见之，云遍身有金线纹，其身绝似虾蟆。"

以上诸种矿物药与植物药被收录于唐代到清代的中医文献中。

四 中外医药交流在吐鲁番

据麴氏高昌时期的《高昌内藏奏得称价钱账》的记述可知，吐鲁番是中外药品的交易市场。其中有硇砂、鍮石、郁金根、石蜜。又据池田温研究的《天宝二年交河郡估案》可知，在吐鲁番交易的外来药还有（波斯）青黛、阿魏煎、没石子、胡榛子、一日子、庵摩勒、郁金花、丁香、沉香、白檀香、白石蜜、硇砂、质汗、诃梨勒、犀角、高良姜、胡姜、青木香、甘松香。[1]

---

[1] 参见陈明撰《殊方异药》，北京大学出版社 2005 年版。

永乐三年（1405）正月壬戌，火州回回满剌（Maola，义为"首领"）、乞牙木丁（Qiyam al-Deen，意为"宗教的支柱"）等来朝贡马及方物。① 所谓方物，即土特产。火州的方物，应是前面提及的矿物药、植物药。这是吐鲁番地面的穆斯林同中原内地的中央政府进行的一次物质文化交流。

永乐八年（1410）十一月乙丑，撒马尔罕并火州等处回族者马儿等献玉璞、硇砂。② 其中的硇砂即氯化铵，即前已述及的北庭砂，为高昌（火州）地面上的土产，是当时中土极为难得的药材。

永乐十三年（1415）十一月丁酉，赐哈烈、撒马尔罕、火州、吐鲁番、失剌思、俺都淮等处使臣不花等及郎古卫指挥速苦等宴。③ 由此可见，吐鲁番在丝绸之路上与很多国家保持着联系。

成化十六年（1480）十一月戊戌，吐鲁番、兀隆各并撒马尔罕遣使臣满剌马黑麻母的来朝贡马。④ 又有弘治三年（1490）三月丙辰，撒马尔罕马黑麻王，天方国速坛阿黑麻王，吐鲁番速坛阿黑麻，哈密卫左都督罕慎及把丹沙等地面失保丁等，各遣使贡马驼、玉石等物。⑤ 嘉靖二年（1523）九月癸巳，撒马尔罕并吐鲁番、天方等国番王头目宰纳等各备马驼方物差使臣土鲁孙等来贡。⑥ 显然，吐鲁番在中外物流方面起到了招引和陪行陪送的作用。

仅从以上几个事例即可看到，古代吐鲁番对丰富和发展传统中医药发挥了独到的积极作用，作出了重大的历史贡献。

（原载新疆吐鲁番学研究院编《吐鲁番学研究——第三届吐鲁番学暨欧亚游牧民族的起源与迁徙国际学术研讨会论文集》，上海古籍出版社 2005 年版）

---

① 参见田卫疆编《〈明实录〉新疆资料辑录》，新疆人民出版社 2002 年版，第 13 页。
② 田卫疆编：《〈明实录〉新疆资料辑录》，第 29 页。
③ 田卫疆编：《〈明实录〉新疆资料辑录》，第 40 页。
④ 田卫疆编：《〈明实录〉新疆资料辑录》，第 174 页。
⑤ 田卫疆编：《〈明实录〉新疆资料辑录》，第 190 页。
⑥ 田卫疆编：《〈明实录〉新疆资料辑录》，第 244 页。

揄扬与贬抑：明清之际英国学人的中国观

徐亚娟

早期英国人对东方知识的了解局限在《曼德维尔游记》(*The Travels of Sir John Mandeville*) 的译作，以及其他更现代的欧洲大陆宇宙志和游记作品上。16 世纪，葡萄牙向东扩张、地理大发现的相关记述，来华耶稣会士发回欧洲的中国报道和书信集，以及由欧洲学者撰写的介绍中国的著作，一并为英国读者提供了新鲜、丰富的亚洲信息，成为英人了解中国的重要信息来源。16—18 世纪，随着中国信息源的不断开阔和全面，英国学人对中国的认识也不断加深。英人接受各类资讯之时，也难免从各自的立场和角度出发，有着不同的解读和理解。

一 近代早期英人东方知识的来源

（一）书籍贸易与私人图书馆的开放

16 世纪上半叶，亨利八世（King Henry Ⅷ，1491—1547）进行宗教改革，其间解散了天主教修道院，没收大批教会图书馆藏书，终止了教会对书籍的控制，把很多图书投向市场，大学机构和个人才得以购买。在此之前，英国的书籍资源主要掌控在教会手中。由于受国内宗教改革的影响，加上英国与欧洲大陆的地缘关系，当时的伦敦只有两家书商经营海外图书，英人购买外文图书受到很大限制，那些到欧洲大陆游历，或者在安特卫普、里斯本、塞维尔做生意的英国人，才有机会将中意的外文书籍带回英国。直到 16 世纪下半叶，翻译成英文的关于海外发现和东方资讯的书籍，才开始在英国公开出售，并为私人图书馆收藏。① 这一时期收藏家们开始集中收藏用欧洲各民族语言撰写的著作，值得注意的是，那些翻译成意大利文、德文、法文的关于海外扩张历史的著作，成为法兰克福书展、书商购销清单和私人图书馆最受欢迎的图书。②

近代早期，最为私人藏书家青睐的是关于葡萄牙向东扩张的历史书籍。收藏最普遍的是意大利人卢得维科·德·瓦尔塔马（Lodovico de Varthema，约 1470—1517）的《博洛尼亚人卢多维科·德·瓦尔塔马游记》（*Itinerario de Ludouico de Varthema Bolognese nello Egypto*，罗马，1510 年），既有意大利文原版的，也有拉丁文、德文、西班牙文和英文版的。③ 在畅销程度上，另一位意大利人阿尔坎杰罗·马德里戈纳诺（Arcangelo Madrignano,？—1529）《葡萄牙人航海记》（*Itinerarium Portugallensium e Lusitania in Indiam & inde in occidentem & demum ad aquilonem*，米兰，1508 年）、《新世界》（*Novus orbis regionum ac insularum veteribus incognitarum*，巴塞尔，1532 年）④ 等关于地理大发现的资料可与之媲美。

比较知名的私人图书馆里，一般藏有关于海外扩张和亚洲生活的书籍。英国久负盛名的私人藏书家约翰·迪（John Dee，1527—1608）收藏了大量地理、天文、航海以及与海外世界相关的手稿和印本书籍，还有大量的耶稣会士书信集。他的私人图书馆允许英国清教徒使用，为其海外游历提供前期信息储备。另一著名的私人图书馆——拉姆利图书馆（Lumley Library）除大量航海、地理、游记方面的书籍之外，还收藏有很多用欧洲各民族语言撰写的著作。据

---

① 参见 E. G. R. Taylor, *Tudor Geography, 1485 – 1583*, London: Methuen & Co., 1930, p. 25。

② [美] 唐纳德·F. 拉赫：《欧洲形成中的亚洲》第 2 卷第 2 册，姜智芹译，人民出版社 2013 年版，第 72 页。

③ [美] 唐纳德·F. 拉赫：《欧洲形成中的亚洲》第 2 卷第 2 册，姜智芹译，第 73 页。

④ [美] 唐纳德·F. 拉赫：《欧洲形成中的亚洲》第 2 卷第 2 册，姜智芹译，第 45 页。

统计，与东方相关的书籍在其藏书中占比约9%，① 其中有中世纪的游记、16世纪关于东方航海和世俗生活的珍贵书籍，诸如《曼德维尔游记》、② 西班牙人门多萨（Juan González de Mendoza，1545—1618）的《中华大帝国史》(*Historia de las cosas más notables, ritos y costumbres del gran reyno de la China*，1585)，以及耶稣会士书信集的代表性版本和历史方面的代表性著作。研习地理的学生以及其他感兴趣的文人学士都可以利用这些私人藏书了解海外世界。

纵观16世纪，大量的游记、编年史、历史、自然科学著作、宇宙学和地图方面的原始资料触手可及，很多新创作的文学作品印刷出版，在图书博览会上和书店里销售。著名藏书家的私人图书馆也对有兴趣的研究者敞开大门。到了16世纪末期，关于亚洲的很多具体材料非常容易获取，作者和观察家开始思考海外扩张对于他们自身、他们的学科以及其国家和文化所具有的意义及价值。③

（二）欧洲"中国印本"的英译

近代早期在欧洲刊行的中国文献资料主要以拉丁文、葡萄牙文、西班牙文、德文、法文为主，由于英国对海外扩张的兴趣日渐膨胀，这些"中国印本"在出版之后不久便有英文译本跟进，充分体现了英人对中国信息的需求。

1585年，西班牙奥斯丁会修道士门多萨的《中华大帝国史》西班牙文初版在罗马出版。该书是16世纪有关中国自然环境、历史、文化风俗、礼仪、宗教信仰以及政治、经济等概况最全面、最详尽的著述。1588年，这部堪称"欧洲专论中国的百科全书"的英文版出版。④

---

① 参见 S. Jayne and F. R. Johnson, *The Lumley Library: The Catalogue of 1609*, London: Oxford University Press, 1956, pp. 2–9。

② 拉姆利图书馆藏有三个版本，其一是英文手稿，另外两本是1537年在威尼斯出版的意大利文版和1569年英文版。

③ ［美］唐纳德·F. 拉赫：《欧洲形成中的亚洲》第2卷第2册，姜智芹译，第75页。

④ Juan González de Mendoza, *The historie of the great and mightie kingdome of China, and the situation thereof*, Translated out of Spanish by R. Parke. London, Printed by I. Wolfe for Edward White, 1588.

1642 年，葡萄牙来华耶稣会士曾德昭（Alvaro Semedo，1585—1658）的《大中国志》（*Relatione Della Grande Monarchia Della Cina*）西班牙文初稿在马德里发行，次年被译成意大利文出版，1645 年被译成法文出版，1655 年被译成英文出版，[①] 1670 年被译成荷兰文出版，在欧洲产生了广泛影响。

1696 年，法国来华耶稣会士李明（Louis Daniel Le Comte，1655—1728）的《中国近事报道》（*Nouveau mémoire sur l'état présent de la Chine*）巴黎出版法文版，次年伦敦英文版发行，在英国风行一时。[②]该书向西方世界介绍东方的儒家思想，批评西方的堕落，将中国礼仪之争推向高潮，引起法国教会间的激烈争论。

1667 年，德国耶稣会士基歇尔（Athanasius Kircher，1601—1680）的《中国图说》（*China monumentis*）[③] 在阿姆斯特丹以拉丁文初版，1670 年法文版面世。该书以其深刻的内容、精美的插画，在欧洲引起很大反响，被誉为"17 世纪的中国百科全书"。

1735 年 7—8 月，法国耶稣会士杜赫德（Jean Baptiste Du Halde，1674—1743）的《中华帝国全志》（*Description géographique, historique, chronologique, politique, et physique de l'empire de la Chine et de la Tartarie chinoise*）在巴黎出版。此书是依据其他从 17 世纪起来华的传教士的报道编辑而成，收集了传教士回忆录，记述中国的地理、历史、朝代、自然等情况，附图 64 幅，在欧洲直到 19 世纪末都被看作关于中国问题的知识手册。该书出版后立刻引起伦敦出版家的关注，当时伦敦《绅士杂志》（*The Gentleman's Magazine*）的出版家爱德华·凯夫（Edward Cave，1691—1754）准备将它译为英文。该杂

[①] Alvaro Semedo, *The History of that Great and Renowned Monarchy of China*, London: J. Cook, 1655.

[②] Louis Daniel LE COMTE, *Memoirs and observations... made in a late journey through the Empire of China, and published in several letters*. By L. Le Compte. Translated from the Paris edition, London, 1697.

[③] Kircher, Athanasius, *China monumentis, qva sacris quà profanis, nec non variis naturae & artis spectaculis, aliarumque rerum memorabilium argumentis illustrata, auspiciis Leopoldi primi roman. imper.*, Amstelodami: apub Joannem Janssonium à Waesberge & Elizeum Weyerstraet, 1667.

志1735年11月号曾发表评论,推介杜赫德的《中华帝国全志》,认为此书是一部了不起的大书,比李明的《中国近事报道》更加完整和准确。① 1736年12月,英国出版了布鲁克斯(Brookses)的节译本,通称为瓦茨本。② 这个八开四册的节译本出版后立刻引起轰动,成为当年的畅销书,1741年第三版修订本出版。而凯夫的全译本启动周期比较漫长,1736年8月开始以"中国故事"为题在《绅士杂志》分期刊发,直到1742年才全部出版。③ 当时英国文坛领袖约翰逊(Samuel Johnson,1709—1784)参与了审校译稿及部分翻译工作。此外,法籍耶稣会士金尼阁(Nicolas Trigault,1577—1628)的《利玛窦中国札记》(De Christiana expeditione apud Sinas)、④ 意籍耶稣会士卫匡国(Martino Martini,1614—1661)的《中国新图志》(Novus Atlas Sinensis)、⑤ 法籍耶稣会士龙华民(Nicolas Longobardi,1559—1654)的《论中国人宗教的几个问题》(Traité sur quelques points de la religions des Chinois)⑥ 以及法籍传教士卢哥比安(Charles Le Gobien,1653—1708)和杜赫德主编的《耶稣会士书简集》(Lettres édifiantes et curieuses, écrites des Missions étrangères, par quelques missionnaires de la Compagnie de Jésus)⑦ 等最初在欧洲大陆刊行的"中国印本"也以不同的方式进入英人的视野,丰富了英人的中国知识,

---

① 范存忠:《中国文化在启蒙时期的英国》,译林出版社2010年版,第67—68页。

② 瓦茨出版的节译本由布鲁克斯(Brookes)翻译,书名《中国通史》,1736年12月发行。

③ J. -B. Du Halde, (Jean-Baptiste), *A Description of the Empire of China and Chinese-Tartary, from the French of P. J. B. Du Halde, Jesuit ; with Notes Geographical, Historical, and Critical ; and other Improvements Particularly in the Maps, by the Translator*, London: printed by T. Gardner for E. Cave, 1738 - 1741.

④ Matteo Ricci, Nicolas Trigault, *De Christiana expeditione apud Sinas*, Augustae Vind.: Apud Christoph. Mangium, 1615.

⑤ Martino Martini, *Novus Atlas Sinensis*, Amsterdami Blaeu, 1655.

⑥ Nicolas Longobard, *Traiteé sur quelques points de la religions des Chinois*, Paris: L. Guerin M., 1701.

⑦ Charles Le Gobien; Nicolas Maréchal; Louis Patouillet; Jesuits, *Lettres édifiantes et curieuses, écrites des Missions étrangères, par quelques missionnaires de la Compagnie de Jésus*, Paris: Chez Nicolas le Clerc…, 1703 - 1776.

加深了英人的中国印象。

二 崇华言论：从哈克卢特到坦普尔

16世纪末，受海外扩张刺激，英国掀起了一股旅游文学出版热。理查德·伊登（Richard Eden，约 1520—1576）、理查德·威尔斯（Richard Wiles）和理查德·哈克卢特（Richard Hakluyt，约 1552—1616）等人一方面出版游记和海外旅游文学译本，另一方面呼吁王室和英国商人及冒险家们开辟新航线、从事海外贸易。马丁·弗罗比舍（Sir Martin Frobisher，1535 或 1539—1594）、弗朗西斯·德雷克（Francis Drake，1540—1596）、约翰·霍金斯（Sir John Hawkins，1532—1595）、詹姆斯·兰卡斯特（Sir James Lancaster Ⅵ，约 1554—1618）和本杰明·伍德（Benjamin Wood）等从事海外冒险的事迹都被伊登和威尔斯报道过，也曾收录在哈克卢特的《发现美洲及周边的游记汇编》(*Divers voyages touching the discouerie of America and the Ilands adiacent vnto the same*，1582 年）和《英国通过海路或陆路的重要航行，旅行记述和地理发现》(*The principall navigations, voiages, and discoveries of the English nations*，1589 年）。《重要的航行》第二版（1598 1600）还收录了《绝妙论者》[1]中关于中华帝国的情况介绍。哈克卢特认为这是"迄今为止发现的记载那些国家最准确的书"。他摘取 30 页翻译成英语，以三人对话的形式介绍中国，对中国的许多方面进行褒扬，但也不乏理性的批评。[2] 该书首次介绍了中国的儒学、道教和佛教，尤其详细地介绍了中国的科举制度，并特别指出：中国人注重文学高于一切；另外，官员的升迁也要靠他们的政绩，"而不管出身和血统"，这就使得中国"国家

---

[1] Alexandre Valignani, Duarte de Sande, *De Missione Legatorum Iaponensium ad Romanam Curiam*, Macao, 1590. 这部拉丁文著作谈论了中华帝国及其财富，描述了中国的历史地理、人口、物产、科技及各种制度。

[2] 吴孟雪、曾丽雅：《明代欧洲汉学史》，东方出版社 2000 年版，第 40—42 页。

太平"①。这可以说是西方人对中国文学和科举制度较为中肯的品评,某种意义上,也是16世纪末欧洲人中国观的一个缩影。英国人眼中的中国人已经是一个发展程度较高而且真实存在的民族,有关中国的知识随这部著作一起流行,对当时英人认识东方国家起到了激励和引导的作用。

另一位对中国政治赞许有加的是牛津大学学者罗伯特·伯顿(Robert Burton,1577—1640),1621年他出版了《忧郁的解剖》(The Anatomy of Melancholy),这部医学著作分析了忧郁症的病源、症状、疗法,还关注到政治、宗教、社会以及个人内心等问题。伯顿认为人生的种种问题都可以归结为"忧郁",他提出了好几种"药方"来诊治,其中就包括东方的中国文明。在他看来,繁荣富庶、文人当政、政治开明的中国正是医治欧洲忧郁症的良药。他利用当时流行的早期游记和耶稣会士提供的中国报道,来反对一切时弊或描写各种精神疾病。他的大部分中国知识来自对《马可·波罗游记》(The Travels of Marco Polo)、《利玛窦中国札记》和《珀切斯游记》(Hakluytus Posthumus or Purchas his Pilgrimes)的阅读。他的书中有三十多处提到中国,涉及政治、经济、风俗、地理、历史等方面。他特别欣赏勤劳整洁、彬彬有礼的人民,良好的政府以及选拔人才的科举制度。②他借用利玛窦的讲述,以中国人的勤奋上进来对照英国人的懒惰无为。他还称颂中国的人才选拔制度,借此讽刺当时的英国贵族。他将中国的繁荣富庶与欧洲历史上的黄金时代——古罗马奥古斯都时期等量齐观,这已经超越了中世纪欧洲人那种把中国看作一个神奇国度的见识,更接近18世纪启蒙理性时代的看法。

1669年,英国建筑师、学者约翰·韦伯(John Webb,1611—1672)发表《从历史论证中华帝国语言是初始语言的可能性》(An Historical Essay Endeavoring a Probability that the Language of the Empire

---

① 周钰良:《数百年来的中英文化交流》,周一良主编:《中外文化交流史》,河南人民出版社1987年版,第586—589页。
② 范存忠:《中国文化在启蒙时期的英国》,第9页。

of China is the Primitive Language），书中资料源于耶稣会士编著的一系列关于中国的印本书籍，如金尼阁的《利玛窦中国札记》，曾德昭的《大中国志》，卫匡国的《中国史初编》（*Sinicæ Historiæ Decas Prima*，1658 年慕尼黑初版）、《中国新图志》《鞑靼战纪》（*De Bello Tartarico Historia*，1654 年安特利普初版），以及基歇尔的《中国图说》等。韦伯依据卫匡国《中国史初编》、瓦尔特·罗利爵士（Sir Walter Raleigh，1552—1618）《世界史》（*History of the World*，1614）里的说法，采用历史学的方法，推测《圣经》中的巴比伦塔故事。他从巴比伦塔之乱以前人类共同使用的语言在洪水之后是否保存下来入手，认为诺亚在洪水中漂到了中国，洪水退去后留在中国繁衍生息，并据此认为中国历史上记载的尧帝就是诺亚，中国人就是诺亚的后代。诺亚定居中国后并未改变语言，他的后代所讲的语言就是人类最初使用的语言，因此，中国人使用的汉语就是人类的初始语言。文中指出，汉语"简便、概括、准确适度、实用、简洁、一致"的特征，决定了是它，而不是希伯来语有可能是大洪水之前全世界通用的语言。除此之外，韦伯对中国的宗教、哲学、艺术、道德等各个方面都有涉猎，并极为赞赏，在他眼里，中国人来自上帝之城，"他们的国王可以说是哲学家，而他们的哲学家可以说都是国王"[①]。钱钟书说，韦伯的著作代表着当时所能达到的对中国最好的认识，书中强调的是"中国文化的各方面，而不是津津乐道中国风气的大杂烩"，它注重的是"中国哲学、中国的政府制度和中国语言，而不是中国的杂货和火炮"[②]。韦伯的著作让我们看到 17 世纪英人对中国和中国文化最恰如其分的赞美和钦佩。

17 世纪，英人对中国的钦羡在威廉·坦普尔爵士（Sir William Temple, baronet, 1628—1699）身上臻于顶点：他崇敬中国的孔子，推崇中国的学者政府，别具慧眼地发现了中国园林的不对称之美，

[①] Qian Zhongshu, *A Collection of Qian Zhongshu's English Essays*, 外语教学与研究出版社 2005 年版，第 47 页。

[②] Qian Zhongshu, *A Collection of Qian Zhongshu's English Essays*, p. 48.

不自觉地缔造出后世风靡英伦的造园规则。《坦普尔文集》(三卷本)①中有多篇涉及中国事物，如《讨论古今的学术》(*One Ancient and Modern Learning*)、《论伊壁鸠鲁花园》(*Upon the Gardens of Epicurus*)、《论英雄的美德》(*Of Heroic Virtue*)、《论民众的不满》(*Of Popular Discontents*)等。《论英雄的美德》一文中，他把中国称为最伟大、最富有的国家，拥有世界上最优良的政治体制；盛赞孔子是最有智慧、最有学问、最有道德的人，孔子的学说是治理国家的正确原则；认为中国的科举制度有利于人才选拔。在《论民众的不满》中他又赞叹道："只有中华帝国那样历史悠久的政府，才能在最深刻和最智慧的基础上建立起传说中的那种政治。"②尤其值得一提的是，他认为中国的信仰可以分为士大夫的信仰和平民的信仰。此后法国思想家培尔和伏尔泰正是沿着这样的思路去看待中国人的宗教信仰。坦普尔的材料大多来源于耶稣会士，但他的文章不同于传教士的教会气，累赘沉闷，而是轻松流畅，成为当时的畅销书。一般读者从他的书中得到关于中国和孔子的概念。17世纪的文人，偶然谈到世界，时常说"从巴黎到秘鲁，从日本到罗马"，而坦普尔则说"从中国到秘鲁"，这句话成为一般文人的口头禅。③

坦普尔对中国的兴趣还有一个方面，那就是园林艺术。1685年，他在《关于园林》一文中，最后几段提到中国园林，这部分内容后来被18世纪作家一再引用，并对当时英国的园林布置产生了影响。实际上，他在《关于园林》里谈论的是荷兰式园林，文中谈到他在萨里(Surrey)的穆尔庭园，谈到设计和布置，谈到果木、花卉、林荫、喷泉等，也谈到碧绿的过道和宽敞的平台，认为穆尔的式样最好，最能使人心旷神怡。除了正规的园林布置以外，他还提到了不正规的园林布置。在这种不规则里，许多看似不协调的东西放在一起，看起来却出乎意料地令人赏心悦目。他认为，中国园林的美不

---

① William Temple, *The Works of Sir William Temple*, Vol. III, London: J. Rivington, 1814, p. 340.
② Qian Zhongshu, *A Collection of Qian Zhongshu's English Essays*, p. 49.
③ 范存忠：《中国文化在启蒙时期的英国》，第18页。

在于整齐的布置和对称的安排,而恰恰在于不整齐和不对称的布局,即不讲整齐,不讲对称,而又极其美丽。①

16—18世纪的英国,与哈克卢特、伯顿、韦伯、坦普尔一道称颂赞美中国文化的还有托马斯·霍布斯(Thomas Hobbes,1588—1679)、托马斯·布朗(Thomas Browne,1605—1682)、约翰·弥尔顿(John Milton,1608—1674)、约翰·洛克(John Locke,1632—1704)、戴维·休谟(David Hume,1711—1776)等学人。值得关注的是,与欧洲大陆先扬后抑的态度不同,英国的对华态度,几乎从一开始就是褒扬与贬斥之声并存。

三 贬抑之声:从诺克尔斯到笛福

16—18世纪,随着来华耶稣会士书信集及其中国报道在欧洲的风行,中国作为一个文明礼仪之邦呈现在西方人面前,进而成为欧洲启蒙思想家们心目中的美好国度。在揄扬、赞美之外,威廉·诺克尔斯(William Nichols,1655—1716)、威廉·沃顿(William Wotton,1666—1722)、丹尼尔·笛福(Daniel Defoe,1660—1731)、佛朗西斯·洛基尔(Francis Lockier,1667—1740)、乔治·贝克莱(George Berkeley,1685—1753)、乔治·安森(George Anson)、理查德·沃尔特(Richard Walter,1716—1785)等人也另持己见,表达自己对中国文化的讥讽与批评。

17世纪,英国传统基督徒与自然神论者的辩论中时常援引耶稣会士关于中国宗教的论述。英国作家威廉·诺克尔斯是正统宗教思想的代表,1699年,他在《与有神论者的谈话》(*A conference with a theist*)中,攻击中国的宗教与道德。他反对自然宗教,认为中国的创世说不近人情,进而怀疑中国的古代史实与《旧约》记载相互冲突。他说:"在所有立法家和哲学家之中,只有摩西一人才给我们一

---

① William Temple, *The Works of Sir William Temple*, Vol. III, pp. 229–230.

个明智而又合理的开天辟地的故事。"① 这大概是当时英国宗教界通行的意见。而廷德尔（Mathew Tindal，1657—1729）等主张自然宗教、反对天启宗教的自然神论者，视中国为护身符和标准。其《基督教探原》(Christianity as old as the Creation，1731) 主旨就是反对神的启示，把理性主义作为处理一切事物的准则。反对基督教里"启示"的部分，认为所谓启示既危险又不合理，会引起幻觉、迷信和陋规，主张用理性去解释《圣经》。后来这本书被称为"自然神论者的《圣经》"②。廷德尔的这些言论为传统基督徒所不容，他所依赖的护身符也必然受到正统宗教徒的诋毁和攻击。

佛朗西斯·洛基尔对中国文明也有讥讽和贬低之词。他认为："中国人并不如通常所说的那般明慧——他们有天文学、有火药、有印刷术，已经有两千多年了，那倒大概是可信的。可是他们经历了这么久，又何尝对于这些事物有一点点的改进呢！"③ 关于明末清初的中西历法之争，不少欧洲人发表评说。洛基尔依据清朝中西历士预测日食发生时间的结果，④ 断言中国历法一点也不准，在耶稣会士来华之前中国人还不能编制历书等。此外，洛基尔还说中国的哲学家全是无神论者，也可以说是斯宾诺莎一流人物。又说，中国也有些经典著作，听说全是两千年以前或更古时期所写，不少人总以为是一个大型的对折本，而熟悉情况的人告诉我们，其分量还不及《摩西五经》，即《旧约》开头的五卷。⑤

17 世纪末，英国学术界有一场关于"古今学术孰优孰劣"的争论。论争的一方是坦普尔，另一方的代表则是沃顿。坦普尔受比利

---

① William Nicholls, *A conference with a theist : being a defense of the christian religion, against the objections of all sorts, which are advanced in opposition to it by the unbelievers*, London: printed by T. Warren for Thomas Bennet, 1703, p. 104.

② 范存忠：《中国文化在启蒙时期的英国》，第 27—30 页。

③ Joseph Spencer, *Anecdotes, Observations and Characters of Book and Men*, London: S. W. Singer, 1820, p. 68.

④ 1664 年，为预推日食发生，朝廷分别用《大统历》《回回历》和西洋历法三种方法来证实各自预推的时刻，结果，日食准确地发生在南怀仁所预测的时刻，而用《大统历》《回回历》方法所预测的结果分别有一刻钟和半小时的误差。

⑤ Joseph Spencer, *Anecdotes, Observations and Characters of Book and Men*, p. 69.

时耶稣会士柏应理（Philippe Couplet，1623—1693）等人所译孔子经典著作影响，赞颂中国文化，推崇孔子学说。1692 年他发表《讨论古今的学术》，坚定地认为古代学术远超近代。而牧师身份的威廉·沃顿则站在他的对立面，主张近代学术比古代优越。他从卫匡国、金尼阁等人的著作中寻找材料进行反驳。1694 年，他在《关于古今学术的感想》中，质疑中国学术昌明之说。从卫匡国学习了六万个汉字才能阅读中国书籍的事例，他认为一个人将一生中最好的八年甚至十年，耗费在学习语言文字上，"其他也就可想而知了"[①]；沃顿从满人入关，几年之内便取代明朝统治中国的记载，认为中国的典章制度过于简单，并由此推断中国的文化程度也非常幼稚；他认为这么多年中国人在工艺科技方面没有任何成绩，尽管卫匡国和金尼阁对此称赞有加；他认为孔子学说谈论的无外乎道德问题，凡是通情达理而又有些人生经验的人都能有同样的见地；他还驳斥中国的阴阳五行相生相克之说，以此说明中国人的愚昧无知。[②]

18 世纪中期，欧洲大陆"中国热"正盛，而海峡另一端的英国却发出了最刺耳的贬抑、排斥之声，笛福是最有力的代表。我们知道，他曾在多部作品中抨击中国。最初是《凝想录》(Consolidator, or Memoirs of Sundry Transactions from the World in the Moon)，又名《月球世界活动记录》。这是一部讽刺作品，作者假托月球上发生的事情，锋芒指向英国和欧洲的政治状况，展现出笛福的所思所想。

在这本小册子里，笛福说，早在诺亚时期，洪水泛滥以前，中国人就已经知道使用炮火了，他们还建造了一支十万只船的舰队，以防洪水。不但如此，他们还发明一种机器，能使一个誊录员一只手写字，另一只手抄录；一个商人一只手记录贷方，另一只手记录借方；或一个律师一只手动笔草拟契约，另一只手誊写那份契约。他说，这些东西在英国很有用处，因为有了这些东西，能使当今经营大企业的人，以及撰写奇异的对外情报和科学记录的人，减少骄

---

① William Wotton, *Reflections on Ancient and Modern Learning*, London, 1754, p. 145.
② 参见 William Wotton, *Reflections on Ancient and Modern Learning*, pp. 145 – 154.

傲和自以为是的作风。又说，在中国的一些地方，人们的知识已经发展到这样的程度，即能了解彼此的思想，这在人类社会可以用来抵制伪装、欺骗、敲诈以及欧洲的千万种发明。① 还说，英国国会决定发明一种通向月球的交通工具，于是把这一任务交给了中国人，而中国人果然不负众望，最终发明出一种带有翅翼、能飞上月球的飞车。笛福在这里关于中国的说法，似乎充满敬意，连法国笛福研究专家保罗·都坦（Paul Dottin）都被他狡黠的言语瞒骗，认为笛福在写《鲁滨逊漂流记续编》时，"与自己从前说过的话发生了冲突，因为他先前在《凝想录》里，曾经把中国描写成一个充满学者、文人、艺术家和幻术家的国度"②。

笛福这里使用了暗讽手段，假托一个作者乘着一辆有翅翼的飞车，从中国飞到月球，讲着中国和月球上的社会、政治及文艺等状况，与欧洲的现实情况一一比较。他表面赞扬中国人无所不能，其实是在说反话，是一种睿智而尖锐的嘲讽。实际上，笛福想表达的是，中国并非如耶稣会士报道及欧洲大陆的"中国印本"中描述的那么政治清明、技艺高超。所谓中国人的先进科技正像登月飞车那样空幻而不切实际，同时也讽刺了英国国会轻信而不负责任的举动，进而对英国政治提出批评。

众所周知，《鲁滨逊漂流记》奠定了笛福在英国文坛乃至世界文坛的地位。实际上，鲁滨逊如何漂流到荒岛以及他在荒岛上的生活只是这部名著的第一部分，而其第二部分（The Farther Adventure of Robinson Crusoe）多为当代读者忽视，至于第三部分《真诚的感想》（Serious Reflections during the Life and Surprising Adventures of Robinson Crusoe）就更鲜有人知道了。其实，这三部分内容互为补充、相互照应，在当时也是一并流行于世的。对于中国读者而言，我们无法忽视其二、三部分，因为笛福的中国文化观在其中表达无疑。在第一

---

① 范存忠：《中国文化在启蒙时期的英国》，第 52—53 页。
② ［法］保罗·都坦：《笛福和他的小说》，1929 年，转引自陈受颐《鲁滨逊的中国文化观》，《岭南学报》1930 年 6 月第 1 卷第 3 期。

部分，鲁滨逊主要是在西方各处漂流；第二部分则在东方漂流，其中包括中国；第三部分叙述鲁滨逊的感想，其中描述了笛福关于中国的一些感想。笛福借鲁滨逊之口表达了自己的中国印象。行文中鲁滨逊的所见所闻，无不针对那些耶稣会士对中国的称颂赞美之词。"听人们说起中国人在这些方面的光辉灿烂、强大昌盛以及贸易什么的，我总感到奇怪，因为就我所见，他们似乎是一批无知又肮脏的人，而且又组织得不好。""看到那些处在极度简陋和愚蠢中的人那样高傲、那样专横、那样蛮不讲理，我简直不知道还有什么东西使我更难过的了。"① 此外，还说中国的城市糟乱，武力孱弱，国人穷困……总之，中国没有一样东西是值得称道的。

在第三部分《真诚的感想》里，笛福将《鲁滨逊漂流记》里对于中国政治、法制、工艺技术、航海和海军等极尽侮蔑之词又重复了一遍。② 此外，还特别谈论了孔子学说和中国的宗教。结论是：中国是许多野蛮国家中一个还算开化的国家，或许多开化的国家中一个仍很愚昧的国家。③ 许多热心的传教士花了多大力气，只能使那里的异教徒知道救世主的名字和对圣母玛利亚的一些祷词！④

结　语

16—18 世纪的英国，处在积极拓展海外贸易、促进资本发展的时期，面对限关自守的明清王朝，哈克卢特、伯顿、韦伯、坦普尔等人从耶稣会士报道及欧洲大陆"中国印本"里，找寻积极能量，学为己用，向英人推介中国的政治体制、文化传统，借以改良英国

---

① Daniel Defoe, edited by George Atherton Aitken, *The Farther Adventures of Robinson Crusoe*, London: J. M. Dent & Co., 1895, p. 237.

② Daniel Defoe, edited by George Atherton Aitken, *The Farther Adventures of Robinson Crusoe*, pp. 116 – 123.

③ Daniel Defoe, edited by George Atherton Aitken, *The Farther Adventures of Robinson Crusoe*, pp. 116 – 117.

④ Daniel Defoe, edited by George Atherton Aitken, *The Farther Adventures of Robinson Crusoe*, pp. 246 – 247.

的相关制度。而诺克尔斯、洛基尔、沃顿、笛福等人则从各种正面美好的中国报道中提炼信息，竭尽所能地贬低、讥讽中国的方方面面，试图摧毁耶稣会士营造的中国光环，去除英人盲目崇拜的思想。

实际上，无论是崇华派还是抑华派，双方都是出于对自身宗教信仰、政治倾向的维护而为。归根结底，他们都是从如何利于英国现政出发，希冀通过对中国文化或颂扬或揶揄的方式，为英国对内、对外咨政提供参考。

（原载《东南学术》2016 年第 4 期）